闽文化研究学术论丛之 六

闽文化的多元传播

THE MULTIPLE DISSEMINATION OF FUJIAN CULTURE

主　编／李新贤
副主编／金　甦

社会科学文献出版社
SOCIAL SCIENCES ACADEMIC PRESS (CHINA)

序

"迟日江山丽，春风花草香。"在这春暖花开的时节，《闽文化的多元传播》顺利付梓了。本次论文集收录的是《闽江学院学报》"闽文化研究"栏目2016～2018年所发表的部分文章，共计31篇。《闽江学院学报》的"闽文化研究"栏目始创于2000年，至今已先后发表了学术论文400余篇，涉及文学、历史、哲学、宗教、民俗、方言、戏曲、服饰文化及闽台文化交流、闽都名人专题研究等方面，为推动闽文化研究的发展作出了积极的贡献，获得了较好的社会反响，并于2011年获得了第二批教育部"高校哲学社会科学学报名栏"的荣誉。在此之前，"闽文化研究"栏目发表的文章已陆续结集出版了5本论文集，即《闽文化的前史今声》《闽文化的人文解读》《闽文化的历史思辨》《闽文化的精神解构》《闽文化的时代传承》。

此次出版的文章包括了福建的华侨文化、移民问题、史学、哲学、文学、书院文化、方言及文化产业开发等方面，既有对传统文献的进一步挖掘研究，也有对福建名人及其著作的深入探析，并进一步延伸至福建文化的对外交流及现代文化产业的建设，涉及了福建文化研究的方方面面。关于华侨文化的研究，有赵麟斌教授的《略述福州华人华侨对马来西亚经济发展的影响》、陈琮渊先生的《海外福州人的社会资本与创业发展——马来西亚个案探析》等文章，重点阐述福州华人华侨对马来西亚经济发展的影响。在移民问题的研究方面，何绵山教授的《试探福建移民对台湾的拓垦和开发》及王付兵教授的《福州沿海地区新移民问题初探》关注了福建移民在台湾地区、国外的发展状况。此类文章的刊发，说明本栏目的研究方向已经有所拓展，不再仅仅局限于传统文献的考究上。哲学和文学研究，一直是该栏目发文的重点方向。本次论文集所收录的哲学方面的著作主要有对朱子后学的研究文章，如王志阳博士的《论黄榦礼学典籍的编撰思想》、连凡博士的《论〈宋元学案〉对朱熹弟子的评价——以黄榦、辅广、陈淳、真德秀、魏了翁为例》；有易学研究，如刘建萍教授的《论蔡清对河图洛书的阐释》、肖满省博士的《曹学佺易学思想研究》等；此外还有关于佛学著作的研究。文学研究方面，有蔡德贵教授的《通儒无声品自高——近现代诗文名家何振岱之我见》、张胜璋教授的《论林纾评点〈庄子〉》、吴可文教授的《福州荔水庄的文学印记》、胡小梅博士的《建阳刊刻小说插图的批评功能探析——以明刊〈三国志演义〉为个案》，既有对福建诗文名家的考察，也有对文人遗迹、建阳刻本小说的探析。另有考证辑佚类的文章，如陈炜和陈庆元教授的《金门许獬年谱》、朱则杰教授的《〈清人诗文集总目提要订补〉——以李瑞和等八位福建籍作家为中心》、陈开林博士的《林则徐、林昌彝佚文摭拾》等，亦是闽文化研究的重要补充资料。此外，还有关于闽南方言和闽都文化产业方面的研究文章。

作为《闽江学院学报》的特色栏目，该栏目自设置以来，依托优势学科与科研院所，在研究的深化与细化方面，取得了较为明显的实绩。栏目所刊发的文章，在国内外产生了一定的影响，并引起媒体的广泛关注与推介。《中国人文社科学报学会通讯》《北京大学学报》《全国地方高校学报研究会会讯》《中华读书报》《福建日报》《福州晚报》都及时报道了"闽文化研究"栏目的成绩及专家学者对栏目的点评。栏目创办以来，成果突出，获得了社会各界的肯定。2010年底，"闽文化研究"栏目被载入具有历史意义的重要史册《共和国期刊60年》，得到了全国期刊界的高度赞誉和普遍认可。2011年，栏目入选第二批教育部"高校哲学社会科学学报名栏"。2016年的首届教育部"名栏工程"建设评奖中，栏目再次荣获佳绩，获得了名栏建设优秀奖、名栏优秀责任编辑奖、名栏研究优秀论著奖3项荣誉。2007～2019年，栏目多次获得"全国高校社科期刊特色栏目""全国地方高校学报名栏""福建省期刊优秀栏目"等奖项。

这些成绩的取得，离不开学校领导的关心和支持，更得力于众多专家学者的肯定和指导。在此，我们要向赐予我们稿件的学者，向替我们严把质量关的审稿专家，向学报界前辈和同仁表达我们最诚挚的谢意。特别是全国高等学校文科学报研究会的历任理事长——杨焕章教授、潘国琪教授、龙协涛教授、武京闽编审、蒋重跃教授，他们不仅对栏目建设给予大力的支持、肯定和鼓励，也一直关心着栏目的发展。同时，福州市闽都文化研究会原会长练知轩先生和现任会长徐启源先生，一直对栏目的发展极为关心，并曾在经费上给予大力支持。在此，我们要再次向他们表示由衷的感谢。

为了栏目的质量，编辑部的同志们付出了艰辛的劳作。在稿件的选用和编校过程中，卢翠琬、陈小诗、金甦、武文茹同志付出了大量的心血。正是有了编辑部这支老中青三代人结合的队伍，我们才能拥有巨大的能量，取得了今天的成绩。同时，我们还要感谢社会科学文献出版社的王绯分社长和黄金平编辑为本书的顺利出版所做出的努力和奉献。当然，我们还得感谢所有读者对本栏目的支持与厚爱。

闽文化研究虽然已经取得了丰硕的成果，但诸多研究领域仍有待进一步挖掘和深化。随着地域文化研究的深入发展，《闽江学院学报》亦将逐步尝试刊发更加多元化的学术论文，也希望广大专家学者继续支持"闽文化研究"栏目的发展，不吝赐稿！

李新贤

2020年2月于福州

闽文化的多元传播

目 录 CONTENTS

略述福州华人华侨对马来西亚经济发展的影响 ……………………… 赵麟斌 / 001

海外福州人的社会资本与创业发展
　　——马来西亚个案探析 …………………………………………… 陈琮渊 / 008

三十年来中马民间个体交往之演变
　　——以对侨乡闽清的考察为例 …………………………………… 陈日升 / 016

砂拉越诗巫福州人再移民
　　——以澳大利亚珀斯与塔斯马尼亚岛屿为例进行比较研究 …… 林芳燕 / 025

试探福建移民对台湾的拓垦和开发 …………………………………… 何绵山 / 034

福州沿海地区新移民问题初探 ………………………………………… 王付兵 / 042

明清册封琉球使臣眼中的福州社会 …………………………………… 连晨曦 / 057

论北宋政治对陈祥道《礼书》创作之影响 …………………………… 张　琪 / 065

论黄榦礼学典籍的编撰思想 …………………………………………… 王志阳 / 071

论《宋元学案》对朱熹弟子的评价
　　——以黄榦、辅广、陈淳、真德秀、魏了翁为例 ……………… 连　凡 / 077

论蔡清对河图洛书的阐释 ……………………………………………… 刘建萍 / 086

曹学佺易学思想研究 …………………………………………………… 肖满省 / 094

曹学佺家世生平考三则 ………………………………………………… 于莉莉 / 101

《金刚经十七家释义》之编纂者杨圭考
　　——从朱棣《金刚经集注》之仙游翁说起 ……………………… 卢翠琬 / 108

隐元禅师诗偈中的自然意象与禅宗境界	吴章燕　李　亮 / 118
即非如一校刊之《老子鬳斋口义》考述	王晓霞　陈琼莲 / 129
蔡伸与向子諲词作优劣论辩	李　璇 / 138
建阳刊刻小说插图的批评功能探析	
——以明刊《三国志演义》为个案	胡小梅 / 144
福州荔水庄的文学印记	吴可文 / 161
论林纾评点《庄子》	张胜璋 / 170
通儒无声品自高	
——近现代诗文名家何振岱之我见	蔡德贵 / 179
《清人诗文集总目提要》订补	
——以李瑞和等八位福建籍作家为中心	朱则杰 / 186
林则徐、林昌彝佚文撷拾	陈开林 / 196
林纾佚文《戴秉彝墓表》辑释	朱佩弦 / 204
闽东廉士薛令之生平事迹考	王　强 / 207
金门许獬年谱	陈　炜　陈庆元 / 214
致用书院课艺研究	张根华 / 236
明初福建城池建设及其特点与成因	郑　欣 / 247
闽方言传承现状与保护对策研究之一：闽南方言	陈　鸿　苏翠文 / 255
闽都文化与福州新区开发开放研究	王　坚 / 269
闽都文化品牌的整合建设与传播	戴　程 / 279

略述福州华人华侨对马来西亚经济发展的影响[*]

赵麟斌[**]

摘 要： 福州人迁居马来西亚的历史悠久，在马来西亚的福建华人中，福州籍华人所占的比例虽不高，但在马来西亚经济发展过程中占据了重要的地位。以诗巫港主黄乃裳和"无冕之王"郭鹤年为例，可见福州商人为马来西亚经济发展所作出的重要贡献。随着中国"一带一路"倡议的提出，同样位于21世纪海上丝绸之路上的重要城市福州与马来西亚的吉隆坡，如能从双方贸易往来的悠久历史中发现智慧，寻找启迪，无疑是推进"一带一路"建设过程中值得我们深入思考的历史课题。

关键词： 福州 华人华侨 马来西亚 黄乃裳 郭鹤年 "一带一路"

一 福州华人迁居马来西亚的历史追溯

马来西亚是东南亚一个非常重要的国家，因其扼守马六甲海峡的特殊地理位置而成为东西方交流的必经之地。中国与东南亚地区的往来，最早始于秦汉时期，但有明确记载的迁居人数很少。及至唐代，国力强盛，经济繁荣，唐朝与各国间的贸易往来增多，唐人的足迹遍及东南亚各地，声名迅速远播。到了宋代，中国的经济重心南移，海上贸易空前繁荣，随船去东南亚各国贸易经商的人数不断增多，其中很多人就来自沿海城市

---

[*] 本文原载于《闽江学院学报》2016年第3期。
[**] 赵麟斌（1956~），男，福建福州人，经济学博士、闽江学院副院长、教授、博士生导师。

福州，他们不仅从事国际贸易往来，而且有不少人留居南洋一带。元灭宋以后，继续发展海外贸易，中国与东南亚各国人员的往来也在继续发展，其中有一部分人因政治原因而逃亡东南亚，并定居当地。在明初郑和下西洋到达马六甲的时候，就已经发现当地有众多的华人，其中就包括福州人。

福州人较大规模迁居东南亚出现在明代初期。郑和七下西洋，开辟了当时的大航海时代。长乐作为郑和七下西洋的起点之一，成为中国与东南亚各国商业贸易和人员往来的重要港口，跟随郑和下西洋到马六甲经商、定居的福州人也不断增多。福州的长乐是福建人往马来西亚运送布匹、瓷器、铁器、药材的重要港口。郑和去世以后，明代中国的航海事业、对外贸易业日益萎缩。明清更迭之际，中国的海外贸易进入了由盛转衰的时期，清政府出于国家安全的目的，实行了海禁政策，更把海外华侨当作"叛臣弃民"，不仅严禁出国，而且出了国以后便不予保护。此时福州与马来西亚的贸易严重萎缩，但也有一部分人因政治原因而前往马来西亚避难。

福州人前往马来西亚的另一个高峰出现在鸦片战争之后。1844 年，作为五口通商口岸之一的福州开放后，福州与马来西亚的贸易往来又迅速发展起来。除了从事国际贸易外，还有很多的福州人以"契约劳工"的身份前往马来西亚从事种植、垦荒等生产劳作。大量契约劳工的到来，给东南亚国家带来了充足的劳动力和生产技术，在很大程度上促进了当地经济的开发与发展。1900 年，福州闽清人黄乃裳到达马来西亚的诗巫，与马来西亚砂拉越州"白色拉者"① 二世查理士·布鲁克签订开垦诗巫条约十七款，此垦场命名为"新福州垦场"。从 1901 年到 1902 年，黄乃裳先后从福州的闽清、侯官等地带去 1000 多名福州人到诗巫垦荒，为诗巫经济的发展奠定了重要的基础。

光绪二十八年（1902 年），新加坡美以美教会牧师柳依美、林德美、方鲍参与吡叻州英殖民政府订约，在福州地区招募移民 479 名（实际到达 366 人），到实兆远港口的甘文阁等地开垦，以后陆续招募大批移民。在西马福州人，主要集中在吡叻州的实兆远区（曼绒县）、雪兰莪与森美兰交界的雪邦区、柔佛州的永平区及彭享州的斯里再也区。在东马，主要是沙捞越的诗巫市、泗里街、明那丹、加拿逸、加帛、芦兜、木胶、明都鲁、峇南、林梦、成邦江、古晋、拉叻等地。此外，沙巴州的斗湖、山打根也都有福州乡亲。据马来亚联邦人口调查材料统计，民国 10 年，在马来西亚的福州籍华人华侨已达 2 万多人。民国 18 年世界经济危机，英殖民政府于翌年 8 月颁布移民法案，限制中国人向马来西亚移民，并着手将"医生认为不适宜劳动"的华人遣返回国。民国 20~22 年，共有 69.61 万人离开马来西亚回国。抗日战争爆发后至中华人民共和国成立之前，福州沿海居民大批移居马来西亚。[1]

---

① 拉者或译作拉惹，是东南亚以及印度等地对于领袖或酋长的称呼。

《福建省志·华侨志》的资料显示，按方言划分人口统计，福州华人占马来西亚华人的4.16%，广东华人占34.8%，闽南华人占31.58%，客家华人占24.24%，其他占5.14%。据马来西亚政府1983年6月公布的华族人口数据，按祖籍（方言）划分其人数的百分比，福建华人占39.02%，其中福州华人占4.52%。[2] 虽然在马来西亚的福建华人中，福州华人所占的比例不高，但福州华人在马来西亚经济发展的过程中占据了重要地位。

二 福州华人华侨对马来西亚经济发展的影响

马来西亚的华人华侨中，从事商业的占了一大部分，他们活跃于马来西亚的进出口贸易、运输等行业，为马来西亚融入国际贸易的大潮作出了重要贡献。除此之外，还有很多华人华侨在马来西亚从事橡胶业、矿业、制糖业、锡业、种植业、林业等方面的工作，这在很大程度上促进了当地经济的发展。清末民初黄乃裳带领福州乡亲到诗巫垦荒，新加坡美以美教会牧师柳依美等招募福州人到甘文阁，这几批到达马来西亚的福州人，在马来西亚地区大面积种植橡胶，促进了当地橡胶业的极大发展。20世纪50年代后，福州华人在东马大规模发展林业，在西马发展现代农业、渔业、畜牧业等。20世纪60年代，祖籍福州闽清县的刘祥源在诗巫的卢仙创办了苗木场，取得了骄人的成绩，之后他陆续在沙巴、美里、苏布里、麦都尼亚等地创办了6个分场，种植橡胶树、可可、胡椒等数百种经济苗木和几百种花卉苗木，这些经济苗木畅销马来西亚、新加坡、印尼等地。刘祥源为当地的农业发展作出了突出的贡献，沙巴州元首曾授予他"BBC"勋章，对他所做的贡献给予表彰。20世纪70年代以后，马来西亚的华人华侨企业飞速发展，出现了不少跨行业、跨国界的大企业，这其中有祖籍福州的郭鹤年、马振全、张晓卿、朱祥庚、林华开等。郭鹤年有"亚洲糖王"和"酒店大王"双王之称，郭氏集团的经营范围包括种植业、工业、矿业、商业、船务、酒店、地产业等，企业遍布马来西亚、新加坡、印尼、泰国、澳大利亚、斐济、中国内地和香港地区。马振全创办的马宝昌有限公司，经营范围包括种植业、房地产业、塑胶业、电器业、保险业等，企业涉足面广，财力雄厚。1982年，马振全获得太平局绅勋衔，并任马来西亚福州社团联合总会会长。著名企业家张晓卿创设了常青有限公司，该公司后来发展成为马来西亚著名的跨国企业。张晓卿集团以木材加工出口为主，并逐步扩展到金融业、报业、通信业、矿业、农牧业、保险业、旅游业、轮胎复制业等领域，在东南亚一带有"报业掌门人"之称。祖籍福州长乐的林华开，1960年在马来西亚的沙巴州亚庇社创立了建新（沙巴）有限公司，1987年获沙巴州元首封赐"ADK"勋衔，还曾经担任马来西亚福州社团联合总会会长、亚庇福州公会永久名誉会长等职务。

一代代的福州籍华人扎根马来西亚，为马来西亚的经济发展贡献了自己的智慧和心血，他们的商业头脑，他们的进取精神，他们创造的商业帝国，都成了福州人民的骄傲。新当选的砂拉越福州社团联合总会会长张建卿曾说：

福州人精神就是不屈不挠。福州族群的吃苦耐劳众所周知，又具商业头脑，百多年来，他们背井离乡，远下南洋，适应力强，善拼经济，进取创业。福州人扎根诗巫，放眼世界，不时在胡同里发现另一条新巷子，于是，诗巫人没有停下垦场脚步，下一代的足迹将遍布世界每一角落。[3]

在马来西亚的福州华人华侨，从马来西亚走向东南亚乃至世界各地，他们胸怀世界，进取不息，又不忘回馈祖（籍）国，造福桑梓，真正地反映了福州人自强不息、有容乃大的城市精神。

三　从诗巫港主到"无冕之王"——黄乃裳与郭鹤年

（一）诗巫港主黄乃裳

马来西亚的诗巫又称"新福州"，现为马来西亚砂拉越州第三大城市。这个城市的居民中，华人占80%，而华人中福州人又占80%；诗巫市区内的华人中，商人占90%，商人中又以福州人为主。福州人大批迁居诗巫，源于福州闽清人黄乃裳。

黄乃裳（1849—1924），字绂丞，又作黻臣，号慕华，福建福州闽清县人，光绪举人，中国清末民初的华侨领袖、民主革命家、教育家。黄乃裳是个基督徒，早期在基督教的美以美教会服务多年，他曾感慨于教会中缺乏有影响力的上流社会人才，因此进京参加科举考试并中举。黄海海战中，黄乃裳的三弟殉国，他深感朝政颓败，政治腐朽，因此弃八股而学新学，后又积极参与维新变法运动。变法失败后，他渴望为民众找到一块"乐土"，"为桑梓穷无聊赖之同胞辟一生活路径，不至槁饿而死；且以远女主之淫威，与夫专制之虐毒"，携几个亲人到南洋寻找适宜垦荒之地。黄乃裳在其《自述垦荒志》中讲述了这次垦荒的历程：

庚子年（即公历千九百年）适英属砂捞越。循其南向，行七八日无一可藉手处，嗣北行过拉让江口，见江流汪秽，揣其发源必甚长。乃沿江入，见两岸丛林蔚茂，土著不多。左右望不见有山，知其原野广邈。及二百里曰诗巫埠，英人设官其间。有漳泉潮嘉商人二十余家与土著之拉仔互相交易。其人状虽狰狞，骨格异于马来种族，而略同汉人，不知其如何飘至者，再沿流而上二百里曰甘拿逸，有英之分治所，土著稍多，而平原止此。再上两岸皆山，其发源千八百里，合倍于闽江流域。所经皆丛林，多为开辟以前未经砍伐之木，有大十数围者。予沿江览地，择其平原四百里之中，于诗巫附近之上下流连有十三天，察其草木，尝其水土，知地质膏沃，无虎豹豺狼，毒蛇恶兽害人之物，乃请越京头目泉州人王君长水为介绍，与越王订约十七款。五月约成，向王家借款三万元为开办费，约六年陆续还，以余婿林文庆与同年邱菽园为担保。约成即由新福州请人盖农屋数十间为初次农人居住，拟招农千名往，八月与力昌归，分往招农，选择有身家妥实强壮者充之，得五百余人，皆侯官、闽清、古田所招集；屏南、尤溪、闽县、永福，不过三十余耳，而筹备一切农种与农具以及铜铁竹木薙发诸工匠，中西医，教师，手续甚烦，至十二月初力昌先以七十余人往为设备。二十余日抵新福州。予率五百余人后二十日（辛丑光绪二十七年即公历千九百另一年）正月灯节后十二日始达。壬寅正月复摒挡招农，经闽、侯、清、永、古、屏、福七邑复得五百余人，乃专赁美国商舶一艘透港至越之古晋京次，船价八千五百元，饮食自理，并购带药材，铁钢及诸农用品，出发时已需万六千元，五月半始成行。船由马江起锚，经菲律宾群岛之北十余度，横过婆罗洲北端，折而西南，直抵越京古晋，仅历六日有半。计前后三次共得千七十余人，挈眷往者百三十余家。自是主持垦务者，只予一人矣。窃喜壬寅、癸卯、甲辰谷稻收，下种一斤有得四五百斤者，时值胡椒价昂，多趋植之，间有种树胶者。予以垦务既成，志愿已遂，且有美国富教士雅各君可以托总农政，重以多数同盟会会员责予以革命要图，遂与王家商议，除自己亏蚀四万三千余元以外，请以农人所欠四万余元帐目抵还四万之借款。回溯自己从己亥年寻找地方拉让江流域二百里平原，招农开垦，及甲辰五载有余始获成功。[4]

在黄乃裳的运筹帷幄、辛苦奔波、身体力行下，新福州迅速发展。黄乃裳为新福州的发展作出了突出的贡献，被诗巫华人华侨尊称为"港主"，他们不仅为黄乃裳建了纪念楼，还立了黄乃裳像，并将一条街道命名为"黄乃裳路"。现在的诗巫已从当年的蛮荒之地发展为砂拉越州的经济文化中心，黄乃裳当年的垦辟之功不可埋没。著名的爱国华侨陈嘉庚在其所著的《南侨回忆录》中曾摘录刘杏林的诗歌一首以作赞许，诗云："父老争传港主黄，携民去国渡重洋。中原当日成危局，南岛因时辟垦场。衣食住行劳擘画，抚存管教费商量。歌功颂德为公喜，侨史流芳有乃裳。"

（二）"无冕之王"郭鹤年

郭鹤年，1923 年出生于马来西亚柔佛州新山市，祖籍福州市盖山郭宅村，乃马来西亚最著名的企业家，有"亚洲糖王"和"酒店大王"之称。在 1994 年香港《资本》杂志评出的香港华人富豪榜上，郭鹤年家族位列第三；同年，美国《福布斯》杂志公布的全球华人富豪榜上，郭鹤年家族位列第二。

郭鹤年出生于富商之家，父亲郭钦鉴经营着一家贩卖大米、大豆、糖等农副产品的商号。其父不仅善于经营，而且结交了很多社会名流，人脉很广，眼界开阔，因此郭鹤年兄弟从小都受到了当地最好的教育。中学毕业后，郭鹤年虽然以优异的成绩考上了新加坡莱佛士学院，却因为自家的公司停业而被迫辍学。辍学后他便进入社会，于米粮部门工作。在郭家的东升公司重新开业后，郭鹤年便进入父亲的企业，跟着父亲经商。父亲去世后，郭鹤年将兄弟们的财产集合起来，成立了郭氏兄弟有限公司。郭氏兄弟有限公司继承了父辈的传统业务，仍然从事大米、面粉、大豆及糖的进出口生意。然而郭鹤年并不满足于此。1955 年，在英国考察学习了几年的郭鹤年回到马来西亚，针对马来西亚制糖业落后、食糖需要进口的现状，大力发展制糖业。他与马来西亚联邦土地发展局合作，建立了马来西亚历史上第一家糖厂——马来亚糖厂。同时，郭鹤年着手发展甘蔗种植业，为糖厂的生产提供原材料。1980 年，马来西亚全国的甘蔗种植面积将近 2 万公顷，实现了砂糖的国内自给，郭鹤年也因此获得了"马来亚糖王"的称号。之后他将糖业贸易发展到了国际市场，成为全球同行公认的世界六大糖王之一。

随着世界旅游业的蓬勃发展，郭鹤年意识到豪华酒店将出现新的需求，于是他将眼光放到了酒店行业，创建了新加坡第一家豪华大酒店——香格里拉大酒店。香格里拉大酒店以高品质的管理和服务获得了国际同行的认可，取得了极大的成功。以此为基础，郭鹤年合资组建了香格里拉大酒店集团，在吉隆坡、槟城、曼谷、上海、北京等数十个城市建立了香格里拉大酒店。现在香格里拉已经成为亚太地区最大的酒店集团，郭鹤年又因此获得了"酒店大王"的美誉。

随着郭氏企业的发展，郭鹤年走上了多元化经营的道路，进军木材加工业、房地产业、矿业等，旗下的公司遍布东南亚、中国香港、斐济、智利、欧美等国家和地区，郭氏企业成为具有影响力的国际知名企业。

从早期的垦荒到中期的家族企业再到现代化的企业经营，福州商人扎根马来西亚，为马来西亚经济的发展作出了重要的贡献。黄乃裳和郭鹤年是马来西亚福州华人的杰出代表，他们是华人华侨的骄傲，是福州人的骄傲，也是中国人的骄傲。

四 马来西亚福州华人华侨的商业经营对"一带一路"倡议的启示

2013 年 9 月和 10 月，中国国家主席习近平分别提出建设"丝绸之路经济带"和"21 世纪海上丝绸之路"的构想，简称"一带一路"。"一带一路"是合作发展的理念和倡议，是依靠中国与有关国家既有的双多边机制，借助既有的、行之有效的区域合作平台，旨在借用古代"丝绸之路"的历史符号，高举和平发展的旗帜，主动发展与沿线国家的经济合作伙伴关系，共同打造政治互信、经济融合、文化包容的利益共同体、命运共同体和责任共同体。福州与马来西亚的吉隆坡都是"21 世纪海上丝绸之路"上的重要城市。在这样一个国际贸易极度发达的时代中，不同地区间的经济交往与合作达到了前所未有的深度和广度。如从贸易往来的悠久历史中发现智慧，寻找启迪，无疑是推进"一带一路"建设过程中值得我们深入思考的历史课题。

（一）具备对外发展的勇气和发现商机的眼光

众所周知，在明清时期，由于内忧外患等各种原因，朝廷长期实行闭关锁国的政策。然而这种作茧自缚的办法，非但未能挽救王朝危亡的命运，反而使自己脱离了国际发展的大潮流，最终沦落到被动挨打的局面。与此相反，积极发展对外贸易往来不仅能够促进国内经济的发展繁荣，而且在国际上也能产生积极的影响，促进各国间的经济往来，活跃市场经济，形成互惠互利、合作共赢的良好局面。特别是在今天这样一个国际贸易往来高度发达的历史时期，国家与国家、地区与地区之间的相互贸易，往往蕴藏着无限的商机，我们要在不断的相互交往中，开阔发现和发展商机的视野。

（二）优势互补，将当地的优势资源与国外的先进技术相结合

从马来西亚华人华侨的发展历程中，我们可以很清楚地看到，资源整合对于经济体发展的重要性。华人华侨在前期发展中，充分利用国内的剩余劳动力，将其与当地丰富的自然资源相互结合，或是发展特色贸易，或是发展特色开发，都取得了巨大的成功。而到20世纪之后，随着工业革命的不断深入，技术革新成了制约经济发展的核心因素。此时的马来西亚华人华侨又敏锐地把握了时代发展的脉搏，纷纷从欧美国家中吸收先进的技术和管理经验，取得了辉煌的业绩。

（三）把握世界发展浪潮，开展跨国贸易，寻求区域合作

随着国际贸易不断向纵深方向发展，开展跨国贸易，寻求区域合作，日益成为刺激经济发展的重要模式。为此，中国适时提出了"一带一路"倡议。这一倡议的提出，涉及众多的国家和地区，有着高度的前瞻性和指导性，不仅对中国经济的发展有着重要的意义，对于相关国家来说，也提供了合作共赢的机会。我们应该从历史的经验中发现智慧，探索更加灵活多样、新颖务实的合作方式，促进地区的经济发展。

注释

［1］福州市地方志编纂委员会编《福州市志》第八册，方志出版社，2000，第224~225页。
［2］福建省地方志编纂委员会编《福建省志·华侨志》，福建人民出版社，1992，第47~50页。
［3］江迅：《背井离乡：从福州到诗巫，从金门到大马》，《亚洲城市微表情》，上海文艺出版社，2013，第170页。
［4］闽清县政协文史资料委员会、闽清县黄乃裳研究会编《闽清县政协文史资料》第十五辑（近代伟人黄乃裳），香港天马出版有限公司，2007，第337~338页。

海外福州人的社会资本与创业发展

——马来西亚个案探析[*]

陈琮渊[**]

摘　要：华侨华人的发展与其移民脉络及所处的制度环境有关。福州人移居海外，扎根当地，在东南亚各国尤能精诚团结，依托乡族网络及宗教信仰，积极发扬榕属创业文化。就现实意义而言，了解这一历史进程，将有助于"21世纪海上丝绸之路"均想及"中国—东南亚"合作关系的推进。本文以马来西亚两大福州社群聚居地诗巫及实兆远为例，结合经济社会学及创业精神的研究视角，较为全面地探讨族群社会资本在海外福州人经济发展建构中所发挥的作用。

关键词：福州人　社会资本　诗巫　实兆远　马来西亚

一　前言

"一带一路"倡议与世界政经局势连动，引起了全社会的广泛关注，其中"21世纪海上丝绸之路"（以下简称"海上丝路"）构想更强调海洋精神，以发展与沿线各国的互通互信为核心，依托华侨华人广布的东南亚地区展开，对东西方文化及经济交流意义重大。[1]华侨华人在东南亚网络密布、影响力强，实为中国与东南亚各国建立互信的最佳桥梁，因此，在"海上丝路"的建设过程中，了解东南亚华人社会的情况，积极引

---

[*] 本文原载于《闽江学院学报》2016年第3期。本文为2015年华侨大学引进人才科研启动项目（15SKB213）的阶段性成果。

[**] 陈琮渊（1979～），男，台湾基隆人，华侨大学华侨华人研究院讲师。

入侨资侨力尤显重要。福州人移居海外历史悠久，在东南亚各地已形成稳健的社群，且他们心系故里，与闽中侨乡关系紧密，因而深入了解海外福州人社群的发展及文化，对于"海上丝路"构想的开展，将起到积极的推动作用。

榕属华侨华人在东南亚虽不具早发及数量优势，但已在许多城市形成聚居地，组成绵密的社群网络，并以其独特的创业精神造就了许多成功的案例。在马来西亚婆罗洲的诗巫及马来半岛的实兆远，就有着极为相似的基督教移民脉络及垦场生活模式，享有"新福州"与"小福州"的盛誉。第二次世界大战结束后，马来西亚福州人以诗巫和实兆远为根据地，向外开枝散叶，一时间政商发达，名人辈出，其发展历程及精神动力值得探究。

本文结合经济社会学和创业精神的研究视角，通过分析马来西亚诗巫和实兆远的事例来探讨海外福州社群的社会资本及其创业发展的关联性，并在此基础上提出若干意见。

二　东南亚福州人的创业文化

在东南亚，文化传承及经济力量是华侨华人生存发展的根基。不同的华人方言群之间，存在各自有别的经济发展特色。例如历史上漳泉（闽南）、潮州人移居东南亚较早，在进出口贸易、零售市场行业较有优势，并成为东南亚各港埠城镇的主流群体；相较之下，客家人则在矿业、种植业较有优势；海南人、兴化人等南来较晚，是规模较小的群体，自知在经商、矿业、种植业方面难以与人竞争，转而在饮食业、渔业等行业闯出一片天地；海外福州人除务农外，最知名的就是靠剪刀、菜刀、剃头刀"三把刀"闯天下。但这些差异并不是绝对的，华人方言群的经济特征也会因时因地而出现变化。针对海外福州社群的发展情况，笔者曾多次赴新加坡、马来西亚、印度尼西亚进行实地调研，本文的问题意识及分析即基于历年考察的成果之上。

笔者在《砂拉越福州族群发展史》一文中指出，社群紧密聚合、宗教及创业精神、政商通达及勤奋打拼，是砂拉越福州社群发展蒸蒸日上的主因。[2]诗巫福州人共同的垦场生活及卫理公会的宗教背景，使其得以在社区领袖的带领下和衷共济，对新事物的接受能力较好，更愿意尝试各种营生行业。其谋生方式先是转向胡椒、橡胶树等经济作物的种植，战后则朝着多元化、全球化的企业集团方向发展，冒险精神十足。笔者在研究中发现，发展落后、生存条件不佳对于移民社会并非全然不利，在砂拉越的案例中，反而起到激发生存意识、强化向上动力的作用。

通过个案的比较研究，笔者得以进一步发挥上述命题，除了关注历史发展对华人经济的影响（如殖民经济体系的遗留问题等）之外，更引入社会学族群性、社会关系网络的分析视角，对砂拉越福州及客家两个方言群进行比较，解释当地福州人何以在经济上更有成就的背景及成因。在《砂拉越华人资本发展探析：以福州与客家两个族群为中心》一文中，笔者主要讨论海外华人经济受到哪些主客观因素影响，各个华人方言群之间为何有不一样的发展形态，其环境条件带来什么影响等。笔者指出，"族群精神"固然重要，但无法单独构成具有解释力的变项，必须同时考虑制度与环境因素。[3]

笔者的心得是，对海外福州社群发展的探讨，除了通过历史梳理及个案研究加以呈现外，必须纳入不同地方的福州社群互为参照，才能得到更为全面的理解。同时，有鉴于近年来海外福州企业家传记[4]、创业行为[5]的新研究、新材料不断涌现，实有必要针对"创业精神"与"族群特质"关系作更细致的剖析。这些"不足"形塑出本文的问题意识，也就是以马来西亚两大福州人聚居地——诗巫和实兆远为中心，探讨海外福州社群（区）内部的社会资本如何影响其创业发展。

三 族群社会资本与创业活动

在"海上丝路"构想推动的过程中，包括海外福州人在内的东南亚华侨华人的社会经济能量被视为沟通中国与周边沿线国家关系的重要环节。值此机遇，作为"社会资本"的华人"关系"如何影响海外福州人的创业活动，别具研究意义。社会资本分为个人、企业、社群等不同层次，所涉议题十分广泛，但既有文献却很少将之与海外华人创业活动联系起来进行分析梳理。就笔者的理解，华人社会生活中的"关系"实践是动员族群网络资源的社会行动。然而华人"关系"既不等同于西方的个人网络，也不像经济资产般可被量化，更无法保存或转让他人，是一种共有互依的概念，离不开华人族群文化的影响。也只有厘清社会资本与创业活动的关系，才能更好地掌握海外福州社群的发展动态。

笔者认为，社会资本与创业活动的关系，就是企业家或族裔群体将人力资本、文化资本及社会资本转换为经济资本的过程。其中人力资本和文化资本附着于人，社会资本附着于网络，社会资本又源自个人或群体关系的知识、信息、善意、信任等，能起到触媒、连接、以有济无（提供交换机会）等作用，有助于企业运作、交易往来和经济积累。进一步说，海外福州人等华侨华人的关系建构，就是动员、串联蕴藏在同族甚至是跨族社群之间有利于经济行为的人脉、信息及技术等资源，而这种策略能否落实则取决于当地的社会结构及价值取向。

创业除了是谋生所需之外，也是一项与价值取向有关的创新创意活动。在社会学领域，其主要的研究传统有二：一是"供给学派"；二是受马克思启发的"需求学派"。要言之，前者从行动者的角度来诠释创业（精神），缺点在于粗糙的方法论及套套逻辑；后者则重视机会结构（环境）对创业（精神）的影响，但不曾提出令人信服的行动者理论。晚近的研究认为应同时考虑行为者、企业、市场及环境因素，以多层次分析架构体现脉络的差异性[6]，也就是关心创业活动与社群的文化传统、生活习惯之间的关联，社会资本与创业活动也因此产生更多交集。然而社会资本在促进族群经济发展的同时，也可能带来局限性，出现限制个人利益的追求或过度竞争的情况。

那么社会资本究竟是创业精神的触媒、阻碍，还是与创业精神毫无关联？社会学者认为，只有当文化资本支持时，社会资本才能发挥促进创业精神的效用。若特定社群的文化资本不支持创业，则社会资本便难以支持创业。换言之，社群文化传承形塑个人意识，若缺乏创业文化，即使有丰沛的社会资本也无法转化成经济力量。[7]

值得注意的是，解释东南亚华人商业成就的经典论述——"少数中间人理论"也认为被排除或边缘化的族群团体多半是具有创业传统的少数中间人群体。但经济社会学的论述更进一步指出，正因为大多数的族群不具有支持创业的文化资本，或者不愿跨出边界与其他群体互动，于是就出现了创业及商业活动限于亲友集资、招募或排除外人的现象，才让"少数中间人"有发挥的余地。

综上所述，本文参照将创业活动视为动员社会资本过程的多层次分析架构（见图1）[8]，并结合个人研究经验及资料收集，以移民脉络、社群生活、创业活动为构架，分析诗巫及实兆远的个案事例。

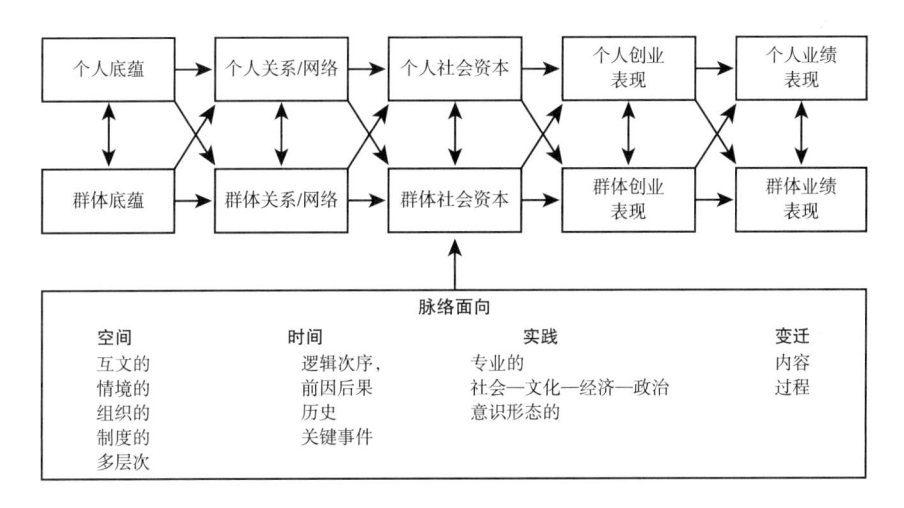

图1 社会资本—创业精神分析框架

资料来源：Eric Gedajlovic, Benson Honig, Curt B. Moore, G. Tyge Payne, and Mike Wright, "Social Capital and Entrepreneurship: A Schema and Research Agenda," *Entrepreneurship: Theory and Practice*, 2013 (3), p.460。

四 诗巫福州社群的发展

（一）移民脉络

历史上漳泉及潮州人最早抵达东南亚并从事商贸，成为诗巫乃至砂拉越开发的主力。19世纪、20世纪之交，统治砂拉越的布鲁克王朝因发展所需，以优惠条件招揽华人来砂拉越发展，开启了福州人集体移民砂拉越的历史，其中最具代表性的当属

1901年黄乃裳三次招募福州人赴砂拉越,以新珠山为基地开辟垦场,落地生根。诗巫垦场在黄乃裳与继任者富雅各牧师的带领下不断发展,当发展渐上轨道后,福州人又往加拿逸、泗里奎等地迁移(见表1),在二战后成为砂拉越最主要的华人方言群。[9]

表1 诗巫福州人向外迁徙概况

地区	加拿逸	泗里奎	民那丹	加帛	木胶	民都鲁	芦兜	峇株
年份	1910	1912	1922	1923	1925	1926	1936	不明
首批移民	陈行招等	刘院金、黄清春、黄清波等	林明华等	张文晃、杨炳干、刘绍清等	张寿銮、彭寿轩、李水火等	来自诗巫,姓名不详	李戈六、黄卿锵等	林柱等
主要事业	金银首饰、树胶*	园艺、胡椒、树胶、稻谷	树胶*	工商业	树胶	树胶	树胶	树胶

* 树胶在本表中指的是橡胶,下同。

资料来源:黄世广《华侨在诗巫》,1954,第15~16页。

(二)社群生活

移民到诗巫的福州人形成了较为紧密的结社形态。诗巫福州人主要信仰卫理公会(美以美教派)。在早年的开垦岁月中,生活简单、娱乐活动有限,卫理公会等组织成为福州人工作以外的生活重心,礼拜、聚会等活动发挥了信息交换及联络情谊的作用。基于共同的宗教背景及教育熏陶,诗巫福州人养成了储蓄习惯及创业精神,这有利于资本的累积。此外,卫理公会从美国引进的生产知识及工具,让本来就勤奋、节俭、刻苦耐劳的福州人在商业活动中更具竞争优势。

(三)创业活动

福州人种植经济作物源于华人牧师黄景和的推广。1911年,第一批树胶收成后获利可观,引起诗巫福州人的争相仿效,当时几乎是"任何人都砍树林从事种植,每个人都有树胶园"。然而虽然橡胶价劲扬使人一夕致富,但市况不佳时也造成许多人的亏损。

经济波动引起榕属乡贤对于融资重要性的关注,林子明等人于1952年创设"福华银行",为福州人提供信贷服务。与此同时,福州人进入艰苦但收益丰厚的伐木业,成绩可观,公泰、利华、慕娘、启德行、砂拉越联合火锯等福州人所拥有的木材公司,都得到福华、公明等同属银行的帮助。黄传宽、刘会干及张晓卿等以木材业起家的福州企业家经营得法,将企业发展成为多元化经营的跨国集团。时至今日,诗巫福州人在马来西亚的建筑、金融、重工、交通、文教等领域,都有一席之地。

诗巫福州社群走过从粮食种植、橡胶树种植、木山垦伐到跨国企业的经营过程,一直以刻苦耐劳、和衷共济的精神从事商业合作著称,其中各大木材集团间的血缘、聘任及姻亲网络，更强化了彼此间的联系及合作。二战后木材采伐权的取得也与政府有密切的关联，因而福州企业集团多热衷于派出或支持相关人士参政议政，以保护福州华人的利益。[10]

五 实兆远福州社群的发展

（一）移民脉络

1903年，受黄乃裳带领福州乡亲垦殖诗巫案例的启发，新加坡美以美教会委派林称美与柳依美牧师，共同带领闽侯、福清等地的福州人到马来半岛的实兆远地区发展。最初两批移民共366人，抵达时被安排在预先准备的九间亚答屋（茅草屋）中暂住，之后每人分得3英亩土地，开始从事农耕生产。[11]当时英国殖民政府积极鼓励华人移民前来霹雳州发展农业，垦约中议定，华人移民必须用一半土地种植稻谷。1905年，政府发展树胶种植但成效不佳，后经过教会、侨领胡子春的大力推广及保证收购后才有起色。1910年，第一批树胶开割，垦民始知有利可图，开始争相种植，并引来大量中国移民。当时的宣教报告中记载：

> 起初垦殖民对种植橡胶根本不屑一顾，并坚持要继续栽种番薯和养猪。有一天，华人保护官柯文（W. Cowan）、胡子春老板和我亲自出席在安顺的官方推介礼。我们召集了所有的垦殖民，告诉他们关于种植橡胶树的机会和利润。在聚会后，每个人都涌进苗圃，带走捆捆的橡胶树苗。这些树苗都栽种在垦殖民的园丘里，自此，他们当中大部分开始富裕，过着好日子。[12]

与诗巫福州垦场的建立相似，实兆远福州移民的发展在很大程度上归功于基督教美以美教派的动员及组织，宗教信仰为福州人的海外发展提供了很大的信心及支持。[13]

（二）社群生活

早期南来实兆远的福州人几乎都是美以美教会的会友，时常在甘文阁宣道堂聚会。实兆远的福州人同样以宗教为生活重心，大小事务都要找牧师商量。作为移民的领袖，牧师身兼牧者、行政官、社团领袖等多种角色，工作繁重，华文学校的建立、水源的开发、社区秩序的监督、政令的宣达与沟通等，都是牧师的业务范围。[14]例如李克成牧师1920年协助创办培民、育德学校，1923年创办新民学校；戴保珍牧师担任国民、南华、育英、陶民等校的董事长等。[15]

（三）创业活动

实兆远的经济起于农业，转向树胶种植后始往经济作物发展，在第一次世界大战的橡胶价格高峰时，许多农民快速富裕起来。实兆远的第一次经济转型源于20世纪初怡保富商胡子春在实兆远种植橡胶树3000英亩以及1906年成立的"实兆远教会垦场有限公司"的推动。但1920年橡胶价格大跌，加之移民规模扩大、土地紧张，给经济发展带来了巨大冲击，部分福州人选择回乡，部分福州人转往泰国南部及新加坡发展，经济发展模式出现变化，朝向更多元的方向发展。总体而言，橡胶树种植业带来的经济发展，一直维持到20世纪六七十年代，奠定了实兆远今日繁荣的基础。橡胶树种植业作为当地经济支柱的地位，曾一度让位于家禽、家畜养殖业，20世纪八九十年代后，又被油棕种植业所取代。[16]

六　展望与讨论

综上所述可以发现，诗巫和实兆远两地福州人具有积极进取、勇于冒险的精神，他们因相似的宗教背景而更能和衷共济，将海外一隅建设成"新福州""小福州"，并不断地向外迁移发展。早在20世纪60年代，罗吟圃就曾评论道："基督信仰对福州人带来很多建树。首先，教堂与学校紧密联结，常见的情况是哪里有教堂，哪里就有学校。一个基督教家庭往往不惜缩衣节食也要让子弟受教育。福州人受教育程度较砂拉越其他华人社群为高的情况众所皆知。基督信仰与此有密切的关系。"[17]

总体上，诗巫和实兆远的经济发展有许多相近之处。第一，两地福州人都不是当地最早抵达的华人移民，却都在20世纪初通过集体移民及自然繁衍成为当地最大的华人方言群体，并不断发展；第二，两地都是以教会为中心、以垦场为组织单位从事开发，即使再次迁往外地仍沿用这一模式；第三，两地起初都在殖民政府鼓励下种植粮食作物，未见成效后也都转向种植橡胶树，并在累积一定资本后转向其他行业发展；第四，面对经济波动及政治波折，两地福州人都展现出坚韧的创业活力。值得注意的是，相较于实兆远，诗巫福州人在经济发展上似更为全球化、集团化，其原因可能与二战后婆罗洲局势所带来的政经机遇有关。

近20年来，海外福州社群发生了很大的变化。福州族群百年来在海外发展并积极参与东南亚各国建设，留下了不可磨灭的足迹。然而追求发展也不可避免地要付出一些代价及进行若干困难的抉择，这些挑战包括生态永续、社群竞合及世代差异等[18]，这就尤为考验其运用发展经验的智慧。

海外福州社群发展虽面临许多挑战，也欣逢"海上丝路"建设的百年机遇，他们可凭借自身与原乡的密切关系，在中国与其迁居国双方的文化交流、公共外交及经济建设等方面发挥积极的作用。近年来，福建侨乡各级政府正积极邀请榕侨企业来闽投资，海外福州人的经济角色将更为突出。例如2015年的"欧洲侨商福建自贸区行"活动，就组织海外侨商赴平潭、福州展开商务考察，推介福建自贸园区的政策规划和重点项目。在东南亚的华人华侨，除了前述诗巫和实兆远福州企业家积极参与"海上丝路"

的相关建设、创造自身发展机会外，印度尼西亚三林集团也正规划在福州建立企业总部，这些都能让海外福州人在祖籍地大展身手，贡献所长。

注释

[1] 张诗雨、张勇：《海上新丝路——21世纪海上丝绸之路发展思路与构想》，中国发展出版社，2014，第207~222页。

[2] 陈琮渊：《砂拉越福州族群发展史》，《中国历史学会史学集刊》2005年第37期。

[3] 陈琮渊：《砂拉越华人资本发展探析：以福州与客家两个族群为中心》，《淡江史学》2006年第17期。

[4] 詹冠群：《刘会干与启德行：一个华人企业家的奋斗历程》，香港商务印书馆，1996，第147~154页。

[5] 朱峰：《基督教与海外华人的文化适应——近代东南亚华人移民社区的个案研究》，中华书局，2009。

[6] Thornton, Patricia, "The Sociology of Entrepreneurship," *Annual Review of Sociology*, 1999, pp. 19 – 46.

[7] Light Ivan and Dana Leo-Paul, "Boundaries of Social Capital in Entrepreneurship," *Entrepreneurship: Theory and Practice*, 2013（3）, pp. 608 – 610.

[8] Eric Gedajlovic, Benson Honig, Curt B. Moore, G. Tyge Payne, and Mike Wright, "Social Capital and Entrepreneurship: A Schema and Research Agenda," *Entrepreneurship: Theory and Practice*, 2013（3）, pp. 455 – 478.

[9] Kuok, KiuMee, *The Diffusion of Foochow Settlement in Sibu-Binatang Area Central Sarawak* 1901 – 1970, Sibu: Sarawak Chinese Cultural Association, 1997.

[10] 林宜慧：《砂拉越诗巫福州人领导层之研究》，砂拉越华文文化协会，1999，第163页。

[11] [马来西亚] 施敦祥：《实兆远的福州人：从历史角度探讨》，曼绒古田会馆，2003，第66~68页。

[12][15] [马来西亚] 廖克民：《因为有你：再寻实兆远华人基督徒垦荒足迹》，曼绒华人基督文化协会，2009，第19、11~13页。

[13] [马来西亚] 廖克民：《宣教与历史：第二届实兆远历史研讨会论文集》，曼绒古田会馆，2007，第1~3页。

[14] [马来西亚] 黄孟礼：《福州人·拓荒路》，诗巫福州公会，2005，第110~111页。

[16] [马来西亚] 钱进逸：《从山区到橡胶园：古田移民拓土路》，曼绒古田会馆，2005，第110~112页。

[17] Law Yan-pao, *Report on the Foochow Chinese of Sarawak*, Hong Kong: Regional Information Office, 1962, pp. 1 – 22.

[18] 陈琮渊：《文学、历史与经济：砂拉越华族社会发展探思》，砂拉越华族文化协会，2010，第138~140页。

三十年来中马民间个体交往之演变

——以对侨乡闽清的考察为例[*]

陈日升[**]

摘　要：自1974年中国与马来西亚建交以来，两国经贸文化交流日趋频繁和深入，两国外交关系的发展推动了两国民间个体的交往，并最终促成了20世纪80年代马来西亚华人与侨乡之间跨国交往的重建与发展。闽清是重要侨乡之一，结合田野调查以及笔者的亲身经历，本文呈现30年来侨乡闽清与马来西亚两地的民间个体往来演变的历程，同时探讨其演变的因素。

关键词：中马关系　民间交往　侨乡研究　闽清

在东南亚11个国家中，马来西亚是与中国有着较好外交关系的国家之一。自1974年5月建交以来，两国在政治、经贸、文教等领域的官方及民间的交流与合作不断深入和发展。

作为国家关系的重要内容之一，中马两国的民间交往也是两国关系的重要组成部分。自20世纪80年代初起，伴随着中国的改革开放，中马两国的民间交往也逐渐发展。笔者生长在拥有众多马来西亚华侨华人[①]的侨乡闽清，从小目睹了家乡亲人与祖籍闽清的马来西亚华人之间的往来变迁，对两国民间个体交往过程中的演变深有感触。目

---

[*] 本文原载于《闽江学院学报》2016年第3期。本文为2010年福建省教育厅社会科学研究项目（JBS10159）的阶段性成果。

[**] 陈日升（1976~），女，福建闽清人，法学博士，闽江学院历史学系副教授。

[①] 1957年马来西亚独立后，侨居当地的闽清籍华侨绝大多数加入了马来西亚国籍，成为马来西亚华人。尽管此后迄今闽清仍有人前往马来西亚并成为华侨，但本文所涉及的与侨乡闽清人交往的马来西亚民间个体仅指马来西亚华人。

前，学界对中马两国经贸、外交、文教等宏观层面的研究已有不少成果，但从民间个体交往角度进行的研究还不多，因此，本文以侨乡闽清为考察对象，利用笔者成长过程中的经历以及2015年6~7月在闽清的田野调查所得为主，对中马两国民间个体30年来的交往演变做探讨，对引起变迁的因素试做初步分析，以求教于大家。

一 侨乡闽清旅马华侨华人概况

闽清县位于福州市西面，是福州市的重点侨乡，也是福建省的重点侨乡。闽清人向海外移民的历史并不悠久，根据《闽清县志》记载，境内有史可查的第一位出国者是清同治末年的黄钺，他"因本姓族人与刘姓乡人争占坟山诉讼，受讼累十多年不能了结"[1]而前往缅甸行医。自黄钺之后，闽清陆续有人出国。1899年，闽清人黄乃裳"为桑梓穷无聊赖之同胞辟一生活路径，不至槁饿而死。且以远女主之淫威，与夫专制之虐毒"[2]而被迫携眷南渡新加坡。在新加坡期间，黄乃裳在女婿林文庆的推荐下担任了新加坡《日新报》的主笔，同时"利用办报之便，遍行南洋英、荷各属殖民地考察，选择适宜于移民垦殖的地点"[3]。当时位于婆罗洲西北部的砂拉越森林密集，有大片土地亟待开发，负责管辖砂拉越的第二代拉者——英国人查理士·布鲁克正积极寻求合适的劳动力来开垦这片土地。1900年6月，黄乃裳在考察了位于砂拉越的拉让江流域之后，与查理士·布鲁克签署了开垦诗巫垦场的十七条条约，其中包括"给予垦农耕地，每一成人3英亩，以20年为期，期内免税"[4]等内容。从1900年到1902年，黄乃裳先后在闽清、侯官（今闽侯）、古田、屏南、永福（今永泰）、福清、长乐等县招募垦农1118人，分三批前往砂拉越的诗巫"新福州"垦场，其中来自闽清的垦农约800人。[5]这些来自闽清的垦农为日后闽清人移民马来西亚奠定了基础。

民国时期，中国社会动荡不安，为躲避战乱、国民党抓壮丁、匪患以及其他天灾人祸，不少闽清人通过海外亲友的联系和帮助开始了牵亲引戚向马来西亚等东南亚国家迁移的历程。根据《闽清县华侨志》的记载，从1916年到1941年，闽清全县共有1149户6000多人移民海外，其中95%都是去砂拉越。[6]到2004年，闽清县海外华侨华人总数为259655人，其中在马来西亚的为209755人，约占总数的81%[7]，马来西亚成为闽清人在海外的最主要侨居地。

二 三十年来闽清与马来西亚民间个体交往之演变

尽管中马两国于1974年就正式建交，但在建交之初，中马双方都采取了比较谨慎的态度。对中国来说，马来西亚是中国发展与东盟国家关系的示范，因此，在对马来西亚方面，中方采取的是小步稳走的策略，"尽量照顾对方的愿望和接受程度"[8]。而马来西亚政府方面也顾虑重重，担心马来西亚的华人回到中国后会受到中国共产党的影响，进而对马来西亚的国民团结和民族塑造产生不利影响等，用前马来西亚驻华大使达图·阿卜杜勒·马吉德的话说："马来西亚当时出于对涉及自身安全利益的种族和意识形态问题的考虑，主要持一种谨慎与怀疑的态度，侧重首先发展国家间的关系，而将两国的民间关系放在稍后的阶段。"[9]正是出于这样的顾虑，在中马建交后的前10年，马来西亚政府严格限制其国民来华探亲或旅游，马来西亚政府的这一态度也影响了祖籍闽清的马来西亚华人与祖乡之间的交往。从20世纪80年代中期起，随着两国关系的不断改善，尤其是1990年，马来西亚政府最终取消其公民赴华的诸多限制，两国民间个体的交往才逐渐频繁。

在笔者看来，从20世纪70年代中期迄今，闽清与马来西亚民间个体的交往大致可分为三个阶段。

第一个阶段：20世纪70年代后期至80年代中期，侨乡闽清与马来西亚两地间的亲人努力恢复或加强彼此的联系。如前所述，自20世纪初起，迫于生计和国内局势的闽清人就开始了牵亲引戚移民马来西亚的过程，当他们在异域安定下来并且经济状况得到一定程度的改善之后，往往通过各种方式帮助留在家乡的亲人：或牵亲引戚，将更多亲人带往马来西亚谋生；或汇寄钱款与物资，为家乡亲人的日常生活提供必要的资助。尽管受时局和当时通信条件的限制，但侨居马来西亚的闽清人与家乡亲人之间仍保持着相应的联系。新中国成立之初，受东西方意识形态和冷战格局的影响，马来西亚等东南亚国家开始限制中国移民入境，与此同时，新生的中国政府也需要动员全国民众的力量恢复和发展生产，在这种背景下，闽清出国的人数迅速减少。"文革"期间，由于与海外亲友的联系被认为是"里通外国"等，闽清人与海外亲人之间的联系受到了一定的影响，除了部分仍保持时断时续的联系外，有相当一部分人与海外的联系被迫中断，直到20世纪七八十年代，随着改革开放后马来西亚华人陆续返乡，这些一度中断的或时断时续的联系才得以恢复或加强。这从笔者的访问调查及亲身经历中可以得到更切实的体会。

受访者A有一个亲戚在马来西亚，他告诉笔者：

> 我的爷爷有多个兄弟，后来家中遭遇了一场大的变故，兄弟中只剩下我爷爷一人。我爷爷的一个弟媳在那场变故后就带着她年幼的儿子去了南洋①。[是什么时候去的？]听说是（20世纪）30年代吧，我们闽清当时有很多人去南洋。我爷爷的那个弟媳后来就没有再和家里联系过。（20世纪）80年代，我们村里有个人从南洋回来，盖侨联会、建小学。我们听说那个人在南洋挺有本事的，就去找他，把我爷爷那个弟媳的情况告诉他，让他帮我们去问一下。每次南洋有人回来，我们都去问，后来还真联系上了。

---

① 在闽清当地，人们习惯将马来西亚、新加坡等东南亚国家称为"南洋"。

受访者 B 的情况与受访者 A 有些不同，他的两个叔叔于 20 世纪 30 年代末为躲避国民党抓壮丁去了马来西亚，B 的父亲与祖父留在家中。此后 B 在马来西亚的两个叔叔始终保持着与家乡的联系，即便在"文革"时期，这一联系也不曾中断。B 说：

> 我的两个叔叔出去后，和家里一直保持书信联系。三年困难时期，我的两个叔叔还经常寄东西回来，什么墨鱼干啦、麦片啦，多亏了他们。"文化大革命"时，写信出去检查得很严，我们还有写信互相问候，只是相对少了些。（20 世纪）80 年代初，我的两个叔叔虽然过世了，但是我还在（世）的那个婶婶带着我那些堂兄弟们回来，后来我们和南洋那边的兄弟们联系就更多了。

笔者的叔公也在马来西亚，长期与家乡失去联系。在笔者的童年时期，每逢村中有人从马来西亚返乡探亲，笔者的父母就前去拜访，希望通过他们能与在马来西亚的叔公恢复联系，笔者也常常跟随父母前往。在笔者的印象里，当时那些有亲人从南洋回来的人家里，前来询问的村民常常挤满了房间。正当我们想方设法希望联系叔公一家时，在马来西亚的叔公也通过返乡探亲的马来西亚华人四处打听我们的消息。1988 年，多年没有联系的两家人终于恢复了联系。类似这样的联系过程和结果在当时的闽清十分常见。

第二个阶段：20 世纪 80 年代中期到 90 年代末，随着中马两国关系的进一步改善，侨乡闽清与马来西亚亲人之间的交往更加频繁。从 20 世纪 80 年代中期起，马来西亚政府开始调整对华政策。1985 年，马来西亚总理马哈蒂尔首次访华，两国领导人就中马关系和国际问题举行会晤并取得圆满成功，之后两国高层间的互访开始频繁。1989 年，在许多国家谴责中国的情况下，马来西亚政府表示理解并毅然派团访华。不仅如此，马哈蒂尔还多次在国际场合驳斥"中国威胁论"，中马两国关系不断改善，进入所谓的"蜜月"时期。[10] 1990 年，马来西亚政府最终取消了马来西亚公民赴华的诸多限制，对中国公民访马限制也有所松动，两国民间个体的交往因为两国外交关系的进一步改善而开始变得频繁起来。

在侨乡闽清，从 20 世纪 90 年代起，返乡的马来西亚华人逐渐增多。1990 年，笔者的叔公终于在离开祖乡半个多世纪后第一次返乡了。20 世纪 90 年代，闽清的一般家庭物质生活并不宽裕，居住的条件也远不如今天，尽管如此，笔者的母亲仍倾家中所有热情招待叔公夫妇俩，带着其已故母亲遗愿的叔公也丝毫不介意笔者家当时的居住和生活条件，放弃了前往县侨联招待所居住的邀请而居住在笔者家。在叔公返乡的那些日子里，笔者家除了也挤满前来打听在马来西亚亲人的同村人外，还来了不少要和叔公攀亲认戚的远的、近的、认识的、不认识的且争相邀请叔公前去他们家做客的"亲戚"。叔公带给笔者家的那些罐头、衣服甚至斧标驱风油等，在物质依然匮乏的那个年代让这些拜访者和所谓的"亲戚"们羡慕不已。"你们家是华侨户了，以后你就不用读书了。"

这是叔公第一次返乡时一个邻居曾对笔者说的一句话。时隔 20 多年，这句话以及当时邻居说这句话的表情，依然清晰地印在笔者的脑海里，家里有"华侨"、是"华侨户"成为笔者一家在当时的一个显著特征。1992 年，笔者的叔公再次返乡，笔者家门庭若市的现象依然不变。

在侨乡闽清，20 世纪 90 年代类似笔者家上述这样的现象十分常见。一旦谁家里有亲戚从马来西亚回来，谁家往往就成为同村人羡慕的对象，而且这些家庭当时在儿女的婚嫁问题上也较"非华侨户"更具优势。"家有华侨"成为 20 世纪 90 年代的侨乡闽清人引以为豪的荣耀，为此，如果返乡的华人在闽清有多个亲戚，亲戚间争相邀请返乡者去自己家住甚至因此互不相让直至争吵的现象屡有发生。尽管如此，多年远离祖乡、渴望返乡谒祖的迫切心情仍使一拨又一拨的马来西亚华人踏上了祖乡的土地。祖乡亲戚的热情款待和返乡华人带给亲戚们的各种礼物甚至马来西亚货币以及由此产生的"华侨户"的荣耀等，则进一步强化了祖乡亲戚及其与返乡华人之间的情感纽带。这期间，除了华人返乡外，一些闽清人也应邀前往马来西亚探亲，例如前面提到的受访者 B，20 世纪 90 年代就曾两次应其堂兄弟邀请前往马来西亚。和中马两国这个时期处于"蜜月"期一样，侨乡闽清与马来西亚两地民间的个体这个时期也处于一种你来我往的亲密交往中。

第三个阶段：约从 20 世纪 90 年代末起，尽管侨乡闽清与马来西亚的亲人之间还继续交往，但马来西亚华人返乡却没有了昔日被争相邀请的场面，两地间亲人往来的频率和交往的密切程度也开始呈现减少与弱化的趋势。以笔者叔公一家的返乡为例，如前所述，20 世纪 90 年代，笔者的叔公夫妇俩曾两度返乡，当时门庭若市的现象让人至今印象深刻。2005 年，为了让子孙认识祖乡并且延续和祖乡的联系，叔公夫妇俩带着儿子、儿媳、女儿以及孙辈等十几人回来。这一次，除了偶有一些邻居前来小坐之外，再也没有了之前门庭若市的那种盛况。2014 年，叔公已经过世，他的儿子、儿媳、女儿以及移民到澳大利亚的其中一个儿子及其孩子再度返乡，邻居们平静得如同平常别人家来亲戚一样，再没有人为此专门到笔者家拜访了。不仅华人返乡不再被认为是一件稀奇事，更有甚者，一些返乡华人还受到了亲戚们的冷遇。受访者 C 的伯父也在马来西亚，他告诉笔者：

> 我伯父现在都没回来了，一是年纪大了，二是也不愿意回来。［为什么？］回来干吗？对我们来说，又要接送，又要招待，还要陪同他，我们哪有这么闲？再说了，他给我们几个兄弟的一点点钱，还不够我们接待他花的。

笔者私下了解到，受访者 C 的伯父前两年返乡时，C 的几个兄弟互相推让，不愿意接待他们的伯父，据说老人家因此很不愉快，在宾馆住了两天，很快就返回马来西亚了。

受访者 D 家里没有亲戚在马来西亚，对侨乡人对待返乡华人的前后态度变化，他是这样理解的：

> 过去我们闽清穷，那些家里有人从南洋回来的，物质上多多少少会得到一些帮助。回来的人一般都会给一些马币，那时候一马币可以换三块多人民币，要是给个三五百、上千的，就很了不得了，争着、抢着（接待）华侨的人自然就多。现在马币不值钱了，最主要的是我们这边生活也好了，当然态度就变了。

受访者 E 的舅父在马来西亚，他的舅父和舅母如今都已过世，E 和在马来西亚的表兄妹们的联系也在变化中，他告诉笔者：

> 我在南洋的表兄妹有好多个，舅父、舅母在的时候和我们还有联系。现在两个老人不在了，（我）和那些表兄妹的关系不像自己家里的那些亲戚，（和他们）没什么感情，所以现在基本没有联系了。大家各过各的，我也懒得去打听他们的情况。

在调查中，类似上述访谈者所说的现象在闽清如今已相当普遍，特别是那些亲戚关系并非十分密切的家庭，这样的现象更为常见。当然也并非所有有亲戚在马来西亚的家庭都发生了这样的变化，前文提及的受访者 B 就告诉笔者：

> 我在南洋的婶婶今年快九十岁了，没办法再回来。我们兄弟几个和南洋那边的堂兄弟关系一直很好，每年都有一两个堂兄弟轮流回来，我和我的几个弟弟偶尔也出去。去年我一个堂弟的儿子结婚，特地邀请我们几个兄弟出去，我和我老婆都去了。逢年过节，我那些堂兄弟还寄钱回来让我们帮忙买纸钱烧给祖宗。

就笔者家和马来西亚叔公一家人的交往而言，彼此间的联系也一如既往。叔公离世后，他的几个儿子、儿媳和女儿甚至孙辈继续和我们保持联系，逢年过节，我们互致电话问候。而且借助微信的力量，两家人之间的通话、照片的传递以及对某些问题的交流因为比以往更加方便而变得更频繁了。

三　侨乡闽清与马来西亚民间个体交往演变的原因

回望 30 年来侨乡闽清与马来西亚两地亲人之间从努力获取联系到交往整体呈现弱化的演变，笔者以为，造成这一演变的原因主要有以下几个方面。

首先，侨乡人不断改善的经济状况是影响侨乡闽清与马来西亚民间个体交往的重要原因。闽清是福州市下辖的一个山区县，境内多山，长期以来居民以务农为主。从

1980年12月起，闽清开始实行多种形式的家庭联产承包责任制，同时各乡镇也开始积极发展相应的乡镇企业，从农业集体劳作束缚中解放出来的农民生产积极性空前高涨，乡镇企业的发展则为农民增加收入提供了可能。从20世纪80年代中期起，闽清县农民年人均纯收入经历了3次跨越性的增长：（1）1991年以前，闽清县农民年人均纯收入始终保持在1000元以下，其中1987年的闽清县农民年人均纯收入为486元，1991年为950元；（2）从1992年起，闽清县农民年人均纯收入突破千元，达到1052元，到2012年则增加到9259元；（3）自2013年起，闽清县农民年人均纯收入突破万元，达到10317元。在农民年人均收入增长的同时，城镇居民年人均可支配收入也同步增长。1999年，闽清县城镇居民年人均可支配收入为6109元，2013年则增加到22602元。[①] 收入的增长使闽清人的物质生活水平迅速提高。以笔者所在的村庄为例，20世纪80年代，全村只有少数几部黑白电视机。每当夜幕降临，这几户拥有电视机的人家的院子里，常常挤满了自带小板凳前来看电视的左邻右舍，当时闽清人的生活水平可想而知。而今日的侨乡闽清，绝大多数家庭拥有一应俱全的各类高档家用电器。另外，从闽清人的出行来看，摩托车已几乎成为每个家庭必有的交通工具。除此之外，一个家庭中拥有一部甚至两三部小轿车乃至名牌轿车也已经成为很常见的现象。

在这样的背景下，当那些返乡的马来西亚华人——通常更多的是对祖乡有深厚的感情且上了一定年纪的人，再像20世纪八九十年代那样给予侨乡人一些礼节性的财物馈赠时，侨乡人自然已不会再像当时那样感觉珍贵，家庭经济状况的改善和生活水平的提升已使大多数闽清人不再像过去那样需要返乡华人在经济和物质方面提供帮助了。而且面对经济状况和自己差不多甚至还不如自己的返乡华人时，闽清人的内心深处难免还会产生某种优越感。此外，由于20世纪八九十年代大多数的返乡华人与侨乡亲人之间是在分隔多年之后再相聚的，彼此间的亲情关系不够牢固，因此，单纯依靠这些返乡华人基于亲情和礼节考虑所给予侨乡人的零散性经济和物质馈赠已不再能成为稳固双方交往与联系的基础，一旦其中一方的经济状况发生变化，很容易就会破坏彼此的交往。

其次，侨乡闽清与马来西亚的个体双方亲情关系逐渐疏远，这是影响双方交往的又一重要原因。从返乡华人的角度看，20世纪八九十年代返乡的马来西亚华人有的是父母出生在闽清，有的则是自己本人就出生于闽清并在幼年时期前往马来西亚，这些返乡华人对祖乡有诸多的记忆，他们的故土观念和对祖乡的感情都很深厚，与祖乡亲人的交

---

① 上述七个数据分别出自：龚雄主编《福州经济年鉴·1988》，中国统计出版社，1988，第119页；龚雄主编《福州经济年鉴·1992》，中国统计出版社，1991，第140页；黄序和主编《福州经济年鉴·1993》，中国统计出版社，1993，第223页；张硕主编《福州年鉴·2013》，方志出版社，2013，第359页；张硕主编《福州年鉴·2014》，方志出版社，2014，第332页；赵时可主编《福州年鉴·2000》，中国统计出版社，2000，第166页；张硕主编《福州年鉴·2014》，方志出版社，2014，第332页。

往意愿也最强烈。而最近十多年来返乡的马来西亚华人主要是上述这些华人的第二代或第三代,由于从小居住在马来西亚甚至再移民到其他国家,他们对祖乡的印象往往只是从父辈那里间接移植的,对祖乡的情感自然不如祖父辈那样深厚。同时,当他们秉承祖父辈的心愿返乡探亲时,接待他们的也大多是祖父辈在祖乡的亲戚的后代,按照侨乡闽清人用来形容亲戚关系维持时间长短的一句习惯说法——"一代亲,二代表,三代了"①,这些返乡的第二代、第三代华人和接待他们的侨乡人之间的亲情关系已在疏远之列,这样原本就缺少联系基础的双方的交往自然就更加疏远。

当然,在侨乡闽清与马来西亚华人交往的问题上,借助当今发达的通信技术以及多样化的交流手段照样可以使两地的亲人随时随地更加方便地联系,甚至产生"天涯若比邻"的感觉,从而在一定程度上弥补直接的、面对面交往的缺失。但这样的交往方式毕竟是片面的、碎片的,在中国这块强调共同生活产生亲密关系的土地上,人们更强调的是"远亲不如近邻",即便是关系很亲近的人也可能因为长期的空间分隔淡化彼此的亲情,更何况本来就已经关系疏远的交往双方。

最后,马来西亚华人尤其是年轻一代华人,对祖乡的认同已经明显弱于他们的祖父辈,这也成为影响当前侨乡闽清与马来西亚民间个体交往的潜在因素。随着时间的流逝,侨乡闽清与马来西亚华人中的老一辈都已逐渐老去。当前与侨乡闽清交往的马来西亚华人大多数从小就接受西方教育,因此,他们在生活习惯、宗教信仰以及待人处事等方面都已趋于西化。与他们的祖父辈相比,这些华人对祖乡的认同或所谓的"根"的意识已经淡漠。受访者 F 是笔者认识的一位祖籍闽清的马来西亚华人,目前在马来西亚一所大学就读。2012 年他跟随父亲、叔叔等人第一次回祖乡闽清探亲,之后再没有回来过。在搜集本文写作资料的过程中,笔者曾通过微信对他进行访谈,当问及他是否还有返回祖乡的打算时,他表示没有这个想法。此外,从侨乡闽清这些年返乡的马来西亚华人来看,他们中的绝大多数是中老年者,年轻人寥寥无几。这些在某种程度上表明,年轻一代的马来西亚华人对祖乡闽清的认同已经弱化。

当前,侨乡闽清人与马来西亚华人交往过程中已经出现的或仍然保持,或若即若离,或几乎已经中断的联系说明,中马民间个体的交往已经出现问题。国之交在于民相亲,民相亲在于心相通。海外华人与侨乡民间个体之间的交往素来是华人所在国与中国之间交往的重要组成部分。就中马两国民间个体交往的这一演变而言,如何超越传统血缘和宗族认同的维度以提升海外华人尤其是年轻一代华人对祖籍国和祖乡的认同,如何根据现实发展的需要以延续并加强两国民间个体的交往,使海外华人与我们心意相通,

---

① 在闽清当地,这句话的意思大致是:第一代的亲人,如兄妹姐弟之间,是很亲的;到第二代,也就是兄弟姐妹的孩子——表兄弟姐妹之间,关系就不如第一代那么亲近了;再到表兄弟姐妹的下一代,彼此的亲情关系基本就了断了。

使两国人民之间的交往更加融洽，是中马民间交往的个体双方以及相关侨务部门必须面对和思考的问题。

注释

[1] 闽清县侨务办、侨联会编印《闽清县华侨志》（修订稿），1989，第 1 页。
[2] 黄乃裳：《绂丞七十自叙》，载马照南主编《黄乃裳》（纪念画册），2004，第 103 页。
[3][4] 詹冠群：《黄乃裳传》，福建人民出版社，1992，第 63、78 页。
[5] 闽清县地方志编纂委员会编《闽清县志》，群众出版社，1993，第 667 页。
[6][7] 闽清县侨联编印《闽清县华侨志》（简稿），2004，第 15、14 页。
[8] 刘一斌：《中马关系——从平淡到全面战略伙伴》，《湘潭》2013 年第 11 期。
[9] [马来西亚] 达图·阿卜杜勒·马吉德：《中马关系与马来西亚的对外政策》，《当代亚太》2003 年第 9 期。
[10] 廖小健：《冷战后中马关系的互动与双赢》，《当代亚太》2005 年第 4 期。

砂拉越诗巫福州人再移民

——以澳大利亚珀斯与塔斯马尼亚岛屿为例进行比较研究[*]

林芳燕[**]

摘　要：1901 年，福州人在黄乃裳的率领下前往婆罗洲岛上的拉让江畔诗巫展开一段血泪拓荒史。100 多年来，历代的福州后裔在砂拉越及马来西亚各个领域都有杰出的表现。迄今诗巫福州人勇于冒险的精神继续在其后代中延续着，先辈在诗巫崛起后，其下一代又再移民至其他国家。100 多年来，诗巫福州人已遍布世界各个角落。以澳大利亚的珀斯及塔斯马尼亚岛屿为个案，在实地勘察两地诗巫福州人再移民后的各种生活面貌的基础上进行比较研究，可了解诗巫福州人再移民澳大利亚的原因、移民后的生活状况、所从事的职业、福州语言及文化的赓续，以及卫理教会的发展等各方面的情况。

关键词：诗巫福州人　拓荒史　再移民　澳大利亚　珀斯　塔斯马尼亚

一　前言

在砂拉越的经济发展过程中，诗巫福州垦民扮演着举足轻重的角色。而后，诗巫福州人再移民至世界各个角落，赤手空拳地开辟出一片片新天地。诗巫福州人凭着敢于冒险、凝聚力强的拓荒精神在各领域开创新事业，继而成为世界经济领域奇葩，绽放出其

---

[*] 本文原载于《闽江学院学报》2016 年第 3 期。
[**] 林芳燕（1966~），女，福建南平人，马来西亚大学中文系 2010 级博士研究生，澳大利亚珀斯中文学校教师。

独特的馨香。他们的卓越表现引人注目，然而针对他们的发展情况进行实际勘察研究的论文可谓凤毛麟角。

有鉴于此，本研究将回溯已拥有100多年历史的福州垦场的发展过程，探讨诗巫福州人的拓荒精神及其在经济领域的贡献和之后的再移民因素，其发展趋势及晚近的生活面貌等。本文将实地勘察比较源自诗巫的福州企业家如何在澳大利亚珀斯及塔斯马尼亚岛屿的各领域赓续着福州精神及文化，希望能抛砖引玉，以引起年轻一代的海内外华人对福州拓荒史及其价值的重新认识，进而厘清自己的根源并保持其持续性。本文更期盼先贤们艰辛开拓垦场的丰功伟绩能获得重视及肯定，继而成为后人学习的榜样并名扬四海。此外，诗巫福州企业家在世界各地经济领域的成功实例，也将成为年轻一代的学习楷模及臻至人生目标的动力。

二 诗巫福州垦场100多年的嬗变历史

诗巫是一个充满活力、发展迅速的城市，它位于砂拉越的中部，大多数当地华人的祖籍地是福州。从历史的角度来看，福州人来砂拉越并非通过常见于东南亚各地的"链式移民"模式。华人涌入砂拉越源于19世纪中期。当时的詹姆士·布鲁克，一个来自英国的冒险家，敏锐地察觉到即将面临分裂的砂拉越的政治局势（当时砂拉越是文莱领土的一部分），进而在该领土占有一席之地。第二代拉者查尔斯·布鲁克发觉，如果砂拉越要继续繁荣，就需要节俭又有进取心的华人来开发。他很欣赏勤奋又努力的华人垦民，就制订了一个号召更多华人帮忙开发砂拉越的计划。1900年，他遇到来自福州的华人领袖黄乃裳，随即两人签订合同，约定在接下来的18个月内由黄乃裳引进1000名华人来到拉让流域帮助开发农业。

黄乃裳在会见了查尔斯·布鲁克之后，于1900年4月在拉让江上游勘察了13天。他发现诗巫的红河是一个非常好的地方，之后他就回中国开始预备及游说同乡的族人一起移民到诗巫。当时的中国正处于旱季，加上各种反基督徒活动和内乱的局势，国内社会动荡不安。抛弃对家乡及父母的眷恋之心，很多年轻人接受了黄乃裳前往新乐土开创新生活的提议。

黄乃裳的努力终于有所成果。1901年1月21日，一批为数72人的福州垦民经过颠簸的航行后终于抵达诗巫；随之第二批垦民于1901年3月16日抵达诗巫；同年6月，第三批福州垦民抵达诗巫。他们把诗巫称为"新福州"，黄乃裳也因此被称为"港主"，意即诗巫福州垦民的港主。然而对当时的垦民而言，生活并不是那么顺利。除了土地贫瘠和不适应当地的新环境外，福州垦民还遇到了令人惧怕的各种挑战，生活对这些垦民而言是艰辛的。由于持续不断的倾盆大雨及森林里成群结队的老鼠的咬啮，农作物没有丰收。其他新的垦荒地也受到昆虫、野猪、蛇及鸟类的蹂躏，还有垦民因感染霍乱而失去生命。面对种种不利因素，垦民被迫寻求黄乃裳的帮助。黄乃裳当时也面临资金匮乏的局面，因此他决定实行征税计划。更糟糕的是，由于他强烈谴责及反对鸦片和赌博，他被当时的鸦片商及殖民地官员视为眼中钉。根据记录，因为有太多反对黄乃裳的声浪，所以他认为最明智之举就是返回中国。在确定替代他的富雅各牧师是个值得托付及信任的领袖后，黄乃裳于1904年挥手告别诗巫垦场。

自1904年开始，在富雅各牧师的带领下，垦场的情况逐渐改善。富雅各牧师的适时抵达，不但挽救了近乎瓦解的福州垦场，还使它迅速地发展起来。1904年，富雅各牧师引进了橡胶树种子，教导垦民如何种植橡胶树及扩大拉让流域的橡胶园。垦民们发觉种植橡胶树和胡椒远比种植稻谷来得好，因此垦场开始迈入盛产橡胶及胡椒的时期。

在富雅各32年的领导之下，福州垦场不但取得了成功，还开始向马来西亚境内扩展。垦场逐步扩展至拉让江两岸，即加拿逸（1910年）、泗里街（1912年）、马来奕（1914年）、美里（1920年）、峇南（1920年）、民丹莪（1922年）、加帛（1923年）、木胶（1925年）、民都鲁（1926年）、实巴荷（1926年）、林梦及斯里阿曼（1959年）。

在这100多年的垦场过程中，诗巫福州垦民经历了布鲁克政权的统治时期、日军南侵沦陷时期、英属殖民地时期以及马来西亚联邦时期。

三 100多年后的诗巫福州垦场

100多年后的今天，诗巫福州垦场在社区领袖的带领下快速发展起来，诗巫福州人以诗巫为中心向各地迁徙扩张。1945年第二次世界大战后，诗巫的福州籍人口迅速增长，现已成为砂拉越州最大的华人方言群。根据2010年马来西亚人口统计调查，在马来西亚35万的福州人中，砂拉越福州人就有21万人，诗巫福州人有9万多人。[1]诗巫福州人的谋生方式由糊口的稻谷种植成功转向胡椒种植、橡胶树种植、伐木业、造船业等，乃至今日享誉各方的多元化、集团化、全球化的企业经营。[2]

诗巫福州人在伐木业中的表现尤为突出，可谓叱咤风云、独领风骚。随着伐木业的昌盛，船运业也应运而生并逐渐占据重要地位。福州商业巨子擅长将累积的财富投资于酒店及旅游业，进而扩展至多元化的商业活动。砂拉越州的福州人在华族中被公认为是最具有能力的，他们不仅在商业与政治上的影响力扩张迅速，而且人口比例也上升了很多。[3]拉者维纳·布鲁克曾说道："福州人者，砂拉越之家产也（Foochows are assets of the state of Sarawak）。"[4]由此可见，福州人在砂拉越的地位举足轻重。

最具有代表性的福州公会成立时的宗旨是照顾会员们的福利。在早期，各省份的福州公会成为游客的庇护所，也为会员提供各方面的帮助。福州公会不但巩固了会员间的联系，也为当地经济的发展作出了一定的贡献。同时，福州公会也扮演了资讯交换及联络情谊的角色。100多年后的今天，诗巫福州公会不但仍然定期举办传统佳节的会员联谊会，还倾注了更多的文化因素在其中。在刘伯举主席的领导下，拥有7000多名会员的诗巫福州公会开办了福州话班、诗钟班、赞美操班、华乐班、国际讲演会班，提供婚姻注册服务，同时也注重文字出版。除了每十年出版的垦荒纪念特刊外，还出版《榕声茶韵》，加强了福州拓荒史的介绍和传统美食文化的宣扬。位于福州公会旁边的世福文物馆荟萃了由早期垦民后裔所捐献的各种物件。通过影片播映、藏书丰富的图书馆浏览和穿梭时空的文物馆展览，一部跌宕起伏的拓荒史就呈现在眼前，也将100多年的垦荒史浓缩在文物馆的各个角落。

　　100多年后，我们看到诗巫福州人不但对家乡有巨大的贡献，在国际舞台上也绽放着耀眼的光彩。不论是商业巨子还是专业人才，他们都在为诗巫塑造一个耀眼的品牌。诗巫福州人在国际舞台上被誉为商业奇葩，业务遍及全球。一些知名的福州企业家，名字甚至出现在国外著名的财经杂志上。另外，到中国原乡的寻根、投资及捐献等活动，也使砂拉越福州人名声大噪，甚至被作为海外华人社群奋斗的一个成功典范。[5]

四　诗巫福州人的再移民

　　回溯开荒伊始，福州前辈筚路蓝缕、胼手胝足地开拓这片土地，同时也带来了中华文化的种子，让它在这块土地上生根发芽和成长。从对原乡的依恋到对马来西亚的认同，诗巫福州族群经历了一段复杂的感情变更，他们对诗巫的本土精神从疏离到亲密，他们逐步地认同这个国家并投入国家建设之中。

　　诗巫福州人在振兴经济、提升教育、升华文化方面都贡献巨伟。[6]他们笃定的信念就是投资孩子的教育可以带来日后强大的经济效益，也可以提高后代的谋生能力。他们千方百计、缩衣节食让子女接受高等教育。他们坚信只有在拥有了渊博的学识及获得新科技的装备后，子女们才能够拥有谋生的能力，才能在社会上立足及在各企业拥有杰出的表现。然而随着高等教育的普及，福州人天性爱闯荡及不安于现状的精神促使大批的诗巫福州人开始移居至世界各个角落，这种迁移的热潮大约从1960年开始。

　　现在放眼世界，有海水的地方就有诗巫福州人的足迹。远至欧洲各国、非洲、澳大利亚、新西兰、日本，甚至所罗门群岛、新几内亚，近至新加坡、越南、印度尼西亚、泰国等地，都可找到诗巫福州人的踪迹。

　　诗巫福州人远赴海外的因素众多。有的移民是为了让子女接受更好的教育，有的是为了经济的发展，有的是为了追求更有质量的退休生活，有的是为了和家人团聚。他们再移民后将现居地视为永久的家园，新的认同逐渐产生。

　　基于诗巫福州人重视子女教育的大环境，迄今移居海外的诗巫福州人多为学贯中西的第三代或第四代的饱学之士。各行各业（尤其是医学领域），都可见到福州子弟在世界各地的斐然表现及崇高成就。然而诗巫的许多人才也因受国外器重而移民在外，间接地造成了诗巫人才的严重流失。

五　从诗巫再移民至澳大利亚

为了探讨诗巫福州人在澳大利亚的发展趋势，笔者多年来进行实地勘察，进一步了解诗巫福州人在澳大利亚珀斯及塔斯马尼亚岛上的生活面貌。经过多番田野考察及人物专访可以看出，从诗巫再移民澳大利亚的福州人依然在这片广袤的土地上赓续着福州精神及文化。

澳大利亚位于南半球，介于南太平洋和印度洋之间，拥有澳大利亚大陆和塔斯马尼亚等岛屿。澳大利亚总面积为769.2万平方公里，其中70%为沙漠和半沙漠。澳大利亚为南半球经济最发达的国家，也是世界上经济最发达的国家之一。英语是澳大利亚最普遍的语言，其他通用语依次为意大利语、汉语、希腊语、越南语等。社会学家把澳大利亚这个典型的移民国家比喻为"民族的拼盘"。自英国移民踏足澳大利亚之后，先后来自世界120个国家的140个民族移民到澳大利亚发展和谋生。由多民族形成的多元文化是澳大利亚社会的一个显著特征，但其中以英国文化为主流。

华人移民澳大利亚的历史可以追溯到1810年。当时只有零星的中国移民来到澳大利亚，其中有"东方绅士"之称的广州人麦世英[7]被认为是第一个在悉尼定居的华人。随着大量金矿的发现，许多华人赴澳当矿工，截至1857年，全澳共有4万名华人矿工，之后这一数字还在不断增加。2014年，澳大利亚人口总数约为2300万人，其中华裔有近100万人。澳大利亚华人涵盖来自中国、新加坡、马来西亚等华人群体及他们的后代。大多数澳大利亚华人选择定居澳大利亚东岸的大都市，其中包括悉尼和墨尔本。

六　诗巫福州人在澳大利亚珀斯

有鉴于澳大利亚土地辽阔及各城镇间距离遥远，本文选择以最靠近砂拉越的澳大利亚西部珀斯及离砂拉越最远的东部塔斯马尼亚岛屿，对福州人在澳大利亚的生活实况进行比较研究。

诗巫福州人从诗巫出发并拓展其足迹来到澳大利亚始于20世纪60年代。福州先贤明白教育的重要性，所以他们拼尽全力也要将子女送往国外，以获取更先进的知识。因此，除了母国中国外，福州先贤还通过各种渠道将子女送往美国、英国、加拿大、澳大利亚、新西兰等地接受更全面的教育。当年带领诗巫福州先贤迈向发展之路的富雅各牧师[8]，为福州人奠定了牢固的教育根基。除此之外，他也扮演着沟通桥梁这一重要角色，让更多的福州子女通过教会获得前往海外接受高等教育的机会。

在澳大利亚，最早及最多诗巫福州移民所在地是东部的墨尔本，珀斯居次，其他可找到诗巫福州人踪迹的城市为布里斯班和阿德雷。20世纪50年代末，富雅各牧师的太太Mary Hoover因为哥哥在珀斯的关系而移民至珀斯并在此终老。同一时期，来自诗巫的福州青年前来珀斯深造。自 1904 年起,在诗巫生活了 45 年的 Mary Hoover,和福州人建立起犹如家人般的亲密关系。她迁居到珀斯后,与来自诗巫的一批年轻学子继续维持着同当年在诗巫一样的亲密关系。学子们每周末前往老人照顾中心陪伴和照料 Mary Hoover,用福州话和她聊天,直到 Mary Hoover 于 1962 年 8 月 3 日离世。

在澳大利亚的砂拉越福州后裔除了来这里接受高等教育继而成为专业人才外,也逐渐在这里成家立业并把家属接到澳大利亚生活。他们在赓续福州文化之余也成立了澳大利亚华人卫理公会,并由当初没有一间教堂到今天拥有 27 间教堂及布道所。[9]

由于矿业的发展,西澳大利亚州是澳大利亚经济最发达的一个州。根据笔者个人田野考察统计,截至 2015 年 11 月,珀斯总人口约有 200 万人,而诗巫福州人只有 2000 人左右,所占的比例很小。经过多年研究,笔者发现诗巫福州人选择居住于珀斯基于以下几项因素。

第一,珀斯距离马来西亚最近。珀斯到吉隆坡的航程约 5.5 小时,从吉隆坡再衔接往砂拉越的航班,全程不超过 8 小时。对于经常往返的商人或移民家庭而言是最简短及最便利的旅程。

第二,矿业的蓬勃发展,间接地为珀斯提供了大量的就业机会。根据笔者的调查研究,在这里就业的福州人,超过 70% 受过高等教育,多从事医生、药剂师、工程师、会计师、教师、矿业技术人员、厨师等职业。此外,从商者则进驻了房地产业、饮食业,也有一部分经营杂货店等。

第三,珀斯一年四季气候宜人,其清新的空气、齐全的公共设施、高尚的人文素养及有规划性的城市发展,深深吸引了许多海外移民。即使每年夏季酷热无比,但来自热带地区的诗巫福州人很容易适应,当地的气候绝对不会成为移民的障碍。

第四,珀斯是福州人密集之地,内聚力强的福州人比较容易找到归属感。对于新移民,福州同乡特别给予关照及指引,甚至对于前来深造的福州莘莘学子都给予自家孩子般的关怀。有鉴于这股强大的凝聚力,它毫无疑问地吸引着更多福州人前来澳大利亚珀斯定居。

第五,澳大利亚华人卫理公会扮演着极其重要的角色。人在海外,坚定的宗教信仰拥有着强大的力量。澳大利亚华人卫理公会在 20 世纪 90 年代于珀斯北部的蒙恩堂成立,之后增设了神恩堂、感恩堂、宣恩堂、信望堂及摩利布道站。教会的会友以砂拉越福州人及前来深造的莘莘学子居多,加上牧师们多来自砂拉越或曾在砂拉越服务过多年,对福州人的生活习惯及习俗了如指掌,因此非常容易与教友们沟通。澳大利亚华人卫理公会延续着卫理公会的宗教宗派及程序,让福州人特别容易找到归属感。此外,教友们在一起可以用家乡话进行交流,分享家乡美食及延续家乡文化,那是另一股乡情凝聚。[10][11]

第六,人在海外,福州人不失寻根及护根之心。在珀斯,不论儿女婚嫁、新生儿满月、新屋迁居或各种节日的庆祝活动等,福州人都延续了福州的传统习俗,或者有的则中西合璧，让福州文化在他乡得以代代赓续。

第七，福州话在海外扮演着重要角色。年轻一代的福州人虽然已不擅长讲福州话，但基于对自己的祖籍地的特殊情结，新一代的福州人会要求公公婆婆尽量以华语或福州话与儿孙攀谈，进而让方言得以在后代中传承。

第八，福州美食在珀斯扎根并发扬光大。单在珀斯就可找到 7 家福州美食餐厅，其中以诗巫福州人经营的"厨香"餐厅最为地道。"厨香"除了在珀斯拥有 3 家分店外，还分别在澳大利亚东部的墨尔本拥有两间分店及布里斯班拥有一间分店。从当初小小的一间餐馆到今天的 6 家遍布澳大利亚各城市的分店，印证的就是福州人的勇于冒险及拼搏的拓荒精神。[12]

在澳大利亚，福州人一样可以吃着家乡口味的干拌面、炒面、汤面、光饼、鼎边糊、糟菜粉干等各种美食。餐厅里售卖的食材多进口自砂拉越，让身在异乡的福州人可以尝到很地道的福州美食。由于福州美食餐馆的设立，福州美食也因此被推荐给其他国籍的食客。来自世界各地的食客，通过福州美食加强了对福州或诗巫的认识。餐馆张贴的拉让江或诗巫街景壁画，一一向世界各地的食客述说着这份浓浓的家乡味道。经常往返砂拉越与珀斯的福州人更是趁回乡之际带回许多地道的家乡小吃与身处异乡的同乡共享，间接地让美食文化得以代代相传，也通过家乡味道拉近了游子之间的距离。

近年来，诗巫福州人在澳大利亚珀斯的移民人数节节攀升。除了福州人长久居住的墨尔本之外，珀斯已居于其他省份之上并成为澳大利亚最多诗巫福州人居住的地方。福州方言、美食及其他传统文化在珀斯绽放着璀璨的光芒，同时也在这里凝聚了一股强大的同乡力量。

七　诗巫福州人在澳大利亚塔斯马尼亚

塔斯马尼亚是一个美丽的小岛，岛上人口约有 45 万，仅占澳大利亚人口的 3%，其中 98.5% 的居民为出生在澳大利亚的英国人后裔，定居在岛上的华裔人口非常少，而福州人更是屈指可数，只有近百人。

根据笔者多年勘察及田野考察，比起珀斯，诗巫福州人比较少定居于塔斯马尼亚，其原因主要有下列数项。

第一，路途遥远导致许多诗巫福州人望而却步。从诗巫起飞到达塔斯马尼亚岛，要先抵达墨尔本或其他城市，再转机至首府 Hobart 或 Launceston，全程需搭乘 3 趟班机，耗时 10 多个小时，实属舟车劳顿。

第二，塔斯马尼亚岛虽然景色秀丽，但气候寒冷，长年低温，最舒适的夏天气温为 20 多摄氏度，然而冬天却极度寒冷。向来习惯于四季如夏的诗巫福州人认为适应这里的气候是一项严峻的考验。

第三，长期以来，塔斯马尼亚岛经济处于低迷状况，就业机会不多。然而源自诗巫的大安集团在塔斯马尼亚岛创造了一个经济奇迹。诗巫大安集团在塔斯马尼亚岛拥有两间板厂。位于塔斯马尼亚岛西北部史密顿的三合板厂于2015年8月7日举行开幕仪式，这间规模庞大的工厂将岛上所收购的桉木加工成三夹板后再运回诗巫大安板厂出口至日本。大安板厂在塔斯马尼亚岛的设立得到当地政府的大力支持，也给岛上的居民提供了许多就业机会。虽然创业过程曾遭到绿色环保人士的抗议，可是诗巫福州人在塔斯马尼亚岛的三合板厂无疑带动了当地的经济发展，同时也让诗巫福州人在木材领域的专业技术得以在岛上及澳大利亚本岛获得技术转移及交流。

在塔斯马尼亚岛上的诗巫福州人为数不多，最大的原因是难以找到一份安定的职业。根据笔者的田野考察，塔斯马尼亚岛西北仅有5户来自诗巫的福州家庭及数位技术人员，因工作关系在此长期定居，这还是因为大安板厂在此设立的缘故。这其中有3户为大安板厂的员工，有1户在塔斯马尼亚岛西北伯尼经营咖啡馆，另1户则在医院担任医生。

岛上最多诗巫福州人居住的地方是岛屿的首府Hobart。在塔斯马尼亚岛上的福州人有的从事餐厅经营，有的开咖啡馆，有的是教员、医生、药剂师、产业经纪人，也有些人是牧师。

尽管塔斯马尼亚岛远离澳大利亚本岛，可是鉴于在当地求学的莘莘学子对基督教福音的需求，澳大利亚华人卫理公会同样将教会的触角延伸至塔斯马尼亚岛上。目前岛上共有3间华人卫理公会教堂，3间教堂分别是位于朗塞斯顿的颂恩堂、霍伯特的布道站堂、伯尼租借的信义堂。远在他乡的福州人在教堂里感觉特别亲切，大家彼此关怀并交流。

纵然隔着千山万水，福州文化一样在塔斯马尼亚岛上赓续交流着。各种婚嫁喜庆活动都遵循福州习俗，家乡美食如福州红酒、红糟一样在这里酿制。唯一不同之处就是制造家乡美食的食材比较难寻，但这阻止不了住在岛上的福州人对家乡美食的眷恋与传承，岛上同乡们通过科技手段彼此交流传授家乡美食的制作技巧。

随着科技的发达，即便在遥远的他乡，福州文化依然可以通过各种渠道在澳大利亚赓续着。塔斯马尼亚虽然是一个偏远的小岛，然而其绮丽的景色、丰富的农产品、淳朴的民风、开放的移民政策及塔州大学的教育资源，会逐渐吸引更多华裔及福州后裔选择移居这个有福之岛。

八 结语

上述研究探讨表明，不论是在诗巫或在澳大利亚的福州人，都拥有极具冒险性、积极性且充满活力的拓荒精神。福州人是一个凝聚力强的族群，他们彼此照应且延续传统的意愿很强烈，对于卫理宗派的宗教信仰更是笃定且不放弃。过去的福州垦民带来了许多宝贵的精神遗产,其中包括笃定的基督教信仰、拼搏的创业精神及勤劳节俭的美德。在海外的诗巫福州后辈与当年父祖辈的不同之处是他们有不同的生存经验,也秉持不同的价值取向,行为选择和社会实践的特征也不尽相同。然而对于这些新生代移民而言,祖父辈不惧艰辛的崇高拼搏精神将是他们学习的楷模,也是他们的精神支持,更是鞭策他们面对困难的动力。

通过对诗巫福州先贤拓荒史的考察及其海外拓展史的追溯,可以让后人借鉴他们的成功经验,并达到鼓励后辈的目的。有鉴于此,我们应妥善运用百多年来先贤们所累积的发展经验及智慧,进而让福州人的优秀精神在海外赓续辉煌、再创新猷!

注释

[1] [马来西亚] 诗巫福州公会编《榕声茶韵》,2014,第 25 页。

[2] 陈琮渊:《文学、历史与经济:砂拉越华族社会发展探思》,砂拉越华族文化协会,2010,第 68 页。

[3] [马来西亚] 蔡增聪:《诗巫华人研究译文集》,砂拉越华族文化协会,2003,第 104 页。

[4] [马来西亚] 林守骍:《诗巫福州垦场 50 周年纪念刊 1901－1950》,1951,第 45 页。

[5] [马来西亚] 蔡增聪:《历史的思索》,诗巫留台同学会诗巫省分会,2004。

[6] [马来西亚] 祝家丰:《文化的韧性与生命力:马来西亚华人文化个案探讨》,载文平强、许德法编《勤俭兴邦:马来西亚华人的贡献》,吉隆坡华社研究中心,2009,第 165～188 页。

[7] [澳] 萧蔚:《谁是悉尼第一中国人》,《人民日报》(海外版) 2004 年 12 月 8 日。

[8] 资料总结自笔者多年来对诗巫赴国外留学的高级知识分子及其后代的采访。

[9] 资料来源于笔者对澳大利亚各州首府卫理公会教堂的多次采访及对卫理公会会督官佰全牧师的访谈。

[10] 林治平:《福州卫理公会移民群体在砂劳越从事垦荒开发及文化教育工作对东马现代化的影响》,载《基督教与中国现代化国际学术研讨会论文集》,基督教宇宙光传播中心,1997,第 452 页。

[11] 林治平:《感恩与述古:基督教对大马华人的影响》,载林文采《历史与文宣》,马来西亚基督徒写作团契,1997,第 306～324 页。

[12] 笔者多次采访"厨香"餐厅的数位股东并与他们分享创业心路历程。

试探福建移民对台湾的拓垦和开发[*]

何绵山[**]

摘　要： 福建人拓垦和开发台湾，是以血缘与地缘为凝聚力的。受此影响，福建人拓垦台湾的模式主要有三种：多人拓垦与多条路线进行、逐步扩大拓垦土地、采用迁移式拓垦。福建人拓垦台湾的方式，可以归结出十多种。以血缘与地缘为凝聚力，是福建移民拓垦台湾的主要特点，它对于快速有效地拓垦开发台湾起到了积极的推动作用。

关键词： 福建移民　台湾　血缘　地缘

一　福建人开发台湾的凝聚力：血缘和地缘

福建人开发台湾，历经古代、近代直到现代的漫长时期，但无论在哪个时代，都是以血缘与地缘为凝聚力，这是一个非常鲜明的特点。福建人早期渡过黑水沟来到台湾这个完全陌生的环境时，面对的困难是难以估计的，因此尽可能联合各方力量以抵抗风险成为一种身不由己的选择，而以血缘和地缘为凝聚力进行联合，自然就成为一种最佳形式。同籍、同乡、同祖、同姓、同方言，就成为结伴的首选。其具体过程为：往往一开始凝聚的是亲缘、地缘最近者，之后逐渐扩大。如亲缘，先认同族，再认同姓；如地缘，先认同村，再认同县。

以开拓桃园大溪镇为例。初次拓垦的基本为福建人。清乾隆初年，有诏安人吕朝

---

[*] 本文原载于《闽江学院学报》2016 年第 6 期。
[**] 何绵山（1954~），男，河南固始人，福建广播电视大学闽台文化研究所教授。

金、吕蕃堂、邱理臣、邱汉明、邱日培、邱强芝，漳浦人潘光义入垦。乾隆十年（1745年），福建闽南移民谢、萧、邱、吕、赖、黄、吴、李、张、邵、江等11姓，率族自凤山北上，开辟桃园的八块厝、下庄仔等地。乾隆中期至末期，又有诏安人吕孟生及其弟吕节，侄吕藩会、吕祥岁、吕祥查，南靖人徐团，平和人李胄样等入垦。[1]从此例可得知，在拓垦初期，在地缘上均为诏安人；在血缘上主要以吕姓、邱姓为主，后扩展为同属漳州府的邻县漳浦潘姓，之后再扩展为闽南11姓。经过一段时间的拓垦和开发，垦地已有了影响，诏安吕姓再来投靠，同时带动了同属漳州府的南靖、平和等地的人来入垦。

以开拓台中大里杙（今大里市）为例。清乾隆初年，来开拓此地者，有平和县人林石、林爽文、林富与林儒兄弟，南靖县人李忠直；乾隆末年，有平和县人林水、林玉玺、林颜、林古华，诏安县人吕日升，南靖县人温秀，安溪县人白钦保、白钦协兄弟，永定县人卢祯诚、曾日有。至乾隆五十年（1785年）前后，大里杙已得到一定开发，与犁头店（今南屯）、四张犁（今四民里）鼎足而三，为台湾中部早期三大聚落之一。[2]在开拓过程中，平和县的林姓无疑是起主导作用的，而之后同属漳州府的南靖、诏安、泉州府的安溪以及汀州府的永定等地的人纷纷加入，推进了垦地的开发进度。

再以台北贡寮乡为例。清乾隆中期，漳州人吴沙来居三貂社，其地与后山"番民"住地噶玛兰毗连，吴沙因善于"通番"，才被允许进入中山开发。人闻吴沙好侠，故纷纷来投，凡"穷蹙往投者，人给米一斗，斧一柄，使入山伐薪，抽藤自给"[3]，由此形成庞大的拓垦集团。因为同乡同籍更容易获得照顾，所以投奔吴沙者大都为漳籍吴姓。正如《议开台湾后山噶玛兰节略》称："然吴沙系漳人，名为三籍合垦，其实漳人十居其九，泉、粤不过合居其一。"[4]故多年后形成大聚落时，同乡、同籍认同的现象也难以改变。据1928年日据时期的《台湾在籍汉民族乡贯别调查》的"贡寮"条统计："贡寮庄总人口一万三千七百人，此中，广东省惠州府籍人占二百人，福建省漳州籍人竟得一万三千五百人。"[5]其中或未精确分出泉州籍人，但经过漫长的岁月，漳州籍人占主体的特点并没有改变。1998年至1999年的《境壤姓氏户数消长顺序表》显示，从1960年至1993年再到1998年，无论是前10姓的吴、林、杨、陈、萧、张、赖、简、谢、江，或者前20姓的郭、卢、王、许、庄、游、连、廖、蓝、薛，或者前30姓的阮、詹、方、曾、吕、叶、邹、戴、龚、曹，或者前40姓的沈、柯、翁、尤、宋、洪、高、钟、何、董，或者前50姓，祖籍为漳州的仍然占大多数。[6]

因为血缘和地缘具有极强的凝聚力，所以族人能长期保留群聚而居的形态，即使在日据时期也没有改变。1926年，据台湾总督府调查，当时新庄郡鹭洲庄地区（含今日芦洲及三重地区）的居民为20621人，其中同属同安籍的就有19900人，占总人口数的97.5%。虽然此时先民入垦芦洲已有200年的历史，但是仍保留聚族而居的形态，其原因是多方面的："首先，血缘和地缘关系是促成同安人大量群聚在芦洲地区的重要原因，因为面对一个陌生的环境，同乡移民成群结队互助合作、共同开垦的情形是相当普遍的事情，藉由宗族关系以及祭祀活动的连结，以共同对抗天旱洪灾、族群分类械斗和土匪海盗的侵犯，这是绝对有必要的。因为这些天灾地难以及人祸兵燹，往往不是一个村庄可以独立对抗，因而即便同安人渡海入垦的时间和宗派不甚相同，但藉由血缘和地缘关系的共同性，在灾害来临时则可联盟互保、互相支援以壮声势。"[7]

二 福建人拓垦台湾的模式

在血缘与地缘的凝聚感召下，福建人大规模拓垦台湾常见的模式主要有以下三种。

1. 多人拓垦与多条路线进行，即在同乡、同姓、同宗的感召集聚下，采用多人联合的方法，各自从不同方向拓垦，持续不断，最终连成一片。以南投中部的鹿谷乡为例，清初闽人入垦此地，主要路线是：（1）自竹山笋仔林进入小半天台地。清康熙五十年至六十年（1711~1721年）之间，南靖县人林各弘（1675—1757年）携子国荣（1702—1766年）等入垦小半天内栋仔，为最早开发的路线。（2）沿浊水溪进入清水沟溪冲积地。清乾隆六年（1741年），漳州人程志成率人沿浊水溪入垦番仔寮、大坵园（瑞田村、清水村），后遇害；乾隆五十三年（1788年），闽人王伯禄重垦旧地。（3）进入鹿谷台地后再延伸，即从竹山延平渡东埔蚋进入鹿谷台地，再向冻顶、大水堀、坪仔顶延伸。清乾隆五年至十五年（1740~1750年）间，南靖人柯清（1720—1783年）入垦鹿谷乡初乡村板仔寮，后平和人苏坦（1706—1782年）入垦冻顶（今鹿谷乡彰雅村）；乾隆二十一年至二十二年间（1756~1757年），泉州人许源培、许学周等，由林屺埔（竹山镇）东进，入垦大坪顶，再由许万青募人拓垦。经持续努力，最终形成初乡庄、新寮庄、坪仔顶、羌仔寮、车輄寮、小半天、内树皮等，号称"大平顶七庄"。[8]

2. 逐步扩大拓垦土地，即在某地长期定点拓垦，以血缘、地缘为依托，组合在一起，将周围未垦之地逐一拓垦。例如竹堑竹北一堡一带，由同安人王世杰率同籍人垦殖；大加纳堡，由泉州人陈赖章开垦；蛤仔兰（今宜兰），由漳浦人吴沙开垦（后由其侄吴化继续）；竹南公馆仔至海口，由漳州人张微扬开垦；东螺之野、八堡圳，为泉州人施世榜集流民开垦；泉州人林列开垦竹堑埔40余庄，以至于海；晋江人吴洛垦彰化以及丁台之野；漳州人郭光文偕勇106人垦角崁社桃仔园地至于海；泉州人施长龄垦东螺；安溪移民进垦拳山；晋江人周家开垦淡水属之雾毛毛（号称"六张犁"）；泉州人张伯宋、林文进等开辟淡水厅树林口后湖地（今林口乡）；泉州人林耳顺垦殖中港社（竹南）；漳州人郭元汾开辟淡北拳山埔并建舍台川圳；漳州人何士兰开辟淡水厅内湖及内双溪庄（士林）；泉州人周黄清、张启祥、高培全、郑守义、张文旭等开垦淡水沟子口地（木栅）；漳州人林江由大里燉庄耕种至猫罗新村（今雾峰）；泉州人沈用垦殖锡口；漳浦人廖富椿开垦摆接；晋江人陈仁愿入垦香山。以上开垦列举并不完整，但都是在清康熙、雍正、乾隆年间。上面所举例子可以说明当时沿海地区开垦几尽，闽南人的开垦步伐已逐步迈向山区。当时所开垦之地，不仅变成了良田，而且有的逐渐变成繁华都市。例如泉州人陈赖章拓垦的大加纳堡，现今已是台北市的一部分；同安人拓展的大龙峒地区，早已成为商业发达之地；晋江、南安、惠安之泉州"三邑人"共同开发的艋舺地区（今名万华），在清道光五年（1825年）即已成为台湾北部的政治、文化、商业中心。

3. 迁移式拓垦，即因台湾某地拓垦已饱和或已无拓垦价值，在血缘、地缘的凝聚感召下，有选择地大规模迁移到其他尚有拓垦空间的地区进行拓垦。如开垦宜兰罗东的民众，就多由台湾西部迁移而来，少有从大陆直接来的，一因"闻兰阳地区初辟"，有拓垦空间；二因"漳籍人颇多"，可互相依靠。[9]据《罗东镇志》所列举最具代表性的24例拓垦：（1）南靖县人余元杰，于清嘉庆年间携眷自台湾西部迁居今五结乡，再入居罗东东安里。（2）漳浦县人吴克洁偕兄弟克溪、克渡来台，初居苗栗，后迁居礁溪四城，再迁罗东十六份庄。（3）诏安县人李恩，于清乾隆十年（1745年）渡海来台，先居苗栗苑里，其下一代李文福于乾隆五十五年（1790年）移居罗东竹林，嘉庆年间再移居今冬山乡南兴村。（4）漳州府人林佛桃，于乾隆年间来台，先居苗栗中港，其后代陆续迁居罗东。（5）南靖县人林和观，于乾隆年间来台，其第三代林井官于嘉庆、道光年间移居罗东西安里。（6）海澄县人林大知，乾隆年间来台，初居苗栗竹南，后于嘉庆年间迁至罗东。（7）漳浦县人林阿水，约于道光年间来台，后迁居罗东红瓦厝，再移十八埒田中央。（8）漳浦县人林敦厚，约于乾隆、嘉庆年间来台，初居苗栗竹南，次子林朴约于嘉庆年间移居罗东。（9）漳浦县人林天宗，约于乾隆年间来台，居苗栗竹南，后人于嘉庆年间移居罗东树林里。（10）漳浦县人林厚得，于嘉庆初年入台，入垦罗东。（11）平和县人林朝淇，约于嘉庆初年入垦罗东。（12）平和县人张忠厚，约于嘉庆年间入台，入居罗东镇义和里。（13）南靖县人张秀彬，约于清乾隆、嘉庆年间来台，垦居台北板桥，其第三代移居罗东十六份庄。（14）海澄县人陈清风、陈明月兄弟，约于嘉庆年间来台，初居沪尾（今台北淡水），后迁居罗东堡竹林庄。（15）漳浦县人陈汝漫，于康熙年间从苗栗县后龙镇龙港登陆，垦居于后龙镇，其第三代陈团约于乾隆、嘉庆年间，从苗栗迁罗东。（16）诏安县人游升平，约于清乾隆年间来台，居今桃园县南崁一带，其长子游道政，约于嘉庆年间移居到罗东镇北成里垄仔底。（17）诏安县人游次轩，约于乾隆年间来台，居今彰化县员林镇一带，后居今桃园县南崁一带，其第三代烈然、烈田、烈北，约于嘉庆年间移居罗东镇树林里。（18）漳州府人黄妹等18人，于嘉庆二十年（1815年）来罗东开垦十八埒，同年漳州府人游龙飞前来罗东垦殖竹林庄。（19）漳浦县人黄猛，约于乾隆年间来台，其第二代黄丹移垦宜兰县员山乡一带，第三代移垦罗东镇西安里。（20）诏安县人杨钞，于乾隆二十四年（1759年）携妻子郑氏及杨晏、杨麟、杨凤、杨雀来台，居苗栗竹南，后移居苗栗后龙镇；嘉庆七年（1802年），杨晏、杨雀移居宜兰汤仔团及三结庄；嘉庆十九年（1814年），杨雀再移居至罗东镇仁爱里。（21）龙溪县人杨阿友，约于道光年间入居罗东镇开元里。（22）平和县人卢子肃，约于嘉庆年间携妻入台，居基隆市，后迁居宜兰县兰阳溪北岸，再迁居罗东镇居仁里。（23）广东揭阳县人赖扬伟，于康熙、雍正年间来台，居于台北淡水厅，其第四代赖容镇于道光二十五年（1845年）迁移罗东阿束社垦居。（24）漳浦县人蓝承显、承略、承著、承罗、承服、承令六兄弟，约于乾隆年间来台，入垦苗栗竹南。嘉庆年间六兄弟再迁宜兰，定居罗东北门外。[10]归结以上先民拓垦的最大特点，即迁移拓垦，在血缘和地缘的感召下，大多数漳州人向宜兰聚集，最终定居罗东。

再如台中大甲的开发，也与迁移拓垦有关。据《台中大甲居民姓氏祖籍、迁移情形调查一览表》中所列福建人开拓大甲情况，可得知：（1）从清康熙中期至清雍正、乾隆、嘉庆、道光、咸丰、同治、光绪、宣统时期再到日据时期，都有拓垦者来大甲开发，即从1723年至1937年，前后共240多年。其中乾隆年间23人，嘉庆年间11人，道光年间10人，光绪年间8人，雍正年间6人，日据时期6人，同治年间3人，咸丰年间2人，康熙年间1人，宣统年间1人。（2）祖籍大都为泉州府，其中同安39人，晋江10人，南安9人，安溪7人，惠安2人，德化1人，泉州1人。（3）前来拓垦大甲者，绝大多数是从台湾其他地方迁移而来的，其中迁移5处1人，迁移4处1人，迁移3处7人，迁移2处17人，直接来垦者仅6人。[11]可见福建人迁移拓垦台湾的特点主要为：一是拓垦时间集中在清代，尤其是乾隆、嘉庆年间；二是以血缘、地缘为凝聚力，同姓、同族、同乡积聚拓垦；三是迁移式拓垦，当某地的拓垦已近饱和或再无拓垦价值时，则再次迁移至其他地区。

三　福建人拓垦台湾的方式

福建人拓垦台湾的方式也受血缘和地缘的影响，可归结为以下十一种。

1. 个人垦殖。这种单打独斗式的个人行为，主要是在拓垦的早期阶段，由于持之以恒，逐渐吸引了大量人前来开发，所垦之处最终均成繁华地区。如明永历十五年（1661年），福建漳州龙溪人陈锦入垦今台南安定乡；明永历年间，郑成功部属、福建泉州人王某入垦直加弄，后裔为现安定村的王氏宗族[12]；明郑时期邱姓泉州人来到大排竹（今白沙镇的大竹里）定居拓垦，被称为"本镇汉族的开垦先锋"[13]；雍正十一年（1733年），永定人胡焯猷由海山堡入垦兴直堡（今新北市新庄）。

2. 同县相约。晋江县莲埭乡人黄朝，洋夏乡人陈宛，乌蓝乡人洪武隆和堂兄弟洪闪，湖鲤乡人林喜春等人相偕携眷，于清乾隆十年（1745年）渡海来台湾之林口拓垦。

3. 同姓合力。这些同姓氏者，往往来自同一地区。明永历四年（1650年），泉州许友仪、许源兴、许盛森联合入垦嘉义县新港乡南港村；康熙四年（1665年）前，漳州人林天生、林万福、林浮意合垦诸罗县笨港。

4. 联合拓垦。以地缘为主，不一定局限于亲戚，凡志同道合者均可联手。如康熙年间，泉州人陈天章、陈逢春、赖永和、陈宪伯、戴天枢等5人，合组成"陈赖章垦号",于康熙四十八年(1709年)开垦台湾北部的大佳腊之野,为汉人开垦八里坌(今八里乡)之始。官方有正式的大腊垦荒告示文件,其中请垦内容为:"台湾府凤山县正堂纪录八次署诸罗县事宋,为垦给单示以便垦荒裕课事,据陈赖章禀称:窃照,台湾荒地现奉宪行劝垦。章查上淡水大佳腊地方,有荒埔壹所,东至雷厘、秀朗,西至八里坌、干脰外,南至兴直山脚内,北至大浪泵沟,四至并无妨碍民番地界,现在招佃开垦,合情禀叩金批准给单示,以便报垦升科等情。"[14] 当时的一份被称为"张广福文件"的合约称:"同立合约戴岐伯、陈逢春、赖永和、陈天章,因请垦上淡水大佳腊地方荒埔壹所;东至雷厘、秀朗,西至八里坌、干脰外,南至兴直山脚内,北至大浪泵沟,立陈赖章名字。又请垦淡水港荒埔壹所;东至干豆口,西至长劲溪南,南至山,北至沪尾,立陈国起名字。又垦请北路麻少翁社东溪,立戴天枢名字。"[15] 康熙四十年(1701年),晋江蔡、陈、郑三姓人氏合垦嘉义县大丘田西堡;康熙末年,晋江蔡、黄、吴三姓人氏合垦嘉义县荐松堡鳌鼓庄;乾隆元年(1736年),南安黄、陈、吴三姓人氏合垦嘉义县的大槺榔西堡三姓寮;乾隆三十六年(1771年),漳州许、邱、黄、刘四姓入垦水沙连堡林尾庄、湳底庄(今南投埔里)。

5. 兄弟联手。此类现象较为多见,之后或终成庞大家族,或分枝外迁。如清雍正初年,南靖县赖姓三兄弟前往今属白河镇的山仔脚东南初垦;乾隆中期,南靖李行有两兄弟合垦今云林斗南;嘉庆初年,泉州林文意兄弟三人合垦港东中里溪洲庄仑仔顶。

6. 族亲开发。往往是先行者在台湾站住脚后,再回福建祖地招集族亲前来台湾。如清雍正三年(1725年),漳州人郭光天入台垦荒,后至台北大安一带,成为台湾北部大地主,乾隆十四年(1749年)光天去世后,子崇嘏、龙文、玉振、传樽等相继招集内地族亲前来开垦。林口乡山腰李氏,先祖李陆、李寅、李梭、李正顺为同族宗亲,一起从泉州来台。

7. 携眷拓殖。台湾开发早期,就有先行的拓垦者陆续携带家眷来台,之后除了清廷严禁携带家眷的时期外,只要有可能,福建的拓垦先民总是设法携带家眷。如出生于明万历二十七年(1599年)的漳州长泰县后庵乡程溪社杨连行,带着小他三岁的妻子章氏,到台南归仁地区拓垦;出生于明崇祯四年(1631年)的漳州龙溪县的翁京,也带着小他三岁的妻子,前来归仁地区拓垦,由于他们比郑成功率大军来台时间更早,故被称为最早来到归仁乡的汉人,其家族繁衍至今;再如彰化芳苑乡新宝村林氏先祖林振交(1752—1822年),原居泉州府同安县民安里十一都田边村,在其入台后,其妻陈池于30多岁时携带4个幼小的儿子来台,时间在清乾隆中期;宁化石壁乡吕考祥于乾隆三十六年(1771年)携眷入彰化县栋东上堡瓦磘庄拓垦;南靖县小溪乡车路墘黄君,于乾隆二年(1737年)携母入高雄县林园乡港仔埔拓垦。

8. 招募乡民。如彰化花坛乡的拓垦:"由于施世榜家族招垦,来自泉州府的佃民,一波接一波涌入,泉人聚落如雨后春笋般的出现。"[16] 施世榜家族在台湾取得开发大片土地的资格后,回到泉州招集乡民渡台垦殖,这些乡民主要来自泉州府的晋江、南安、安溪等县，他们拓垦后即聚居形成聚落。道光八年（1828年），泉州人陈瑞兴、陈元瑞募家乡安溪、晋江、南安人来台，入垦今新北坪林乡坪林尾。

9. 当地招募。有时因拓垦人手不足，就在当地民众中招募。在这种情况下，有大同乡背景的应募者自然成为首选。如果开发顺利，经长期发展后人越聚越多，有些开发地由此成为闹市。如云林斗六地区，清乾隆初年，泉州人杨仲喜召集当地闽南人开店行商，建立街基，至乾隆十七年（1752年）街成。

10. 合股招佃。这种拓垦方式一般是在有了初步积累后的再发展，有时如顺利则一发不可收拾，最后终成大型聚落村庄。合股时，血缘或地缘往往成为重要的考虑因素。以地缘为凝聚的，如清乾隆三十六年（1771年），漳州人邱、黄、刘、许四姓合股招佃，在南投集集林尾形成聚落，以此为基础，不断拓垦，次年开湳底庄，乾隆三十九年（1774年）建吴厝庄，乾隆四十年（1775年）建柴桥头庄，乾隆四十一年（1776年）建八张庄，乾隆四十五年（1780年）集集街形成，乾隆四十九年（1784年）屯田庄建立，乾隆五十二年（1787年）洞角庄建立，乾隆五十六年（1791年）大坵园庄形成，乾隆五十八年（1793年）草岭脚庄成立，集集开垦已成熟，并建租馆收租，取名公馆庄。之后，北势坑庄、头埔仔庄、坪底林庄、鸡笼山庄先后建立，集集也由此成为当地一大聚落。[17]

11. 随军来台。这些人有的是明末随郑成功军队来台的，有的是清代作为清廷驻军来台期满后不愿返回的，他们留在台湾加入拓垦大军。如同安人陈元、陈水池，明末随郑成功来台，入垦大榉根西堡林内庄；南安人陈意境，于明末随郑成功来台，入垦大榉根西堡湾内庄。清雍正年间，"艋舺至北路淡水营都司（后改为参将），统兵六百三十三名，军士皆由福建省各营调来，于八里坌上陆点发之后，分屯南溪、桃园等营汛，例以三年为期，其每期满退营者，多不愿归去，至雍正末年，相继流集于三块石及拔仔林等处，而与南崁方面的移民共辟行园及海口一带。"[18]

综上所述，以血缘和地缘为凝聚力，是福建移民拓垦台湾的主要特点，它对于快速有效地拓垦开发台湾起到了积极的推动作用。

注释

[1] 吴振汉总编纂《大溪镇志》，桃园县大溪镇公所，2004，第164页。
[2] 陈炎正主编《大里市志》，大里市公所，1994，第14~15页。
[3][4][5][6] 唐羽：《贡寮乡志》（上），台北县共寮乡公所，2004，第128、128、128、132~135页。
[7] 李翁月娥主修《芦洲市志》，台北县芦洲市公所，2009，第413页。
[8] 林文灿总编纂《鹿谷乡志》（下），南投县鹿谷乡公所，2009，第618~619页。
[9][10] 游荣华主编《罗东镇志》，罗东镇公所，2002，第99、99~103页。

[11] 廖瑞铭总编纂《大甲镇志》，大甲镇公所，2007，第 409～414 页。
[12] 黄阿有：《安定乡志》，台南县安定乡公所，2010，第 94 页。
[13] 胡全成主编《白河镇志》，白河镇公所，1998，第 47 页。
[14] ［日］伊能嘉矩：《台湾文化志》（下卷），台湾省文献委员会，1991，第 142 页。
[15] 李平编《八里乡志》，台北县八里乡公所，2006，第 218 页。
[16] 曾文勋监修《花坛乡志》，彰化县花坛乡公所，2016，第 163 页。
[17] 陈哲三总编纂《集集镇志》，南投县集集镇公所，1998，第 216～217 页。
[18] 许呈中总编辑《大园乡志》，桃园县大园乡公所，1978，第 73 页。

福州沿海地区新移民问题初探[*]

王付兵[**]

> **摘　要**：自20世纪70年代起，尤其是改革开放以来，福州沿海地区（马尾、长乐、福清、连江）新移民人数增长迅速，是中国新移民人数增长最多的群体，其人数为75万~80万。福州沿海地区新移民出国时的年龄结构主要集中在16~45岁，性别以男性为主；文化程度以高中、初中、小学及以下为主；出国前他们大多为农民阶层或无业青年，出国后多数务工或经商。福州沿海地区新移民对家乡乃至祖（籍）国中国的建设正起着重要的作用，也对移入国产生积极的影响，他们是福建当前和未来经济发展和社会进步的一支重要力量。福建现代化的发展和城镇化的推动，需要丰富的新移民和老华人华侨资源。
>
> **关键词**：福州沿海地区　新移民　人口规模　年龄结构

20世纪70年代起，尤其是改革开放以来，福建的新移民（或称"新华人华侨"）人数增长迅速，是中国新移民人数最多的群体。据福建省侨办和厦门大学南洋研究院2009年的估计，福建新移民人数为260万~280万，若是加上其后代，则已达到300余万人。[1]他们是当前和未来福建现代化和城镇化建设的一支重要力量。按福建各地区的分布来看，福州地区的新移民人数最多。依据实地调查资料和相关文献，本文拟探讨20世纪70年代以来，福州沿海地区（本文指福州市马尾区、长乐市、福清市、连江县四个地区）新移民的迁移特征及其对福建、中国和移居国社会经济发展的影响。

---

[*] 本文原载于《闽江学院学报》2013年第3期。本文为2013年中华全国归侨联合会课题（13BZQK114）的阶段性成果。

[**] 王付兵（1971~），男，福建漳平人，厦门大学南洋研究院、东南亚研究中心副教授。

一 福州沿海地区新移民的人数规模

据笔者2002~2013年参加或进行的10多次福州沿海地区侨乡社会经济发展调查情况来看，福州沿海地区新移民的主要移居地是美国、日本、欧洲，以及南美洲，如阿根廷、巴西等，其中马尾区、长乐市、连江县三地的新移民人数以移居至美国的为最多。

福州沿海地区新移民的移民方式主要有家庭团聚移民、留学移民、劳务输出移民、投资类移民、非正常渠道移民（非正常渠道滞留、入境或出境）。根据笔者的多次实地调查情况看，非正常渠道移民的人数占新移民总数的五成左右。稳定的移民网络机制（移民中介组织、先行移民的牵引和帮助、血缘和地缘网络）的存在是福州沿海地区新移民人数大增的主要原因。

据2009年底统计，马尾区全区海外人口达9万多人，其中亭江镇5.3万人，琅岐镇3万人，罗星街道5000多人，马尾镇3000多人。目前，马尾区平均每年移民海外人数可达1200多人。[2]据有关数据显示，祖籍马尾区的华人华侨有95%是1979年以后出国的，按在移居地出生的华人华侨约占马尾区华人华侨总数1/3的比例来算的话，估计该区的新移民应当不少于6万人。据统计，长乐市新移民人数在2005年已达到16万人[3]，目前估计应有20万人。福清市新移民在2011年估算时大约30万人[4]，目前估计有30多万人。连江县大量移民海外是在改革开放后，据有关部门汇报，目前连江县海外华侨7.5万人，华人13.9万人，出国人员9.4万人，香港人士1.8万人，澳门人士0.6万人。[5]按新移民占华人华侨总数一半比例和出国人员中约六成是新移民人数来算的话，估计连江县的新移民数有16万左右。上述四县（县级市或区）新移民人数累计估算，目前应在75万~80万。

二 福州沿海地区新移民的年龄和性别结构

从年龄结构来看，福州沿海地区的新移民出国时年龄在16~45岁之间，若按现在的时间来看，新移民的年龄结构以30~59岁为主。从性别构成来看，以男性新移民为主，女性新移民也不少。

厦门大学南洋研究院和福建省侨办在2002年12月和2003年12月对长乐进行了两次入户调查，结果显示，长乐的移民（绝大多数是新移民）出国时的年龄以16~45岁的为最多①，约占受访中在国内出生、现居住在国外且有反映具体出国时年龄的移民总

---

① 1941年12月太平洋战争爆发后，除逃避战乱回国6000多人之外，长乐仍有10000多华侨散布于东南亚。1961年侨务部门统计长乐市华侨人数达7760人，他们绝大多数仍居住在东南亚。长乐人大量移民海外的时间是在改革开放时期。参见长乐市地方志编纂委员会编《长乐市志》，福建人民出版社，2010，第887页。

人数的85%；出国时年龄在46～55岁的移民人数也不少，约占受访中在国内出生、现居住国外且有反映具体出国时年龄的移民总人数的9.2%。从性别比例来看，受访的在国内出生、现居住在国外且有反映具体出国时年龄的移民（绝大多数为新移民）男女性别比是183∶100，受访的在国内出生、现居住在美国且有反映具体出国时年龄的移民（绝大多数为新移民）的男女性别比是186∶100。即在国内出生、现居住在国外且有反映具体出国时年龄的男性移民，约占受访中在国内出生、现居住在国外且有反映具体出国时年龄的移民总数的64.7%。受访中美国的移民（绝大多数为新移民，20世纪70年代以前美国的长乐籍移民甚少）男女比例的情形也大体如此，那就是在国内出生且有反映具体出国时年龄的美国男性移民，约占受访中在国内出生且有反映具体出国时年龄的美国移民总数的65%，具体数据见表1和表2。

表1　长乐移民出国时的年龄与性别结构[6]

单位：人

性别\年龄	15岁以下	16～25岁	26～35岁	36～45岁	46～55岁	56岁以上	合计
男	30	211	483	316	121	33	1194
女	19	136	292	131	49	27	654
合计	49	347	775	447	170	60	1848

表2　美国长乐移民出国时的年龄与性别结构[7]

单位：人

性别\年龄	15岁以下	16～25岁	26～35岁	36～45岁	46～55岁	56岁以上	合计
男	25	181	406	273	106	30	1021
女	18	126	235	108	38	23	548
合计	43	307	641	381	144	53	1569

据表1和表2大致可看出，长乐新移民出国时年龄主要以16～45岁为主，46～55岁的也有一定的规模；长乐新移民以男性为多。

根据厦门大学南洋研究院和福建省侨办2007年1月在福清市的入户调查情况，移民南非的福清新移民中，男性移民也比女性移民多，然而女性移民的比例也不小，详见表3。

根据表3我们可算出，南非的女性福清新移民占受访中涉及的全体南非新移民的比例为44.2%。南非有不少女性福清新移民，这与男性福清新移民在南非开店面临人手短缺时，通过血缘或地缘关系让宗亲和同村的女性迁移到南非有关。[8]

表3　南非福清新移民的性别结构*

性别	人数(人)	比例(%)
男	91	55.8
女	72	44.2

* 此次实地调查涉及南非福清新移民163人，均为有效数据。

资料来源：庄国土、郭玉聪编《福建新移民调查资料·福清卷》，厦门大学南洋研究院，2007年1月，未刊；转引自付亮《南非的中国新移民——以福清新移民为例》，硕士学位论文，厦门大学，2009，第39、41页。

至于福清新移民的年龄结构，根据厦门大学南洋研究院和福建省侨办2007年1月在福清市的入户调查情况，移民南非的福清新移民中，青壮年是人数最多的群体，详见表4。

表4　南非福清新移民的年龄结构*

年龄(岁)	人数(人)	比例(%)
10~20	5	3.1
20~30	58	35.6
30~40	70	42.9
40~50	26	16.0
50~60	4	2.5

* 此次实地调查涉及南非福清新移民163人，均为有效数据。

资料来源：庄国土、郭玉聪编《福建新移民调查资料·福清卷》，厦门大学南洋研究院，2007年1月，未刊；转引自付亮《南非的中国新移民——以福清新移民为例》，硕士学位论文，厦门大学，2009，第39、41页。

根据表4我们可算出，2007年时20~40岁的青壮年占被访的南非福清新移民人数的比例相当大，为78.5%，40~50岁的人口也占了一定的比例。

此外，根据何明丽对厦门大学南洋研究院和福建省侨办对福清、长乐入户调查资料的整理，我们可发现，旅日的福清、长乐籍新移民出国时年龄主要集中在18~25岁，其次集中在26~30岁。其中18~25岁的人数是112人，占被访中涉及的两城市日本新移民总数（206人）的54%，略超过被访中涉及的两城市日本新移民总数的一半；26~30岁的人数是41人，占被访中涉及的两城市日本新移民总数（206人）的20%。可见福清、长乐迁移到日本的新移民出国时年龄以18~30岁为主，见表5。

表5　福清、长乐旅日新移民出国时的年龄结构*

年龄	18岁以下	18~25岁	26~30岁	31~35岁	36岁以上
人数(人)	12	112	41	20	21
比例(%)	6	54	20	10	10

* 根据2002年12月、2003年12月、2007年1月厦门大学南洋研究院在长乐和福清侨乡的入户调查资料整理而成。三次实地调查共采集到206位旅日新移民的数据。

资料来源：何明丽《福州地区旅日新移民研究》，硕士学位论文，厦门大学，2008，第31页。

三 福州沿海地区新移民出国时的文化程度

福州沿海地区新移民大部分来自农村，因而其出国时的文化程度较低，以高中、初中、小学及以下文化程度为主。

厦门大学南洋研究院和福建省侨办于2002年12月和2003年12月的联合调查显示，长乐新移民出国时的文化程度很低，详见表6和表7。

表6 长乐新移民出国时受教育程度统计[9]

单位：人

受教育程度 \ 完成情况	在校	毕业	肄业	辍学	合计
小学及以下	24	376	35	99	534
初中	28	792	35	86	941
高中	22	183	7	23	235
中专	2	16	0	1	19
大学专科	0	17	0	0	17
大学本科	12	13	0	1	26
研究生	1	0	0	0	1
合计	89	1397	77	210	1773

表7 美国长乐新移民出国时受教育程度统计[10]

单位：人

受教育程度 \ 完成情况	在校	毕业	肄业	辍学	合计
小学及以下	23	324	31	87	465
初中	16	676	28	75	795
高中	20	153	7	20	200
中专	0	12	0	1	13
大学专科	0	14	0	0	14
大学本科	8	8	0	1	17
研究生	0	0	0	0	0
合计	67	1187	66	184	1504

根据表6我们可看出，出国时初中毕业的新移民占被调查的有反映详细受教育程度的新移民总数的53.1%，小学及以下的新移民占30.1%，高中毕业的新移民占13.3%。根据表7我们可看出，出国时初中毕业的新移民占被调查的有反映详细受教育程度的美国新移民总数的52.9%，小学及以下的新移民占30.9%，高中毕业的新移民占13.3%。

上述两表显示出，大部分长乐新移民出国时的文化程度很低，移民国外的长乐新移民在出国时文化程度主要集中在初中，其次是小学及以下，再次是高中。

根据厦门大学南洋研究院和福建省侨办 2007 年 1 月在福清的入户调查，福清新移民出国时的文化程度以初中和高中为主，详见表 8。据表 8 我们可算出，出国时文化程度为初中、高中的福清新移民占调查有效数据新移民总数（139 人）的 66.9%，略超过 2/3，可见福清新移民出国时的文化程度以初中、高中为主。

表 8　福清新移民出国时受教育程度统计[①]

文化程度	小学	初中	高中	中专	大专	本科	研究生
人数	14	43	50	13	7	7	5
比例（%）	10.1	30.9	36	9.4	5	5	3.6

注：2007 年 1 月南洋研究院和福建省侨办在福清侨乡的调查，涉及 163 位新移民，其中 26 人受教育程度不详，有效数据为 139 人。
资料来源：何明丽《福州地区旅日新移民研究》，硕士学位论文，厦门大学，2008，第 29 页。

根据笔者自 2002 年以来多次参加的福州沿海地区侨乡入户调查和社区问卷调查情况看，福州沿海地区其他县（县级市或区）如马尾区、连江县等，出国时新移民的文化程度同样不高，以初中、小学文化程度为主。

四　福州沿海地区新移民出国前后的职业分布状况

（一）出国前的职业分布状况

从厦门大学南洋研究院 10 多年来在福州沿海地区侨乡的入户调查和社区问卷情况看，福州沿海地区新移民出国前大多为农民阶层或无业青年。此外，还有些新移民为工人、家庭主妇、个体户、教师、学生、干部等。新移民中，无收入者（无业者、家庭主妇、学生等），尤其无业者（他们多是青年人）占不小的比例。

长乐的新移民多数来自农村，他们多从事农业，也就是说，他们出国前的职业主要是农民。地方经济建设对农村土地的征用，造成了农村大批劳动力无地可耕。如 1994 年，长乐人均耕地仅 0.43 亩，大大低于同期福建全省人均耕地的 0.73 亩。长乐的金峰镇华阳村，在 1985 年前大约有 1400 亩土地，因政府征用，到 2002 年、2003 年时，仅剩 300 亩，大部分村民处于失业状态。[11] 农业收入过低及大批劳动力无地可耕，是农民移居国外的主要原因。

在长乐的新移民中，出国前无收入的新移民人数占不小的比例。2002～2003 年，厦门大学南洋研究院和福建省侨办对长乐的两次联合入户调查，涉及出国前无收入的新移民 464 人，其中出国前属于无业的新移民有 271 人，占被访中涉及的出国前无收入新移民总人数的57.9%；出国前是学生的新移民有111人，占被访中涉及的出国前无收入新移民总人数的23.7%；出国前做家务的新移民有78人，占被访中涉及的出国前无收入新移民总人数的16.6%。[12]

福清的新移民主要是因政府征地或农民自身建房用地等原因而失去土地的农民，此外是城市下岗工人等。他们在出国前的收入都不高，据厦门大学南洋研究院和福建省侨办在2007年1月的调查，被访中涉及的121位阿根廷福清新移民中，71.1%的人出国前的年收入都在1万元以下。[13]

（二）出国后的职业分布状况

厦门大学南洋研究院和福建省侨办于2002~2007年在福州沿海地区侨乡举行的多次关于新移民入户调查和社区问卷调查显示，福州沿海地区的新移民出国后多数是务工或经商。

马尾区的亭江、琅岐两地的新移民多数移居美国。据亭江镇政府工作人员的介绍，亭江出去的新移民多从事餐饮业（多在餐馆打工，一部分人开餐馆）。[14]厦门大学南洋研究院和福建省侨办2002年3月3~6日在琅岐的入户调查和社区问卷显示，琅岐的新移民也以去美国的为多，他们在美国主要从事餐饮业（也多在餐馆打工，一部分人开餐馆），有些人则做建筑工。

长乐的新移民整体文化层次不高，因而限制了他们的就业能力。从厦门大学南洋研究院和福建省侨办在2002年12月、2003年12月的联合调查情况看，长乐新移民在美国多从事餐饮业。2002~2003年，长乐新移民在美国餐馆打工的年收入为2万~3万美元，若是开餐馆的话，年收入更高，可以达到5万美元。一般而言，刚到美国的新移民收入会比较低，刚开始年收入低于2万美元。[15]据介绍，截至2013年6月底，长乐的重点侨乡猴屿乡在国外的人口估计有26000人。该乡张村乡亲目前在美国成为博士、学者、专家或教授的有150多人，在全美前十名综合性名牌大学毕业和正在就读的有近百人，张村由此被称为"大学村""博士府"。[16]与长乐其他乡镇的新移民一样，张村新移民也多在餐馆打工，但年轻一代的新移民和他们在美国本土出生的新一代正以更高的素质融入美国社会。如猴屿村第一代华侨郑鑫（男，1965年生），他在长乐一中毕业时未能考上理想的大学，经非正常渠道移民后在餐馆打工，两年后考上了康奈尔大学，现为软件工程师，为美国国土安全局做软件编程。[17]另据介绍，2008年，猴屿乡的华人华侨（含新移民在内）在美国从事的行业有餐饮、律师、保险、证券、旅游、车衣、洗衣、首饰加工等，其中由猴屿人开办经营的商店、工厂、律师所、旅游服务社等企业共有338家，遍布美国各州。此外，在新加坡、日本、荷兰、加拿大、英国等国家，他们多半是办厂经商。[18]

福清和福州地区的其他新移民县（县级市或区）的情况有些不同，该市新移民在海外多从事商贸、劳务或者超市经营。

据了解，在日本的福清新移民不少。据福清市侨办 2004 年普查统计，福清到日本的出国人员总数有 35826 人，远比到其他国家的人员多。在日本的福清新移民多为打工族，主要在餐馆和建筑行业打工，也有人在其他工厂如印刷厂、洗衣店、鞋厂、食品厂、燃料厂等打工。其中有相当一部分是高危险、低保障的工作，有时他们甚至还会沦落到毫无保障的临时工的境地，他们每天的劳动时间基本上都要超过 10 个小时，详见表 9。

表 9　日本福清新移民出国后的职业状况[*]

职业	人数（人）	比例（%）	职业	人数（人）	比例（%）
餐馆打工	39	27	厨师	8	5
公司职员	13	9	其他工人	57	40
自主经营	6	4	半工半读	8	5
建筑工人	9	6	无业	3	2

[*] 厦门大学南洋研究院和福建省侨办于 2007 年 1 月在福清的入户调查中，共调查到旅日新移民 163 位，其中 20 人情况不详。

资料来源：庄国土、郭玉聪编《福建新移民调查资料·福清卷》，厦门大学南洋研究院，2007，未刊；转引自何明丽《福州旅日地区新移民研究》，硕士学位论文，厦门大学，2008，第 41 页。

2008 年，在阿根廷的福清新移民有 1.5 万人，占当地华人华侨总数的 1/4，主要从事超市业。2007 年 1 月 22 日，时任阿根廷福清同乡会会长严云祥先生在福清外侨办会议室接受访谈时说："阿根廷的超市除沃尔玛、家乐福之类的超市外，其余都是福清人开的。"[19]

在南非的福清新移民数量也较多，2004 年有 3504 人。[20] 他们多开办服装进出口或销售企业，原因是服装企业投资小、成本低、利润高、资金周转快。从浙江、晋江等地进口的服装款式新颖、品种繁多、质优价廉，在南非当地颇受欢迎。因此，开办服装进出口或销售企业在南非福清人中深受青睐，被奉为创业的首选[21]，详见表 10。

表 10　南非福清新移民出国后的职业状况[*]

工作种类	人数（人）	比例（%）
暂无	2	1.3
开办服装进出口或销售企业	112	73.2
开食杂店、超市	28	18.3
开床上用品店	1	0.7
打工	10	6.5

[*] 本次入户调查时间在 2007 年 1 月，涉及南非福清新移民 163 人，其中有效问卷 153 人，无效问卷 10 人，该表是对有效问卷统计的反映。

资料来源：庄国土、郭玉聪编《福建新移民调查资料·福清卷》，厦门大学南洋研究院，2007，未刊。

据表10我们可看出,除经营服装进出口或销售企业外,在南非的福清新移民也有一部分人开食杂店和超市。

据介绍,连江旅居海外的华人华侨(多数为新移民)主要从事餐饮、制衣业或经商,少部分人在政界或科技界等领域发展。[22]笔者和同事、学生一行3人于2012年4月25日下午在连江访问回国的美国连江公会主席郑斌先生时,他告诉我们,在美国的连江新移民一般先是在纽约餐馆打工,有较强的经济基础后才开餐馆,一些人甚至从事进出口贸易。2002年10月26日~11月1日,笔者在参加厦门大学南洋研究院和福建省侨办联合在连江进行入户调查和社区问卷调查时发现,连江新移民在美国的人数最多,他们多数在餐馆打工,也有一部分人在日本,他们也是打工,如做建筑工。

五 福州沿海地区新移民对福建乃至中国社会经济发展的影响

(一)福州沿海地区新移民对福建乃至中国社会经济发展的积极影响

福州沿海地区新移民对福建乃至中国社会经济发展的影响不可低估。

首先,新移民带来了数量可观的外汇收入。厦门大学南洋研究院和福建省侨办在2002~2009年,对福建新老侨乡4000余户家庭进行入户调查,结果发现,福建新移民的侨汇每年高达1200亿元,年增长率超过10%[23],其中大部分是福州地区新移民寄回来的侨汇,这是非常惊人的数字。以长乐为例,据官方估计:"近年来,长乐新移民经银行正规渠道回来的美金大约有10亿美元左右。"[24]在长乐,大量的侨汇被用于投资,且比例呈上升趋势。长乐的钢铁、纺织工业的发展都有赖于侨汇的支持。

其次,新移民在一定程度上减轻了地方的就业压力。自2002年以来,笔者参与了10多次对福建新老侨乡的实地调查,基本情况是福建新移民大多是因为在当地务农、打工的收入过低,或是失业、半失业,或是耕地少、失去土地以及国外收入与国内收入存在巨大差距等因素,通过正常或非正常渠道移民的。如长乐新移民出国的一个很重要的原因,就是在经济建设过程中政府大量征用土地而导致本身人均耕地就很少的长乐人耕地更少,大批劳动力无地可耕,不少农民处于失业状态。在当时本地民营企业经济力量仍不够强大、企业工人工资较低的情况下,大量文化程度不高的长乐人出国谋生。这在20世纪80年代至21世纪初来说,是减轻地方就业压力的一条重要途径。又如20世纪末,福清市的剩余劳动力超过10万人。1979~1999年,该市通过办定居护照、合法移民、合法出境滞留不归的约6万人。[25]

最后,新移民积极参与家乡和祖(籍)国的建设。福州沿海地区新移民具有年轻、富有创新性和开拓精神、勤劳节俭、总体文化程度不高的特点。随着对移入地生存环境的逐渐适应,他们的经济实力不断壮大,一些以新移民为主体的社团和社团领袖开始出现。

例如在美国，主要由长乐新移民组织的各种类别的社团就有几十个。2002 年，纽约的福州籍华人社团就已组建到乡村一级，如长安、西边、猴屿、象屿、泽里、南乡、东岐、长柄、营前、浮岐、洋屿、琅岐、岐下等地区社团，各有数百到数千名会员不等。纽约福州籍华人社团甚至发展了县及乡镇中学的校友会，如美国连江二中校友会、美国长乐五中校友会、美国亭江中学校友会。2002 年时，亭江中学就号称在美国有校友 1.7 万人。[26] 作为华人华侨社会中新崛起的一支重要力量，这些社团成为世界各国福建新移民与祖（籍）国、家乡亲人之间紧密联系的纽带与桥梁。一方面，他们组团回乡观光考察，及时了解家乡的经济建设和社会发展状况；另一方面，每当家乡有关方面组团出访时，他们都会热情接待，周到地安排行程，让家乡人更多地了解海外信息，自己也从中感受家乡的社会发展脉搏。

据不完全统计，改革开放以来至 2008 年 12 月底，在长乐市引进的外商投资项目中，华人华侨资本就占了总投资额的近 70%。[27] 2002 年，长乐市开始大力实施民间资本回归工程，以乡情为纽带，吸引了大量海内外企业家和管理团队回乡创业。至 2012 年 12 月底，企业家人才回归共 1200 多人，总投资额为 500 多亿元。[28]

建设家乡是长乐籍华人华侨公益事业捐赠的最主要项目。据笔者统计，自 1980 年至 2002 年 10 月初，猴屿乡猴屿村的华人华侨为家乡猴屿村公益事业的捐赠共计人民币 2273.5 万元，其中捐赠金额最大的项目是 2000 年扩建猴屿文化宫，华人华侨共捐资 825 万元；其次是 1985 年猴屿华侨学校及文明路的建设，华人华侨共捐资 180 万元；还有金额较大的捐赠项目是 2000 年扩建屏山寺，华人华侨捐款 120 万元；2000 年建千禧楼、文昌阁及一间公厕，华人华侨捐赠 100 万元。[29] 长乐籍新移民对家乡庙宇和祠堂的捐赠金额不小。2013 年 6 月 25～30 日，笔者和同事、学生一行 9 人赴长乐侨乡调查时发现，新移民对长乐寺庙的捐赠金额惊人。如航城街道的洋屿村云门寺在兴建和修建过程就得到了新移民的热情捐赠，其中捐款较多的是美国华盛顿福建同乡会名义会长郑锦筹，1993～2005 年，他累计捐款人民币 12.7 万元。按单笔捐款金额来看，较多的是美国福建同乡联合会主席郑永健，他捐款的金额是 15 万元。又如在明朝寺庙保福寺旧址上修建的猴屿乡浮岐村的蒲竺寺，从 1988 年开始修建以来就得到旅美乡亲卢统淦单人的捐资 26 万美元。再如据新移民最多的乡镇猴屿乡政府工作人员介绍，海外乡亲早期寄回的侨汇大部分是用于兴修祠堂。近年来，因为大量祠堂已经建好，且 90% 已经翻新完毕，故兴修祠堂的捐赠资金已经大大减少。[30]

连江县华人华侨对祖（籍）国及家乡的捐赠力度也很大。据报道，改革开放以来，1986～1991 年旅居菲律宾的华侨黄如论先后为中国的公益事业捐资人民币 9.3 亿元。黄如论先后在北京、福建、江西、云南、重庆等地多处捐资兴建中小学教学楼、博物馆、医疗中心、桥梁公路，设立各类助学金、奖学金、孤寡老人赡养基金、扶养孤儿基金。其中捐资 1400 万元资助北京市政府和海淀区政府抗击非典，捐资 1.2 亿元兴建云南师范大学附属世纪金源学校，捐资 1.8 亿元兴建四年制本科大学福建江夏学院，向中国人民大学累计捐资 1600 多万元，捐资 1000 万元帮助兴建北京大学政府管理学院大楼。[31]

新移民中的留学人才和新移民的第二代对祖（籍）国的建设相当重要。据我们在长乐的调查，有一名到日本留学后成为日本一家制冷企业董事长的长乐新移民，因了解合成品制冷技术，在 2011 年被作为"海西创业人才"（奖励 80 万元）引进长乐一上市企业。此外，长乐的政府部门和事业单位目前已引进海外硕士 3 名。[32]

福州市新移民的投资占该市利用外资总额的一半左右。新移民不仅在祖籍地投资，而且在国内其他省也有不少的投资、捐资项目，其中投资房地产、矿产的比例高，投资制造业的比例低。如福州市马尾区亭江镇的新移民在国内投资达 7 亿美元，投资领域包括风景区开发、钢铁业、水电站、电子仪器、汽车配件、开矿、公共交通、房地产业等。[33]

随着中国中西部的大开发，福清市新移民中的大部分人，在海外事业有成后把目光投向了中国的中西部地区，涉足的行业主要是矿产和地产业，还有一些老华侨和部分新华侨在上海、北京、浙江、江苏等经济发达地区投资项目。[34]

（二）福州沿海地区新移民对侨乡的不良影响

许多新移民存在比富摆阔的现象。新移民省吃俭用汇款到家乡，在偿还出国债务的同时，很大一部分被用来建筑豪宅或购买商品房、投资房地产。当地人认为通过建房可以把华人华侨的根留在家乡，但问题是新移民建的豪宅很少有人住，雇人又不合算，在长乐甚至有豪宅顶层被乞丐占住而住低层的新移民家属不知情的奇怪现象。新移民在侨乡当地的建房或购房对当地房价、物价的攀升有很大的影响。相对非侨乡而言，福州沿海地区侨乡的物价均不低，这里的生活成本远比非侨乡高，比如长乐、福清这些侨乡的物价相对来说就比较高，甚至比福州市区高。

新移民在家乡的摆阔有时达到让外人难以理解的地步。据我们的调查，不少新移民家属中的红白喜事除免费招待亲友外，在酒宴结束时还都会赠予红包或戒指等礼金或礼物，这与中国人光宗耀祖和重视面子的传统有关系。然而这不仅浪费了新移民在国外赚的辛苦钱，而且滋长了侨乡地区的不良社会风气。

新移民的迁移，造成侨乡当地农村青壮年劳动力的大量流失，经济发展只能严重依赖侨汇。在长乐的猴屿乡，据我们的调查，目前该乡的人口年龄结构是以留守老人居多，年轻人多往国外（主要是美国）移居，留守儿童也不多。这些农村其实已经成了空心村，村干部只能因地制宜，利用该乡在闽江沿岸优越的地理位置和良好的生态环境来发展生态旅游。[35]

新移民的大量迁移对侨乡的教育事业也产生了一定的影响，如在福州沿海侨乡长乐、连江、马尾等地出现的"洋留守儿童"教育问题。① 美国福建同乡会主席郑棋认

---

① 许多福州人经非正常渠道移民到美国等国后，在当地出生的小孩因无暇照顾被送回中国，称为"洋留守儿童"。

为，福州地区的"洋留守儿童"估计有2万人。资料显示，其中长乐市的"洋留守儿童"约5000人，马尾区亭江镇约2000人，连江县琯头镇约2200人，他们在3~5个月大时被父母委托亲友或通过特殊渠道送回家乡给爷爷奶奶抚养，并在国内接受学前教育，到5岁左右再去国外。因长期与父母隔离，他们虽然在物质上比较充裕，但严重依赖祖父母，与父母感情疏离甚至行为叛逆，往往不如父母自己抚养的孩子行为习惯好。据介绍，有的孩子甚至会抱着女老师的腿直呼"妈妈"。他们到国外后，往往要比国外的小孩晚一两年才能上小学。[36]

与新移民较多的侨乡"豪宅"形成对比的是成群结队的老人集体留守。在侨乡的老人往往不愿到国外定居，因此他们只能集体留守。留守的老人们生活很简单，晒太阳，打麻将，或互通有无，聊聊儿女们在美国的生活。村里土地或荒废，或交给外来农民工耕种；"豪宅"交给农民工打理；老人的生活与安全托付给农民工。儿女们在国外拼搏，然后支付工资给为父母服务的农民工。尽管衣食无忧，但许多老人仍然挂念着远离祖国的亲人。对于老人们来说，留守家中便要忍受思念亲人的痛苦，但要离开生活了一辈子的故土，将晚年安放于异国更是不堪想象。于是这些老人便互相做伴，集体留守。对集体留守老人的心理和身体健康的关怀便成了侨乡当地政府一项很重要的工作。例如在长乐，地方政府通过设立敬老院、建设公共娱乐设施、关心慰问等方式照顾他们。[37]

另外，新移民及其家属对侨乡宗教信仰和宗族事务的热心参与，造成侨乡庙宇、祠堂的修建或兴建花费惊人。新移民及其家属参与到侨乡庙宇、祠堂的修建或兴建热潮中，不少是因为其出国顺利或出国后赚到钱财而向神明祖先还愿。

六　福州沿海地区新移民对移居国的影响

福州沿海地区新移民对移居国的经济发展起着积极的作用，越来越受到当地主流社会的关注和肯定。多年来，曾被很多人横加指责的福州非正常渠道移民填补了美国人不愿从事的工作岗位。福州人在纽约开的餐馆和商店已遍布各条街道，如东百老汇整条街就都是福州人开的店铺。日本舆论认为："美中合作的时代即将到来，在美中合作中起主要作用的是新华侨，他们兼有中国式的经营手法和自己的中国信息网，他们具有大公司也不敢轻视的力量。"[38]

以长乐市的猴屿乡为例。猴屿乡在美国有2万多人，大部分居住在纽约、华盛顿、费城、波士顿等地。据初步统计，猴屿人开的大小餐馆有400多家，还从事洗衣店、珠宝店、服装店、建筑装修等行业，除此以外还有人从事律师、会计师、保险、股票理财、地产买卖、贷款业务等行业。纽约发生"9·11"事件后，猴屿籍华人华侨也立即行动起来，踊跃捐资，展示了中华民族的博大胸怀，受到时任总统小布什的嘉许和美国主流社会舆论的好评。[39]

在美国的福州沿海地区新移民中,出现了学有专长的杰出人才。如1978年前往美国攻读乔治大学博士学位的福清市龙田镇二村的方同光,用4年的时间研究乙醇酸细胞器模电子传递,最后写了一篇被认为是乔治大学实验室100多年中最成功的博士学位论文。1984~1989年,他在密苏里大学生化系研究线粒体活体内部生化反应课题,使活体线粒体提纯办法达到世界最高水平,先后有41个国家或地区的专家教授向其请教。他的成功研究,进一步推动了世界加工业、农业和发酵工业的发展。[40]

在阿根廷,以福清人为主的华人超市因为商品价格便宜、薄利多销、营业时间长的特点而为当地政府和百姓所认可。当地政府和百姓甚至认为,华人超市对抑制阿根廷的通货膨胀起到了积极的作用。据当地媒体报道,在食品和饮料方面,华人超市的总销售额已经占到阿根廷全国总销售额的30%左右。"如今,遍布各居民区的中小型超市,已基本由福清人为主的华人掌握。"[41]

巴西的福州沿海地区新移民在经济收入改善的同时,不忘救济当地有需要帮助的贫苦人士。例如连江县黄岐镇旅居巴西的一位34岁的男性天主教徒①,在接受采访时就说:"我们在巴西赚了点钱,现在生活无忧了,应该懂得回报社会,多帮助这些贫困的人民。我将来的打算是,继续留在巴西做慈善工作,扩大我们的教会组织,传播福音,让更多人享受到社会的温暖。"[42]

福州沿海地区新移民促进了其移居国与中国的友好关系发展。例如在美国纽约华人华侨社会中,福州新移民群体人数众多,而且具有一定的影响力。每逢中国国家领导人访美,新移民都热烈欢迎;在反"台独"、促统一的活动中,他们也表现得相当活跃。又如在阿根廷的福州新移民非常热爱自己的祖(籍)国,在维护阿根廷和中国的友好关系上作出了较重要的贡献。

对在中国新移民中占主要力量的福州沿海地区新移民的经济力量和选票力量,美国政界很早就有了认识。1930年出生于长乐猴屿乡的美东福建同乡会永远名誉主席郑忠高曾应邀参加老布什总统的就职典礼,曾受到卡特总统的亲切接见,曾被纽约州州长帕德基授予"杰出亚裔人士奖",褒扬他为促进美中两国文化交流所作的杰出贡献。

新移民在维护华人族群与当地主流族群及其他族群的友好关系上也作出了较重要的贡献。如1945年出生于长乐猴屿乡的郑德禄,在1996~2001年担任纽约华人社团联合总会常务副主席时,积极参与繁荣社区经济,为提高华人在美地位和融入美国主流社会作出了贡献。2001年美国发生"9·11"事件,他对这种反人类的暴行极为愤怒,公开发表演说谴责恐怖分子的暴行,并积极组织募捐帮助受难者家属;在同年12月1日,他协办美国历史上第一位华裔阁员赵小兰致敬会,用实际行动证明了华人族群是一个热爱和平的族群,引得世人的瞩目。[43]又如出生于福清三山镇前薛村的意大利福建华人华侨同乡会总会名誉会长游明瑞,起先在皮衣厂做工,后来在台湾人开办的餐馆里从招待

---

① 2010年时,连江县在巴西的新移民估计有8000~10000人。

员做到大厨。1997年,他开办工厂,命名"南极洲",专门生产沙发,是中国人在意大利开设的最大企业,雇工200多人,工人中不仅有华人,还有意大利、阿尔巴尼亚等欧洲国家的人。该厂厂区上空每天都飘扬着五星红旗。2002年,游明瑞拾金不昧的义举感动了世界第二大沙发企业——意大利尼古拉蒂公司的总裁,两人因此成为生意上的合作伙伴,并促成"尼古拉蒂-诚丰沙发公司"的诞生。该公司也是尼古拉蒂在亚洲唯一的生产基地,年产值10亿元人民币。[44]

七 结语

改革开放以来,福州沿海地区的新移民人数增长很快,是福建新移民和中国新移民的最集中地区。福州沿海地区新移民出国时的年龄以青壮年为主,文化程度以中学、小学及其以下为主。出国前福州沿海地区新移民大多为农民、无业青年,出国后他们的职业多以务工、经商为主。福州沿海地区新移民对家乡乃至中国的建设起着重要的作用,但同时对福建当地的社会经济发展也产生了一些不良影响。福州沿海地区新移民是福建当前和未来经济发展和社会进步的一支重要力量。福建现代化的发展和城镇化建设的推动,仍需要丰富的新移民和老华人华侨资源。

目前,福州沿海地区新移民对移出国的影响比对移入国的影响更大。随着国际迁移人口的逐渐减少,福州沿海地区新移民的移民速度有正在减慢且停滞的现象。总体而言,福州沿海地区新移民汇回迁出地的侨汇数目前虽然巨大,但今后其数量可能会下降。新移民对迁出地的公益事业的建设作出了重要贡献,然而在一些侨乡他们捐建的公益事业已呈饱和状态。

注释

[1][23] 福建省人民政府侨务办公室:《2009年侨务课题调研论文汇编》,福建省人民政府侨务办公室,2010,第3、3页。

[2] 马尾区政府:《马尾区汇报材料》,2012年4月26日,第1页。

[3]《福建年鉴》编纂委员会编《福建年鉴(2005)》,福建人民出版社,2005,第213~215页。

[4][34] 福清市外侨办:《福清市侨情及侨务工作汇报》,2011年11月10日,第2、4页。

[5][22] 连江县人民政府:《市政协来连调研"关于探索引进海外创新创业人才的思考"汇报材料》,2012年4月25日,第1~2、2页。

[6][7][9][10] 庄国土:《近20年福建长乐人移民美国的动机和条件——以长乐实地调查为主的分析》,《华侨华人历史研究》2006年第1期。

[8][21] 付亮:《南非的中国新移民——以福清新移民为例》,硕士学位论文,厦门大学,2009,第40、13页。

[11][15] 尹雪梅：《长乐海外移民的历史和现状》，硕士学位论文，厦门大学，2005，第 23~24、54 页。

[12] 洪小荣：《晋江新移民的海外迁移——以菲律宾为例》，硕士学位论文，厦门大学，2006，第 26 页。

[13][19][41] 刘娟：《福清赴阿根廷新移民研究》，硕士学位论文，厦门大学，2008，第 13~17、32、30~31 页。

[14] 2012 年 4 月 26 日厦门大学南洋研究院、福州市政协和福州市侨办对马尾区亭江镇政府的调研记录，王付兵整理，第 1 页。

[16][17] 厦门大学南洋研究院侨乡研究课题组：《猴屿乡调研报告》，2013 年 6 月 25 日，硕士研究生宓翠整理，第 3、3 页。

[18][39] 林秉杰主编《猴屿》，福建美术出版社，2009，第 101~102、105 页。

[20] 郭玉聪、庄国土：《福州旅日新移民的增长态势及其主要原因——以福清市为例》，《南洋问题研究》2008 年第 2 期。

[24] 李婧等：《侨汇的社会经济性效应——以福建长乐为例》，《八闽侨声》2014 年第 3 期。

[25] 王付兵：《福建新移民问题初探》，《南洋问题研究》2002 年第 4 期。

[26] 庄国土：《近 30 年来的中国海外移民：以福州移民为例》，《世界民族》2006 年第 3 期。

[27] 长乐市委"解放思想、提升发展"活动领导小组办公室：《长乐改革开放三十年的实践与启示》，http：//www. whxqb. cn/ReadNews. asp？NewsID = 3620。

[28] 林挺：《长乐："回归工程"聚民资，优厚待遇引人才》，http：www. clbiz. com/change/story. asp？ID = 76184。

[29][43] 长乐市猴屿文化宫落成庆典活动特刊编委会：《江左明珠》，2002，第 102、77~78、81~82 页。

[30][35] 2013 年 6 月 25 日厦门大学南洋研究院侨乡课题组长乐侨乡田野调查资料，王付兵整理，第 1、1 页。

[31] 《黄如论》，http：//www. baike. com/wiki/% E9% BB% 84% E5% A6% 82% E8% AE% BA。

[32] 2012 年 4 月 24 日南洋研究院与福州市政协、福州市侨办在长乐猴屿调研记录资料。

[33] 李鸿阶：《福建新华侨华人移动趋势及其对侨乡发展影响》，http：//wenku. baidu. com/view/9208fa2458fb770bf78a5543. html。

[36] 《美媒关注福建"洋留守儿童"，称偷渡美国父母为生存放弃子女教育》，http：//www. guancha. cn/society/2014_01_22_201498. shtml。

[37] 《长乐——失落的华侨之乡》，http：//blog. sina. com. cn/s/blog_ 6d62481e01012u3d. htm。

[38] 张进华：《新华侨华人崛起与海西"两个先行区"建设研究》，《福建论坛》2009 年第 3 期。

[40][44] 中共福清市委党史研究室编《福清华侨史》，中共党史出版社，2011，第 70~71、73~74 页。

[42] 陈小粒：《巴西华侨华人与中巴关系的互动》，硕士学位论文，厦门大学，2011，第 65 页。

明清册封琉球使臣眼中的福州社会[*]

连晨曦[**]

摘　要： 自明朝成化年间起，福州成为通往琉球的唯一指定口岸，中国册封琉球使臣在前往琉球前要在福州进行一系列准备工作，在使事完成后要在福州登岸前往北京。这些使臣们出使琉球的笔录中记载了他们在福州的见闻，反映了当时福州社会的一些真实情形，通过册封琉球使臣留下的记载，可以了解使臣们眼中的福州社会状况。

关键词： 明清　册封琉球使臣　使录　福州社会

明清时期，中国与琉球保持着密切的封贡关系。明初规定："宁波通日本，泉州通琉球，广州通占城、暹罗、西洋诸国。"[1]明成化七年（1471年）之后福州被指定为通琉球的唯一口岸，此后成为定制。故明成化七年之后册封琉球的使臣均由福州启程前往琉球，他们在接受册封使命后来到福州建造册封舟、祭祀海神并招募随行人员。这些册封琉球使臣的使录中呈现了当年福州的真实情形，为了解明清时期的福州社会提供了珍贵资料。

一　福州建造册封舟之情形

福州造船业的发展由来已久，早在宋元时期便有"海舟以福建为上"[2]的说法，在明清时期册封琉球使臣的使录中记载了当时福州建造册封舟的选址、用料、形制等信息。

---

[*] 本文原载于《闽江学院学报》2016年第6期。
[**] 连晨曦（1988～），男，福建仙游人，福建师范大学社会历史学院2014级博士研究生。

夏子阳在使录中对当年福州建造册封舟的场所有一番描述："造船厂坞地在南台江边，中有天妃舍人庙在焉。旧为林尚书业，额十亩。官府以雪峰寺田十亩五分易之为造舟之所。中深而下，为坞以顿舟，庙之左墘垱为厂，以为科、司、院、道驻临地，而坞之两旁则以堆置木料诸物与工匠人等居之。左有小沟为界，旧时铁锚尚没其处，右则抵路为界，前则临江，而后有墙脚，界限甚明。"[3] 由此可知，明代南台造船厂原为林姓尚书的田地，后由官府用寺庙田地予以置换。这里不仅是重要的造船场所，还是当年科司院道各级官员的驻地，与周围的民居有明确的界限区分。这样的安排显然是为了官员能够顺利督造、查验船只。夏子阳的见闻在《福建市舶提举司志·艺文》中得以印证。从夏子阳的使录中可知，当时册封琉球的册封舟皆造于福利南台，当时南台船厂不仅负责建造册封舟，还负责修理改造琉球国的各式船只。据清代周煌《琉球国志略》记载："前明洪、永中赐海舟后，（琉球）每请自备工料于福州改造，今本国亦能自造如式。"[4]

除了建造册封舟的选址外，使录中还详细记录了福州所建册封舟的样式、形制。首先，册封舟的形制狭小封闭，以提升安全性能为主。据陈侃记述，册封舟与普通江河座船的形制有显著差异。为了抵御海上风浪的侵袭，匠人们在建造册封舟时改变了江河座船船舱宽敞的布局，尽量降低船舱高度。"舱口与船面平，官舱亦止高二尺，深入其中，上下以梯，艰于出入。面虽启牖，亦若穴之隙。所以然者，海中风涛甚巨，高则冲，低则避也。故前后舱外犹护以遮波板（今名舷墙）高四尺，虽不雅于观美而实可以济险。"[5] 陈侃所乘册封舟共隔二十三舱，前后竖有五掩大桅，船上配置舵四副、橹三十六支、约重五十斤的大铁锚四个、大棕索八条，此外还备有刀枪弓箭、佛郎机等武器以防贼寇。[6] 夏子阳使录中亦云："舱口低凹，上覆平板为战棚，下为官舱，仅高五六尺，俛偻深入下上以梯，面虽启牖门，然篷桅当前外无所见。"[7] 狭小封闭的空间布局有利于册封舟抵御风浪，提升安全性能。至清代张学礼使琉球时，福州所造册封舟的样式、形制有了显著发展。据张学礼记载，册封舟状如梭子，分上、中、下三层，船尾设战台，舱内有水井二口。在武器装备上，上层列中炮十六位，中层列大炮八位。[8] 这说明清初福州建造册封舟不仅样式上有了显著变化，在武器装备上也已较明代有显著进步。其次，册封舟的材料选用极为讲究。从夏子阳的记述中可知，在册封舟建造初期，船底采用一层七寸厚的木板，导致铁钉无法钉牢，后改为双层木板构造，每层厚三寸五分，还将原来二十四舱的船舱改为二十八舱，采用樟木贴檫以加固船只。[9] 同时，夏子阳还记录了册封舟的选材颇有讲究，舟身及桅杆选用杉木，船舵选用铁力木，桅座、马口、鹿耳、通梁等都用樟木。这是由于杉木"理直而轻"，铁力木坚韧强劲，樟木"禽钉而坚实"。[10] 可见与广东所造的"广船"主要采用铁力木的做法不同，福州所造册封舟是根据船只各部位的具体需要选取材质。册封舟所用的主要材质为杉木和樟木，这与闽地气候温暖、杉木生长期较短、木质轻且防水，以及樟木质软耐钉且防虫蛀的特性相关。因此当时福州造船的一大特点是：在制造船只底板、船壳板、船甲板等与风浪直接接触的外部构件时大量使用杉木，在制作龙骨、肋骨、隔仓板等内部构件时使用樟木。当时广东所产的"广船"俱用铁力木，虽然所造船只巨大且坚固，但铁力木生长缓慢，往往十多年方能采用，因此船只一旦损坏常常出现难以为继的情况。福州所造册封舟在选材上体现了注重实用的特点。

从册封琉球使臣的记述中可以看出，福州建造的册封舟船舱较低，特意采用遮波板将册封舟包围严实，有利于避免大风大浪的侵袭。为了保障航行的安全，不仅运用多层隔舱技术以增强船只的抗风性能，在册封舟上层还设置平板作为战棚。清代徐葆光所乘册封舟出自宁波府，是征用民间商船改建而成。由于商船长期在沿江近海活动，不必抗拒强风大浪侵袭，因此仅将册封舟前后隔为四大舱。[11] 而陈侃与夏子阳所乘的福州制造的册封舟，均分隔为 20 多个船舱。由此可见，福州所建册封舟更强调抗风浪的性能，这是其一大特色。

福州所造册封舟虽然外观并不十分精美，也未能如尽用铁力木的广船一般巨大，但坚固快捷的特点使其在明清时期中国造船业中占有一席之地，足以与浙船、广船相媲美。茅元仪在评述福州造船技术时认为："南洋通番船舶专在琉球、大食诸国往来，而海岛州县常年渡海，未见有覆溺之患。"[12] 可见当年福州南台造船工艺之精湛。使臣通过自己的切身体验，记录下当年建造册封舟时的形制、用料等内容。尽管在《筹海图编》《武备志》《南船纪》等著作中都对当年福建所造"福船"做了介绍，但重点大多是对军用战船及民用商船的概述，对出使琉球的册封舟的建造过程及形制的描述极为稀缺，而册封琉球的使臣却为后人再现了明清时期福州地区制造册封舟的情形。

二　福州地区的海神信仰与祭祀

等待册封舟建造的时间通常要两三个月之久，闲来无事的册封使臣常常在福州各地游览，走街串巷，对福州的风土民情颇有了解，他们的使录对福州的祭祀习俗及信仰情况也有所记录。据陈侃记载，在册封舟铺设底木之时要举行祭祀仪式，由"福州府备祭豕二、羊二，予等主祭，三司诸君率府县官亦与陪焉"[13]。在册封舟的建造过程中，浮水、治索等环节皆有祭文祭礼，待封舟建造完毕出坞之时也须如前设祭，使臣登舟出海之前还须至长乐广石祭海。[14] 夏子阳云："旧例定煅日，三司诸君率府县官俱往南台陪祭外，若竖桅、治缆、浮水、出坞亦皆有祭。"[15] 胡靖在《琉球记》中说："天使自三山启行，由乐邑广石建醮天妃祈灵水圣，然后登舟。"[16] 在李鼎元的《使琉球记》中也提及前往南台冯港天后宫致祭敬懔斋戒，闭门谢客的情景。[17] 祭祀仪式由册封琉球正使主祭，副使、将军、巡抚、都统、司道等官员皆身着朝服祭拜。[18] 由此可知，一系列的祭祀典礼皆为官方行为，众多福州地方官员陪祭则反映出出使册封一事事关重大。

另据郭汝霖记述，福州当地长者在得知其作为册封琉球使节到达福州后便让他拜祭天妃，并建议郭汝霖献金重建被倭寇烧毁的天妃庙，以此祈求神明庇佑。册封使团在出使琉球归来途中遭遇风浪，使团登岸后，郭汝霖便立即重修长乐广石天妃庙，并立碑刻文记之。郭汝霖在碑文中不仅赞颂天妃功德，还详细介绍了广石天妃庙的由来："广石属长乐滨海地，登舟开洋必此始。庙之宜，旧传自永乐内监下西洋时创焉。成化七年，给事中董旻、行人张祥使琉球新之。嘉靖十三年，给事中陈侃、行人高澄感板异，复新之。"[19]从以上记载可见，当地居民对天妃的庇佑功德深信不疑，历届册封琉球使臣到达福州时也遵循当地习俗前往祭拜，并多次重修庙宇。

册封琉球使臣汪楫的《使琉球杂录》中详细记载了福建地区拿公信仰与天妃信仰的由来，并指出使臣自南台登舟之时"必先迎请天妃奉船尾楼上而以拿公从祀"[20]。李鼎元在使录中也记载："黎明至冯港恭请天后行像并拿公登舟，祭用三跪九叩首礼。"[21]之后还命道士举醮祭桅，行一跪三叩首礼。"道士取旗祝之，噀以酒，合口同言顺风吉利。"[22]册封正副使节默祷于天后，以筊卜两舟吉凶，结果得一吉一凶之兆。汪楫、徐葆光、周煌、李鼎元等数位册封琉球使臣都在使录中记载了到怡山院祭拜天妃的事例，周煌特意强调此处建有天妃宫，李鼎元在登舟之前也自备银两购买祭品，待祭拜天妃之后方才登舟。当李鼎元由琉球顺利返回福州时，又至怡山院"特购羊一豕一致祭于天后海神"[23]，福州当地耆老宿儒纷纷前来观望，称赞册封舟往来神速前所未见，并将这一功绩归于天妃庇佑。位于闽江边的怡山院是往来商旅与册封琉球使臣出海前祭拜海神的必经之地，至今仍留有清同治年间册封琉球使臣于光甲镌刻的碑文。册封琉球使臣留下的使录中一再提及在福州祭祀海神的情形，对立碑修庙之事不敢有丝毫懈怠。这些记录在向世人说明使事艰险的同时也是对福州社会海神信仰的真实写照。

三　明末福州官吏与册封使事

明代后期，由于时局动乱及福州地方官吏的推诿拖延，册封使臣赴琉球的准备工作困难重重。册封琉球使臣郭汝霖于明嘉靖三十八年（1559年）抵达福州时亲眼看到了福州的倭患情形。据其记载，当时"地方多事、贼报交驰，倭奴辏集福州城外称数万，城门闭者三月，余等亦日日上城同有司巡守"[24]。在此情形下，福州地方官吏还借机肆意盘剥，消极怠工，以致在历经半年之后册封舟还未建成，长期浸泡在江水中的船板遭到蛀蚀渗水。郭汝霖在给朝廷的奏报中指出福州的动荡时局与地方官员的推诿懈怠导致使事一再拖延，对工匠马虎应付、全不爱惜册封舟的行为深感愤怒，感慨："船既重大，不惟行之难而造之亦难；不惟造之难而守之亦难。"[25]在重重困难之下，郭汝霖令工匠轮班更迭才勉强将册封舟建造完毕，又派遣张汉、严继先、陈孔成、马魁道等人严密侦查贼寇动向，以防册封舟损毁。册封使臣费尽心力亲自派遣人员看管册封舟，足见郭汝霖已对当时福州地方官员的执行能力产生怀疑。

夏子阳在使录中对当时福州地方官吏的行为也有记载。在出使前，夏子阳便意识到："此差之难非特海上风涛之患，而且有地方玩视之苦。"[26]到达福州后，他切身体验到:"地方人情乖谬,纪法陵夷,用人者惟私贿是狥,谋用者惟欲壑是饟,恣睢者只凭血气用事,比周者鲜知痛痒。事事掣肘,件件龃龉。"[27]在使录中,夏子阳记载了自己不得已向当地督抚求助,检举指挥使叶重光以采伐、运送木材为名贪污钱粮六百余两,导致建造册封舟时竟坞场未备、采木无木、募夫无夫。在万般无奈之下,夏子阳只得重新设法让地方官员筹措银两,并借用福州木商的木材应急,但福州木商却乘机囤积哄抬木价,在运送木料过程中索要各种名目的过山费。在采伐木料的过程中还遭到当地豪强阻挠,他们将木料烧焦以至不堪采用,地方官员却予以纵容不敢追究。探倭把总许豫不仅将违禁货物运往日本,还贿赂海上把总谢以忠诬陷琉球都通事阮国通倭。夏子阳痛斥:"人心不古,事态愈漓,不但以卑凌尊且欲以客事主。"[28]地方官吏互相包庇推诿,以致建造册封舟、招募船工等事困难重重,夏子阳只得"时时仰望窃叹而已"[29]。使臣的见闻再现了明代后期福州官场的真实面目,使事艰辛也于此可见一斑。

四 福州民众赴琉球贸易情况

册封琉球使臣还记录了福州民众争相应聘充当驾舟人员以求出海贸易的情形。明清册封琉球使团往往由官员、从役、船员、士兵等人员组成,册封正副使还会携带从客随行,据郭汝霖、夏子阳、徐葆光等使臣的记录,册封使团成员多在300~700人。为了能够招募到真正善于驾舟、熟悉海道的航海人员,明清两朝政府准许使团成员携带货物前往琉球贸易,将所得利润作为使团成员出使琉球的劳务报酬。但也曾出现不谙驾舟航海之人滥竽充数的现象,陈侃在使录中曾抱怨:"从予驾舟者,闽县河口之民约十之八,因夷人驻舶于其地,相与情稔,欲往为贸易耳。"[30]为了达此目的,他们甚至窜改名籍,弄虚作假。

明初规定出使琉球使团成员每人限带货物百斤,但这一规定实际上很难严格执行,在趋利心理的作用下,每届使团成员都希望能够获得更多的利润。谢杰在使录中记载,明嘉靖十三年(1534年),册封琉球使团获利万金,时人莫不洋洋自得;明嘉靖四十年(1561年),册封琉球时民众十分积极,但此次使团仅获利六千金,成员稍有失望;明万历七年(1579年),使臣在福州招募成员时,应募人员的积极性大不如前,仅能招募到普通的航海驾舟人员,这年的册封使团成员仅获利三千余金,令人大失所望,使臣不得不私下补贴成员方才得以返航。[31]前往琉球的使团成员获悉经琉球可至日本互市,有些人便携带财货前往日本,由此导致"闽人往往私市其间矣"[32]。清代徐葆光出使琉球时虽然也规定每人限带百斤货物,但据《历代宝案》统计,此次共有114人携带货物前往,共计1003件,其中纺织品就多达200种,此外还有药材、文具、饰品、器皿、家具等众多物件,远远超出规定的数量。[33]由于所带货物过多,售卖困难重重,返航日期一再延误,后经琉球三司官蔡温多方协调才没有滋生事端。徐葆光对此深感无奈,在《中山传信录》中主张禁绝中琉之间的册封贸易,以达到"纾小邦物力之难,绝从役觊觎之想"[34]的目的，这在当时显然是无法实行的举措。清嘉庆年间出使琉球的李鼎元在使录中更直白地指出，使团成员所携货物数额巨大，已经超出琉球的购买力，这不仅使琉球左右为难，还会因逗留太久而延误归期。为此李鼎元在出使前于南台清点货物造册，要求将肉桂、黄连、麝香等贵重药材尽行撤去。[35]

从以上使录记载中可以看出，明清时期福州对外贸易繁盛，福州作为通往琉球的唯一口岸，许多民众希望借助出使琉球进行海外贸易，使团还曾因贸易问题延误归期，节外生枝。使臣们的见闻在反映当时福州社会与琉球贸易往来数额巨大、贸易品种繁多的同时，也表明中国对琉球的册封贸易存在自身的矛盾性：一方面，宣扬天朝上国厚往薄来、怀柔远人的政策是官方举行册封活动的初衷；另一方面，难以节制的贸易活动将官方的政治意图悄然转化为个体对经济利益的诉求。这种差异致使严肃的政治关系受到经济利益的干扰，对中琉双方的关系产生了微妙的影响。尽管史书中介绍明清时期福州社会对外贸易活动的资料并不少见，但册封使臣的见闻为我们了解当时福州社会的对外贸易活动提供了新的视野。

五　福州的温泉、名山寺院与荔枝

使臣们在福州停留期间往往会游览当地的名山古迹，留下不少记录。李鼎元在《使琉球记》中提到，由京师抵达福州的第二天他便前往城南演武厅侧温泉沐浴，泉"从地涌出，甃而蓄之，作暗穴以通于浴池。温如骊山泉"[36]。将福州温泉与著名的骊山泉相媲美，作为册封使臣，李鼎元多次前往温泉的记述表明当时福州温泉已闻名遐迩。据《八闽通志》记载，明清时期福州温泉众多，在今日的汤门、东门、水部、王庄一带均有温泉澡堂。温泉在古时称为"汤"，从今天仍在使用的汤埕村、汤洋村、汤院村、汤下村等众多地名中仍可想见当年福州温泉的盛况。

此外，李鼎元在福州驻留期间还游览了越王山，即今屏山。他记载："山在郡城北半蟠城外，东联冶山，闽越王无诸之所都也。"[37]李鼎元还顺道探访了唐代马球场遗址。据福建博物院藏《球场山亭记》残碑记录，这一马球场由裴次元于唐宪宗元和八年（813年）担任福州刺史时修建，当时国家动乱，亟须训练军队征战，裴次元在福州城东修建的这一马球场兼具训练军队与举办马球比赛的功能。李鼎元在使录中记载："便仿唐审毬场，纪略所谓二十九景者半为民居，不能复辨。"[38]从使录中可知，唐代裴次元所建马球场应与周边二十九个景点相互映衬，浑然一体。至清代此处已辟为民居，景点难以寻觅。李鼎元在使录中对鼓山和涌泉寺也有一番描述："其山延袤数十里，顶有巨石如鼓，遇大风雨辄振击有声，郡之镇山也……下山至涌泉寺，宝泉尚在，谓为祥瑞。"[39]在其驻留福州期间，还与寄尘和尚同游乌石山。乌石山有三十六奇，最奇者为邻霄台之不危亭，当李鼎元登上乌石山时，亭已垮塌，但仍留有唐玄宗年间李阳冰的篆刻，由此可知，此亭建造年代至迟当在唐开元、天宝年间。乌石山上石刻题名甚多，李鼎元并未一一列举。在李鼎元笔下福州重峦叠嶂，三山将城池包围于山凹之中，形成三山环城的景象。

李鼎元的《使琉球记》中还记载了其到廉访署探寻乐圃荔枝楼之事，又记载福州抚军邀请他至衙署中宴饮："入门夹道皆荔枝……有园曰牧荔，即岁收荔枝以供御用者。"[40]福州荔枝在当时为进贡御用之物，可见质量上乘。早在宋代蔡襄《荔枝谱》中就曾记载："（荔枝）福州最多，而兴化最为奇特，泉、漳时亦知名。列品虽高而寂寥无纪。"[41]蔡襄曾以"城中越山，当州署之北，郁为林麓，暑雨初霁，晚日照曜，绛囊翠叶，鲜明蔽映，数里之间，焜如星火"[42]来形容福州荔枝之盛。李鼎元还向抚军"乞得盆植二本已结实，意欲携之过海，栽于中山"[43]。

明清时期中国册封琉球使臣在驻留福州期间将自己的见闻体验写进笔录之中，真实展现了当时福州社会造船、海神信仰、抗倭防倭、地方官场面貌及民众对琉贸易等情形，介绍了福州地区的名胜古迹及福州特产，真实再现了明清时期福州社会的风貌。尽管这些并非当时福州社会的全貌，但作为亲身经历的当事人，使臣们所记录描绘的当年福州社会栩栩如生的图景，为后人了解当时的福州社会提供了一个窗口。

注释

[1]（明）张廷玉：《明史》卷八十一，中华书局，1974，第1980页。

[2]（宋）徐梦莘：《三朝北盟会编》，上海古籍出版社，1987，第1278页。

[3][7][9][10][15][26][27][28][29][31]（明）夏子阳、王士桢编《会稽夏氏宗谱·使琉球录》，载黄润华、薛英编《国家图书馆藏琉球资料汇编》（上），北京图书馆出版社，2000年，第460、453、455、457、455、377、378、382、379、582~583页。

[4]（清）周煌：《琉球国志略》，载黄润华、薛英编《国家图书馆藏琉球资料汇编》（中），北京图书馆出版社，2000，第886页。

[5][6][13][14][30]（明）陈侃：《使琉球录》，载黄润华、薛英编《国家图书馆藏琉球资料汇编》（上），北京图书馆出版社，2000，第21、22~23、23、23、52页。

[8]（清）张学礼：《使琉球记》，载黄润华、薛英编《国家图书馆藏琉球资料汇编》（上），北京图书馆出版社，2000，第645~646页。

[11][34]（清）徐葆光：《中山传信录》，载黄润华、薛英编《国家图书馆藏琉球资料汇编》（中），北京图书馆出版社，2000，第18~19、30页。

[12]（明）茅元仪：《武备志》卷二一七《占度载·度二九·海防九》，明天启元年（1621年）刻、清修本，第23页。

[16]（明）胡靖：《琉球记》，载黄润华、薛英编《国家图书馆藏琉球资料汇编》（上），北京图书馆出版社，2000，第261页。

[17][18][21][22][23][35][36][37][38][39][40][43]（清）李鼎元：《使琉球记》，载殷梦霞、贾贵荣、王冠编《国家图书馆藏琉球资料续编》（上），北京图书馆出版

社,2002,第743、743、744、744、803、743、743、747、747、747、747、747页。

[19][24][25] (明)严从简:《殊域周咨录·琉球》,载黄润华、薛英编《国家图书馆藏琉球资料汇编》(上),北京图书馆出版社,2000,第219、192、197页。

[20] (清)汪楫:《使琉球杂录》,载黄润华、薛英编《国家图书馆藏琉球资料汇编》(上),北京图书馆出版社,2000,第809页。

[32] (明)郑舜功:《日本一鉴·穷河话海》卷六,学识斋同治七年(1868年)刊本、民国二十八年(1938年)据日本影印,第2页。

[33] 〔琉球〕蔡铎等:《历代宝案》第十五册第三集,台湾大学影印本,1972,第8775~8811页。

[41][42] (宋)蔡襄:《荔枝谱》,福建人民出版社,2004,第3、5页。

论北宋政治对陈祥道《礼书》创作之影响[*]

张 琪[**]

摘 要： 陈祥道《礼书》虽为私人撰述，但是其从开始创作到最后成书，都受到当时政治的深刻影响。北宋礼制改革奖掖精研礼学者，并且对于进献礼典者有升迁官职的奖励，为陈祥道创作《礼书》创造了良好的政治氛围。王安石变法迫切需要一部礼典来统一思想，陈祥道作为王安石门人，变法为其创作《礼书》提供了契机。司马光推出的"十科取士"政策要求举荐人才，并且有举荐指标，许将、范祖禹之举荐，直接促成了《礼书》由一百卷扩充到一百五十卷，最终定稿。

关键词： 陈祥道 《礼书》 礼制改革 王安石变法 十科取士

福建闽清人陈祥道所作《礼书》一百五十卷，是礼学研究史上一部重要的作品，几乎宋、元、明、清的历代礼学专著都引用过该书内容，影响巨大。历代学者多称此书"精博"，黄侃先生则盛赞该书"实唐、宋以来言礼者之总略也"[1]。然而就是这样一部礼学名著，在今天却被忽略了，比如惠吉兴先生《宋代礼学研究》一书，专研宋代礼学，却对此一百五十卷皇皇巨著全无提及。因此很有必要展开研究。笔者注意到该书虽为私人撰述，但是其从开始创作到最后成书受当时政治因素的影响十分明显，这一点颇为特别。今就此进行探析，以就教于方家，并期起到抛砖引玉的作用，引起学界对《礼书》的重视。

---

[*] 本文原载于《闽江学院学报》2018年第6期。本文为国家社会科学基金重点项目（13AZD023）、中国博士后科学基金面上资助项目（2018M632442）的阶段性成果。

[**] 张琪（1988~），男，山东枣庄人，浙江大学人文学院助理研究员，主要从事礼学文献整理与研究。

一　北宋礼制改革作为背景

不同于其他专为注解或阐发"三礼"而撰写的礼学著作，《礼书》从开始创作就带有明确的为政治服务的目的。陈祥道之弟陈旸在其《乐书》序中言："臣先兄祥道是时直经东序，慨然有志礼乐。上副神考修礼文、正雅乐之意，既而就《礼书》一百五十卷。"[2]明确指出陈祥道作《礼书》是为了辅佐宋神宗"修礼文、正雅乐"。那么陈祥道为什么认为通过著书就能够达到辅助政治的目的呢？原因主要在于北宋朝廷的礼制改革。

北宋礼制改革措施繁多，其中对陈祥道立志创作《礼书》产生直接影响的有两个方面，一是礼乐制作，二是礼器制造。

一方面，就礼乐制作来说，首先是礼典的制定，其有一个发展的过程。宋初太祖时期所修纂的《开宝通礼》，是宋代制定和颁行的第一部礼典。但是该礼典实际没有得到很好的执行，正如楼劲先生所言，《开宝通礼》"自太祖朝出台伊始，就很难说在认真施行。遂致太宗、真宗二朝其各项制度已多有废弛，且多另起炉灶而损益改作，到仁宗朝相继编修一系列新礼书"[3]。这些礼书包括《礼阁新编》《太常新礼》《庆历祀仪》《太常因革礼》《续太常因革礼》《五礼新仪》等。在这个过程中，朝廷是奖掖精于礼学者的，比如《礼阁新编》的编者王皥就曾得此际遇，《续资治通鉴长编》记载宋仁宗天圣五年（1027年）辛未：

> 太常博士、直集贤院、同知礼院王皥上所撰《礼阁新编》六十卷。初，天禧中，同判太常礼院陈宽请编次本院所承诏敕，其后不能就。皥因取国初至乾兴所下诏敕，删去重复，类以五礼之目，成书上之。赐五品服。[4]

王皥因献所著礼典而得官，表明北宋朝廷是鼓励学者精研礼学的。又比如朱光庭于北宋元祐元年（1086年）《上哲宗乞详议五礼以教民》奏折中说："臣今欲乞陛下诏执政大臣，各举明礼官参议五礼。"[5]表明朝廷当时也需要明礼之人来参与礼制建设。所有这些自然为陈祥道用心礼学，创作《礼书》，提供了良好的政治环境和强劲动力。

其次，礼乐制作的政治氛围起了很大作用。陈祥道所处的宋神宗、宋哲宗两朝，礼乐建设的氛围尤其浓厚。陈旸说："惟神宗皇帝，超然远览，独观昭旷之道，革去万蠹，鼎新百度。本之为礼乐，末之为刑政。凡所以维纲治具者，靡不交修毕振，而典章文物，一何焕与！臣先兄祥道是时直经东序，慨然有志礼乐。"[2]序 表明陈祥道有志于礼乐创作正是由于当时皇帝对这方面的重视。陈祥道在其《〈礼书〉序》中也对当时频繁制定礼典的政治行为有所论述："今上有愿治隆礼之君，下有博古明礼之臣……四方万里，涵泳德化，制作之盛，在此时矣。"[6]可见，热烈的礼乐制作氛围确实大大鼓舞了陈祥道。

另一方面，就礼器的制造来说，北宋初年窦俨于《新定三礼图序》中说："会国朝创制彝器，迨于车服。"[7]表明北宋初年在礼器制造方面并不全部是因循前代，自己也有所创制。而其时制作礼器的依据就是聂崇义所撰《新定三礼图》，有多处史料记载可以为证，比如《太常因革礼》卷十五记载造疏匕之事曰："今约《三礼图》所说，画到匕样，已送修制造讫，仍具奏闻。诏可。"[8]又比如南宋朱熹于《绍熙州县释奠仪图》中记载曰："祭器：淳熙颁降仪式，并依聂崇义《三礼图》样式。"[9]

因此，《新定三礼图》被用作国家制造礼器的范本，本身就是一个通过著书立说而得以辅佐政治的成功案例。此外，由于没有见到多少先秦古器物，聂崇义绘图难免有臆想成分，故而《新定三礼图》中有些图实际是错误的。聂崇义之图地位尊崇，又有错误，自然成为后世有志于著书者效法同时又加以批驳的对象。比如与陈祥道同时代的陆佃所作《礼象》十五卷，"以改旧图之失，其尊、爵、彝、舟，皆取公卿家及秘府所藏古遗器，与聂图大异。"[10]陈祥道创作《礼书》，包含礼图近800幅，也是受这种国家礼器制造政策的影响。他在《〈礼书〉序》中说："著成《礼书》总一百五十卷，其于历代诸儒之论，近世聂崇义之图，或正其所失，或补其所缺。"[6]明确揭示作图的目的之一是对《新定三礼图》正失补缺，其背后暗含的希望参与政治的意愿不言自明。

综上所述，北宋礼制改革为陈祥道撰写《礼书》创造了良好的政治氛围，尤其是奖掖精研礼学者的政策，为陈道祥提供了强劲动力。而涉及具体的礼器制造，聂崇义的《新定三礼图》可作为效法的对象，该书的不足也为陈祥道留下了进一步改进的空间。

二 王安石变法提供契机

北宋政治演变中非常重大的事件之一是王安石变法，而《礼书》的创作与这次变法关系匪浅。这种关系的建立，主要得益于陈祥道是王安石门徒的身份。晁公武《郡斋读书志》曰："王安石介甫撰，并其子雱《口义》，其徒陈用之《解》。"[11]陈用之即陈祥道，这是以其字称之。《宋元学案》之《荆公新学略》中亦将陈祥道列于"荆公门人"下。[12]《四库全书总目》中评《礼书》谓"不以安石之故废之矣"[13]，表明也认同陈祥道为王安石门人。

王安石之变法，要解决的比较重要的一个问题就是思想上的统一认识，这样才能使变法的阻力变小。而这个统一当然是要体现在学术方面，王安石曾说："学术不一，一人一义，十人十义，朝廷欲有所为，异论纷然，莫肯承听。"[14]与此同时，北宋朝廷也有将经学定于一尊的需求，比如《续资治通鉴长编》记载北宋熙宁五年（1072年）戊戌，"王安石以试中学官等第进呈，且言黎侁、张谔文字佳，第不合经义。上曰：'经术，今人人乖异，何以一道德？卿有所著可以颁行，令学者定于一。'安石曰：'《诗》，已令陆佃、沈季长作义。'上曰：'恐不能发明。'安石曰：'臣每与商量。'"[15]宋神宗问王安石有没有什么著作可以"一道德"，可见当时统治者已经对学术、思想的统一非常重视了。

由《续资治通鉴长编》的这段记载,可以推知很多东西。首先,我们已知陈祥道中进士是在北宋治平四年,即1067年,《礼书》最终成于1090年,且范祖禹《荐陈祥道〈仪礼解〉劄子》言陈祥道著《礼书》"凡二十年乃成"[16],以此推之,则陈祥道最初开始写作《礼书》的时间,也大概和宋神宗与王安石这次对话的时间相差无几。其次,王安石变法中为了统一思想,所用必是自己亲信之人,且他已经明确说令其弟子陆佃为《诗经》作义,则同为其弟子的陈祥道,自然也应受重用。再次,宋神宗言陆佃等为《诗经》作义尚不足以做到"一道德",王安石答曰"每与商量",说明其时尚未有足够分量的著作来满足朝廷的需求。最后,中国古代社会文化思想的核心显然是礼乐,最能够触及思想统一根本的自然要推礼制,因此王安石必然要在礼乐方面有所作为。综合以上几点,我们可以得出这样的结论,即王安石显然要推出一部阐发礼乐的著作,尽管当时已经设置了"经义局"来做这项工作,但是这种需求必然无可避免地要影响到王安石的门人。陈祥道是王安石的门徒,再看其始作《礼书》的时间,自然而然地就可以想到王安石变法对《礼书》创作的影响有多大了。

而事实上我们也能从《礼书》的相关内容窥探到其对王安石新法的呼应。比如陈祥道在《〈礼书〉序》中开头就说:"先王之治,以礼为本。"[6]又在《进〈礼书〉表》中称颂三代之治,这些都是王氏新学最喜用之术语。张晓宇先生对此有更深层次的阐发,他说:"仔细考察陈祥道二文中的斟词用句,不少都能在王安石的文章中找到痕迹。比如《进〈礼书〉表》中提出'先王建法'旨在'车书一而风俗同',是在呼应王安石的'一道同风'说。《〈礼书〉序》中强调研究先王礼乐需要了解'六艺百家之文',是在师法王安石《答曾子固书》中的解经心要。"[17]此外,王安石特重《周礼》,这一点在《礼书》中也有体现,比如《礼书》引文中大部分出自《周礼》,论说往往以《周礼》为据。

清代沈钦韩评价《礼书》,谓其乃"新经之流毒"[18],完全否定,这当然是偏颇之论,但是也确实揭示了《礼书》之创作和王安石变法的密切关系,即王安石变法为《礼书》创作提供了契机。

三 司马光人才荐举政策的推动

陈祥道最终能够完成一百五十卷《礼书》,并将之进献于朝廷,还得益于司马光人才荐举政策的推动。《玉海》记载:"元祐四年,翰林学士许将言祥道《增广礼图》及著《礼书》一百卷,二月二日,诏祥道为太常博士。"[19]可知北宋元祐四年(1089年)陈祥道尚未完成《礼书》,才创作了一百卷。元祐五年(1090年),范祖禹又荐《礼书》曰:"臣伏见太常博士陈祥道,专意礼学二十余年,近世儒者,未见其比。著《礼书》一百五十卷,详究先儒义说,比之聂崇义图尤为精审该洽。昨臣僚上言,乞朝廷给纸札,差书吏画工付祥道录进,今闻已奏御降付三省。"[16]明确指出此时《礼书》已为一百五十卷,并且揭示了许将举荐时曾建议朝廷差遣书吏画工以助陈祥道抄录进献这一史实。许将、范祖禹等的举荐,推动了《礼书》由一百卷扩充到一百五十卷。那么为什么许将已经举荐《礼书》,范祖禹又再次举荐呢?除了《礼书》本身确实质量很高外,最主要的原因就是当时司马光被重新启用后推行的相关政策,尤其是人才荐举选拔方面的措施。

北宋元丰八年(1085年)宋神宗去世,皇太后高氏垂帘听政,启用司马光。司马光与王安石政见相左,因此上台后推出了一系列新政策,废罢新法,史称"元祐更化"①。司马光主张"急于求人,而缓于立法",故而在北宋元祐元年(1086年)七月,推出了"十科取士"政策。其所上《乞以十科举士劄子》建议"使在位达官,人举所知"[20],提出分十科荐举人才的办法,要求"职事官自尚书至给舍谏议,寄禄官自开府仪同三司至太中大夫,职自观文殿大学士至待制,每岁须得于十科中举三人","岁终不举及人数不足,按劾施行"[20],即广大官员不光被要求举荐人才,而且每年还有定额举荐任务必须完成,否则就会遭到处罚。同时,被举荐者也必须符合十科的规定才行,十科中的第五、六、七三科要求"五曰经术精通,可备讲读科(有官、无官人皆可举);六曰学问赅博,可备顾问科(有官、无官人皆可举);七曰文章典丽,可备著述科(有官、无官人皆可举)"[20],是专门针对陈祥道之类经师硕儒的。

司马光的建议得到了采纳并施行,在这种情况下,举荐之风更加兴盛。翰林学士许将、内相范祖禹都在被要求举荐人才的职官范围内,陈祥道所著《礼书》也符合"十科"要求,故而才有了二人先后推举之事。许将、范祖禹举荐《礼书》,本身极有可能是为了完成朝廷的工作指标,但是事实上促成了陈祥道更好地进行创作。因此,《礼书》的最终完成,并且进献给朝廷,是受到了司马光荐举制度的直接影响。

当然,我们也要注意到陈祥道为王安石门人,而北宋元祐年间,党争激烈,按理其当在被打击之列,为什么仍能得到举荐呢?这一方面是因为陈祥道在王安石变法中主要从事文化及思想建设方面的工作,实际并没有扮演很重要的角色,也没有占据较为重要的官职。另一方面,北宋元祐时期的新旧党争实际并没有全面爆发,波及面没有那么广,尚留有一定余地,比如同为王安石门人的陆佃,元祐年间尚能参与《神宗实录》的修纂。范祖禹为司马光门人,且后来名列元祐党籍碑,其能举荐身份为王安石门人的陈祥道,说明的确是看重陈祥道的才学,也间接表明当时新旧党之间并不是水火不容的。

---

① 有关"元祐更化",沈松勤《北宋文人与党争》(人民出版社,1998)、方诚峰《北宋晚期的政治体制与政治文化》(北京大学出版社,2016)论之甚详,可以参看,此不赘述。

综上所述，陈祥道《礼书》虽为私人著述，但无论是从创作背景、动机，还是成书过程来看，都受到当时政治因素的深刻影响。而透过对该书成书背景、过程等的分析，我们又能够加深对北宋礼制改革、王安石变法、司马光重新执政后推行的"十科取士"等政策的认识。

注释

[1] 黄侃：《黄侃论学杂著》，中华书局，1964，第451页。
[2] 陈旸：《乐书》，北京图书馆出版社，2004。
[3] 吴丽娱：《礼与中国古代社会》，中国社会科学出版社，2016，第268页。
[4] 李焘：《续资治通鉴长编》第8册，中华书局，1995，第2451页。
[5] 赵汝愚：《宋朝诸臣奏议》下册，北京大学中国中古史研究中心校点整理，上海古籍出版社，1999，第1034页。
[6] 陈祥道：《礼书》，北京图书馆出版社，2006。
[7] 聂崇义：《新定三礼图》，浙江人民美术出版社，2015，第4页。
[8] 欧阳修：《太常因革礼》，上海古籍出版社，2002，第409页。
[9] 朱熹：《绍熙州县释奠仪图》，上海古籍出版社，1987，第10页。
[10] 陈振孙：《直斋书录解题》，徐小蛮、顾美华点校，上海古籍出版社，1987，第50页。
[11] 晁公武：《郡斋读书志校证》上册，孙猛校证，上海古籍出版社，2005，第136页。
[12] 黄宗羲：《宋元学案》，浙江古籍出版社，1999，第820页。
[13] 永瑢：《四库全书总目》上册，中华书局，1965，第179页。
[14] 马端临：《文献通考》，中华书局，1986，第293页。
[15] 李焘：《续资治通鉴长编》第17册，中华书局，1995，第5570页。
[16] 范祖禹：《范太史集》，上海古籍出版社，1987。
[17] 张晓宇：《从元明递修百五十卷本〈礼书〉略论陈祥道〈礼书〉的进献过程及意义》，《历史文献研究》2017年第1期，第291~300页。
[18] 沈钦韩：《幼学堂文稿》，上海古籍出版社，2010，第356页。
[19] 王应麟：《玉海》，上海古籍出版社，1987，第102页。
[20] 李焘：《续资治通鉴长编》第26册，中华书局，1995。

论黄榦礼学典籍的编撰思想[*]

王志阳[**]

摘　要：《仪礼经传通解》续卷《丧礼》和《仪礼经传通解》续卷《祭礼》体现了黄榦独特的礼学典籍编撰思想：一是严密而完整的编撰体系；二是实用的编撰意识，提高了礼学典籍的编撰水平；三是灵活运用编撰体例，继承与发展了朱子的礼学编撰思想。

关键词：黄榦　《仪礼经传通解》　朱熹　编撰体例　礼学思想

黄榦，字直卿，号勉斋，祖籍福建长乐，后徙居闽县（今福建福州）。他不仅是朱子嫡传弟子，更是朱子女婿，也是追随朱子学习时间最长的及门弟子，深得朱子学术思想精髓，被称为"紫阳正宗"。目前，学术界重在研究黄榦在程朱理学方面的成就，而忽视了他在礼学典籍编撰方面的贡献。即使有少数学者注意到此项内容，也以生活化特征来诠释《仪礼经传通解》续卷《丧礼》中的黄榦礼学思想。如朱广龙、何俊《黄榦礼学的生活化特征》认为："在由黄榦编写的《仪礼经传通解》续编《丧礼》中，我们可以看到黄榦注重古礼现实操作性的特点，他在尊重古礼礼义的原则基础上，结合宋代实际对古礼作了相应的时代化修正。此外，在实践层面上，黄榦也为儒家古礼的推广和普及作出了非常大的现实努力。"[1]这是从典籍编撰和礼学实践的视角研究黄榦之礼学思想，但是实用礼学本属朱子学派的传统，未能体现黄榦对朱子礼学思想的创造性发展。故本文以黄榦主编的《仪礼经传通解》续卷《丧礼》和《仪礼经传通解》续卷

---

[*] 本文原载于《闽江学院学报》2017年第6期。本文为2016年福州市社会科学规划项目（2016FZ37）的阶段性成果。

[**] 王志阳（1983~），男，福建南靖人，在福建师范大学中国语言文学流动站做博士后研究，武夷学院朱子学研究中心讲师。

《祭礼》（下文简称《续丧礼》《续祭礼》）为例，研究黄榦对朱子礼学典籍编撰思想的继承与发展，揭示黄榦礼学典籍编撰思想及其源流。

一　严密的编撰体系

《仪礼经传通解》在朱子主编期间，已初步形成一定的编撰体例，如《乞修三礼劄子》所说："欲以《仪礼》为经，而取《礼记》及诸经史杂书所载有及于礼者，皆以附于本经之下，具列注疏诸儒之说……"[2]《乞修三礼劄子》在《仪礼经传通解》首次刊刻之时，被朱在置于篇首。朱在于文下说明其缘由："顾念先君蚤岁即尝有志于是书，昨在经筵尝具奏，欲请于朝，乞招致生徒，置局编次而不果上，然其著述之旨意具存此篇。"[3]因朱在为朱子少子，是朱子书稿的临终委托人，其观点当属可信。但是《仪礼经传通解》在朱子主编期间，仍属体例初创阶段，即使朱子主编定稿的《仪礼经传通解》前二十三卷，也有以《礼记》及其他典籍为区别经文的内容，如《篇第目录序题·内则第五》说：

此《小戴》第十二篇，盖古经也。郑氏以为记男女居室事父母、舅姑之法，以闺门之内礼仪则可，故曰《内则》。今案：此必古者学校教民之书，宜以次于《昏礼》，故取以补经而附以传记之说云。[4]

由此可知，在具体编撰过程中朱子虽有经传分开的思想，但是并非简单地以"《仪礼》为经"，而是以具体礼仪内容为区别经与传的考量标准。另外，朱子的编撰思想也主要通过编者按语的形式体现于文本当中，只是朱子按语体现了"校勘文献、考辨注疏与礼仪、说明编撰体例三方面的功能"[5]，且在数量上以校勘文献类的编撰按语居多。

与朱子不同，黄榦更加重视篇章的编撰结构体例。在编撰过程中，黄榦特别重视具有全文编撰体例功能的按语，并在首次出现之后，全书都遵循同一体例，且不再重复相似按语。

《续丧礼·丧服一》的《斩衰三年章》按语如下：

经文之后附入传记者，其例有三：其一，有诸书重出者，但载其一。有大同小异者，削其同，载其异，有同异相杂不可削者，并存之。二，所载传记全文已见别篇，则全文并注疏皆已详载有于全文之下，节略重出者，即云详见某篇，读者当于详见之处考之。三，所附传记之文有本经只一事而传记旁及数事者，虽与经文不相关，然亦须先载全文，后重出者，只节其与本文相关者，仍注云详见某条。[6]

此按语叙述了《续丧礼》全书"经文之后附入传记者"的编撰体例，其要有三：第一，合并诸书重出部分，保存相异部分；第二，省略别篇已经保存的文献，仅注明"详见某篇"；第三，为了保证文献的完整性，便于读者阅读，在保存与本处内容有关文献之时，仍注明"详见某条"。此三条凡例囊括了《续丧礼》《续祭礼》的大部分结构体例，还有其他少数结构体例见于黄榦《续丧礼》中的《始死章》《楔齿缀足章》《袭饭含章》《丧次记》等篇目的按语，分别如下：

> 始死之前，有有疾、疾病等事，经文不具，今以记附见于下。[7]
> 复与楔齿缀足之间有迁尸一节，经文不具，今以记附见于下。[8]
> 既袭后有为燎一节，经文不具，今以记附见于下。[9]
> 丧次居处之节，亦非一事，今姑存本经记于此，凡它记所见者，别见《丧通礼》篇《居处》章。[10]

四条按语的共同点有两方面：一是记文内容是经文所不具备的，二是记文内容本身已是一个完整的礼仪施行环节或者内容。这些都与《斩衰三年章》所立凡例不同，对其起到补充作用，由此构成了《续丧礼》《续祭礼》完整的篇章结构体例。

正是这五条有关文章结构的按语囊括了全文的所有编撰体例，使具体编撰过程呈现严密的结构体系，避免了在《续丧礼》《续祭礼》中出现冗长而繁杂的编者按语，也避免了破坏礼学典籍的可读性效果。

二 实用的编撰意识

上文分析了黄榦《续丧礼》《续祭礼》的编撰体例较朱子来得严密，其基础在于黄榦从两个方面进行了创新工作，兹述如下。

其一，黄榦以《续丧礼》《续祭礼》为有机整体，统一处理全书体例问题。在《续丧礼》中，首次遇到《斩衰三年章》的记文如何处理的问题，他就在按语中系统阐述了全书的传记文体例，并就《始死章》《楔齿缀足章》《袭饭含章》《丧次记》的例外情形补充了四条按语，形成完整的编撰体例，具有明确的编撰体例结构意识。反观《仪礼经传通解》朱子主编部分，朱子对传记文的处理方法尚处于探索之中，尚未形成完整体例，如《士昏礼·纳采章》记文引贾公彦疏曰："凡言'记'者，皆是记经不备，兼记经外远古之言。郑注《燕礼》云：'后世衰微，幽、厉尤甚，礼乐之书，稍稍废弃。'盖自尔之后有记乎，未知定谁所录也。"[11]朱子按语曰："记文本附全经之后，今依辞例分以附于本章之左。"[12]其辞例是指《士冠礼·戒宾章》所言之例："诸辞本总见经后，故疏云尔。今悉分附本章之左，以从简便。"[13]朱子此处首创了《仪礼经传通解》置《仪礼》记文于每章之末的体例，但是这仅针对《仪礼》篇末固有记文，未能扩大为《仪礼经传通解》全书的统一体例。综观《仪礼经传通解》朱子编撰部分，其记文有两个来源：一种是《仪礼》篇末固有记文；另一种是涉及礼学内容的其他文献，如《士昏礼·纳征章》记文源自《礼记·杂记》，其按语曰"此一节系《杂记》补"[14]。但是上引朱子按语仅针对《仪礼》的文末记文而言，并未言及其他来源的记文。正因朱子尚未形成具有可操作性的简明编撰体例，《仪礼经传通解》的编撰速度和质量难以得到有效保证。[15]与此相反，黄榦则弥补了朱子的不足之处，大力推进编撰过程的标准化操作，这是黄榦在编撰体例上的创新之一，为杨复后来重修《续祭礼》提供了重要的经验。

其二，在传记文献的处理过程中，黄榦更加注重文献处理方法的可操作性和学者的学习效果。关于经文所缺失的内容，朱子仅把各类记文或者礼学文献的内容直接处理为补充经文，破坏了经文的原始面貌，如《仪礼经传通解·士冠礼·女子笄章》文末有朱子按语曰："《杂记》补。"[16]虽然朱子的处理方法也能获得较完整的礼仪内容，但是破坏了《仪礼》的原始面貌，容易模糊原始文献的文本情况。与朱子不同，黄榦把各类记载经文所缺失内容的记文放置于经文之下，不再强行补入经文之中。兹举一例如下："按：始死之前，有有疾、疾病等事，经文不具，今以记附见于下。"[17]此为《士丧礼·始死章》记文前的按语，主要说明他为何要安排记文的原因，即不仅补充经文所没有的内容，还说明这些事的主题，便于习礼者清楚了解到其所学的内容。在编撰过程中，黄榦充分利用记文的补充功能，其效果有二：一方面，使习礼者了解此处记文的内容，知其所然，打消礼书难读的畏难心理；另一方面，把经文所无的整件事情置于传记之中，并按照事件发展顺序编撰记文，形成完整的文献体系，便于习礼者掌握礼书内容。

因此，黄榦不仅补充了经文所缺的礼仪内容，又保留了礼学文献的原始情形，更符合其编撰目的，既促使士人学习《仪礼》，纠正了朱子割裂经书的问题，增强了朱子倡议《仪礼》重要性的效果，又解决了后代士人诟病朱子的问题。[18]

三 承继朱子之学术源流

虽然黄榦的观念远较朱子先进，但是这些成就并非无源之水，而是源自《仪礼经传通解》朱子主编部分所创立的体例与基础。杨复于宋嘉定癸未刊《仪礼经传通解续丧礼后序》有言："今因其篇目之仅存者，为之分章句、附传记，使条理明白而易考，后之言礼者有所据依，不至于弃经任传、遗本宗末。"[19]这是杨复转述黄榦之言，而"弃经任传、遗本宗末"一语，亦见于《乞修三礼劄子》。只是黄榦乃针对儒生"知有《礼记》而不知有《仪礼》"的学术现状，朱子则针对王安石"变乱旧制，废罢《仪礼》，而独存《礼记》之科"[20]而发。黄榦描述现状，朱子追述根源，二者如出一辙。至于各篇分章句、附传记的方法，在《仪礼经传通解》朱子主编部分已经实行，并在书信中阐述其方法，如《答应仁仲》说："前贤常患《仪礼》难读，以今观之，只是经不分章，记不随经，而注疏各为一书，故使读者不能遽晓。今定此本，尽去此诸弊……"[21]虽属朱子私人信件，但是黄榦理应知晓朱子的观点。因为朱子在同一信件中说："《觐礼》以后，黄婿携去庐陵，与江右一二朋友成之，尚未送来，计亦就草稿矣。"[22]那么黄榦当知晓朱子所定的编撰体例，否则难以顺利传达任务。《答吴伯丰》又言：

> 编礼直卿必已详道曲折，《祭礼》向来亦已略定篇目，今具别纸。幸与宝之商量，依此下手编定，寻的便旋寄来，容略看过……直卿所寄来《丧礼》，用工甚勤，但不合以王侯之礼杂于士礼之中，全然不成片段。又久不送来，至十分都了方寄到，故不免从头再整顿过一番，方略成文字。此可以为戒也。[23]

此信为我们提供了两条信息：一是黄榦负责向吴伯丰传达礼书编撰体例等信息；二是朱子曾读过黄榦《续丧礼》稿本，并未满意，需要"从头再整顿一番"。但朱子不满意的地方在于黄榦未区分士礼与王侯礼，而非体例问题，可见朱子对黄榦《续丧礼》的体例应该是比较满意。

又胡泳有载："庚申（1200）二月既望，先生有书与黄寺丞商伯云：'伯量依旧在门馆否？《礼书》近得黄直卿与长乐一朋友在此，方得下手整顿。'"[24]虽然《朱子语录姓氏》把胡泳所记载的语录内容定于"戊午（1198）所闻"[25]，但是细查上引文献所记内容为庚申年（1200年）二月十六日，而朱子于庚申年（1200年）三月甲子即三月九日去世。又同一条语录还说："作书时，去易箦只二十有二日，故得书不及往。后来黄直卿属李敬子招往成《礼》编，又以昏嫁不得行。昨寓三山，与杨志仁反复所修《礼书》，具有本末。若未即死，尚几有以遂此志也。"[26]这已是南宋绍定年间（1228～1233年）的事了[27]，故将上引内容定为"戊午（1198）所闻"显属讹误，当是"戊午（1198）以后所闻"。由此可见，直到朱子去世前夕，黄榦还在帮忙整理《仪礼经传通解》的未完稿，可谓从始至终都参与《仪礼经传通解》的编撰工作，甚至参与了编撰体例的制定，故朱子把丧、祭二礼均交给黄榦编撰。

综上所述，在编撰《续丧礼》《续祭礼》过程中，黄榦以朱子礼书编撰思想为基础，结合礼书学习和礼学实践经验，改进了《仪礼经传通解》朱子编撰部分的编撰体例，创造性地发展了朱子的礼学典籍编撰思想，扩大了《仪礼经传通解》在后世的影响力。

注释

[1] 朱广龙、何俊：《黄榦礼学的生活化特征》，《甘肃社会科学》2016年第5期。

[2] [20] [21] [22] [23] （宋）朱熹：《晦庵先生朱文公文集》，上海古籍出版社、安徽教育出版社，2002，第 687 ~ 688、687、2550、2550、2457 页。

[3] [4] [6] [7] [8] [9] [10] [11] [12] [13] [14] [16] [17] [19] （宋）朱熹、黄榦、杨复等：《仪礼经传通解》，上海古籍出版社、安徽教育出版社，2002，第 26、32、1216 ~ 1217、1317、1327、1354、1388、85、85、46、93、70、1317、3416 页。

[5] 王志阳：《〈仪礼经传通解〉朱子按语研究》，《甘肃社会科学》2014 年第 6 期。

[15] 从南宋绍熙五年（1194 年）的《乞修三礼劄子》开始，至朱子过世，已有五年之久。且在《乞修三礼劄子》之前，朱子已经召集学生开始编撰工作，故有"臣顷在山林，尝与一二学者考订其说"之语。但是至朱子过世之时《仪礼经传通解》仅编定了前二十三卷，《仪礼集传集注》仅成草稿十四卷而已。至于编撰质量，朱子已然不是非常满意，即使参与体制制定的黄榦，在其负责的《丧礼》部分，尚有"以王侯之礼杂于士礼之中，全然不成片段"的问题，更何况其他人了。另外，与《仪礼经传通解》朱子编定部分相较可知，朱子主编未定稿部分按语不及定稿部分百分之一，存有经传不分的现象，如《仪礼集传集注》卷三十六《王制之壬（师田）》全文不分经传。束景南：《朱熹年谱长编》，华东师范大学出版社，2001，第 1184 页。（宋）朱熹：《晦庵先生朱文公文集》，上海古籍出版社；安徽教育出版社，2002，第 687、2457 页。（宋）朱熹、黄榦、杨复等：《仪礼经传通解》，上海古籍出版社；安徽教育出版社，2002，第 1147 ~ 1183 页；

[18] 四库馆臣在提要《仪礼经传通解》朱子编撰部分时并未对其缺点进行批评，但是在提要敖继公《仪礼集说》则说："朱子《经传通解》皆割裂其语，分属经文各条之下。继公则谓诸篇之记有特为一条而发者……不敢移掇其文，失记者之意……则继公所学，犹有先儒谨严之遗。固异乎王柏、吴澄诸人奋笔而改经者也。"王柏、吴澄正是学习朱子思想的学者，四库馆臣虽是批评王柏、吴澄的风格，但其弦外之音明确指向的正是朱子《仪礼经传通解》割裂经文的编撰方式。（清）永瑢等：《四库全书总目》卷二〇，中华书局，1962，第 161 页。

[24] [25] [26] （宋）黎靖德编《朱子语类》，上海古籍出版社、安徽教育出版社，2002，第 2895、4350、2895 页。

[27] 胡泳的生卒年及生平事迹，《宋史》无传，《考亭渊源录》虽收录了胡泳，但未言及其生卒年，我们考之宋人曹彦约《黄子通墓志铭》言其作书之缘由是"以友人胡泳状来谒，铭不可辞也。"曹彦约又言："昔西坡先生从晦庵朱文公游，立朝耿耿，不负所学，持使者节以蠲租救荒，得罪时论，居间累年不自辩其是否，贤士大夫见之而心醉。子通克肖其德，人之敬之者，犹其敬西坡也。"可知黄子通之父为朱子弟子，是胡泳的同门师兄弟，那么黄子通则是胡泳的晚辈，由此可见，曹彦约所言之胡泳当是朱子之弟子胡泳，字伯量，而非其他同名者。据曹彦约《黄子通墓志铭》可知黄子通卒于南宋宝庆二年丙戌（1226 年），而此年胡泳尚在世，又据杨复《宋绍定辛卯刊仪礼经传通解续修定本序》作于宋理宗绍定辛卯年（1231 年），而杨复修订黄榦《祭礼》之事则早在南宋嘉定癸未年（1223 年），由胡泳明确言及"杨志仁复所成礼书"而非黄榦礼书可知，此中所言杨复礼书当指《宋绍定辛卯刊仪礼经传通解续修定本》即杨复《祭礼》。参见（宋）曹彦约《昌谷集》卷十八，《文渊阁四库全书》本，台北商务印书馆，1983。

论《宋元学案》对朱熹弟子的评价
——以黄榦、辅广、陈淳、真德秀、魏了翁为例[*]

连 凡[**]

摘 要：《宋元学案》的编纂者明确了黄榦作为朱熹道统继承人的思想史地位，肯定其阐发和传播朱子学的贡献，批判了持门户之见的朱陆末流。编纂者基于学术传承不问社会地位的纯粹学术态度，肯定辅广传承朱子学的贡献，并依据魏了翁本人的记述纠正了前人关于其师承记载的失误，确定了魏了翁与辅广的讲友关系。编纂者肯定了陈淳在本体论、人性论、道德观、工夫论、异端论等方面对师说的阐发，同时指出其不免持门户之见而挑起朱陆两派之争端。黄宗羲受明末清初回归先秦原典的经学思潮影响，一反成说将以经学为主的魏了翁的学术成就和地位置于以理学为主的真德秀之上，肯定了魏了翁不迷信朱熹权威的实事求是精神。全祖望进而基于史家立场对真德秀的人品提出了非议。

关键词：《宋元学案》 黄榦 辅广 陈淳 真德秀 魏了翁

清代浙东学派学者黄宗羲、黄百家、全祖望等人编纂的"学案体"著作《宋元学案》提供了研究宋元儒学思想史（特别是师承、流派、评价等）的基本资料、评价标准和思考方式，可说是对这一领域进行研究的必备参考书。其中出自黄宗羲、黄百家父子等人所编纂的"黄氏原本"59个学案中，编纂者致力于诠释与评价宋代理学家的学术思想，留下了大量的按语，其中有很多值得重视的观点。目前学术界的相关研究主要

---

[*] 本文原载于《闽江学院学报》2017年第6期。本文为2017年国家社会科学基金后期资助项目（17FZX013）、2016年教育部人文社会科学重点研究基地重大项目（16JJD720014）的阶段性成果。

[**] 连凡（1982～），男，湖北孝感人，文学博士，武汉大学哲学学院讲师。

是探讨《宋元学案》中宋元儒学思想史的脉络与建构，以及相关学者的学术评价与思想史地位等。[1]但总体来看，目前海内外学术界对于《宋元学案》中朱学（包括朱熹的弟子及其后学）的发展源流及其学术评价还缺乏全面系统的专题研究。因此，本文以《宋元学案》卷六十三《勉斋学案》（黄榦）、卷六十四《潜庵学案》（辅广）、卷六十八《北溪学案》（陈淳）、卷八十《鹤山学案》（魏了翁）、卷八十一《西山真氏学案》（真德秀）（以下引用《宋元学案》时一般省略书名，只注明卷数与学案名）为中心，探讨编纂者对南宋朱学学术源流的梳理及其代表人物黄榦、辅广、陈淳、真德秀、魏了翁的人品事迹和学术思想的诠释与评价。

首先简要叙述一下《宋元学案》中包括朱陆等各派在内的思想界发展概况。宋代儒学在南宋中期尤其是孝宗乾道年间（1165~1173年）、淳熙年间（1174~1189年）迎来了繁荣期。与理学集大成者朱熹创立的闽学同时代的湖湘学派、金华学派、浙东事功学派（永嘉、永康）、陆学（心学）等各学派盛极一时。但湖湘学派在张栻之后没有出现有影响的大思想家，并且大都滑向事功之学与朱学中了，金华学派（吕学）在吕祖谦之后大体滑向文学与文献学，最终两派的学术思想逐渐被朱学所包含和覆盖。经过"庆元党禁"之后，主战派的浙东学派学者叶适由于卷入韩侂胄的"开禧北伐"事件，故而在北伐失败、韩侂胄被杀之后被罢官并回归故里，致力于事功之学的理论建构并对道学进行批判，但还是无法阻挡朱子学的发展。其后浙东学派的学者大都流于文学和考据学（文献）一路，于是浙东学派逐渐被朱学所覆盖。在陆九渊之后，通过"甬上四先生"等弟子的发扬，陆学一时与朱学相抗衡，但随着理宗朝朱子学的官学化及之后陆学再传弟子的不振而逐渐衰落。同时，思想界也出现了折中朱陆的倾向，特别是朱学逐渐包含了陆学的要素，于是陆学也逐渐被朱学所覆盖。总之，南宋后期的思想界大体上已经被朱子学所统合。学者们往往在以朱子学为主的同时，又兼顾修习文献学（吕学）、心学（陆学）与经济制度之学（事功之学）等，这种倾向在朱陆的再传弟子及私淑弟子中已经出现，并一直持续至元代。

一　黄榦的思想史地位及其立场

黄榦（1152~1221年）是朱熹的女婿，并在朱熹逝世后成为朱门的领导者（之前的朱门领袖蔡元定因"庆元党禁"遭贬，在朱熹之前已经逝世于贬所）。他的《朱子行状》对朱熹的生平事迹与学术思想做了详尽清晰的叙述，被后世视为了解朱熹生平与学问的权威文献，该书在以朱子学为近世统治思想的中、日、韩等国都出现了多种单行本。[2]黄榦又作有《圣贤道统传授总叙说》，对程朱理学的道统谱系（尧、舜、禹、汤、文、武、周公→孔子→颜子・曾子→子思→孟子→周敦颐→二程→朱熹）以及内圣（制心、体）、外王（制事、用）的传承内容做了很好的总结，对确立程朱理学的思想统治地位起了很大的推动作用。他本人也因其体用兼备之学被车若水（《道统论》）[3]、黄震（《黄氏日钞》）[4]、熊禾（《祀典议》）[5]等学者视为朱熹道统的唯一继承人。[6]黄榦还大力发扬二程以来"体用一源，显微无间"的体用论思想，将程朱理学中的"理一分殊""主敬穷理""存养省察""太极动静""性即理""致知力行""未发已发"及孔孟以来的"费隐""尊德性道问学""忠恕""敬义""上达下学""道心人心"等"合内外之道"均按照"体"与"用"的关系来解释，从而全面贯彻了朱子学的本体工夫论。黄榦还广收门徒，对朱子学的推广与传播起了非常关键的作用。这正如黄百家所指出的，黄榦担心师门如同孔子死后"儒分为八"那样四分五裂，从而导致歪曲师说乱人耳目的情况出现，因此非常想培养出能够光大护卫师门的得力弟子。功夫不负有心人，他最终培养出了金华朱学（北山四先生）和饶鲁等得力传人，从而对朱子学的持续发展作出了巨大贡献。[7]

按照王应麟的弟子和全祖望的同乡（鄞县）袁桷（清容先生，1266～1327年）在其《龚氏四书朱陆会同序》（见《清容居士集》卷二十一）一文中的记述，朱熹的门人在南宋理宗宝庆年间（1225～1227年）、绍定年间（1228～1233年），因为朱门的领导者黄榦尚在（实际上黄榦在宝庆年间已经去世）的缘故，不敢随便传播其师（朱熹）之语录，但到了黄榦死后，《朱子语录》《朱子语类》一类的书籍大量涌现，导致门户越来越森严，最终大大激化了朱陆两派的矛盾。实际上在黄榦生前，朱熹的《语录》已经有小部分刊行，但黄榦非常担心朱门弟子记录的不得朱熹本意的《语录》刊行流布的话，会造成误解朱熹思想的不良后果，因此他亲自对作为朱熹思想理论之核心的"四书"一系的相关著作（《四书集注》《四书集义》《四书或问》《朱子语录》）进行整理和注释，并欲撰写《论语通释》等书以正确阐明朱熹的思想主旨。[8]虽未最终完成，但其立场无疑是正确的。全祖望认为袁桷的说法实际上可说是给朱陆两派门人的是非下了最终的结论。正如全祖望所指出的，朱熹的门人中没有比黄榦更优秀的，但在黄榦那里却看不到门户之见，同时因为作为朱熹的思想权威的黄榦在世，门人也不敢随便乱发所谓朱陆异同的门户之见，从这点来看，后来排斥陆氏以申朱氏的学者便不可说是真有得于朱子学了。[9]其后四库馆臣在《四库全书》集部别集类的《勉斋集》提要中，也以黄榦在评价朱熹的论敌林栗学术上的公允态度为例指出他绝无门户之见。[10]无独有偶，陆门的舒璘（甬上四先生之一）与朱门的黄榦一样，告诫门人不要轻易讥讽朱熹，可见排斥朱学以申陆学的人其实也不是真正理解陆学。[11]当然朱陆两派中还有像陈淳和包扬那样固守门户相互攻击的人物存在，而《宋元学案》的编纂者黄氏父子的思想立场也往往倾向于陆王心学，但全祖望等编纂者却力图和会宋代以来永无停息的朱陆异同之争，力倡朱陆合一论，所以他们在《宋元学案》中对朱陆两派之议论大体持不偏袒任何一方的公正态度。

二 辅广思想的传承与黄氏父子的思想史观

辅广（生卒年不详）是朱熹的高徒，但其著作除了《诗童子问》十卷之外几乎都没有传世，后世编纂的《宗辅录》只不过是其糟粕罢了。[12]辅广一生落魄清贫，思想气概与名声均不及同门的黄榦和陈淳等人，但其学术传承却意外地非常深远。黄氏父子对此原因进行了探讨，并进而表明了其思想态度。这里从黄氏父子处理周敦颐与李初平之间师承关系的立场入手探讨，黄百家在卷十二《濂溪学案下》中"李初平小传"下的按语中指出：

先生为元公上官，有谓不当列弟子者。夫学以传道为事，岂论势位？自古至今，有弟子而不能传道多矣。以先生之虚怀问业，悉心听受，二年有得，与二程同列诸弟子之班，足见先生之盛德。又何嫌哉！又何嫌哉！（梓材案：主一是说亦有理。顾谢山于稿底"濂溪门人"抹去李先生之名。是仍列讲友而不列弟子也。）[13]

由此可知，"黄氏原本"中黄百家将周敦颐的上司李初平列为周氏之弟子。黄氏如韩愈《师说》一样有感于师道尊严而特意这样处理，以表彰李初平的好学精神，但因为与其后全祖望定下的师承关系的规则不符，后来全祖望将李初平列为周敦颐的"讲友"（社会地位较高的学友）。全氏的做法符合其形式规则，也可说是体现了史学家的严谨乃至刻板。但正如王梓材所说，黄氏的观点也自有其道理。卷六十四《潜庵学案》中辅广的附录之后黄百家又引用黄宗羲之语表达了同样的思想倾向。

辅潜庵一儒生耳。漕试四学不第，陈秋塘送之诗云："闻说平生辅汉卿，武夷山下啜残羹。"其衰飒一至此也。而所传之学，蜀则有魏鹤山了翁，闽则有熊勿轩禾、陈石堂普，吾东浙自韩恂斋翼甫传子庄节性，余端臣再传，而有黄文洁震，逮至有明，传其学者不绝。此先遗献云："道之行不行，岂以时位哉！何先生之牢落而自远有耀乎！"[14]

由此可知，黄氏父子持有将学问置于社会地位之前的纯粹学术态度，其理由是学术地位及学术传承不是其生前的社会地位（功名官职）所能决定的。这也可以说是黄氏父子的一贯思想立场。由此可见，上述黄百家对李初平与周敦颐之间师承关系的处理绝非偶然。问题的关键在于全祖望所持的历史考据学立场注重学者生前的地位与事迹等，而黄氏父子所持的思想史立场则重视死后的思想影响，因为生前事迹名声与其身后的思想影响往往并不对等，所以纯史学与思想史的立场之间往往会产生分歧。正如黄氏父子所指出的，辅广生前社会地位与学术地位都不太高，但身后对后世的影响却极为深远，其学术传承在地域上涉及四川、福建、浙东等地，在时间跨度上从宋代直至明代不曾断绝。黄氏父子一方面表彰了辅广的学术地位与影响，另一方面又以实事求是的态度对辅广与魏了翁之间的关系进行了考证。黄百家于卷八十《鹤山学案》中魏了翁的小传之下说道：

《宋史》言，鹤山"筑室白鹤山下，以所闻于辅广、李燔者开门授徒，士争负笈从之。由是蜀人尽知义理之学"。于是《嘉兴志·辅汉卿传》遂谓鹤山是汉卿之门人。然考《鹤山集》言："开禧中，余始识汉卿于都城。汉卿从朱文公最久，尽得公平生言语文字。每过余，相与熟复诵味，辄移晷弗去。余既补外，汉卿悉举以相畀。"又言："亡友辅汉卿，端方而沈硕，文公深所许与。"乃知友而非师也。（梓材案：《二江诸儒学案》"范双流先生子长传"云："鹤山之初志学也，由先生兄弟及薛符溪以得门户，及入中原，始友李敬子、辅潜庵。"案：双流弟名子该。薛名绂。）[15]

《宋史》卷四百三十七《列传》第一百九十六《魏了翁传》中记载了魏了翁与辅广、李燔相交往从而得闻朱子学的事迹，但并未直接称他们是师徒关系。[16]后来《嘉兴志》中《辅汉卿传》则依据其对《宋史》的理解直接将魏了翁列为辅广、李燔的弟子。黄百家则依据魏了翁《鹤山集》卷五十三《朱文公语类序》的上述记载判断他们是"讲友"关系。[17]黄百家此说是根据魏了翁本人的证词，因此可说是最有说服力的。如前所述，辅广的学术流传十分深远，黄宗羲的远祖宋代大儒黄震以及黄宗羲的族祖明代黄珏（菊东先生）都是辅广一系传承下来的，因此辅广也可说是黄宗羲一族的学问源头之一。[18]所以黄宗羲对辅广非常敬仰，曾亲自到辅广的墓地祭奠，还依据地方志及《宗辅录》等资料的记载在《潜庵学案》中给辅广作了小传[19]，进而还在其按语中对辅广与魏了翁的关系（讲友）进行了考证。[20]黄百家接受其父的观点并将其记载于魏了翁的小传中，以与其父所作的辅广小传相对照。其后王梓材在黄氏父子考证的基础上，又依据全祖望补本《二江诸儒学案》卷七十二中的《知州范双流先生子长传》[21]，最终确定了魏了翁作为范子长（张栻门人）的"所传"（朱熹、张栻之再传）的师承关系及与辅广、李燔的"讲友"关系，并将其载于学案表中，这一过程中黄氏父子的考证无疑起到了关键作用。

三　陈淳思想的诠释及其评价

陈淳（1153～1217年）是朱熹晚年的高徒。正如全祖望所指出的，陈淳强烈地护卫师说并对异端之学进行了猛烈的批判，同时致力于阐发师说，虽然贡献很大，但也不免过分坚持门户之见而挑起了朱陆两派之争端。[22]《北溪学案》中出自"黄氏原本"的思想资料《北溪语录》所依据的原典是陈淳的《北溪字义》。但《北溪字义》的排列顺序（卷上的目次是命、性、心、情、才、志、意、仁义礼智、忠信、忠恕、一贯、诚、敬、恭敬，卷下的目次则是道、理、德、太极、皇极、中和、中庸、礼乐、经权、义利、鬼神、佛老）是将心性论（卷上）的相关范畴置于本体论（卷下）的相关范畴之前，与此相反，黄氏父子在其"黄氏原本"中辑录的《北溪字义》的条目明显是按本体论（太极、理）、人性论（性善说）、道德观（仁说）、工夫论（主敬穷理、下学上达）、异端论（陆学、事功之学）的顺序选取并排列的。其后全祖望又从陈淳的文集中辑录了一些条目对"黄氏原本"的内容进行了补充，由此可以考察编纂者对陈淳思想的梳理与解释。以下从几个方面对《北溪学案》中陈淳的思想进行一些探讨。

本体论（太极、理）方面，陈淳将太极视作总天地万物之理，并依据"理一分殊"的观点来解释太极（大本）与事物之间的关系，认为天地万物之聚散生死都是太极之全体妙用，同时太极并不能脱离天地万物。这与朱熹关于理气"不离不杂"关系的论述相符合。[23]在宇宙论（道、阴阳）方面，陈淳认为《周易》所说"一阴一阳之谓道"中的"道"其实就是指天地万物之根源[24]，道是万古通用的，属于生成论范畴；而理则是万古不变的，属于本体论范畴[25]。关于理气关系，陈淳继承了朱熹的理气"不离不杂"观点，认为理与气虽有区别，但理并不能离开气，更确切地说，主宰气之生成流行的即是理。[26]

人性论（性善说）方面，陈淳认为孔子在《周易·系辞传》中所说的"一阴一阳之谓道，继之者善也，成之者性也"中的"善"是指人未生之前作为造化之根源的"性"，而孟子的性善论实际上是指"成之者性"的所谓人生以后的"性"，在逻辑上是先有造化之源的"继之者善"，然后"成之者性"的性善论方才得以成立。因此，孟子所谓的"善"（成性）与孔子所谓的"善"（继善）存在继承关系，但这并不是二物，而只是同一生化过程中的先后关系。[27]朱熹的弟子严世文曾就程颢的"人生而静以上不容说，才说性时，便已不是性也"[28]的含义询问朱熹，朱熹认为所谓"人生而静"是指人心思虑未发之时，"人生而静"以上则是人物未生之时，《易传》中的"继善"即指此。而一旦说"性"的话，便是人生以后，此理已经堕入形气之中而不全为性之本体了。性之本体虽不离于形气，但有必要就形气之中见出其不杂于形气之物（理性），孟子的性善说即指此，其原因是即使人生以后，性之本体也不杂于气。[29]这样陈淳就在继承朱熹的人性论基础上，进一步阐明了天道与人性之间的继承关系。[30]

道德观（仁说）方面，陈淳继承朱熹的仁说，以生生之理（本体）与公正无私（作用）来解释仁的内涵，认为仁是天理生生之全体而无表里、动静、隐显、精粗之区别，同时又认为心虽专为天理之公而无丝毫人欲之私，但如果有少许的弊病、欠缺或间断的话，则私意横行而生生之理便会停息，便会像麻痹无感觉一样丧失仁德。[31]陈淳又基于程朱的仁为性、爱属情之说否定了汉唐以来以爱为仁的观点，同时也批评了二程的门人离开爱而专向高远之处求仁的偏向，认为仁与爱相互不能分离。具体来说，陈淳继承朱熹的思想，一方面批判了谢良佐专以知觉为仁的观点，认为知觉处全是天理方才是仁，另一方面又批判了杨时将万物与我为一体视作仁的观点，认为万物与我为一之前全是天理流行方才是仁，同时又将吕大临《克己铭》中以克去己私与万物为一体之后方才为仁的观点理解成仁在身外，从而加以批判。总之，在陈淳看来，谢、杨、吕三人之说（实皆本于其师程颢之仁说）将爱（情）与仁（性）混为一谈，皆不得孔门传授之真义，只有其师朱熹的"心之德，爱之理"以体用区分的仁为性（理）、爱为情（气）的观点出现以后，仁之本义方才大明于天下。[32]

工夫论（主敬穷理、下学上达）方面，陈淳强调致知力行的工夫，"致"是指推广到极致，通过"致知"就能使心中明了万事之理而无疑；所谓"力"是指勤勉而不敢懈怠，通过"力行"就能够使自己恢复万善而无所不备。这样致知与力行（知与行）虽各有其作用，但从知行合一论来看，知行并不能截然分为前后两事，其实应当同时并行。然而能够致知力行的前提则是主敬。敬是主一无适，圣贤由此而贯通动静、始终，如果能主敬则心有涵养而本体清明，由此以致知，则心含众理而不会昧于道理，而由此以力行则自身与事物相安而无抵触之弊病。[33]另外，上达之理其实就体现在日用人事之中，并非玄妙不可捉摸的空疏哲理，因此只要循序努力就一定能够见到。首先下学之工夫达到之后方能从事于上达，而不应该安于小成。正如《论语·子张》篇中所谓"博学而笃志，切问而近思"一样，立志必须牢固不可动摇，但圣贤读书只是为了在人事日用之间以此言语来一件一件体认得于身上。因此，在读书的方法上，朱熹表彰《近思录》与"四书"，将其作为初学入道的阶梯，学者若能将其完全掌握，再以其为衡量事物的标准，进而博览天下群书的话，就可以穷究人生万事，而天下道理也就皆备于此了。全祖望高度评价了陈淳上述关于读书方法的见解，指出虽然"四书"原本具备所有的道理，但在处事而遭遇异变的场合下却不可局限于此，如程颐晚年的高徒尹焞专做主敬的涵养工夫，虽可谓坚守其节操，其弊病却在于不教人读书，而陈淳此说正好可以纠正此种偏失。[34]

异端论（陆学、事功之学）方面，陈淳站在朱学立场上对当时流行的佛道、陆氏心学、浙东事功之学都进行了严厉的批判。正如全祖望所说"其卫师门甚力，多所发明，然亦有操异同之见而失之过者"[35]，在朱熹门人中陈淳的异端（异学）批判具有代表性。在陈淳看来，一方面，求道过高之人往往以佛学为宗而蔑视经典，认为只要清净身心便可悟出自己的本性（本心），因而没有必要读书，这样下去最终就会陷入空无之境地（指陆氏心学）；另一方面，立论过卑者往往推崇汉唐而将其比作三代，认为只要能经世致用的话，就没有必要修德了，这样下去最终就会陷入功利之学（指浙东事功学派）。[36]在陈淳看来，陆学与功利之学都走了极端，而只有朱学将《中庸》所说的"尊德性而道问学"的中庸之道作为为学宗旨，将主敬涵养与格物穷理、道德与事功、尊德性与道问学两方面有机地结合起来，从而避免了两者之弊端。其说虽不免有门户立场，但基本符合陆学、事功之学及朱学在修养方法论上的特征。

四　魏了翁与真德秀的学术地位及其评价

魏了翁（号鹤山，1178~1237年）与真德秀（号西山，1178~1235年）是南宋理宗朝前后的朱子学学者，但二人并非直接师事于朱熹。魏了翁是朱熹高徒辅广、李燔的讲友，而真德秀则是朱熹门人詹体仁的弟子。魏、真二人的生平事迹很相似，在当时名声地位大体相当，被世人比作北宋名臣司马光（温公）与范镇（蜀公）。但在黄宗羲看来，二人的学术虽同出于朱学，但魏了翁博览群书而又不墨守师说，其见识卓绝而多有创见；真德秀则不免模仿朱熹，不敢自出新义，只不过是墨守朱学罢了。[37]这样就将魏了翁的学术造诣和地位置于真德秀之上了。全祖望进而对真德秀的人品事迹进行了考证，他依据黄震《两朝政要》的记载，指出真德秀晚年曾依附权臣郑清之，不免于节操有亏。[38]这与全祖望批评陈亮晚节不保的情形相类似。[39]其实从历史上看，真德秀生前的名望比魏了翁还要高一些，当时的人将其视为朱熹之后的理学正宗，但也有黄震等人提出批评意见。其后《宋元学案》的编纂者黄宗羲受明末清初以来经学思潮的影响，将魏了翁的学术成就（经学为主）置于真德秀（理学为主）之上，全祖望进而基于其人品与学问并重的史学家立场对真德秀的人品也提出了非议。[40]总之，《宋元学案》的编纂者褒奖魏了翁而贬低真德秀的立场非常明显。其后四库馆臣在《四库全书》中一方面著录了魏了翁的《周易要义》《尚书要义》《仪礼要义》《春秋左传要义》《经外杂钞》《古今考》《鹤山集》等著作，并在提要中对其经学与文章都作了很高的评价[41][42]，另一方面也著录了真德秀的《四书集编》《大学衍义》《西山读书记》《心经》《政经》《西山文集》《文章正宗》等著作，虽未对真德秀的人品直接作出评价，但对其过分以理学来约束文章等方面颇有微词[43]。四库馆臣在表面上虽然还比较尊重作为朱学名臣的真德秀，但在学术上无疑更重视魏了翁一些。可知黄宗羲、全祖望对魏、真二人的优劣评判应该说代表了清代学界的普遍看法。

黄宗羲的这种评价其实与魏、真二人各自的学术侧重点有关，即真德秀注重对朱学（理学）的阐发，特别强调对以四书《近思录》等为代表的理学经典的研习与践履[44]，这在其《西山读书记》及《西山文集》等著作中有着集中的体现。与真德秀的这种专心致力于诠释朱子学经典的态度不同，魏了翁则认为研究儒家经典不可局限于包括朱熹在内的先儒之解说，应该自己直接检讨经书本文，只有这样才能够得到经典的真实含义[45]，因此他在《诗经》《尚书》《春秋》《周易》《三礼》等儒家原始经典上下了很大的功夫并撰有专著。到了黄宗羲所处的明末清初时期，随着理学的衰退和经学的兴起，褒奖魏了翁的经学而贬低真德秀的理学成为一种必然，特别是魏了翁的经学方法可谓开清代经学（考据学）之先声。具体来说，魏了翁数十年如一日反复研讨先秦儒家经典（九经等），详细检讨其中一字一义的古今学说是非，力图去其糟粕而取其精华。例如《鹤山学案》开头的"师友雅言"中，魏了翁对先秦经典中的仁义、体用、信恕等范畴，巫觋之作用，《周礼》《左传》《素问》之真伪，自古以来的桃、史、明堂、赋、井田、祭祀、租税等礼乐刑政与五行相配说之变迁等等都进行了考辨，这些考辨都是在对前代儒者的诠释进行分析取舍的基础上得出的。[46]《鹤山大全集》中这样的考证也无处不在，其中有很多观点时至今日依然值得我们重视。[47]

注释

[1] 林素芬指出，全祖望基于其自身学术旨趣，大力表彰以兼容并包著称的东莱吕氏之学，打破了向来仅以王应麟为朱熹之再传弟子的成说，在《宋元学案》卷八十五《深宁学案》中明确了"不名一师"的王应麟与吕氏中原文献之学的传承关系。此外，谢桃坊、刘兆玉也分别考察了《宋元学案》对三苏蜀学及张载关学学派的师承、学术传承以及学派衰落之原因的论述。参见林素芬《〈宋元学案〉之〈深宁学案〉及相关问题研析》，《中国文学研究》1997年第11期；谢桃坊《〈宋元学案·蜀学略〉辨正》，《西华大学学报》2013年第1期；刘兆玉《论〈宋元学案〉对张载关学的诠释——兼论〈宋元学案〉的关学观》，硕士学位论文，陕西师范大学，2013。

[2] 如朝鲜李朝的著名朱子学者李滉（号退溪，1501—1570年）曾经为《朱子行状》作注释，其单行本之后传至日本并出现了多个版本。日本九州大学就藏有李退溪辑注《朱子行状》，有村上平乐寺宽文五年（1665年）和寿文堂正德二年（1712年）等版本。其中的文化元年（1804年）刊本被收录在日本著名学者冈田武彦主编的《影印和刻近世汉籍丛刊》第21册中（〔日〕佐藤仁解题《朱子行状》，中文出版社，1972），佐藤仁还将《朱子行状》全文翻译成现代日语出版（参见〔日〕佐藤仁译《朱子行状》，载宇野精一、铃木由次郎编辑《中国古典新书》，明德出版社，1969）。

[3] [5] [6] [7] [9] [11] [12] [14] [18] [19] [20] [21] [22] [23] [24] [25] [26] [27] [29] [31] [32] [33] [34] [35] [36] （清）黄宗羲原著、全祖望补修《宋元学案》第3册，陈金生、梁运华点校，中华书局，1986，第2128、2074、2020、2037、2037～2038、2550、2053、2057、2057、2054、2054、2411、2219、2220～2221、2221、2221、2223、2221、2316、2221～2222、2222、2224、2230、2219、2223～2224页。

[4] [15] [37] [38] [39] [40] [44] [45] [46] [47] （清）黄宗羲原著、全祖望补修《宋元学案》第4册，陈金生、梁运华点校，中华书局，1986，第2899、2651、2696、2707～2708、2869、2695、2707、2655、2651～2655、2661页。

[8] 何俊：《南宋儒学建构》，上海人民出版社，2004，第311～313页。

[10] [42] [43] （清）纪昀、陆锡熊、孙士毅等原著总纂《钦定四库全书总目》（整理本）（下册），四库全书研究所整理，中华书局，1997，第2151、2158、2158、2619页。

[13] （清）黄宗羲原著、全祖望补修《宋元学案》第1册，陈金生、梁运华点校，中华书局，1986，第529页。

[16] （元）脱脱：《宋史》第37册，中华书局，1977，第12965～12966页。

[17] （宋）魏了翁：《鹤山集》，《影印文渊阁四库全书》，第1172、1173册，上海古籍出版社，1987年，第593～594页。

[28] （宋）程颐、程颢：《二程集》（上册），王孝鱼点校，中华书局，2004，第10页。

[30] 程颢思想中的"继善成性"实际包括两个方面：其一是超越善恶之对立的绝对的善（乾元生生之善），其二是从本然之性而来的善性，孟子的性善说属于后者。参见郭晓东《识仁与定性——工夫论视域下的程明道哲学研究》，复旦大学出版社，2006，第99～102页。

[41] （清）纪昀、陆锡熊、孙士毅等原著总纂《钦定四库全书总目》（整理本）（上册），四库全书研究所整理，中华书局，1997，第28、147、348、1580、1587、1682页。

论蔡清对河图洛书的阐释[*]

刘建萍[**]

摘　要：明代理学家蔡清的《易经蒙引》虽以义理见长，但并不忽视象数，也不否认易图，《太极图说》与《河洛私见》就是蔡清探索象数易学的代表作品。河图、洛书是宋以后象数易学研究的重要内容之一，蔡清《易经蒙引》与《河洛私见》在对河图、洛书的阐述中，提出了不少真知灼见，其主要观点有：河图是《易》之祖宗、河图之数尽是天地之数、河图是太极之全体、河图洛书中蕴含着"阴主静而守其常，阳主动而通其变"的太极之妙。

关键词：蔡清　《易经蒙引》　《河洛私见》　河图　洛书

蔡清作为明代著名的理学家，后代学者多将其易学归为义理派，其《易经蒙引》享有"明代义理学派解《易》的代表著作"[1]之誉。明代象数派学者熊过说："初闻闽人蔡清善为《易》，购得其书，惟开陈宗义，不及象也。"[2]经考察，现存《易经蒙引》版本中，河图、洛书、先天四图、后天二图，以及卦变图等九个朱熹重视的易图均未列卷首，有研究者由此推断蔡清否定易图。然笔者认为，蔡清作为朱子学学者，其《易经蒙引》虽以义理见长，但并未忽视象数，也不否认易图，《太极图说》与《河洛私见》即可视为蔡清象数易学的代表作品，这两本书关于太极图和河图、洛书的阐释是对朱熹象数易学思想的发挥与修正。象数与义理都是易学的重要组成部分，只研究蔡清的义理之学而不涉及象数将有失偏颇。河图、洛书是宋以后象数易学研究的重要内容之一，本文以蔡清《易经蒙引》与《河洛私见》中对河图、洛书的阐述为主进行研究，

---

[*] 本文原载于《闽江学院学报》2017年第3期。
[**] 刘建萍（1964~），女，广西浦北人，文学博士，闽江学院人文与传播学院教授。

以期进一步发掘蔡清的象数易学思想。

《周易·系辞传上》有言："是故天生神物，圣人则之；天地变化，圣人效之；天垂象，见吉凶，圣人象之；河出图，洛出书，圣人则之。"此后，有关伏羲法河图以画八卦、禹箕凭洛书而作《洪范》的说法遂广泛流传。汉刘歆曰："伏羲氏继天而王，受河图，则而画之，八卦是也。禹治洪水，赐洛书，法而陈之，《洪范》是也。"[3] 宋代以前，关于河图、洛书的阐释，仅有文字，未见图书流传。后世广为流传的黑白点的河图、洛书出现于北宋时期。刘牧主张以九数图为河图，十数图为洛书；朱熹则认可蔡元定对刘牧之图的变异，主张十数图为河图，九数图为洛书。自朱熹之后，对河图、洛书的分歧与争论至明代仍在延续。作为朱子学学者，蔡清对河图、洛书的阐释有不少真知灼见，值得深入研究。但就笔者目前所见，学界关于蔡清象数易学的研究成果较少，因此有深入阐释的必要。

一 河图乃《易》之祖宗

关于河图、洛书的真伪问题，宋代以来众说纷纭，莫衷一是。从蔡清的《易经蒙引》对易图的阐释，以及所撰《太极图说》与《河洛私见》对河图、洛书的论述，可以肯定蔡清不仅承认易图，认同邵雍及朱熹对易图的诸多观点，而且认为河图是《易》之祖宗。他说：

> 河图者，《易》之祖宗也，故夫子于此备发之，以昭示来学。大抵圣人作《易》本非止一端，如仰观俯察，远求近取，凡天下人物理之所在，无一不在所采。至于其中如河图者，又天之所以开圣人之独智，所谓神物者也。圣人之作《易》，或以得此而后决也。诚以其于理数之际，至详而至明、至巧而至妙者也。设孔子当时无此一篇书，天若不再出河图，又不再生圣人，吾见易之理数，万古如长夜矣。[4]

这是蔡清对朱熹《周易本义》"天一"章所作的阐释。据传远在上古时代，一条龙马出现在通往天界的黄河中，神奇的图案布满马背，圣人伏羲不仅将图案临摹下来，而且仰观天文、俯察地理后，创制了八卦。之后伏羲又将八卦重叠制成六十四卦，为《周易》卦形符号象征体系奠定了重要基础。蔡清视河图为《周易》之祖宗，意即说明河图是上天用以开启圣人智慧的神物。实际上蔡清上述这段话是对前引《周易·系辞传上》中"是故天生神物，圣人则之"的进一步阐发。他认为，假如上天没有再次赐予河图，圣人也没有再次出现，还有谁会来探研数理，创造筮法，开启物智，成就事务呢？河图是圣人作《易》之本，这是蔡清对朱熹观点的进一步发挥。由此可见，蔡清对河图是极为推崇的，认为河图为《周易》之根源，圣人法河图、洛书而作《周易》。

蔡清进一步说：

> 天一，地二；天三，地四；天五，地六；天七，地八；天九，地十。此是伏羲时龙马出河，其马背上旋毛圈子，有自一至十之数，而其位则一六居下也。愚意万物之生皆父天母地，则皆有天一地十之数，但其得天地之气不完或完而不精，是以其数不著，虽著而不全。若龙马之出，以言其时，太和元气之会也；以言其世，则圣王在上，天下和平，王道得也；以言其地，则河洛又为天地之中也。是以天地许多至精极纯之气尽钟在此一物身上，而其数之彰著有如此，此所以为灵物也，其许多圈子则天地气数痕迹也。盖人知河图，而不知河图之为数；知河图之为数，而不知其为天地之数；知河图之为天地之数，而不知其何者为天，何者为地，故夫子历历指点区别出以示人曰……自此至下条便是孔子为河图作个图说如此也。是数也，默运于亭毒之中，所谓"上天之载，无声无臭，不可得而见也"。今却显之于河图，而为龙马一身之所载，皆天地之数之影迹也。是数也，惟伏羲知之以作《易》，伏羲而后世之知者寡矣！孔子于是发之以垂万世，而必置之大衍之前者，明易数之所祖也。万世文字之祖起于易，易祖于河图。河图者天之文也，天以是文寄于河图以示圣人，圣人遂则之以作《易》。[5]

以上这段话是说，从根源上看，都有天一地十之数，但因具体个体所得天地之气不完整或虽完整却不够精粹，致使天地之气数不够显著，或是虽显著但不齐全。龙马出现的上古时代，乃太平祥和、元气荟萃之太平盛世，圣明的君王以仁义治理天下，而且黄河、洛水处于天地中央，故天地中至多至精至纯之气均聚集在龙马身上，致使这种神奇的龙马背上的数字如此显著，马背上的圈子即为天地气数的痕迹。因当时人们仅知河图却不识河图之数，或知河图之数却不知这就是天地之数，知道河图为天地之数却不识何为天数、何为地数，因此孔子为世人逐一指点出来。

以上就是蔡清对河图的认识。首先，他不仅肯定了河图出于伏羲之世，而且确信以河图为龙马旋毛的传说。其次，蔡清认为河图中许多圈子是天地气数之痕迹，河图之数乃天地之数，圣人伏羲效法它创作了《周易》，孔子作《易传》对之加以解说。最后，万世文字之祖起于《周易》，《周易》祖于河图，河图乃天下之至文，圣人法之以作《周易》，如果没有河图，《周易》就不可能产生。蔡清在此揭示了河图的玄妙之处，其见解得到后世多数学者的认可。

二　河图之数尽是天地之数

关于河图之数，蔡清亦有精辟的解释，除了前面提到的观点外，蔡清在阐释朱熹《周易本义》"天一"章时又说："'天一至成变化而行鬼神也'，当作一片浑沌看。盖自'天一'至'地十'既零碎说，就继之以'天数五，地数五'，而着一句'五位相得而各有合'，把前面数略说出主意了。然后又总计而说出'此所以成变化而行鬼神'一句，明说此是造化之秘也。河图之数尽是天地之数也。"[6]

朱熹这段话的本义是说天地之数阳奇阴偶，天数五者，皆奇数；地数五者，皆偶数。"相得"指一与二、三与四、五与六、七与八、九与十，各以奇偶为类而自相得；"有合"指一与六、二与七、三与八、四与九、五与十，皆两相合。"此所以成变化而行鬼神"中之"变化"即指一变生水而六化成之，二化生火而七变成之，三变生木而八化成之，四化生金而九变成之，五变生土而十化成之；"鬼神"则指奇偶生成之屈伸往来。

蔡清完全赞同朱熹关于"有合"的说法，并做进一步分析。蔡氏说："河图以一二三四为六七八九者，盖六七八九实因中宫之五而得，故一者六之所因，二者七之所因，三者八之所因，四者九之所因，一二三四即在内之六七八九也。故可以一二三四为六七八九，初间看似涉于牵强，细求其故乃知一出于自然之理也。"[7]对于"相得"之说，蔡清虽觉得朱熹之说未尽妥帖，但也努力为之作出合理解释。蔡清认为："相得，谓一与二、三与四，一是水与火，一是木与金，虽相反而实相为用，有相得之理。至于五与六之相得，则未易晓也，盖一至五生数已备，至此则成数当继之矣。故五后即次以六，总是五行一气也。"[8]对于朱熹"天一"章整段话的理解，蔡清认为河图蕴含天地之理，乃是造化之秘，河图之数皆是天地之数。

朱熹说："河图之数，不过一奇一偶相错而已。故太阳之位即太阴之数，少阴之位即少阳之数，少阳之位即少阴之数，太阴之位即太阳之数。见其迭阴迭阳，阴阳相错，所以为生成也。天五地十居中者，地十亦天五之成数。盖一、二、三、四已含六、七、八、九者，以五乘之故也。盖数不过五也。"[9]蔡清在沿袭朱熹之义基础上，对河图之数做了进一步的解释与阐发，他说：

> 天地河图之数本只是一二三四五，而各截其下为六七八九十而已，非一二三四五之外别有六七八九十也。故一与六共宗而居北，二与七为朋而居南，三与八同道而居东，四与九为友而居西，五与十相守而居中。然究其极则又是一与二而已，非一二之外别有三四也。盖一之下半即为三，二之下半即为四。故水木皆阳也，水为阳之始，木为阳之成，火金皆阴也，火为阴之始，金为阴之成，此理人多未会也。[10]

与朱熹不同，蔡氏认为："五行只是一二三四五，其六七八九十者，乃一二三四五之配也，亦截取一二三四五之后一半节序与之对而成配耳。"[11]"论五行本数只是一二三四五，以序而生出水火木金土，其六七八九十者乃其生数之副耳。如夫为妻纲，妻为夫助之意。"[12]正因如此，故朱熹所论河图之位是："一与六共宗而居北，二与七为朋而居南，三与八同道而居东，四与九为友而居西，五与十相守而居中。"蔡清认为对于河图数字方位、生数成数的道理许多人至今尚未理会。

三　河图浑然一太极

蔡清在《河洛私见》的开篇即指出："看河图须按据太极图而指画之，则自然理论分明，不然但见支离而不圆活浑成，有若涉牵强焉者。盖通河图是一太极之全体也。"[13] 蔡清意在将太极阴阳动静之妙贯穿于对河图、洛书的阐释之中，这是因为在蔡清看来，河图所展现的就是太极生阴阳五行完整的动态过程。他说：

> 自其动而生阳者言之，阳起于太极之子位是为天一，天一生水……阳进于太极之卯位，是为天三，天三生木。……自其静而生阴者言之，阴起于太极之午位，是为地二。……阴进于太极之酉位，是为地四。……阳极于午而阴生，阴极于子而阳生，此又阴阳之相根而循环者也，是河图浑然一太极也。[14]

蔡清这里所提及的太极图，可用既简单又抽象的圆圈表示，还可用最常见的阴阳鱼太极图呈现。图中白色的图案为阳，黑色的图案为阴。从上段蔡清的阐释来看，他是将河图与太极图、天地之数三者巧妙地放在一起阐述：阳起于子位，自北方的一阳生，天一生水；进于东方之卯位，天三生木；至南方之地而达到极盛，是为地二生火。太极静而生阴，阴起于午位，阴气从南方之微阴渐次消阳，阴进于西边之酉位，是为地四生金，极其至于北方。阳极而生阴，阴极而生阳，"此又阴阳之相根而循环者也"。蔡清认为河图与太极图，其形象虽迥异，但河图是一太极之全体，他进而感叹：

> 噫！子周子实再阐吾道之太极者也。然周子胸中所得之趣无穷而其画图于指下者则技亦穷矣，何者？谓不足以尽其胸中所得之趣也。今学者但知之为太极耳，而不知此个圈子，周子意本欲其转圈，旋转百千万周而不已，乃是以形容其动静无端，阴阳无始之妙也，但书之笔下则无可奈何仅得如此而已。况太极虽一气循环而实界分阴阳，今此个圈子终是不见得阴阳动静之别，至是则周子之技又穷矣。于是再为阴静阳动图，而以左白者为阳，右黑者为阴。白中之有黑为阳之根，于阴黑中之有白为阴之根，于阳而中复结之以小圈子以为太极。盖此个圈子元非小也，与上面大圈子只是一个，而阴静阳动实皆其中所元有之物事也。[15]

蔡清既肯定了周子对太极幽隐深刻内涵的揭示，又指出了周子"技穷"之所在，是由于没有揭示出"阴阳动静之别"，也就是说没有展现出太极生阴阳五行完整的动态过程。虽然朱熹特别推崇周子，并为其《太极图说》与《通书》作注，但蔡清的《太极图说》在朱熹的《太极图说解》的基础上，对周子的《太极图说》做了更深刻的解说，阐释了太极、阴阳、五行之间的奥妙所在。蔡清是在朱熹"太极即理"的基础上充分借鉴了张载的气化论,将太极与气、阴阳、动静完整地联系在一起。周子说:"阳变阴合而生水火木金土,五气顺布,四时行焉。"[16]在阴阳与五行是如何"变""合"这一点上,蔡清的阐释有别于周子与朱熹的观点。

朱熹说阳动而阴随之,所以言变合。朱熹着眼于从方位上考察,他认为太极图的左边为阳,右边为阴。太极从左边动而之右,故阳变而之阴生水及金,是为阳之变;太极从右边动而之左,是阴合而之阳生火及木,土则于一变一合之中,故两得之而居中焉。对于朱熹"阳变阴合而生水火木金土"的观点,蔡清解释说:

> 愚谓阳变而生阴之水,阴合而生阳之火,然水太阴也,则又交于阳而生少阳之木;火太阳也,则又交于阴而穿乎土,以生少阴之金,此皆以质而语其生之序然也。其水金在右,火木在左,则以阴阳方位而定也。[17]

此外,蔡清认为太极图阐释的是世界万物的生成变化,解说的重点应该以形质为主,而不能简单地从方位上论述阴阳,所以他接着说:

> 太极图本旨言阴阳生五行,正当主以质而语其生之序者,而是五者之气上行于天,则自木而火,火而土,土而金,金而水,故言"五气顺布,四时行焉"于"阳变阴合而生水火木金土"之下。[18]

由上所述,太极图的本旨在于阐释阴阳生化五行,应当以质而语其生之序,则"木生火,火生土,土生金,金生水",五行相生,周而复始,如环无端。蔡清通过太极气化、阴阳、五行的变合,展现了太极生生不息,阴阳动静循环不已的过程。

以上蔡清对河图的阐释,有的观点承朱熹而来,但阐释更加细致、深入,尤其是对关于河图与阴阳五行的对应关系、生数成数以及河图的数字排列等均有独到的见解。蔡清最具创获的地方体现在:"并不是局限于河图本身的数字排列及其含义,而是将河图置于动态的太极演化过程,赋予河图生生不息的宇宙大化流行之内涵。把河图与太极图放在一起,动态展现河图所表现的太极生生之意。"[19]

四 阴主静而守其常,阳主动而通其变

蔡清承袭朱熹《易学启蒙》认可河图、洛书中有太极、两仪、四象、八卦之象,但更难能可贵的是,其在《河洛私见》中全面阐释了河图、洛书、卦画、易数之中所蕴含"阴主静而守其常,阳主动而通其变"的太极之妙。蔡清说:

> 清谓欲知河图之配八卦,先须定却水火木金方位,然后将数与卦分贴,则庶几

明白。如水太阴居北，火太阳居南，木少阴居东，金少阳居西，于是以数配之，盖一变生水而六化成之，一六皆在北，为太阴也。二化生火而七变成之，二七皆在南，为太阳也。三八木则在东为少阴，四九金则在西为少阳。明明白白似无可疑。但四九以老阳之数而居少阳之位，二七以少阳之数而居老阳之位，为不尽合，然此就可以明阳之道主动而通变与阴之守静者不同，是亦造化自然之理矣，是于河图之中又自有阴静阳动之妙，岂人为哉？亦岂人为所能到哉！[20]

这段文字，浅近明白之中似有"不通"之处。究其原因在于，"水太阴居北，火太阳居南"乃易学基本常识，然而接下来说到的"木少阴居东，金少阳居西"，就令人颇为费解。依据后天八卦配五行的原理，木居东方为少阳，金居西方为少阴。这么一来，两者就自相矛盾了。经仔细体察发现，蔡清乃是在其中糅合了八卦横图、洛书之数、五行学说等诸多内容。依照太极生两仪、两仪生四象、四象生八卦之图式，八卦之中，乾兑为太阳，离震为少阴，巽坎为少阳，艮坤为太阴；再以先天八卦圆图配以洛书之数，则乾为九，兑为四，离为三，震为八，巽为二，坎为七，艮为六，坤为一。

循着前面所引"欲知河图之配八卦，先须定却水火木金方位，然后将数与卦分贴"的思路，可以发现：木之方位在东，其数为三、八，故其卦为离、震，则其性为少阴；金之方位在西，其数为四、九，故其卦为兑、乾，则其性为太阳。这样"三八木则在东为少阴"的内涵终于弄明白了。但是问题又出现了，"四九金则在西为少阳"的说法又与"金为太阳"的说法发生矛盾。难道河洛理数之间存在着内在无法解决的问题吗？蔡清认为并非如此，虽然表面看似"为不尽合"，但恰巧体现了阴静阳动的太极之妙。"然此就可以明阳之道主动而通变与阴之守静者不同，是亦造化自然之理矣，是于河图之中又自有阴静阳动之妙，岂人为哉？亦岂人为所能到哉！"在蔡清看来，"这'不合'之处，恰恰是天机泄露之端倪。蔡清不禁为太极之妙叫好，或许同时也在为自己抉天地之奥妙而欣喜不已。这种'闻道'的畅然，正是宋明理学家的孔颜之乐。"[21]

蔡清又依据《易学启蒙》所载"伏羲则河图以作易"之图，即以先天八卦圆图配以河图之数，则"地二生火，天七成之"，这样二与七居于南，正好与先天八卦圆图之兑与乾相叠合。然而在筮法中，九、六、七、八中的七为少阳，按照八卦横图，乾、兑当为太阳，此处的叠合矛盾又出现了。又"地四生金，天九成之"，四、九居于西方，正好与先天八卦圆图之巽、坎相叠合。在筮法中，九、六、七、八中的九为老阳，按照八卦横图，则巽坎又为少阳。此两处，恰巧出现了相反的结果。对此重重之矛盾，蔡清认为这是由于"阳之老少主动而通其变，方知是图又有阴静阳动之象焉"。

蔡清接着以先天八卦配河图数、洛书数论阴阳之动静，对于圆图与横图的相同与相异之处作出了更详细的阐释，他说：

以卦配数，离震艮坤同，而乾兑巽坎异者，以阴之老少主静而守其常，阳之老少主动而通其变故也。横图离震为少阴之三八，艮坤为太阳之一六，圆图亦然，同也。横图乾兑居太阳之四九，巽坎为少阳之二七，及圆图，乾兑乃居于少阳之二七，巽坎乃居太阳之四九，异也。同者象阴之静而守常也，异者象阳之动而通变也。阳不异，无以见其动，阳不动，无以显阴之静，阳无动，阴无静，无以尽造化之妙用，此是图阴阳同异之间，所以为不可缺之义也。[22]

以先天八卦配河图，则乾兑配二七、离震配三八、巽坎配四九、艮坤配一六；以先天八卦配洛书，则乾九、兑四、离八、震三、巽二、坎七、艮六、坤一。对比两者之间八卦与数字的匹配，则"离震艮坤同而乾兑巽坎异"，这样就造成河图、洛书、八卦、阴阳因矛盾而无法融通为一，无所不在的太极之理似乎亦有不可解释的矛盾。但是蔡清又根据八卦之阴阳老少的属性，为这一问题找到了解释的答案。这是因为"据八卦横图，八卦之中，乾兑为太阳，离震为少阴，巽坎为少阳，艮坤为太阴"。针对河图配八卦过程中出现的矛盾，以及横图、圆图中以卦配数，离震艮坤同而乾兑巽坎相异等疑问，蔡清说"阴之老少主静而守其常，阳之老少主动而通其变故也"，蔡清的一番阐释令人茅塞顿开，豁然开朗。

综上所述，蔡清所著《太极图说》与《河洛私见》实与《易经蒙引》互为羽翼，相得益彰。尤其是《河洛私见》，名之为"私见"，足见其对河图、洛书自有创获。《易》之为书，理、气、象、数各体皆备，实包举宇内而一之者也。蔡清之易学，"得意数中，究心象外"[23]，可谓各得《易》学之奥旨，有益于后学。

注释

[1] 朱伯崑：《易学哲学史》第三卷，昆仑出版社，2005，第86页。
[2] （明）熊过：《周易象旨决录·自序》，载《景印文渊阁四库全书》第31册，台湾商务印书馆，1983，卷首。
[3] （汉）班固：《汉书》，中华书局，1962，第1315页。
[4][5][6][7][8][10][11][12]（明）蔡清：《易经蒙引》卷十，载《景印文渊阁四库全书》第29册，台湾商务印书馆，1986，第619、619、630、662、622、628、627、623页。
[9] 朱杰人等主编《朱子全书》，上海古籍出版社，2002，第2373页。
[13][14][15][20][22]（明）蔡清：《河洛私见》，清乾隆七年（1742年）蔡廷魁刻本。
[16] （宋）周敦颐：《太极图说》，上海古籍出版社，1992，第8页。
[17][18]（明）蔡清：《太极图说》，清乾隆七年（1742年）蔡廷魁刻本。
[19] 高原：《蔡清易学思想研究》，博士学位论文，山东大学，2014，第79页。
[21] 刘建萍：《蔡清及其易学思想研究》，博士学位论文，福建师范大学，2010，第141页。
[23] （明）苏浚：《太极图说·虚斋先生性理要解序》，载蔡清《蔡文庄公集》附录，清乾隆七年（1742年）逊敏斋刻本。

曹学佺易学思想研究[*]

肖满省[**]

摘　要：明末著名学者曹学佺在经学上著述甚丰，其易学思想颇具特色。他反对朱熹《易》为卜筮之书的说法而提倡义理之说，强调《周易》扶阳抑阴的思想倾向，提出"凡辞皆象"的易象观。这些观点的提出，是曹学佺儒者入世精神的体现。

关键词：曹学佺　易学思想　易象观

曹学佺（1573—1646年），字能始，号雁泽，又号石仓居士、西峰居士，明代侯官县洪塘乡（今福州）人，万历二十三年（1595年）进士。曹学佺是明末著名的文人、学者兼藏书家，著述甚丰，以博洽闻于当时，其一生著书30多种。"据《明史·艺文志》《福建通志》等著录，其著述盈千余卷，内容涉及文学、经学、文献学、史地、文字、天文、宗教等等。"[1]诸多论著在相关领域都有一定的贡献。对于这一重要历史人物，学界已有不少研究成果，不仅有单篇论文发表，还有多篇硕士、博士学位论文，甚至已有专著出现。据吴钰《曹学佺研究综述》所考察，这些成果涉及曹学佺的生平事迹、士人交游、诗文创作、文献编撰、文艺思想、民本思想、佛教思想等领域，但总体看来，有关成果"主要集中于他的生平交游状况和诗文集方面"[2]。笔者博士学位论文《明代福建易学研究》中曾对其易学思想有初步的介绍[3]，其他经学方面的研究则尚不多见，因此有进一步研究的必要。

曹学佺一生勤于著述，据各种书目记载，他在经学方面的著作有：《周易通论》十

---

[*]　本文原载于《闽江学院学报》2017年第4期。本文为2015年福建省社会科学规划青年项目（FJ2015C074）、2015年福建省教育厅科研项目（JAS150202）的阶段性成果。

[**]　肖满省（1981~），男，福建德化人，文学博士，福建师范大学文学院讲师。

二卷、《周易可说》七卷、《诗经质疑》十四卷、《诗经剖疑》二十四卷、《书传会衷》十卷、《春秋阐义》十二卷、《春秋义略》三卷、《春秋传删》十卷、《礼记明训》二十七卷。曹学佺曾拟将自己的经学著作合刊，题名《五经困学》，并自撰了《五经困学序》，但目前仅有序保存下来而未见有丛书的版刻。

如前所述，曹氏关于易学的著作，有《周易通论》与《周易可说》两种。《周易通论》与《周易可说》虽然体例有所不同，但在思想方面基本没有太多的差异，他们都是从义理的角度解读《周易》经传。曹学佺的一生，为实现儒家"修、齐、治、平"的理想表现出极为强烈的积极入世精神。为了弘扬儒家文化，他还试图凭借一己之力，编纂儒藏，欲与道藏、佛藏鼎足而三。在易学领域，他坚持《易》主义理，不务玄虚，把《易》看成修身养性、培养人生处世哲学的伟大著作。他对《周易》一书的解读，就是在这一思想指导下完成的。

一 《易》阐义理而非主卜筮

《易》本为卜筮之书，这在先秦、两汉应是众所周知的事实。《周礼》有"太卜掌三《易》之法"的记载，《左传》记录了二十余则运用《周易》进行占卜的筮案，《史记》《汉书》都记载了《易》因为是卜筮之书而幸免于秦火的历史。然而自王弼扫象阐理以后，易学中的义理光芒大放异彩，后继者沿着王弼开启的路子，专阐《易》的义理之学，而视用《易》于卜筮为不通大德的小道。这虽有利于彰显《易》的义理内涵，但忽视《易》为卜筮之书的特性，在一定程度上妨碍了学者对《易》的解读。有鉴于此，朱熹大胆地提出了"《易》本为卜筮之书"的观点，其目的无非是更加客观地探求《易》一书的"本义"，分清伏羲之《易》、文王之《易》、孔子之《易》各不相同而又一脉相承的思想体系。朱熹的这一提法存在潜在危险性，它一方面可能动摇《易》为群经之首的地位，另一方面可能会使普通百姓浸淫于卜筮之道。因此，朱熹的观点提出之后，就有许多学者提出异议，曹学佺就是如此。

曹学佺明确反对朱熹及其后世学者将《易》视为卜筮之书的观点。他在为朱谋㙔《周易象通》一书所作的序中说：

> 秦皇燔虐，以《易》为卜筮之书留之，此语相传，不知何本，而朱子始用卜筮专《易》矣……盖尝论之，不但《易》不专卜而卜亦不专《易》……朱子主卜筮，故主祸福，不无于《易》之体与象，重者反轻而轻者反重焉。今沿之为举子业，以售者为福，不售者为祸……故愚以朱子为主卜筮而实不知乎卜筮。今训诂为遵朱子，实有悖于朱子者也。[4]

如前所述，《易》本为卜筮之用，在先秦两汉之时是人所共知的常识，且典籍多有记载,但曹学佺似乎对此并不信从,强调有关记载"不知何本"。在曹学佺看来,由于朱熹视《易》为卜筮之书,卦爻辞中的"吉凶悔吝"等词语就被朱熹简单地解释为占筮结果的祸福吉凶了。朱熹因为过度强调《周易》的卜筮作用而忽视了其中蕴含的义理,颠倒了《周易》一书义理与卜筮的轻重主次关系,这种解读《周易》的方法是极其危险的。后世用朱熹的《周易本义》作为科举考试的标准教材和依据,举子又以科考之中否为祸福,汲汲于功名富贵而不以积学建德为首务,其结果将非常可怕。因此,曹学佺认为朱熹主卜筮而实不知卜筮。因为用《易》于卜筮只是圣人觉世牖民、劝善去恶的一种方式,《易》的本质作用乃在于提高世人的道德性命修养,而朱熹的做法存在颠倒主次、舍本逐末的可能与危险。后学若完全遵照朱熹《周易本义》的训诂来解读《周易》,因不理解朱熹提出"《易》本为卜筮之书"这一观点的初衷,其所著述实际上就违背了朱熹的思想。因此,曹学佺明确反对朱熹提倡的《易》为卜筮之书的说法。

既然《周易》一书重点不在卜筮之用,那其主要性质是什么呢?按曹学佺的话说,那就是"《易》主义理而非以祸福"[5],《周易》一书是阐述人生义理而不仅仅是告诉人们做某件事情的吉凶祸福。正因为对《周易》一书的本质存在这样的认识,曹学佺在阐发《周易》经传的过程中,极为重视宣扬贯彻儒家学说中关于修身养性的思想,如重视守正,坚持天理等。他在为朱谋㙔《周易象通》一书所作的序中说:

> 余不佞,虽以《易》起家,然但事于章句训诂之学而已,其于精义无所当也。后因习静(金)山寺,取《乾》《坤》卦而读之,乃知大《易》尽于此矣……盖以《乾》《坤》论之,乾健也,坤顺也。健者,纯理而气塞于两间矣,故元亨利贞……大哉乾乎,刚健中正,纯粹精也,言其如金玉之物而毛发不能为之间也。顺则宜有渐次,亦能达矣。马首昂上而视下,承重致远,顺为人役也,牝马犹然,况其牡乎?曰"得主""得朋",斯安之而已,安者即贞,贞即顺也,斯为君子所称而吉矣。初九曰"潜龙勿用",初六曰"履霜,坚冰至",盖言慎也。九三不曰"龙"而曰"君子",言其为《乾》之主人也。"终日乾乾,夕惕若,厉无咎",即君子之"自强不息"也。六三"含章,可贞",即"利牝马之贞"也,"或从王事",即"得主""得朋"之谓也。九二则曰"利见",六二则曰"不习,无不利",九四、六四但曰"跃之""括之"而已,而俱可以"无咎",盖必有初之慎而后有二之利,有三之危与贞而后四可以无过,此理势之所必至也。夫五则已享其成矣,是德盛而事畅之时也。然稍任其情之所适而不妙于理,则必为"亢"为"战",故有"用九""用六"者焉。用者,言其用九与六而不为物所用也。"见群龙无首"则忘其健矣,"利永贞",明其一于顺也。然惟《乾》《坤》为能之,曰"亢龙"曰"战龙",龙者可以死生而屈伸之物也,而他卦无是矣。是安可不早自计也。[6]

曹学佺谦称自己没有才能，虽然以治《易》起家，却只是"事于章句训诂之学而已"，对于《周易》一书的精义无所发明，直到在金山寺读书，才于《乾》《坤》两卦悟知《周易》之大义。那么他所掌握的《周易》大义又是什么呢？就是儒家学说中所极力倡导的恐惧戒慎方能无过的思想。他说，《乾》《坤》两卦之所以能获"吉"，其原因就在于乾体刚健、坤体柔顺。各爻的吉凶情况各有缘由，二之所以利，四之所以无过，乃是以初之慎、三之危与贞为前提的，"此理势之所必至也"。五爻处中居尊，最为美善，德盛而时畅，然稍任情所适，恣意妄为，就会物极必反，走向有悔的结果，继之以用九用六，就是要人们做到不为物用而能用物，即能驾驭健顺之品格而不任其自由发展。在这个世界里，只有龙才具有屈伸自如、上下无碍的才能，因此世人应该早为预备，防患于未然。由此可以看出，曹学佺对《乾》《坤》两卦的解读与《周易本义》有着明显的差别，表现出较为强烈的说理倾向。

总之，曹氏以"《易》阐义理"为指导思想，吸收了前人特别是程颐《伊川易传》对《周易》一书义理的阐发，而扬弃了朱熹关于"《易》本为卜筮之书"的观点，将易学中所蕴含的儒家哲理充分地表现出来，这是曹氏易学的主要倾向，也是曹氏儒家精神的集中体现。

二 《易》阐扶阳抑阴之道

阴阳是易学最基本也最重要的哲学范畴，《周易》就是用阴阳符号来表示千变万化的世界。

> 伏羲氏仰观俯察……见得天地间一对一待成列于两间者，不过此阴阳也；一往一来流行于两间者，不过此阴阳也。于是画一奇以象阳，画一偶以象阴，因而重之为八卦，以通神明之德，以类万物之情。通者，理之相会合也；类者，象之相肖似也。[7]

圣人仰观天文，俯察地理，天有日月星辰、昼夜寒暑，地有山川动植，但一动一静、一来一往，都不出一阴阳之理。阴阳之理不可见，刚柔之体则如在眼前。然刚柔之体不过是阴阳之理的外在表现，《易》运用阳爻（—）、阴爻（- -）来表示，并将之重叠为八卦、六十四卦，则天地万物之事理都被囊括而无遗漏。因此，曹氏对《易》道阴阳之理极为重视。

> 盖圣人之欲示人者，《易》也。易理散见于天地人物，千变万化，真有不可穷诘者，惟此乾、坤二画成列于左右，则尽天地间之所为阴、所为阳、所为阴阳之互换流行者，昭然卓立乎其中，一举目而可知圣人之所以蕴诸心而欲示人者，此可尽

发其绪矣。此《乾》《坤》之象不可不立也。[8]

曹学佺认为，圣人想要告示世人的无非就是易理，但易理千变万化，不可穷诘，唯有阳、阴可以表现之。有了阴爻和阳爻这两个符号，天地之理就尽在其中了，由此触类而长之，则天地万物之情可见矣。这是他对《周易》一书宗旨的把握，也就成了他解读《周易》的指导思想。

然而曹学佺强调《易》道阴阳之理，其兴趣并非纯粹的对自然哲学的探讨，而是将之转化引申为现实社会中的君子小人之辨。曹学佺在《五经困学序》中自设问答，明确阐述了自己的观点：

> 问：子之释"五经"也，与汉、宋诸儒异乎？同乎？
> 曰：予固不敢立异于诸儒者，而亦不能以尽同也。予于《易》《诗》《春秋》沿旧者十不得三四……文章，公理亦公物也，何敢以臆优劣，惟不戾其大根本者近是。根本何？即经之大指也。《易》之指在乎阴阳之大小往来，而圣人于此寓"扶抑"之意；《春秋》之指在乎华夷之内外消长，而圣人于此寓"防微"之思。盖《易》《春秋》皆有所忧患而作，其词微而其义隐也。[9]

曹氏认为，《周易》一书的根本大旨在于阐发天地之中阴阳的大小往来：阳为大，阴为小，阳为君子，阴为小人，阳来则君子之道长，阴来则君子之道消，君子之道长则政治明而世道清，小人之势盛则天地闭而贤人隐，圣人于作《易》之间见扶阳抑阴之深意，进君子而退小人。正如他在《周易可说·总论》中所说："圣人不知费多少心机，用许多唇舌，无非于险易之中，寓裁抑之意。"[10]这就是圣人作《易》之良苦用心，有如《春秋》之防夷变夏。因其"皆有所忧患而作，其词微而其义隐也"，汉宋诸儒的《易》解，实未能探赜索隐，阐幽显微，所以他的《易》说"沿旧者十不得三四"。虽然曹氏的创见不一定见得就有十分之六七，但他对《周易》"扶阳抑阴"大旨的把握，应该是十分中肯的，这种思想也与其强烈的儒家精神相关联。

三 "凡辞皆象"的易象观

虽然曹学佺认为《周易》的根本宗旨在于其深刻的义理内涵，但象与数是展示义理的重要媒介，同样具有不可忽视的作用。

> 有八卦则错综以具，有错综则变以成，有变则象以立，固相因之序也。自王弼扫象，范宁比之桀纣，程伊川专治文义，不论象数，自云"止说得七分"，朱子《语录》亦云"卦要兼象看，始亲切，但失其传，便是理会不得"。[11]

八卦成列，因而重之，则六十四卦之象由此而立，六十四卦之卦象，错综反复，则变化无穷而象亦无尽。虽王弼扫象，程朱阐理，而象数乃《易》中应有之内容却是历代易学研究者不能否定的事实，曹学佺对此有清晰的认识。

曹学佺重视象数之学，但他的象数观却与他人不同。与曹学佺同时代的来知德是明代象数学的典型代表，他潜居山中三十年，穷搜博览，成《周易集注》一书，倡错综之例，得到了许多学者的高度肯定，然而曹学佺对来氏的取象方法仍持怀疑批评的态度。

> 愚谓瞿塘之错综，豫章之象变，不过就《说卦》中"乾为天、为圆"等语中取出，而文王周公立象时何曾有《说卦》耶？圣人仰观俯察，幽明生死，形容物宜，会通典礼，何者不该之《易》，不著之象，而必专取《说卦》中语耶？且必下上二卦始成一卦，如震下坎上始成《屯》卦，如坎下震上始成《解》卦，凡《屯》卦六爻必以"屯"作主意，《解》卦六爻必以"解"作主意。未闻析而为二，只以坎震二字作主意而取象也，如此则不胜其重复，不胜其死煞矣。[12]

曹学佺认为，来知德的错综说、朱谋㙔的象变说，只不过是以《说卦传》所载的易象为依据来解说《周易》，然而推及文王、周公创作卦爻辞之时，何曾有《说卦传》的存在，圣人不过是神契默会，借助各种易象将天地之理展示出来，况且《说卦传》所说皆以八卦为基础，阐发易象，但在《周易》卦爻辞中，都是以六画卦为一个整体，如《屯》卦六爻必以"屯"作主意，《解》卦六爻必以"解"作主意，并未曾将上下卦析分来看。也就是说，在曹学佺看来，《周易》的取象应以重卦为依据而不是以三画的八卦为依据。因此，曹学佺的象数观与传统象数派根据易象解说《周易》卦爻辞是不同的。

在曹氏看来，所谓的易象并非仅如《说卦传》所说的实象，更是一种用于说理的象征手法。

> 象者，像也，取象于象，以其模写难周也……盖道理无穷而言辞有限，即"书不尽言，言不尽意"之谓也。如《乾》卦之潜龙、见、跃、亢，《坤》卦之牝马、坚冰、括囊、黄裳之类，固象也，即元、亨、利、贞、乾乾惕若与先迷后得、直方、含章亦象也，大抵凡辞皆象也。但有正象，有取（"取"应是"反"之误）象，又有象中之象耳。圣人观象而系辞，即观此象而系之辞也。[13]

> 盖象为主而占为客，象以待占，占以值象，卦下爻下谓之纯象可，谓之纯占亦可，谓之象占各半则不可。[14]

> 卦下曰卦辞，爻下曰爻辞，只一象字该之……《本义》一词而分为象、占，且如"潜龙勿用"本一句，以读为象，以句为占，未详。[15]

道理无穷而言辞有限，为了阐述这一模写难周的道理，只好借助于易象，通过象征的手法加以表现。正如《系辞传》引用孔子的话所说："圣人立象以尽意,设卦以尽情伪,系辞焉以尽其言。变而通之以尽利,鼓之舞之以尽神。"曹学佺认为:"《易》之正象,即《诗》之赋体也;《易》之譬象,即《诗》之比兴也。"[16] 所谓正象,即天地雷风水火山泽之类,而所谓譬象,则是为了说明义理的某种比喻或象征。正象是固定而有限的,譬象则可应时而生,随义而起,正如《诗》之比兴一样,《周易》的所有卦爻辞都是一种象,因此他的易象范围得到了极大的扩展。如《无妄》卦九五爻辞说:"无妄之疾,勿药有喜。"曹学佺解释说:"乾刚中正以居尊位,下应六二亦中正,无妄之至也,自宜无疾矣。倘或有之,勿遽然用药,自当旋愈而有喜者,此圣人于意外之变而教之以善处之方也。"[17] 这就是说,九五处《无妄》卦上卦之中,刚健中正且高居尊位,又与六二爻阴阳正应,六二也是既中且正,自然是无妄之至,自宜无疾,就像一个身体健壮的人,偶尔得些小感冒,是不必吃药就会自愈的。圣人以此比喻,教导正人君子即使遭遇一些无妄之灾,也应冷静处之,事情自然会得到妥善解决。由此可见,曹学佺是将生病吃药看作一种象征,从中阐发深刻的人生道理。

总之,曹学佺作为明代闽中著名学者,其不仅在诗文方面有所成就,而且在经学上也有突出贡献。在易学发展史上,一方面,他基于明代士子浸心科举考试而忽视道德义理的颓废现实,极力反对朱熹以《易》为卜筮之书的观点,以避免贻误后学之可能;另一方面,他以《易》为义理之书,不同于传统象数派学者之沉迷易象,而是以易象为义理之象征,准确地把握了《周易》的象数内涵。其易学思想是值得后学深入考察的。

注释

[1] 方宝川:《曹学佺及其诗文别集述考》,载(明)曹学佺《曹学佺集》卷首,江苏古籍出版社,2003,第5页。

[2] 吴钰:《曹学佺研究综述》,《文教资料》2016年第28期。

[3] 肖满省:《明代福建易学研究》,博士学位论文,福建师范大学,2010。

[4][5][6](明)曹学佺:《周易象通序》,载(明)朱谋㙔《周易象通》卷首,《四库全书存目丛书·经部》第12册,齐鲁书社,1997,第169~170、169、172页。

[7][8](明)曹学佺:《周易可说》卷六,载《续修四库全书》第13册,上海古籍出版社,1994,第239、233页。

[9](明)曹学佺:《五经困学序》,载《周易可说》卷首,《四库全书存目丛书·经部》第16册,齐鲁书社,1997,第157页。

[10][11][12][13][14][15][16](明)曹学佺:《周易可说·总论》,《续修四库全书》第13册,上海古籍出版社,1994,第1、6、1、1、5、1、5页。

[17](明)曹学佺:《周易可说》卷二,《续修四库全书》第13册,上海古籍出版社,1994,第97页。

曹学佺家世生平考三则[*]

于莉莉[**]

摘　要：曹学佺是晚明时期的重要诗人，其家世生平有不少疑点，需要进行深入考证。一是曹学佺父亲之名。曹学佺的父亲是曹及渠，其生平事迹也有大致线索可寻。二是曹家故园。曹家旧园除了石仓园之外，还有西园一处；曹学佺与其弟曹学修分家之后，西园归学修，石仓园则归学佺。三是曹学佺的首授官职年份。曹学佺初仕的时间不是中进士的当年而是次年，曹学佺现存的第一部诗文集作于归家待选、前往江西凭吊周师途中，而非北上入京之时。日本内阁文库藏本《石仓全集》、现存曹学佺其他诗友的文献特别是稀见文献，都为考证提供了依据。

关键词：曹学佺　曹及渠　曹学修　西园　石仓园

一　前言

晚明闽中诗人辈出，其中曹学佺独树一帜。曹学佺（1574—1646年）（曹学佺生于明万历二年闰十二月十五日，公历已入1575年，本文采用传统纪年为1574年），字能始，号石仓，侯官（今福建福州）人。明万历二十三年（1595年）中进士，时年22岁。初授户部主事、左迁南京添注大理左寺正，擢四川右参政、按察使。后因忤当道，降二级归。明天启初重起，为广西右参议，因撰《野史纪略序》而遭严谴归，家居20年。清兵进入福州，曹学佺自缢而死。其诗文计百余集，总名为《石仓集》，加上诗文

---

[*] 本文原载于《闽江学院学报》2017年第7期。本文为2015年国家社会科学基金后期资助项目（15FZW047）的阶段性成果。

[**] 于莉莉（1981～），女，山东日照人，文学博士，福州外语外贸学院语数部讲师。

以外的其他著作,其著述总卷数达 2000 卷以上。曹学佺死后,清兵籍没其家,所藏图籍散失,目前国内所藏曹学佺诗文集,不仅相当零乱,而且不全。文献的缺失,令研究者产生许多疑惑,曹学佺的家世和生平即是其中之一。本文利用日本内阁文库藏本《石仓全集》及曹学佺同时代诗友的某些文献(特别是稀见文献),对曹学佺的家世生平略作考证:(1)曹学佺之父曹及渠的生卒年、事迹。(2)曹家旧园除了学界耳熟能详的石仓园之外,实际上还有一处园林叫西园,西园后归曹学佺之弟曹学修所有。(3)曹学佺中进士的当年并未授官职,而是归家待补;待补期间往江西凭吊其师周兆圣之墓,江西之行所作诗文结为《挂剑篇》。

二 父曹及渠考

曹学佺的诗文集没有提及父亲的名、字、生卒年,关于其事迹的记载也很少。曹学佺的友人陈价夫在《及渠曹先生五十荣封称寿序》中云:

> 今皇帝以是岁仲春册立皇太子,尊上慈圣皇太后徽号,湛恩秒泽,旁及海宇。有诏,凡内外臣僚,无论大小,悉听虵封父母。于是,及渠曹先生以家嗣廷尉君秩满,遂膺宠命,拜爵如其官。时先生春秋才及半百……廷尉君过家……孟秋十月有七日,先生览揆之辰,诸亲宾请不佞言,申而祝之以为寿。[1]

据此,我们才知道曹学佺之父名及渠或字及渠(陈省《幼溪集》卷六之《题曹汲渠封君西湖小艇》作"汲渠",陈省辈分最高,或有所据。郭柏苍《竹间十日话》卷五:"曹极渠小照藏李子嘉家,题者皆当代名人。"又《全闽明诗传》卷三十四《柳眉诗传》:"尚书父名极渠,曾在洪塘卖饼。"均作极渠,不知何据。"廷尉过家",曹学佺于明万历三十年(1602年)因"虵封父母"(据张廷玉等《明史·神宗本纪》《明史·光宗本纪》,立皇太子的时间为万历二十九年(1601年)十月,价夫记"仲春立皇太子",可能取自己作寿序的时间以记之)归家,此年曹及渠恰好 50 岁。以此逆推,曹及渠生于明嘉靖三十二年(1553年)十月七日,曹学佺生于明万历二年(1574年),时曹及渠 22 岁。

曹及渠少年与同里翁正春同师,以兄弟相称,正春中状元,而及渠读书不成。《淑人翁母寿文》:"予父参政公与少宰公少同师,以兄弟相呼,参政公读书虽不成,而少宰公友之弥笃。"[2]少宰公,即翁正春。曹及渠"曾在洪塘卖饼"[3],后可能经商。曹及渠"美髯白皙,双眸若水"[4]"白皙而有胡"[5]。曹学佺玉树临风,望之如神仙中人,当受曹及渠遗传。

明万历三十年,曹学佺过家,沈野从行。"廷尉君过家,苦所居湫隘无设榻投辖之所,先生出橐中装为构吴客轩以贻之。"[6]沈野,字从先,吴县人,有《卧雪》等集。

吴客轩,乃曹及渠为沈野建造的居所。

明万历三十年,曹及渠50岁,以子曹学佺故,拜爵如学佺,受三品服,诸友为之寿。陈价夫作《及渠曹先生五十荣封称寿序》。周仕阶《曹及渠封君招饮西园》云:"迟日明玄圃,春风拂绮筵。歌中人似玉,花外酒如泉。意气称知己,风流迈少年。松阴与月色,那得不留连。"[7]"歌中人似玉",赞曹及渠肤色白皙如玉。陈省《题曹汲渠封君西湖小艇》:"潋滟湖光入眼奇,不殊赤壁泛舟时。此中风景堪横槊,安得曹公共赋诗。"[8]曹及渠家有园林,客来可为之建馆舍,又有小艇,当较为富庶。"曹公共赋诗",用曹操宴长江群臣赋诗典,据此,曹及渠当亦能作诗。

曹学佺为四川右参政,曹及渠曾入川就养。陈荐夫有《送曹封君就养之蜀》(陈荐夫《水明楼集》卷六),徐𤊹有《送曹封君就养之蜀》(徐𤊹《鳌峰集》卷十八)述及此事。

明万历四十年(1612年)冬,曹学佺出川,万历四十一年(1613年)春滞留于九江。曹及渠殂,家人促曹学佺归。学佺归,父已卒。曹及渠卒时年61岁。阮自华有《挽曹太公及渠》云:"侵晓仙书度海东,三山忽堕五城空。攘楼客散胡姬舞,越榭歌残侍女钟。梅坞昼繁春屿日,松坪夜泠海涛风。传家无恙青藜在,知有遗书付所忠。"[9]谢肇淛有《哭曹太君》云:"青山游未毕,金谷夜何其。半世繁华梦,千秋有道碑。名香分爱妓,泪眼待佳儿。肠断西湖舫,风光似旧时。"[10]徐𤊹《祭曹封君文》略云:"洪山发祥,代钟名德。惟公挺生,丁盛之极。美髯玉质,飘若神仙……某辱令子,笔砚交亲。视公含饮,痛殒喆人。"[11]

谢肇淛《曹封君像赞》云:

> 其神行,其官止,其心无尘,其形不滓。美髯白皙,双眸若水。或曰天民之徒,或曰玄通之士。吾不知其人,知其子曰曹能始。[12]

徐𤊹《曹封君像赞》云:

> 夫积厚者,其流必长。彼美君子,令仪孔臧。严哉庭训,凛矣义方。帝曰尔嘉,推恩为郎。龙章凤诰,朱芾斯煌。邦家之望,典刑之良。维公之德,晦而弥光。[13]

明天启二年(1622年)春,钟惺到石仓园拜访曹学佺,见曹及渠遗像,作有《曹太公像赞能始尊人》(钟惺《钟伯敬先生遗集》卷四)。

三 西园考

明万历四十一年曹学佺由城内迁回原乡洪江里石仓园,石仓园为曹家旧园。曹学佺

《石仓园记》其五《石仓》："石仓，园之总名也，园名以山，故山石层积如仓廪。惟入园处当之厅事三楹，貌制朴古，盖是此园故物。"[14]曹学佺营造石仓园，入园有三楹，为"故物"，曹学佺迁回洪江时已有。《石仓园记》其三《临赋阁》云："临赋阁，先君创，在上园，取'临清流而赋诗'语。余求蜀中黄昭质书之，阁名亦先君所命也。"[15]临赋阁，为曹学佺父曹及渠建造并命名。这两条材料都说明石仓园是曹家故物，不始于曹学佺。

曹学佺迁居石仓园之前，住于城内何地？经考，曹学佺父曹及渠在城内的园林叫西园。周之夔曰："予与先生弟能证同泮、同社，称通家子，遂登其堂，历览所为城居西园者，是先生奉尊君子侍膳、藏书处也。"[16]周之夔（1586—1646年以后），字章甫，周仕阶之子，闽县藤山（今福州仓山）人。明崇祯四年（1631年）进士。周之夔10岁时，能颂曹学佺文。周之夔说，西园是曹学佺侍奉其父曹及渠之所，即曹家所居之园林。周仕阶《曹及渠封君招饮西园》云："迟日明玄圃，春风拂绮筵……松阴与月色，那得不留连。"[17]周仕阶（1541—1615年），字民晋，一字用晋，晚号天宁，之夔父，明嘉靖四十三年（1564年）举人。周仕阶与曹及渠同辈，曹及渠月夜招饮西园，主客甚欢。明万历三十年（1602年），司理阮自华同陈仲溱等社友在曹学佺园林送别唐美成（承），作《同惟秦兴公振狂季声粹夫集能始园亭送美成之宁化得烟字》（阮自华《雾灵山人诗集》卷九之四），曹学佺作《美承过西园叙别》（曹学佺《续游藤山诗》不分卷），可证曹学佺早年住的园亭为西园。

> 予癸丑岁以蜀宪放归，先大夫捐馆舍，予弟在城中惮于迁徙，予好村居，孤子是患，乃奉予姊密迹周旋。一甘可剖，词组可闻。[18]

曹学佺弟曹学修，字能证，生于明万历七年（1579年），小曹学佺5岁。曹学佺迁石仓园，曹学修不肯往，林氏姐从中周旋。"周旋"二字值得玩味，愿迁者迁，愿留者留，看似简单，其实可能还有分割家产的问题。这一年，曹学修已经25岁，父亲死后，自立门户也是理所当然。林氏姐从中周旋，兄弟往后的状况是：石仓园归曹学佺，西园归曹学修。故周之夔曰："既辟石仓于其乡，推西园与弟，往来无间。"[19]曹学佺迁石仓园之后，兄弟俩往来无间，曹学修经常去石仓园与兄倡酬，曹学佺有时也去西园与弟相聚。曹学佺集中有《雨中集诸仝社舍弟能证西园观桃花》（曹学佺《赐环篇》上）、《花朝能证舍弟西园社集》（曹学佺《赐环篇》下）、《仝毕扬之卞伏公陈献可齐季吁许山公唐禅一郑汝交陈叔度林异卿陈伯滋张尔升集家弟能证西园观剧共赋》（曹学佺《西峰六五草》上），数诗均可证西园归曹学修所有。

曹学修，府庠生，亦能诗。曹学佺有《三月三日舍弟能证西湖值社分得十三覃》（曹学佺《西峰集诗》中），曹学修值社，证明其能诗；俞安期《又和曹能证得二萧》（俞安期《寥寥阁全集》卷二十八），学修先有作，安期方有和。徐𤊹《寄李公起》

云："简敝友……曹能证《湖山篇》一册……共十八册，附呈。"[20]曹学修有《湖山篇》，然未见他书著录，将来如编《明代闽人别集目录》，《湖山篇》应当收入。

这里特别需要指出的是，曹学佺诗集中的"西园"，并非都是指归曹学修所有的曹家旧园，而有时指的是游集的场所。其《林邦介招饮池亭》云："西园清夜美游闲，散尽悲秋作客颜。"[21]《赋得何不秉烛游》云："金谷障既周，西园盖方绕。"[22]《相州》云："仍闻邺下近，飞盖忆西园。"[23]"西园"典出曹丕《芙蓉池作》："乘辇夜行游，逍遥步西园。"[24]曹植《公宴》："清夜游西园，飞盖相追随。"[25]曹学佺用此典，泛指诗友游集之胜地，犹如曹丕、曹植兄弟当年所游之西园。此数诗的"西园"，和曹家西园无关。

四　首授职官年份考

曹学佺为明万历二十三年乙未科进士。《明史》本传："弱冠举万历二十三年进士，授户部主事。"[26]当年中进士，当年授官职，好像没有什么问题。有学者说："万历二十三年（1595）曹学佺进士及第被任命为户部主事，成了朝廷官员。回乡省亲后，学佺离家北上。从福州至北京行程中，他赋诗百余首，多为清新自然、性情飞动的小诗，这些诗作结集为《挂剑篇》。"[27]这段话有三个问题：（1）曹学佺是不是中进士的当年即授官职；（2）是授官职在先，之后回乡省亲，还是先归乡省亲，后回京授官职？（3）《挂剑篇》是从福州至北京行程中所作，还是其他场合所作？

笔者的看法是，曹学佺不是中进士当年授的官职；曹学佺中进士后回乡待选，迟至万历二十五年（1597年）回京，方授户部主事；曹学佺万历二十四年（1596年）自京归家之后，旋即前往江西金溪凭吊其师周兆圣墓，途中所作诗文结集为《挂剑篇》。曹学佺《挂剑篇》之挂剑，典出《史记·吴太伯世家》："季札之初使，北过徐君。徐君好季札剑，口弗敢言。季札心知之，为使上国，未献。还至徐，徐君已死，于是乃解其宝剑，系之徐君冢树而去。从者曰：'徐君已死，尚谁予乎？'季子曰：'不然。始吾心已许之，岂以死倍吾心哉！'"万历二十二年（1594年）曹学佺北上，行至于剑津（今福建南平），闻师侯官令周兆圣卒。《挂剑篇·纪行》云："戚然国士之感，未尝一饭忘。"万历二十四年（1596年）六月望，曹学佺往金溪哭墓。"是役为甫阅月，历一千里，得诗若干，曰《挂剑篇》，以忻慕执鞭于季子之谊云。"可知《挂剑篇》与北上进京风马牛不相及。《挂剑篇》有文有诗，诗第一首为《将之金溪送林应卿司理梧州》，最末一首为《挽周先生明府》（周明府即周兆圣）。

晚明时期，一科进士有三四百人，吏部一时无很多空缺，部分新科进士可先告假回乡待选。万历二十三年，曹学佺中进士之后，遂于次年春归家待选。其《代内别》云："去岁长安别，经年始云归。聚欢甫阅季，征车复西驰。"此诗是他代妻子所作，说曹学佺归家方才一个季度，又于六月西行往金溪哭墓；"甫阅季"，换了一个季度，说明曹学佺到家时在春季。曹学佺归家后与诗友倡酬，徐𤊹有《春日同钱叔达陈汝大惟秦幼孺粹夫能始兴公集无竞南郊水亭》略云："青团柳叶春烟薄，白散梨花暮雨寒。燕垒泥香芳径晚，鱼梁痕浅小池干。"[28]陈荐夫有《春暮同汝大玉生惟秦惟和惟起能始集无竞城南水亭》（陈荐夫《水明楼集》卷五），是为暮春曹学佺已经回到福州城之证。曹学佺此时所作诗今佚。明万历二十四年（1596年）八月，曹学佺自江西归闽，九月往游泉州、漳州，临行作《九日集诸子镇海楼时予将南游》（曹学佺《海色篇》不分卷），十一月从闽南回到福州，十二月作《初度》诗。

明万历二十五年（1597年）正月初七，曹学佺仍在福州，与友人集雕龙馆，陈从舜作《人日同张叔麟钱叔达马季声康元龙曹能始彭兴祖钱叔静曾尔音携妓酾集雕龙馆》（曹学佺《石仓十二代诗选·明诗八集》卷四十八《游草》）诗记其事。随后曹学佺往京谒选，临行赠徐𤊹左克明所编之《拟古乐府》。徐𤊹题《拟古乐府》云："曹能始用朱笔句读。万历丁酉春，能始将赴京谒选，以此见贻。徐𤊹兴公识。"[29]丁酉，即明万历二十五年（1597年），诸社友纷纷作诗送之，陈邦瞻有《送曹尊生北上考计》《分赋得月傍九霄多送曹能始》（《荷华山房诗稿》卷五），徐𤊹有《分得宫花一万树送曹能始进士赴阙》（徐𤊹《幔亭集》卷九），徐𤊹有《送曹能始进士赴阙》（徐𤊹《鳌峰集》卷十四）。

综上可知，曹学佺成进士当年未授官职，次岁归家待选；归家期间，往江西金溪凭吊其师周兆圣墓，回闽后又往游泉、漳。明万历二十五年（1597年）春赴阙谒选，始授户部主事。《挂剑篇》一集，非曹学佺归家后上京城所作，而是归家期间前往江西凭吊周兆圣墓时所作。

注释

[1][6]（明）陈价夫：《招隐楼集》（不分卷），徐𤊹抄本，上海图书馆藏。

[2]（明）曹学佺：《石仓文稿》卷之《浮山》，日本内阁文库藏《石仓全集》本。

[3][5]（清）郭柏苍：《全闽明诗传》卷三十四，光绪刊本。

[4][12]（明）谢肇淛：《小草斋文集》卷二十三《曹封君像赞》，天启刊本。

[7][17]（明）周仕阶：《天宁先生诗选》卷六《林下草》，万历刻本，日本国浅草文库藏。

[8]（明）陈省：《幼溪集》卷六，《江田陈氏家集》本，日本内阁文库藏。

[9]（明）阮自华：《雾灵山人诗集》卷九之八，崇祯刊本。

[10]（明）谢肇淛：《小草斋集》卷十五，天启刊本。

[11]（明）徐𤊹：《红雨楼集·鳌峰文集》册九，《上海图书馆未刊古籍稿本》第45册，复旦大学出版社，2009，第33~34页。

[13]（明）徐𤊹：《红雨楼集·鳌峰文集》册十，《上海图书馆未刊古籍稿本》第45册，复旦大学出版社，2009，第281页。

［14］［15］（明）曹学佺：《石仓三稿文部》卷六，日本内阁文库藏《石仓全集》本。
［16］［19］（明）周之夔：《石仓记西园杂咏序》，《弃草文集》卷二，崇祯刊本。
［18］（明）曹学佺：《祭林氏姊文》，《石仓文稿》卷之《夜光堂》，日本内阁文库藏《石仓全集》本。
［20］（明）徐𤊹：《红雨楼集·鳌峰文集》册七，《上海图书馆未刊古籍稿本》第44册，复旦大学出版社，2009，第95页。
［21］（明）曹学佺：《海色篇》不分卷，日本内阁文库藏《石仓全集》本。
［22］（明）曹学佺：《续游藤山诗》不分卷，日本内阁文库藏《石仓全集》本。
［23］（明）曹学佺：《两河行稿》不分卷，日本内阁文库藏《石仓全集》本。
［24］［25］（南朝梁）萧统：《文选》卷二十二、二十，清胡刻家刊本。
［26］（清）张廷玉等：《明史》卷二百八十八《文苑传》四，中华书局，1974，第7400页。
［27］陈超：《曹学佺研究》，吉林文史出版社，2007，第61页。
［28］（明）徐𤊹：《幔亭集》卷九，万历刊本。
［29］马泰来：《新辑红雨楼题记》，上海古籍出版社，2014，第163页。

《金刚经十七家释义》之编纂者杨圭考

——从朱棣《金刚经集注》之仙游翁说起

卢翠琬

摘　要：朱棣所编《金刚经集注》开篇经题下首个注为"仙游翁集英曰"。这个"仙游翁"就是《金刚经十七家释义》的编纂者南宋浦城人杨圭；"集英"二字，并非人名，而是"集群英之言"。通过爬梳相关史料，杨圭的名号、生卒年、科考、宦迹等生平事迹基本得以理清。杨圭以儒家为根基，同时又崇奉释、道两家，这种思想格局体现了宋代儒释道三教合一的时代特点，在很大程度上也影响了他编纂的《金刚经十七家释义》。

关键词：杨圭　《金刚经十七家释义》　《金刚经集注》　仙游翁　真德秀　周史卿

近年来学界所见之《金刚经》注本，以上海古籍出版社1984年出版的明朱棣编《金刚经集注》最为流行（2011年重印），该本根据复旦大学图书馆藏明永乐内务府刻本影印。此《金刚经集注》，又称《金刚经百家集注大成》，俗称《金刚经五十三家注》。注本中所收录的注家之多，关涉人物之驳杂，在众多集注本中极为罕见，但其中有不少注家甚是陌生，给阅读研究带来了一定的困难。目前根据该本点校出版的诸多书籍，都只是进行标点，未进一步做注释。李艺敏的硕士学位论文《朱棣〈金刚经集注〉之注家研究》专门从文献学的角度对这些注家进行了梳理，但仍存在不少待解决的问

---

* 本文原载于《闽江学院学报》2018年第3期。
** 卢翠琬（1984~），女，福建龙海人，福建师范大学文学院2016级博士研究生，闽江学院学报编辑部编辑，主要从事中国佛教文学、编辑学研究。

题，本文所涉及的对象仙游翁就是其中一例。

《金刚经集注》开篇经题下首个注为"仙游翁集英曰"，这个仙游翁究竟是何人，截至目前尚未有人做过专门研究，本文将对这一人物进行细致的考证。

一 仙游翁与杨圭

笔者在搜索资料的过程中发现，南宋理学家真德秀的诗文中有两处提及仙游翁。其《寿外舅杨开国》诗云："堂堂玉立仙游翁，岁比磻溪未华首。"[1]又《七峰行为外舅寿》诗曰："仙人冠剑端且凝，仙源万叠秋空横（仙源谓余婆山，以仙游山水之所自出，故立今名以正此山之称谓）……百年山川久寂历，人物今有仙游翁。"[1]"外舅"是岳父的另一种称呼。《尔雅·释亲》云："妻之父为外舅，妻之母为外姑。"[2]由此可知，真德秀的岳父杨开国有仙游翁之雅号，且该雅号与其乡邦之仙游山水有关。

关于真德秀的岳父，据刘克庄《西山真文忠公行状》载："（真德秀）配建安郡夫人杨氏，大中大夫圭之女。"[3]魏了翁《真公神道碑》载："同郡杨国瑞圭……以女女之。"[4]《宋史·真德秀传》曰："德秀，字景元……十五而孤……同郡杨圭见而异之，使归共诸子学，卒妻以女。"[5]由此可知，真德秀的岳父杨圭，字国瑞，号仙游翁，曾受封开国男（详见下文），翁婿二人同为浦城人。至此，杨圭有仙游翁之雅号已经可以确定。

但是，这个真德秀的岳父仙游翁是否即朱棣本《金刚经集注》的仙游翁，这就要进一步梳理朱棣所编的《金刚经集注》与杨圭编纂的《金刚经十七家释义》（或称《十七家解注金刚经》《金刚般若波罗蜜经集解》）的关系。《金刚经集注·出版说明》中说："《金刚经集注》，原有南宋绍定杨圭十七家释义四卷，后演为五十三家注四卷。明御纂本摒除五十三家本中传为梁昭明太子所作三十二分目，略减注者数家，而益以三十余种经文或注文，衷成一卷。"[6]李艺敏《朱棣〈金刚经集注〉之注家研究》根据杨圭《十七家解注金刚经姓号目录》，将朱棣本注家和杨圭本注家姓名进行了对比，发现朱棣本只是比杨圭本多了唐玄宗和李文会两家，且明刻本杨圭辑《十七家解注金刚经》首页"仙游翁集英曰"的内容与朱棣本完全一致。因而李艺敏认为："朱棣的《金刚经集注》可能是以杨圭的《十七家解注金刚经》为底本，并在其基础上增加唐玄宗和李文会两个注家的注条而成。"[7]笔者在此基础上找到了中国国家图书馆所藏的题为宋杨圭编的《十七家解注金刚经》和台湾图书馆所藏的宋杨圭编、明戚继光校刊之《金刚般若波罗蜜经集解》。通过逐条比对杨圭本与朱棣本之注文可知，朱棣本确是以杨圭本为底本进行重编，且开篇对于经题的解释，二本所引之仙游翁、陈雄、颜丙三家内容皆一致，而朱棣本在此基础上又增入了李文会、川禅师两条注文。

据国家图书馆所藏之《十七家解注金刚经》卷末所载旧本序跋可知，杨圭本之经文以寿春永庆寺南唐道颙法师石本为正，注文内容由杨圭与潘舜卿同编，编定后由其子杨宗元校正,采用三样字刊刻印行。元至元年间廖鼎重刊此书,明永乐九年(1411年)再刊(王汝贤序),明嘉靖四十年(1561年)学易山人又刊,改套卷为书本,国家图书馆所藏的就是这个刻本。此版本开篇为杨圭所作之序,序之署款为"绍定辛卯长至日太中大夫浦城县开国男食邑三百户赐紫金鱼袋致仕杨圭谨识"[8]。编者杨圭的爵里官职等与真德秀岳父杨圭完全一致(详见下文)。根据以上材料可以推断仙游翁就是辑《十七家解注金刚经》的真德秀岳父杨圭,也就是朱棣本《金刚经集注》所用之底本的编者。作为杨圭自己编选的注本,编者在开篇先做一概括性的注解应该是合乎常理的。

综上所述,我们可以断定,《金刚经集注》经题下的第一个注条之仙游翁就是南宋浦城人杨圭,而仙游翁后的"集英"二字,应该不是人名,乃是"集群英之言"的意思。因为"仙游翁集英曰"之条目后,便是冲应真人周史卿及陈雄、颜丙的注,说明杨圭乃是集取这几家的注来注解《金刚般若波罗蜜经》这一经题。杨圭在其《金刚般若波罗蜜经序》中说道:"此一卷经,穷乡委巷,匹夫匹妇,人人受持诵念,叩其理义,懵然不知下落。今掇拾诸解之英华,因其所向而顺导之,使人人知佛之行。"[8]"掇拾诸解之英华"即"集群英之言"的意思。另,此处的"冲应真人周史卿作《杨亚夫真赞解》云"乃杨圭之引文,不能算一单独的注家,这留待后文考证。

二 杨圭生平考证

杨圭的生平资料留存极少,史志中鲜有记载,学界也未对其进行过专门的研究。许明编著《中国佛教经论序跋记集》(宋辽金元卷)在杨圭《金刚般若波罗蜜经序》前有其简短介绍:"杨圭,宋绍定间人。官至大中大夫。深契禅旨。"[9]林日波在《真德秀年谱》中写到真德秀妻杨氏时对杨圭有一些考证;[10]另外,孙先英《真德秀学术思想研究》之第一章"真德秀的学术背景"中有对杨圭的简要介绍。[11]兹据笔者目前检索到的有关资料,略作简介如下。

其一,关于杨圭的名号。据前文可知,杨圭,字国瑞,号仙游翁,浦城①人,受封开国郎。

其二,关于杨圭的生卒年。真德秀《己丑外舅生日设醮青词》说:"将耆而耄,倏邻八衮之期;既寿且康,冀锡九畴之福。"[12]《庚寅外舅设醮青词》说:"老将至而耄违,常切寅威之念。"[12]《辛卯外舅设醮青词》说:"伏以无德而寿,倏开九衮之期;不劳而官,将冒三阶之宠。"[12]真德秀生于宋孝宗淳熙五年(1178年),卒于宋理宗端平二年(1235年),享年58岁。在此期间,己丑、庚寅、辛卯分别对应宋理宗绍定二年(1229年)、三年(1230年)、四年(1231年)。"衮",即秩,古人以十年为一衮,

---

① 关于杨圭的籍贯,因建置变迁,有浦城、建安、瓯宁几种不同记载。

八袠为80岁，九袠为90岁，"临八袠"即临近80岁，"开九袠"即80岁以上[①]。也就是说，在己丑年（1229年）杨圭临近80岁，辛卯年（1231年）杨圭超过80岁，那么在庚寅年（1230年）杨圭为80岁。以此反推，杨圭应出生于宋高宗绍兴二十一年（1151年）[②]，比真德秀大27岁。从真德秀的相关诗文中可知，翁婿二人关系极为亲密，但在真德秀的《西山文集》及后人所作的真德秀行状和年谱中，未见有关杨圭去世的记载。据此推测，在真德秀去世时，杨圭仍然健在。也就是说，杨圭应去世于宋理宗端平二年（1235年）之后，享年85岁以上，经历了南宋高宗、孝宗、光宗、宁宗、理宗五朝。

其三，关于杨圭的科考。真德秀《代外舅谢丞相转官启》中说："某忝绍熙太学之诸生，滥庆元奉常之一第。"[1]可知杨圭宋光宗绍熙间（1190～1194年）为太学诸生，宋宁宗庆元间（1195～1200年）中进士。（雍正）《福建通志》卷三十五《选举三·宋科目》之庆元五年（1199年）曾从龙榜瓯宁县有杨圭之名，其女婿真德秀亦于同榜。刘克庄《西山真文忠公行状》载真德秀："擢庆元己未乙科……翁婿恩义甚笃，后同擢第。"[3]叶绍翁《四朝闻见录》戊集《浦城乡校芝草之瑞》条曰："庆元间……文忠真公遂登乙科，继中宏博，而其妇翁开国杨圭，亦同年第。文忠官至腰金，与妇翁所中科级略同，杨公亦至佩金。"[13]

其四，关于杨圭的宦迹。《四朝闻见录》丙集"方奉使"条记载："开禧间（1205～1207年），文忠（真德秀）为学官，圭以三省枢密院酒官充书云。"[13]（雍正）《浙江通志》卷一百五十四《名宦·台州府九》引万历《黄岩县志》载："杨圭，字国瑞，建安人。嘉定二年（1209年）以奉议郎知黄岩县，修复经界，籾利涉桥，与唐守仲友同时，人称'利涉之功，过于中津'云。"[14]真德秀《七峰行为外舅寿》也说他："经界宽租惠最多。"[1]由于在黄岩县的突出政绩，杨圭终于得到朝廷的赏识而转官。真德秀喜出望外，特地写了《贺外舅转官》，诗云：

> 黄山桃李闹春风，曾见生生化育中。经界力行师孟子，井田有意复周公。几年涸俗成佳邑，一旦新纶赏旧功。明主已知材智美，渭川行起钓璜翁。[1]

---

① 陆游《自贺》诗曰："曾冠六鳌非俗吏，已开九秩是陈人。"钱仲联注曰："〔已开句〕八十岁以后，俗称开九秩。洪迈《容斋随笔》卷一：'白公诗云：……行开第八秩，可谓尽天年。注曰：时俗谓七十以上为开第八秩。盖以十年为一秩云。'司马温公作《庆文潞公八十会致语》云：'岁历行开九秩新，亦用此也。'"参见钱仲联校注《剑南诗稿校注》七，上海古籍出版社，1985，第3676页。

② 林日波《真德秀年谱》根据《西山文集》卷四十九《附青词·己丑外舅生日设醮青词》"将耄而耋，傃邻八秩之期"之语，"由己丑（1229）顺推八十年，知其生年当为绍兴二十年（1150）。"（林日波：《真德秀年谱》，硕士学位论文，华中师范大学，2006，第13页。）与笔者稍有差异。另外，孙先英在《真德秀学术思想研究》之第一章"真德秀的学术背景"中写到杨圭时说："杨圭（1150—1229年）名开国，字国瑞，建安人，庆元五年（1199年）进士，官至通判。一生屡遭弹劾、罢斥。"（孙先英：《真德秀学术思想研究》，上海人民出版社，2008，第13页。）其生卒年的来历不知何据。

然而，杨圭的仕途并未就此而一帆风顺，而是屡遭罢免，仕途坎坷。徐松《宋会要辑稿·职官》七三载："嘉定五年（1212年）三月二十九日，干办诸司粮料院杨圭放罢，以右正言董居谊言'其昨宰黄岩，倚任群胥，交通关节'。"[15]《职官》七五载："嘉定十年（1217年）十一月五日，新知建昌军杨圭罢新任，以监察御史李安行言'其凶险贪叨，得倅合肥，凌忽帅守'。"[15]《职官》七五载："嘉定十二年（1219年）十二月□日，新通判常德府杨圭、新通判郴州府赵汝璔并罢新任，以监察御史张次贤言'二人者，居家有丑行，居官无善状，得倅名邦，未厌公论'。"[15] 前后六七年时间，杨圭连续三次被罢免。

从有关资料看来，杨圭辞官的原因是在黄岩县期间推行赋税改革触犯了相关政党的利益，因而遭到谗言陷害。真德秀在《代外舅制参谢丞相启》中说：

> 君子之学，贵在及人……然而患生于计虑之疏，祸产于语言之易，故赋籍之定，虽以惠穷氓，而有力者则尤其非便；郡政之冥，志于报公上，而当事者则嫉其多言，退循颠踏之由来，孰非蠢冥之自取，不戮幸矣，求免得乎？[1]

真德秀在《代外舅谢丞相转官启》中又说：

> 自徒劳于州县，顾何有于智能。妄学弦歌，丁时凋瘵。以官民之交病，将革弊端；若谷禄之不平，孰为仁政。新版籍于片纸不存之后，复经界于历年久废之余。精神方耗于一身，怨谤已腾于众口。[1]

从以上材料可以看出，杨圭在任黄岩知县期间，眼见该县社会衰败不堪，子民贫困交加（即所谓丁时凋瘵），为革除弊端，施行仁政，他极力推行改革。杨圭的改革取得了突出的成效，并得到了当时丞相的赏识。由于丞相向朝廷举荐，杨圭获准转官。但他在黄岩县推行改革过程中，可能侵犯到了相关政党的利益，故在其转官之后，顽固保守势力借机反扑，杨圭因此遭受到各种谗言陷害而沉浮宦海。所幸当时丞相极力周旋，杨圭感激不尽。

但据真德秀为杨圭七十大寿所作的《寿外舅杨开国》诗中所云："大中大夫汉千户，子男一位周诸侯。人生到此不易得，况复宝带悬精镠。"[1]"子男一位"指获得了"开国男"的爵位，而所谓"宝带悬精镠"应该就是真德秀《辛卯外舅设醮青词》中所说的"紫绶垂鱼之亦宠"。由此可知，在杨圭70岁的时候，即宋宁宗嘉定十三年（1220年），他已就任大中大夫之职，且已获得"开国男""紫金鱼袋"两大殊荣。杨圭就是从大中大夫的职位上致仕归里的，"太中大夫浦城县开国男食邑三百户赐紫金鱼袋致仕杨圭谨识"，其《金刚般若波罗蜜经序》的这一署款应该就是据此而来的。

退隐乡里之后，杨圭开始在山水之间和日常生活中寻求精神的安顿。真德秀在

《代外舅谢丞相转官启》中说:"归逃空谷,细数流年。朝挂笻以看山,暮脱巾而漉酒。欸乃和渔翁之唱,㘄㘄听桑妇之歌。得与幸民共陶圣化!"[1]杨圭似乎满足于这样一种轻松自在的生活了。然而,科举功名毕竟是古代士人梦寐以求的理想,离官去职的遭遇,势必在人们的心中留下无限的遗憾。真德秀在《外舅生日设醮青词》中说:

> 伏念臣晚叨末第,幸脱选坑。严邑黄岩,罪愆丛积。分司列院,斥罢不容。摧颓三黜之余,闲散十䄄之久。虽自谚言之蔓菲,实由己德之轻浮。幸皇天开改过之门,而列圣垂迁善之训。臣敢不省愆责己,涤虑洗心,赦其言行之悔尤,原以取舍之差失。桑榆晚景,期体道之康强;桃李春风,保余生之清逸。[1]

"摧颓三黜之余,闲散十䄄之久",对于杨圭多次遭到罢斥,长期赋闲的仕途经历,诗中虽说了"实由己德之轻浮""臣敢不省愆责己,涤虑洗心"之类自我归责的话语,但此乃正话反说,其不满之情已经溢于言表了。真德秀在《七峰行为外舅寿》诗中说得更加明白:

> 向来秀孕两宗工(原注:谓文庄与文公也),文章节操为世雄。百年山川久寂历,人物今有仙游翁。翁才古干将,翁目岩下电。千牛解剥刃有余,万象妍蚩镜中现。可持龙虎节,可运玉帐筹。才高惊众世弗售,祇令遗爱留丹丘。丹丘遗爱人人夸,经界宽租惠最多。后皇嘉之锡异梦,使汝有子登巍科。翁寿当万千,翁年才八十。视昔殷大夫,仅乃十之一。渭川出处付何心,独探玄关深更深。[1]

真德秀说,五峰七峰这些雄奇的山水,已经孕育了杨徽之(文庄公)、杨亿(文公)这样伟大的人物,沉寂了百年后,又孕育了仙游翁;其次用相对夸张的手法,赞美了仙游翁的卓越才干;再后接着说"才高惊众世弗售,祇令遗爱留丹丘"。丹丘,是传说中神仙所居之地。也就是说,杨圭仕途不得意,只好在道教修行中寻求精神的依托。而所谓"渭川出处付何心",应该是用姜太公81岁才建功立业的事迹来为杨圭开解。

杨圭毕竟精通佛理,醉心道教。仕途的不顺遂,并不影响杨圭的身康体泰。真德秀撰的《辛卯外舅设醮青词》说:

> 伏以无德而寿,倏开九袠之期。不劳而官,将冒三阶之宠。顾臣庸昧,奋迹单微,早学古人,妄意寸功之及物;晚叨朝籍,止蕲一命之荣亲。虽中岁之险艰,而末涂之侥幸。追衣冠之已挂,乃纶綍之屡颁。论议名官,行厕汉廷之千石;子男锡号,猥联周爵之诸侯。虽朱轓画鹿之莫酬,而紫绶垂鱼之亦宠,凡兹命数,俱非始望之可期。况是年龄远过古来之稀有,自揆蠢愚之质,曷胜覆育之恩,爰即诞辰,

谨修法醮，但知敬谢，何敢多求，视听俱全，愿保微躯之健，子孙浸盛，更全暮齿之荣。[1]

功成名就，恩荣有加，身康体泰，寿比南山。八十高龄，对于大部分的人来说，也是少有的洪福。回想杨圭的这一生，翁婿二人得意满足之情，已是跃然纸上。

三 杨圭思想蠡测

在思想方面，杨圭表现出儒释道三教兼容的特点。这既是受时代背景的影响，也与杨圭生活的地域有很大关系。就大的时代背景而言，经过隋唐时期的充分发展，儒释道三教并行、融合，已成为宋初学术发展的一种趋势。宋初士子，与儒释道都有很深的渊源。就地域文化而言，浦城位于闽浙赣三省交界处，是福建取道江南、挺进中原的重要通路，因此也更容易得风气之先而兴盛发展起来，并由此造就了诸多的名门望族。这其中尤以浦城之杨氏最为显赫。真德秀跋《杨文公书玉溪生诗》称："国朝南方人物之盛，自浦城始。浦城人物之盛，自文庄公（杨徽之）及文公（杨亿）始。"[12]杨徽之，字仲猷，后周显德二年（955年）进士，曾任翰林侍读学士，宋初官职兵部侍郎。杨亿，宋淳化中赐进士，曾为翰林学士兼国史官修撰，主修《册府元龟》，编《西昆酬唱集》，倡为西昆体，为宋初著名的文人。而将乐杨时，远赴洛阳，从学二程，归闽之时，程子遂有"吾道南矣"之叹。由此可见闽北文化之兴盛。生活在这样的时代背景和地域文化氛围之中，杨圭三教兼容的思想因此得以塑造。

在思想方面，杨圭早期表现出儒家修齐治平的人生取向。"早学古人，妄意寸功之及物"[12]"念圣门之仕，期于行义，君子之学，贵在及人"[1]等思想，是杨圭积极从政的根本动力之源。而在黄岩县所推行的一系列改革，正是其"平谷禄，施仁政"的具体措施。

据宋代学者叶绍翁《四朝闻见录》丙集"方奉使"条记载：

《乙集》载莆阳方信孺出使事详矣，今又得之杨开国圭。圭尝与（原注：一作典）方始属（原注：句读有误），能言其与伪元帅辩难者甚至。方见元帅，元帅叱问之曰："前日何故称兵？今日何故求和？"词色俱厉。公从容对以："前日主上兴兵复仇，为社稷也；今日屈己求和，为生民也。二者皆是也。"元帅笑而不复诘。开国乃文忠真公之外舅，尝对真叹息云："我辈更吃五十年饭（原注：时圭年五十），也不会如此应对。"[13]

方信孺，字孚若，宋兴化军（今莆田）人，据《宋史》本传记载，方信孺"有隽才，未冠能文"[5]。宋开禧三年（1207年）奉命出使金营，"自春至秋三往返，以口舌折强敌"[5]。此处所记载的是方信儒与金国左丞相、都元帅完颜宗浩的一段精彩对话。对于方信儒在与金人谈判过程中所表现出来的民族气节和机智善辩，杨圭十分赞赏。由此应该可以看出，杨圭在政治上应该也是力主抗金的，是个有民族气节的人。

在佛教思想方面，杨圭集注了佛教重要典籍《金刚般若波罗蜜经》，对于般若学应较为熟悉。他在《金刚般若波罗蜜经序》中说道："《金刚经》者，乃诸佛传授之心法。……至唐时，解注已有八百余家。心法隐于耳目之传，殃及后代儿孙，莫此为甚矣。窃以诸佛说法，不离自性。须知一切万法，皆从自性起用。吾心地无非，自性戒；心地无痴，自性慧；心地无乱，自性定。常见自心自性，自修自度，不从人得，即是自性释迦，自心弥勒。先天地而不为始，后天地而不为终。"[8]体现了禅宗自性成佛、自修自度的理性精神。"我佛大慈氏横说纵说，感应无边。如一月水万窍风，听其目取，悉皆充足，亦不过为众生解黏释缚，妄幻扫除，真实现前，还汝本来面目，而无一众生可度也。虽然，道本无言，言之则粗；禅本无说，说之则末。"[8]之后更是引用了德山棒、临济喝、大愚三拳等诸多禅宗公案及禅师语录。但接下去的言论又是净土念佛之理念："仆曰此一卷经，穷乡委巷，匹夫匹妇，人人受持诵念……仆谓若参到无畏境界，则生死涅槃犹如空华，得马亡羊无非梦幻，三境九幽皆为净土……"[8]体现了宋代禅净合流的倾向。这点，从杨圭所选编的注解也可以看得出来，他既选了不少禅师大德的注解，也选了净土宗王日休的注解，且比重都较大。

在道教方面，杨圭热衷于修道成仙，也有颇深的造诣。真德秀在《寿外舅杨开国》诗中说：

天公最啬是眉寿，七十从来已稀有。堂堂玉立仙游翁，岁比磻溪未华首。碧瞳射人双镜悬，晓窗贝叶声琅然。问渠那得许强健，阴功久在朱陵编。愿翁遨嬉更千岁，做尽人间方便事。却乘白鹤御丹鸾，直上紫清朝玉帝。[1]

真德秀说，杨圭70岁了依然十分健朗，首无白发，双眼如电，音声朗朗，那主要是因为他日常坚持诵佛经（贝叶是佛经的代称），尤其是注重道教的修行，"朱陵"即朱陵洞天，为道家所称三十六洞天之一，此处借指神仙居所。其中提到的磻溪，北流入渭水，相传吕尚（姜太公）垂钓于此而遇周文王。到了宋代，有一名士隐居于徽州境内昌源河畔一处名为"劳溪"的村庄，该隐士因慕名姜尚隐居的"磻溪"，遂改"劳溪"为"磻溪"。真德秀将杨圭与隐士并提，可见其具有共同的趣味。"愿翁遨嬉更千岁，做尽人间方便事。却乘白鹤御丹鸾，直上紫清朝玉帝。"更说明了其修道求仙的追求。真德秀《七峰行为外舅寿》诗又说杨圭："才高惊众世弗售，祇令遗爱留丹丘。"[1]丹丘也是指神仙居所。这就是说杨圭怀才不遇，就将其精神寄托于追求修仙成道。"丹丘遗爱人人夸……独探玄关深更深。"可见杨圭的道教修为颇高，且有着较大的影响力。不仅如此，他还刊刻道教之《感应篇》施舍给众人，以广其流传，且还热衷于设醮。设醮，即建立道场祈求福祉，是民间很流行的一种习俗，用以驱邪祈福，是一较为隆重的道教仪式。举行斋醮时需要写祝文，这就是青词。真德秀有《外舅生日设醮青词》《辛卯外舅设醮青词》，都是为杨圭设醮而撰写的。

　　杨圭的《金刚经》集注中还引用了道教人物，虽然只有两处，但确是一个值得注意的现象。一处是在经题的注"仙游翁集英曰"中引"冲应真人周史卿作《杨亚夫赞解》云"[16]，细读内容可知这段不是注《金刚经》的，乃杨圭引用周史卿的话。另一处是第三分"我皆令入无余涅槃而灭度之"经文下之注文："证道歌曰：'达者同游涅槃路。'注云：涅槃者，即不生不灭也，涅而不生，槃而不灭，即无生路也。冲应真人周史卿对喫不拓和尚指香烟云：'要观学人有余涅槃，炉中灰即是；要观学人无余涅槃，炉中灰飞尽即是。'"[16]笔者认为此处的"注云"后面之文字，乃是杨圭所作，他再次引用周史卿的话来注"涅槃"。因此，上述两次出现的"周史卿"都不能算《金刚经》的一个注家。周史卿，为杨圭之先贤，乃宋代浦城有名的道士。《大明一统志》卷七十六记载建宁府"仙释"有："周史卿，浦城人。宋元祐中遇异人得养生之要，隐油果山二十年，炼丹垂成，一夕风雷大作，丹已失矣。遂出神求之，谓妻曰：'七日复来'。有一僧劝其妻曰：'学道者，视形骸如粪土。'遂焚之。明日，史卿来，空中哑哑责其妻而去。"[17]真德秀也撰有《周真人祝文》曰："谨以素馔，昭告于敕封冲应真人靖惠夫人曰：有崇斯山，作镇南浦。真仙宅焉，多历年所。庥吾一邦，厥施甚普。宝轴纶书，光贲琳宇。实帝令之，俾职兹土……"[1]可见周真人对当地士人的巨大影响。杨圭引用道家人物之言论来为《金刚经》作注，与他热衷于修道求仙有关。

　　综上所述，杨圭儒释道三教皆通，一方面他由科举出身，熟读儒家经典，关心民瘼，锐意改革，体现了儒家特别是宋代理学家积极入世的精神；另一方面他又熟知内典，念佛修禅，精通佛理；同时他还寄情山水之乐，热衷于求道修仙。他的思想体现了宋代儒释道三教合一的时代特点。杨圭以儒家为根基，同时又崇奉释、道两家的这种思想格局，在很大程度上影响了他编纂的《金刚经十七家释义》。

注释

[1] 真德秀：《西山先生真文忠公文集》，四部丛刊初编集部，商务印书馆，1921。

[2] 佚名：《尔雅》，郭璞注，王世伟校点，上海古籍出版社，2015，第73页。

[3] 刘克庄：《后村先生大全集》，四部丛刊初编集部，商务印书馆，1921。

[4] 魏了翁：《鹤山集》卷六十九，影印文渊阁四库全书第1173册，台湾商务印书馆，1983，第100页。

[5] 脱脱：《宋史》卷四百三十七，中华书局，1985。

[6] 朱棣：《金刚经集注》，上海古籍出版社，2011。

[7] 李艺敏：《朱棣〈金刚经集注〉之注家研究》，福建师范大学，硕士学位论文，2010，第39页。

［8］杨圭：《十七家解注金刚经》，明嘉靖四十年（1561年）学易山人刻本，国家图书馆藏。
［9］许明：《中国佛教经论序跋记集》（宋辽金元卷），上海辞书出版社，2002，第929页。
［10］林日波：《真德秀年谱》，华中师范大学，硕士学位论文，2006，第13页。
［11］孙先英：《真德秀学术思想研究》，上海人民出版社，2008。
［12］真德秀：《西山文集》，影印文渊阁四库全书第1174册，台湾商务印书馆，1983。
［13］叶绍翁：《四朝闻见录》，知不足斋本。
［14］嵇曾筠：《雍正浙江通志》，清光绪二十五年（1899年）浙江书局重刊本。
［15］徐松：《宋会要辑稿》，刘琳、刁忠民、舒大刚校点，上海古籍出版社，2014。
［16］杨圭：《金刚般若波罗蜜经集解》，明戚继光校刊本，台湾图书馆藏。
［17］李贤：《大明一统志》，三秦出版社，1990，第1175页。

隐元禅师诗偈中的自然意象与禅宗境界[*]

吴章燕 李 亮[**]

摘 要：明清之际，诗文创作的文化风尚在僧团之间极为流行。隐元禅师精于诗道，创作出 5000 多首的诗偈。这些诗偈中关于自然之花、山水意象的描写富有文学色彩和诗人的个性特征，而且政治情感突出，富有禅理禅趣。在隐元禅师的这些诗偈中，花和山水等自然意象是启迪觉悟的种子，是生命荣枯的象征，是人格精神的寄托。这些自然意象蕴含的禅宗境界体现在四个方面：文字般若、真如法性、随任自然、寂灭无常。

关键词：隐元 诗偈 遗民 禅宗境界

隐元禅师，俗姓林，福建福清人，生于明万历二十年（1592 年）十一月四日，29 岁出家，日本宽文十三年（1673 年）四月三日在日本京都黄檗山示寂，享年 82 岁。隐元禅师在福清黄檗山嗣法于费隐通容，是临济宗第三十二代传人，曾住持福清县黄檗山万福禅寺累计达 17 年之久，后于南明永历八年（1654 年）东渡日本弘法，成为日本黄檗宗的开山祖师。在其示寂前一日，日本后水尾法皇（1596—1680 年）赠予封号大光普照国师，以示崇隆。嗣法徒有木庵性瑫（1611—1684 年）、即非如一（1616—1671 年）等 23 人。隐元禅师禅法高妙，也精于诗文、书法，生平著作极为丰富，平久保章先生辑成《新纂校订隐元全集》11 册，1979 年由东京开明书院出版发行。

---

[*] 本文原载于《闽江学院学报》2018 年第 3 期。本文为教育部人文社会科学研究青年基金项目（16YJCZH118）、福建省教育厅中青年教师教育科研项目（JAS160648）、福建师范大学福清分校 2016 年国家级大学生创新训练项目（201610394007）的阶段性成果。
[**] 吴章燕（1980～），女，福建福清人，博士，福建师范大学福清分校黄檗文化研究中心副教授，主要从事中国佛教文献与文学研究；李亮（1995～），男，河南商丘人，福建师范大学福清分校 2014 级汉语言文学专业本科生，主要从事黄檗文化研究。

20 世纪以来,隐元禅师及黄檗宗的研究在国内并没有引起太多的关注,相关的研究成果集中在宗教文化、历史史实考证方面。如台湾地区林丽秀的《日本黄檗宗宗祖:隐元禅师研究》[1]和翁秀芳的《隐元禅师研究》[2]两篇硕士学位论文,论文主要以时间为线索叙述隐元禅师的生平活动,强调隐元禅师对日本宗教文化的影响。大陆方面如陈智超的《郑成功致隐元禅师信在日发现记》[3]《郑成功致隐元信件的发现:介绍一批南明抗清斗争新史料》[4]、胡沧泽的《郑成功与隐元禅师关系略论》[5],都对隐元禅师与郑成功之间的书信往来做了考证,并对隐元禅师是否参与抗清斗争发表了不同意见。大陆最具代表性的研究专著是厦门大学林观潮的《隐元隆琦禅师》[6]和《临济宗黄檗派与日本黄檗宗》[7]。前者以传记形式对隐元禅师的一生做了详尽的追述,后者集中描述黄檗派到日本黄檗宗的发展历史,一扫之前零星散论的状态,立足于中日佛教交流史的高度,做了深入的整体性的比较研究,文献翔实丰富,为之后有关中国佛教与禅宗研究,尤其是隐元禅师和黄檗文化的研究提供了可借鉴的资源。林观潮还陆续发表了多篇研究论文,如《黄檗东渡禅僧即非如一的爱国情怀》[8]《费隐通容〈五灯严统〉的毁板与日本重刻》[9]《佛教文学中的隐元诗偈》[10]《明末临济宗黄檗派的传播》[11]等,这些文章不仅涉及了佛门弟子的爱国情怀,也分析了他们的文学创作特点和版刻特色,并对宗派的传播和商业往来做了进一步阐述。日本方面对隐元禅师和黄檗文化的研究成果远较中国丰硕,这与隐元禅师东渡日本后,留日传法并十分重视宗派的发展传承有关。日本京都黄檗寺中的黄檗文华殿于1973年开馆使用,其创办的刊物《黄檗文华》,刊录各国学者学术论文,反映关于黄檗文化研究的最新成果。综合其研究成果主要体现在文献整理、资料编集、论文写作方面,具体包括以下内容:一是关于隐元和弟子的生平事迹考证,以隐元东渡事件为主;二是关于隐元人格和德行对后人的影响研究;三是关于黄檗宗成立历史的相关考证;四是黄檗宗与日本其他宗派之间的关系分析;五是黄檗宗的禅风、戒律研究;六是黄檗艺术研究,包括书法、绘画、雕塑、音乐等研究;七是关于黄檗饮食方面的研究,如煎茶、料理等。综上,中国和日本的研究主要从历史和大文化两个角度着手,而对隐元禅师及黄檗宗的宗教文学成就的研究依然有待深入。基于此,本文欲通过隐元禅师诗偈本体研究,探究作品的文学特质和宗教内涵,领悟他的思想品性和精神实质。

诗文创作是明清之际僧团之间流传的一种文化风尚,也是身份与能力的表征。隐元禅师喜作诗、善作诗,根据统计仅诗偈的创作就高达5000多首。诗偈是历代禅僧创作的重要体裁,主要用来传达佛理,抒写自心对禅理的领悟,它们也是禅家语录中最具文学色彩的组成部分。隐元禅师诗偈中关于自然意象的描写颇值得深入研究,今择取其中的花和山水意象进行探析。

一 咏花诗偈的义蕴

隐元笔下描写花的诗作非常丰富,据粗略统计约有80首。其中出现频率最高的是梅花，将近50首，其次是菊花、兰花，还有莲花、鸡冠花、牡丹、樱花等。纵观隐元生活的时代，正值明清鼎革之际，南明政权复明，唐王及郑成功集团以福建为根据地与清兵抗衡，烽火连天，无数百姓惨遭刀兵之害。目睹这样的惨状，隐元内心自是凄怆不能自已，而自然界花草的特殊品性正契合了时局中诗人对自身品质的一种追求、向往和寄托。

（一）梅之冷艳孤傲

梅是中国传统诗歌的重要题材之一，历代诗歌中均有咏梅佳作。尽管如此，隐元的咏梅诗自有他独自的情感体验和境界。有一种梅，无论生长在何处，或瓶中，或桥边，或岩上，或溪旁，朵朵那么冷艳，那么高傲，坚贞不屈于烈风、寒霜中。如：

素怀依丈室，冷艳逼窗绡。忽吐先春信，又逢片月招。烈风坚傲骨，英气迥孤标。留得寒芳在，冰壶岂寂寥。（《咏瓶梅》）[12]

层岩叠雪浪梅花，冷落门风佛祖家。年去年来浑不管，条条彻骨作生涯。（《岩中除夕示徒》其二）[12]

棱棱瘦骨薄烟笼，尽日溪头卖晓风。偏向雪中开只眼，冷看荆棘斗英雄。（《溪梅》）[12]

有一种梅，它娇羞、可人，以女性的姿态遥望僧郎，如未出阁的少女充满了期待，也充满了小心翼翼。如：

素枝突出映青山，一望僧郎咫尺间。偶吐清香吞殿阁，娇羞犹恐动龙颜。（《藏阁梅》）[12]

此诗以花喻人，描写了女性细微的心理变化过程，形象生动地传达出藏阁中的梅花欲隐又放的姿态，连禅师都一时动了凡心，难掩欣喜。

有一种梅，既有坚毅、不屈不挠的品性，又有"一枝红杏出墙来"的惊艳，于有意无意间点缀了尘世的色彩，唤醒了人间的乐观。如：

浑身铁骨迥牢关，如许偷心空自还。霜露恩深难尽昧，聊伸几点播尘寰。（《隔墙梅》）[12]

素性天然洁，临霜志愈贞。破颜微冷笑，十里净无尘。（《咏梅》）[12]

第一首诗运用象征手法，告知世间纷纷扰扰之事无尽，唯有眼前这片刻的些许的美景且享受着。第二首诗写梅之高洁、坚贞、冷傲，微展的花苞令十里无尘，如佛祖拈花微笑，当下顿悟旨意。

还有一种梅，它是孤独中的相伴之友，自在洒脱、独自傲然，有"独对松梅共笑谈"的风采。"折得孤标寄向谁"，禅师也折梅送友，透出知音难觅的伤感。如：

> 如是人来如是庵，不知庵里若为参。寥寥四壁净如洗，独对松梅共笑谈。（《寓如是庵》）[12]
>
> 瘦影横江春事奇，鳞龙如许恋香枝。陌头尽是仙陀客，折得孤标寄向谁。（《折江梅》）[12]

无论哪种梅，它们都是诗人顽强生命意识的外化表现，它坚贞、孤傲、无畏、凌寒傲雪、铁骨铮铮。正如禅师自我评价道："这个尊叔，好松梅竹，一旦林成，有凤来宿，静悄悄兮亦不成，气昂昂兮威而不屈，六十年来半似风颠，刹那变幻难以名目，满脸锋芒逼杀人，忽起云涛震山谷。"[12] 正是通过梅的品格塑造来抒写自己的人文情怀，通过内在的精神感召令众生远离烦恼。

（二）菊之清幽淡然

菊花以其品性的幽独淡雅、孤高傲世、凌霜抗寒、坚贞高洁而备受文士僧人青睐。菊，花之隐逸者也，以菊喻写高人逸士也是隐元禅师咏菊的旨意。如：

> 却子多年影亦灰，何缘今日有花开。金文浪籍闲房里，拟是陶公远寄来。（《禅人送黄菊戏占三绝》其一）[12]
>
> 扶筇出柴门，篱菊幽芳好。大哉隐者风，令人开怀抱。以此见陶公，千秋名长保。我愿世间人，人人绍此老。恩施及禽鱼，德种为家宝。天下尽归仁，国风如偃草。（《示酒井摄津守》）[12]
>
> 朝赏篱边菊，暮闻堂上经。见闻中不昧，声色内惺惺。况有傲霜志，岂无佩德馨。隐士持亮节，达观尚洁铭。幽风动格外，水𥸦过窗棂。翻转辽天鼻，悠然大梦醒。（《观菊》）[12]
>
> 杯茗清谈忆昔贤，淡交岂昧菊花天。幽心片片含情远，纵遇霜威亦俨然。（《仝龙溪虚棍赏菊三首》其一）[12]

隐元禅师十分推崇东晋的陶渊明，咏菊皆咏陶公。《禅人送黄菊戏占三绝》其一借禅人送菊联想到隐者高士陶渊明。《示酒井摄津守》《观菊》两首写篱边丛菊不求荣利、不慕高位，与世无争悄然绽放，已然与陶渊明不为五斗米折腰的傲岸骨气相融。隐元禅师身为一位明末遗民，怀着家国破灭的悲痛，始终没有与清朝有任何往来，菊的高风亮节正是他民族气节的象征。如：

幽骨偏为霜月期，淡情初放使君知。不图红粉沽名誉，只恐人间错此时。（《禅人送黄菊戏占三绝》其二）[12]

肃肃天威妒艳芳，群英落节暗凄凉。羡君隐隐东篱下，聊写清幽对法王。（《禅人送黄菊戏占三绝》其三）[12]

《禅人送黄菊戏占三绝》其二赞叹菊花幽独、傲骨，凌霜不凋，在霜月中自在地绽放着，不与色泽艳丽的他类争宠。其三写到当所有的艳芳经不起严酷的自然摧折时，此"黄菊君"缓缓登场，"采菊东篱下，悠然见南山"，默默地以它的清幽之姿来与法王相应。"法王"原为对佛的尊称，佛为法门之主，以自在化众生，故称法王。如《无量寿经》卷下："佛为法王，尊超众圣，普为一切天人之师，随心所愿皆令得道。"[13]自在自得、淡泊宁静，不以尘世为累，体现了活脱逸士的胸襟。

（三）兰花等其他花卉

隐元禅师的诗偈中还有诸如兰花、鸡冠花等吟咏之作，都贯注了诗人人格的追求、生命的体悟。如：

一片净如练，何缘间淡浓。幽花开梦笔，秀叶发英锋。不借乾坤力，肯沾脂粉容。黄由亲手眼，未必继其宗。（《壁兰》）[12]

出萃簪缨报早秋，雄雄卓立战风头。一团英气天然别，泣露虫疑颤未休。（《鸡冠花》）[12]

英气擎云汉，戎威震绿萝。闻风俱偃草，何必动干戈。（《咏鸡冠花》）[12]

兰花清新脱俗、素洁高雅，悬于石壁而悠然自得，是谦谦君子的象征。鸡冠花花型呈羽毛状，花冠似火焰一般，"高冠红突兀，独立似晨鸡"，英俊的外表下孕育着力量，激励人们奋发向上。君子以德服人，非以武胜人，这正是禅师人格魅力所在。

当然，隐元也描写娇艳富贵之花，却对它们空有其表无实质的本性表示不满。如《观牡丹》："我爱同时花果彰，此君无实谩称王。虽然富贵艳朝暮，争似寒梅彻骨香。"[12]《看花》："红白娇容须看破，莫教零落后咨嗟。"[12]触目皆菩提，花落即是禅。禅宗认为，万事万物都是由盛到衰地发展变化着，盛极便是衰落，盛宴之后必是离散。牡丹花雍容华贵、绚丽娇艳，素有"花中之王"的美誉，可在禅师眼中，红颜甚好却易老，鲜花虽美亦凋零，灿烂的樱花也难抵零落的命运，唯有寒梅高立枝头彻骨香，这正是禅师理想人格的化身。

二 山水诗偈的意蕴

"智者深观一切世间，非归依处，非解脱处，非寂静处，非可爱处。"[13]在佛教看来，现实世间纷繁复杂的事物现象，往往不利于我们从主观精神上去领悟世界的空虚，要寻找理想的归依和解脱的处所，就必须"舍离父母六亲眷属，乐住山林"[14]。由于山林环境清静幽僻，被佛教徒认为是静虑的好地方，便于他们通过哲理思考的方式，获得所谓的解脱。《高僧传》《续高僧传》记载晋代以后的僧人都很喜欢栖隐山林，在禅宗僧侣中间，爱好山林泉石的也不乏其人。宋人晁冲之《送一上人还滁州琅琊山》诗曰："向来溪壑不改色，清嶂尚属僧家园。"[15]宋代诗人赵抃有诗云："可惜湖山天下好，十分风景属僧家。"[16]古语也说："天下名山僧占多。"这些诗句都道出了这样一个基本事实，即佛教徒与山水自然有着不解之缘。中国的佛教徒修行之处总是在那些依山傍水、风景如画的地方。

在隐元的作品中，有两组描写小溪的诗偈除了表达其山居闲适和禅悟的意味外，实际含有作者复杂的情感。《小溪十咏》乃隐元56岁（1647年）时所作，此岁二月正值清兵屠杀福清县镇东、海口二城，死伤数千人，隐元为此启建水陆道场普度亡魂两个多月，并作诗曰："两城人物今何在，一片悲风起骷髅。"[12]宗教家的悲悯怀抱，救世济时的悲心宏愿由是可显。面对清初福建地区杀戮惨烈的状况，隐元无奈慨叹道："嗟嗟生此末运，莫非宿业所成，逆顺境缘消归自己，则无怨尤之叹。"[17]宿业所感，纵有神力也无可奈何。"挽石斋黄忠介公殉节诗，复作小溪十咏，盖慨时也。"[12]石斋黄忠介公即黄道周，于1646年抗清失败被杀。《次石斋黄先生殉节韵》诗曰："笔舌兼司马，论贤肯让萧。七闽真间气，万里独扶摇。有主终归阙，无臣接断桥。虽然今去也，反复在明朝。"[12]充分肯定了黄道周以身殉国的气节，也表达了自己眷念旧朝，感时伤亡的复杂情绪。《小溪十咏》作于同时，而此时的隐元已经是遗民的身份。此组诗与以往僧人寄予山水的情感大异其趣，内容更丰富，情绪更复杂。其中五首诗云：

老来偶得天休，兀兀百无所求。此去石门不远，笑看一带狂流。

适意直下便休，岂更区区外求。倘来黄金百镒，争如一枕溪流。

怖头狂走无休，狂歇夫复奚求。岩静鸟啼花落，天空云散水流。

不是世间浊汉，亦非格外名流。寓目好山好水，任他呼马呼牛。

囊是东林俗子，今为黄檗比丘。名相既无定准，不如尽付东流。[12]

生活在如此纷扰不安的时代，隐元从未停止过对明朝的眷念和努力，但自身力量太有限，只有投身山水中才能暂离烦扰，在梦中忘记世间一切乱象。"偶憩小溪一梦，顿忘五百春秋。""幽鸟唤予出洞，懒云移我归休。一念机忘物化，声光万古同流。"[12]机忘即忘机，忘却机心，不试图去主宰和利用外物，而与万物处于一种和谐共处的状态，以般若智慧觑破世谛。在自然而朴素的山水中自得其乐，不与物竞，不与人争，做自己喜欢的事情，表现出一种无拘无碍的闲适心境，实则是对现实的无奈、失望和愤恨。一年后，隐元57岁（1648年）又作《小溪又咏》一组，其中五首诗云：

一枕倦云几片，梦回鸟噪山堂。携杖寻流洗耳，溪阴肝胆俱凉。

水净眉须可鉴，心空身世皆忘。坐卧一溪环绕，不知几变沧桑。

送客一溪流水，接人几片闲云。去住无拘无束，何妨分而不分。

苟不亲师择友，焉知目击道存。一种平怀无寄，炎凉何处躲跟。

洞口呵云作迹，峰头棒月成痕。不若横眠一榻，任他地黑天昏。[12]

隐元禅师在此组诗前的序中道："僧居山水之中，不知山水之乐，与流俗何异乎！尝忆戊子夏与座元学公避暑于寺之西涧，其澄清可以鉴须眉，而阴翳可以凉肺腑。选石十余枚，坐卧其间，传茗留题，概世之乐莫若此日。予虽不敏，已占十绝，以纪人境嘉会之胜，聊答溪声长舌之韵也。是夏同诸禅客复游斯处，然此时高岸深谷无不变换，幸此山川仍然如故，莫非神物呵护，不没嘉会之胜。予实忍俊不禁，仍占十咏，与夫灵籁泉音并传于世，尽知予之肝胆无一刻忘斯山水也欤。是为序。"[12]此序先述山水之乐，智者乐水，仁者乐山，对大自然敞开心扉，无条件接纳一切美景。"然此时高岸深谷无不变换，幸此山川仍然如故，莫非神物呵护"。此一句颇有深意，一年之中高岸深谷怎可变换？可知"高岸深谷"乃时局变换之喻，而"山川如故"喻心中的旧朝永不消逝，"尽知予之肝胆无一刻忘斯山水也"即此意。《普照国师年谱》中还记载："是年世界纷纭，师规警倍严，清淡自守。率众挑柴于市，以给日用，见者无不敬慕。山门得以无虞，诚道化所感云。"[12]由此可见隐元对时局洞察清明，心态也更趋平稳，于乱世中清淡自守，自足自给，保全力量。"水净眉须可鉴，心空身世皆忘。坐卧一溪环绕，不知几变沧桑。"隐元身为一名高僧，对世俗世界本来就抱着一种超脱的态度，于是就把这种闲适发挥到了极致，"心空身世皆忘"，进入无我的逍遥游的最高境界。

综上，通过《小溪十咏》《小溪又咏》的山水世界构筑，我们可以看到一个经历乱世更迭、改朝易代的遗民诗人形象，他徜徉于山水云霞间，远离尘世，将内心的苦痛付与溪流，优哉游哉，自在到了极点。自然山水不仅是修行的基本场所和必备条件，也是佛祖的化身或美的体现。隐元禅师通过溪水构成的意境，充分表现禅宗"任性逍遥，随缘放旷"的生活理趣。

三　自然意象所蕴含的禅宗境界

在隐元禅师的诗偈中，花和山水等自然意象是启迪觉悟的种子，是生命荣枯的象征，是人格精神的寄托，是接引如露的佛缘和印证禅境的体验，是活泼禅心的深刻阐释。

（一）文字般若

禅宗向来主张"不立文字"，这是佛教般若空观逻辑发展的结果。般若空观认为，既然世界的本体就是空无虚妄，那么人类的语言文字同样虚幻不实，不可依凭。既然"不立文字"，禅宗为什么还要留下大量语录、诗偈等文字呢？类似的问题历代不绝于耳，成为每个沉浸诗道的禅僧必须面对的难题。隐元禅师在其所编《三籁集》序言中说："或有云：教外别传，唯明心见性而后已，奚假文言声颂，短句长篇，烂熳葛藤。无乃徒乱耳目，引人情识，奚有了期，曷补于道。噫，子之所论，古之糟粕，局于一时，何异执结绳之政，而弃文质彬彬之道乎？且威音未现之前，可谈全彰无作之美。两仪既判之后，岂没三光并照之功。夫七佛已往，皆以偈传法。有祖以来，莫不以偈印心。故师师相授，至于曹溪，书偈显名，迄至三祖，信心铭著焉。爰及马师，踏杀天下，则有百丈、黄檗、临济，大机大用出焉。"[12] 隐元禅师认为在佛教历史上，七佛都以诗偈传法，禅宗的历代祖师也是以诗偈印心显名，马祖道一以下至百丈、黄檗、临济都以诗偈发挥机用。隐元禅师还表示："雅言懿行，足以开人心目，挽回正气，纵横大道，庶人主坐致太平，有裨世教者多矣。或一默一语，一偈一颂，皆从诸老清净胸中流出，盖天盖地，与夫日月并明，乾坤巩固，远及大千，至于今日，岂小补也哉？"[12] 诗偈能开人心目，挽回正气，致天下太平，有补世教。而且诗偈源于诸老清净胸中，禅法为本，诗偈为辅，实在意义重大。

曾有客问隐元禅师的弟子即非禅师："禅宗不立文字，何取于声诗而传欤？"即非禅师作如是回答："诗乃心之声也，因感物而著形焉，形声相感，触目无非文字，所谓诗即文字之禅，不达乎此，禅与诗歧而为二矣。如悟明不二，则声和响顺，志同气和，可以植而为忠为孝，为圣为贤，此声诗有补于世教者多矣，其可不传乎？"[18] 即非禅师认为"诗即文字之禅"，禅修悟道与诗文创作并不冲突，二者同声相和，有补世教。禅者在日常生活当中不断追求自性的觉醒，亦即从生活中窥寻自我意义的更新与完足；诗作亦提炼日常生活之素材，不断发掘体认真理之光。诗不是禅者修证之外的余技，而是同体异名。隐元、即非的两段话可以视为黄檗宗对诗的基本态度。隐元与弟子木庵、即非合称"隐、木、非"，号"黄檗三笔"，在日本名重一时，后人记当时盛况曰："示人偈语，肆笔迅成，未始有意而意句圆活，字画遒劲足以验。咳唾掉臂尽是游戏三昧。有得片言只字者，莫不珍秘宝袭。"[18] 虽言偈语，实即诗也。僧家以诗为弘法资具，由来久矣，然事虽寻常，理论基础亦须与时俱进，明清之际，讲家禅家莫不相牵入文字海中，于是诗禅论述成为当时丛林的重要风尚之一。[19]隐元法孙黄檗山第五代住持高泉性激谓："有诗意，便有禅机；有诗义，便有禅解。"[20]想来是为黄檗宗秘传家法，无怪乎黄檗僧人多数文化修养甚高，盖有渊源也。

（二）真如法性

真如法性是无始无终而又无处不在的，湛然澄澈地充满山河大地。隐元禅师是诗人也是僧人，他以花为寄托，以花为庄严，以花的清纯无染体悟禅性，从花开花落中体悟禅意，映衬自己空寂宁静的心境。

在花中，隐元禅师爱兰爱莲爱菊爱所有清丽的花，而梅花却是最爱。梅花因其迎风斗雪、无意争春唯留清香的卓越品格而备受诗人喜爱，历来是诗人歌咏的主题之一。梅花清淡寡欲、幽独孤寂地绽放在严冬，在禅宗教化中，它自古就与恬静淡泊、乐于修行的佛道的超然胸襟结缘。它先春而发，超凡脱俗，遗世而独立，是孤芳自洁、不随俗世的修持体悟；它远离尘嚣，凌寒傲雪，又是佛道之人坚定求道的信念与象征。

梅花耐寒的特点，亦作为禅僧坚毅求道精神的象征。"不是一番寒彻骨，怎得梅花扑鼻香"，这两句描写梅花傲雪凌霜、迎寒绽放的性格的名句，最早源自唐代黄檗希运禅师所作的《上堂开示颂》。禅僧认为，求道的过程就如梅花先春而立一样，虽然面对无数的艰难险阻，但只要坚毅不屈，熬过寒冬，就得见春回大地，回到新世界的怀抱。求道者只要能够意志坚定，不轻言气馁，一悟之后，自有"梅花扑鼻香"之胜景再现。禅僧以梅为题，象征苦尽甘来的求道过程及悟道之境，这在宋代以后禅宗语录中尤为多见，成为禅林教化的流行意象。黄檗禅师的后世传人代代引用此诗句，如隐元的老师密云圆悟老和尚、费隐通容禅师都曾借用，与黄檗希运同出生于福建福清的隐元更是极力推崇，借此诗句表达修行的决心。如《题梅》其一："雪中微冷笑，骨瘦愈锋芒。不借春风力，自成一段香。"其二："万物临霜萎，唯君为雪亲。一番彻骨后，突出愈精神。"[12]因为诗句蕴含着丰富的象征精神和深刻哲理，故屡屡被后人引用，从而由禅宗诗偈一跃成为世俗名言。

（三）随任自然

禅宗作为中国化佛教的代表宗派，在一定程度上融入了中国文化的儒道理论元素，在与道家的自然学说融合中形成了随任自然、去除分别与执着的参禅教法。禅宗神会一派思想主张："众生本有无师智、自然智，众生承自然智得成于佛。"[21]"承自然智"同"任运自在"，任心即为修行，旨在说明对待生活应该采取任其自然、到处安适的态度。唐代圭峰宗密评述马祖道一的禅法时就概括为"任心"，而后马祖道一门下历代弟子，皆有以参禅悟道之机融于自然山水的传承。这种与自然山水交融的禅法实质就是不离随任自然的禅门心法要旨。因此，隐元禅师在阐述其参悟的禅境时，也秉承了历代禅师的风格，特别是他作为一位诗僧，更加注重以诗论禅。"水净眉须可鉴，心空身世皆忘。坐卧一溪环绕，不知几变沧桑。""偶尔寻幽适意，追参云水茫茫。猿鸟也知乐趣，衔花各献溪傍。""送客一溪流水，接人几片闲云。去住无拘无束，何妨分而不分。"[12]《小溪又咏》中的这一首首诗完全是诗禅合一的佳作。一曲溪流，山幽鸟鸣，花落云散，横眠一榻，尘世的喧嚣远去，个体生命回归于一尘不染的纯净之境，身心顿悟，一切名相远离，达到无物无我无心无情的澄明禅境。隐元禅师圆融了佛教本净心性的思想，当了悟了本净心性，在自我心性进入清净安顿后，参禅者所求之禅法自然就会随任自然而不会有任何挂碍、分别与执着，构成了诗中有禅、禅中有诗的意境。"自然山水与人的一切精神活动融为一体，人在自然山水中的实践活动，使人既获得了宗教和哲理的目的，同时又享受到了审美的妙趣。"[22]

（四）寂灭无常

禅宗的色空观认为，一切世界现象都是"有"的，但这种"有"又是"空"的，把人的主观精神外的一切物质都说成感觉上虚假的幻影，所谓"色不异空，空不异色，色即是空，空即是色"。色空观念认为一切事物现象的归宿就是寂灭，最终是不存在的。隐元禅师的《看牡丹》云："昨因含笑人皆喜，今正敷扬喜更幽。只恐明朝零落态，却令人见又添愁。达观声色由来幻，返照根元当下休。搭着真空三昧印，也无欢喜也无忧。"[12]花开是喜，花落却是禅。或许一夜过后，香消花败，水染残红，那一刻的戚然心痛，觉悟的种子在禅师心底开了花，世间的一切声色，如生老病死、尊卑贵贱、花开花落，都是幻化无常，终究"流水花落去"，交融于虚空。"真空三昧"指的是远离一切迷情所见之相，杜绝"有、空"之相对，止心一处，不令散乱。而保持安静，达三昧之状态者，即起正智慧而开悟真理达到佛之圣境者。只有秉持"真空三昧"，心定而安，方能获得"无喜无忧"的最佳境界。

四　结语

从隐元禅师创作的咏花咏山水诗偈中，我们可以看到它们都富有文学色彩，托物言志，比兴象征，典雅含蓄，这与禅师在谈一般日用事时往往不避鄙俚粗俗有极大不同。不同于以往同类题材诗歌，隐元禅师此类诗偈最大的特点就是带有浓厚的政治隐喻，这是明清交替之际特殊的时代印痕。然而，诗偈的首要功能必须是佛教的，然后才是文学的。不管是以禅入诗，还是以诗证禅，核心都是悟。佛性存在于每一朵黄花、每一丛翠竹、每一片白云、每一条清涧之中，禅师在对大自然的观赏中获得对佛性的证悟。诗人看自然山水万物之趣，其实也是写佛家心灵之禅悟。从人身以外的花草树木、山水云霞中，看潜藏在其中的道理，体悟禅学之根本。隐元禅师身为习禅的诗人，更加智慧地觉悟到它们的价值所在。

隐元禅师诗词优雅，气节崇高，其黄檗文化传人的声名远播，对日本诗文创作、武土道精神等影响深远。隐元东渡日本长崎，当时日本处于德川幕府实施锁国政策时期，中日间的往来主要通过长崎这个贸易港口，日本的儒者、汉学家们争相到长崎游学，以能饱览中国学问为毕生荣耀。他们除了倾心儒家，更爱好中国的典籍、诗文、书画，形成了空前的"汉学兴盛期"。这些课题都值得下一步深入探讨。

注释

[1] 林丽秀：《日本黄檗宗宗祖：隐元禅师研究》，中国文化大学，硕士学位论文，1987。
[2] 翁秀芳：《隐元禅师研究》，中国文化大学，硕士学位论文，1999。
[3] 陈智超：《郑成功致隐元禅师信在日发现记》，《法音》1993年第8期，第22~23页。
[4] 陈智超：《郑成功致隐元信件的发现：介绍一批南明抗清斗争新史料》，《中国史研究动态》1993年第8期，第1~5页。
[5] 胡沧泽：《郑成功与隐元禅师关系略论》，《福建师范大学学报》（哲学社会科学版）1997年第4期，第96~101页。
[6] 林观潮：《隐元隆琦禅师》，厦门大学出版社，2010。
[7] 林观潮：《临济宗黄檗派与日本黄檗宗》，中国财富出版社，2013。
[8] 林观潮：《黄檗东渡禅僧即非如一的爱国情怀》，《法音》2002年第6期，第30~34页。
[9] 林观潮：《费隐通容〈五灯严统〉的毁板与日本重刻》，《世界宗教研究》2008年第3期，第16~25页。
[10] 林观潮：《佛教文学中的隐元诗偈》，《文学与文化》2010年第3期，第77~92页。
[11] 林观潮：《明末临济宗黄檗派的传播》，《厦门大学学报》（哲学社会科学版）2011年第2期，第126~132页。
[12] 〔日〕平久保章：《新纂校订隐元全集》，东京开明书院，1979。
[13] 大藏经刊行会：《大正藏》第12册，新文丰出版股份有限公司，1996。
[14] 大藏经刊行会：《大正藏》第3册，新文丰出版股份有限公司，1996，第316页。
[15] （宋）晁冲之：《晁具茨先生诗集》第3卷，海山仙馆丛书本，番禺番氏清刻本。
[16] 赵抃：《清献集》，上海古籍出版社，1989，第803页。
[17] 大藏经刊行会：《大正藏》第82册，新文丰出版股份有限公司，1996，第760页。
[18] 明洞、性安、性节等：《即非禅师全录》第25卷，新文丰出版股份有限公司，1988。
[19] 廖肇亨：《木庵禅师诗歌中的日本图像：以富士山与僧侣像赞为中心》，《中国文哲研究集刊》2004年第24期，第129~153页。
[20] 明复法师：《禅门逸书续编》第3册第4卷，汉声出版社，1987，第35页。
[21] 神会：《神会和尚禅话录》，杨曾文编校，中华书局，1996，第95页。
[22] 普慧：《中古佛教文学研究》，世界图书出版公司，2014，第46页。

即非如一校刊之《老子鬳斋口义》考述

王晓霞　陈琼莲[**]

摘　要： 经过镰仓到室町时代五山禅僧对宋学的研究和传播，以朱子学为代表的儒学渐渐在日本发展起来。日本江户时代初期，以藤原惺窝和林罗山为代表的禅僧，其外佛内儒道的身份和思想特点，正是对五山禅僧三教融合观的继承。同样持三教融合观的林希逸注的《三子口义》此时也在日本迅速传播开来，并一度成为老、列、庄的首选注本。其《三子口义》中的《老子鬳斋口义》引起东渡日本的禅僧即非如一的注意并整理刊行，体现了道家思想在日本的传播和江户时代三教合一的学术思潮。该刊本图像丰富，校点精当，是古代日本人研习《老子》的重要刊本。

关键词： 即非如一　黄檗宗　隐元隆琦　林希逸　《老子鬳斋口义》　日本江户时代

一　释即非如一的渡日因缘

明末清初的中国社会战乱不止，各地对清廷的反抗此起彼伏，反清复明的呼声络绎

---

[*] 本文原载于《闽江学院学报》2018年第3期。本文为教育部人文社会科学研究青年基金项目（16YJCZH101）、湖南省社会科学基金项目（17YBA187）、湖南省教育厅优秀青年项目（湘财教指〔2015〕24号15B098）、福建师范大学福清分校黄檗文化研究中心项目、中国博士后科学基金第63批面上项目一等资助（2018M630546）的阶段性成果。

[**] 王晓霞（1977～），女，陕西周至人，博士，福建师范大学福清分校黄檗文化研究中心副编审，主要从事东亚文献学研究；陈琼莲（1989～），女，福建莆田人，福建师范大学文学院2014级博士研究生，主要从事中国古代文学研究。

不绝,在这种社会背景下,中国有一批文化人与僧侣东渡日本。当时的日本在政治上奉行锁国政策,中日交流地点仅限于长崎港,长崎成为中国人赴日的首要地点,日本国内的儒者和汉学家也争相前往长崎游学。

福建省福清市黄檗山万福寺主持、临济宗第三十二代高僧隐元隆琦(1592~1673年),在1654年应日本长崎兴福寺主持逸然性融之邀赴日,后隐元禅师将所在的日本寺院改名为万福寺,成为日本黄檗宗始祖。隐元禅师东渡后,日本佛教界受到以隐元为首的黄檗文化影响甚深,甚至有学者认为隐元禅师和朱舜水堪称是对近世日本文化贡献卓著之双璧[1],可见隐元禅师在日本文化史上的地位。日本学者平久保章分析隐元禅师东渡的原因有:避乱归化、为法东渡、家纲招请、奉王命东渡、长崎奉行招请、子偾父还等多种说法[2]。还有学者认为隐元禅师东渡除了传教以外,是为郑成功反清复明前往日本借兵[3]。各种说法不一而足。隐元禅师赴日后不久即在日本打开局面,三年后,他召弟子即非如一前往。

即非如一(1616~1671年),俗姓林,字即非,号如一,今福建省福清市人,是隐元隆琦的重要弟子之一。1657年,即非如一应隐元禅师之召赴日,在日本教化15年,中兴长崎的华侨寺院——崇福寺,协助隐元禅师开创日本黄檗宗。黄檗宗后来分化出11个流派[4],即非禅师于1665年在今日本福冈县北九州市小仓北区开创广寿山福聚禅寺,该寺法系后来被称为广寿派,属黄檗宗第二大派系[5]。后即非禅师示寂于日本长崎崇福寺。即非禅师书法精湛,爱国情怀浓厚,编撰有《福清县志续略》,嘉兴大藏经中有《即非禅师全录》。

二 日本江户时代的林希逸《三子口义》

(一)江户时代的社会背景

江户时代(1603~1867年)是日本封建社会的末期,约在中国明朝末期到清朝末期这一时期,政治上由德川幕府统治,经济上大力发展,政治上长治久安,思想上儒学成为官方倚仗的统治思想,尤其以朱子学为尚。日本与中国的文化交流大致有3次密集时期,在日本流行的中国文化及汉文学也相应地有3个高峰,"其一为奈良朝缙绅贵族的文学,其二为室町时代五山禅宗僧侣的汉文学,其三为江户时代儒者文人的汉文学"[6]。江户时代是日本受容并发展中国儒学与文化的又一个高峰,也是日本封建文化发展的高峰。

即非禅师赴日的当年,儒学家林罗山(1583~1657年)去世。林罗山是日本京都人,他13岁出家学习,后拜藤原惺窝(1561~1619年,名肃,字敛夫,号惺窝)为师研习儒学;25岁时奉德川家康之命剃发为僧,更名道春;28岁后参与德川家康幕府政治很深,因当时日本僧侣着黑衣,故他有"黑衣宰相"之称。经他手抄、批点、校注、训解的林希逸《老子鬳斋口义》刊本有6种。他反复修正,多次重刊,是该书在日本的重要传播者。总体观之,生活中林罗山出入僧俗两界,以释者的身份任幕府官僚,传授倡导儒学以维护幕府统治;思想上他出入儒释道三家,与其师藤原惺窝并无二致。藤原惺窝也曾在寺院研习儒学,后削发为僧,担任德川家康的老师,传授的却是中国儒学,并推动了朱子学在日本的独立发展,他也研究道家经典,有《列子鬳斋口义点校》。

以僧人的身份担任儒官,推动儒学的发展,并研究道家经典,取其所长,是江户初期官方学术大家的思想理路。上有所好,下必甚焉,可想而知,林罗山和藤原惺窝这种儒释道三家并取的思想倾向,不久即成为整个日本社会儒佛会通的学术思潮的代表。[7] 江户前期,儒学在林罗山与藤原惺窝的倡导下,逐渐有蔚然兴起之势,且各界知识人士的思想并非仅限于某一家,也许有主次之别,但并不势同水火,而是兼收并蓄,互相沟通。这种思想特点正与中国南宋末期宋学露出的端倪一致,"宋元学术史的一个重要事实,就是实现了以儒学为主体的'三教归一'。所以,两宋时期所复兴的儒学,已不是先秦、两汉时的儒学,而是融合释老的新儒学"[8]。可知日本这种学术特点与中国南宋末年的学术思潮暗合与呼应。

(二) 林希逸《三子口义》在江户时代的流行

生活在南宋末年的林希逸 (1193~1271 年),字肃翁,又字渊翁,号竹溪,又号鬳斋、献机,晚年自号溪干,今福建福清人,官至中书舍人,《福清县志》《(淳熙) 三山志》《福州府志》《八闽通志》对他的生平有简要介绍。林希逸在著述中也多次阐明自己的儒学立场,但他也有非常浓厚的佛学思想。[9] 阅读林希逸的《鬳斋十一稿续集》,甚至会让读者有他的佛学思想远超其儒学思想的印象。也许只是出于官方思想是儒学的顾虑,毕竟"既然理学受到朝廷的重视,信奉理学成为做官入仕的必要途径,于是南宋末年的官员几乎都自认为是理学的信徒"[10],所以林希逸才对外宣称自己"喜读佛书非佞佛"。与此同时,林希逸也研究道家思想,他用当时的口语、杂语、俗语作注的《老子鬳斋口义》《列子鬳斋口义》《庄子鬳斋口义》(合称《三子口义》),语言通俗易懂,修辞形象生动,援引儒佛思想,进行儒老、释老对比,典型体现出宋学中老学对道教神学的偏离,和儒道、佛道会通的特点。这种思想特点正与日本江户时代的学术思潮暗自契合,故虽是儒学大行其道的时期,但《三子口义》在日本受到空前的重视并广泛流行。

约在宋景定辛酉二年 (1261 年),林希逸《老子鬳斋口义》成书,他作《鬳斋十一稿续集·老子口义成》诗,可看出其注《老子》之初衷及思考,诗云:"见彻深微字字精,五千言在与谁明。事因借喻多成谤,经不分章况立名。数十有三元是一,道虚无实始为盈。苏云近佛非知老,老说长生佛不生。"[11] 林希逸认为《老子》字字精华,见微知著,可惜这五千言没有多少人明白,又因为书中采用了很多借喻的手法,引起了很多误会,而且各个经既没有分出篇章,也没有名称,而且苏辙在其著作《老子解》中儒释道并举,认为《老子》接近佛学,这是不懂《老子》,老子主张长生,而佛教主张不生,这是不同的。出于这些考虑,林希逸对该书进行了分章、取名、注释等工作,开当时用口语注释经典的新风,并远播东亚,一度成为朝鲜半岛和日本知识人士阅读《老子》的首选注本。

林希逸注《三子口义》,明代人张四维认为"较诸家为善"[12],日本古代学者林罗山认为在《老子》的各家注解中"希逸视诸家最为优"[13],渡边操认为"今世人读《老子》者,多赖林鬳斋《口义》"[14],林的《三子口义》在古代东亚的影响可见一斑。《老子鬳斋口义》在日本的刊本至少有 23 种,其中就包括即非禅师校注的《老子鬳斋口义》。

三 日本宽文四年即非如一校《老子鬳斋口义》刊本

(一)刊本概况

《老子鬳斋口义》,日本宽文四年(1664 年,清康熙三年)刊,即非如一校①。该刊本目前保存完好,卷首附:即非如一《赞》,明太祖宸翰,即非如一《老子鬳斋口义序》,宋理宗宸翰,林希逸《老子鬳斋口义发题》。刊本书影见图 1。

板式为四周单边,白口,无鱼尾,无界格,每半页 10 行,行 20 字,注文缩进 2 字,字体较经文略小。卷首起依次附 5 幅图:《太上老君图》《庄子像》《福清林希逸像》《太上老君像》《鬳斋林公像》。图像书影见图 2~图 6。其中,庄子像前有即非禅师的《赞》(见图 7),内容是:"清净无为,守真抱一,法天利用,为物作则,展皇极之容,诚万古之圣师,感犹龙之叹,乌足尽其道德。五千玄言,如日烜燚,牛驾西游,紫气东塞。黄檗沙门如一和南题。"文末上下依次有"如一""即非""临济正宗"3 个印章。此篇《赞》是他在对《老子鬳斋口义》进行整理时所写,其萧散冲和、放逸不拘的书法风格亦可略窥一二。

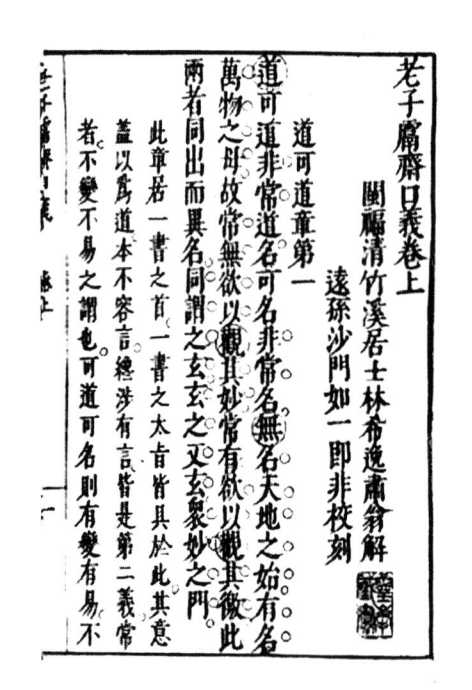

图 1 《老子鬳斋口义》日本宽文四年
即非如一校刊本书影

---

① 本文所引《老子鬳斋口义》的内容皆出自此版本,下文不再一一注释。

图 2　太上老君

图 3　庄子像

图 4　福清林希逸像

图 5　太上老君像

图6　膚斋林公像

图7　即非如一《赞》

即非如一《赞》文：
清静无为守真抱一，浴天利用，察物伦则屡皇极之容，诚万古出圣师感猶龙之歎，岂足尽其道德五千言。如曰煙燚半霓，卤迎紫气东塞。
黄檗沙门如一和南题

《太上老君像》后附有明太祖朱元璋所作短文，大字，每半页6行，行16字，内容为："明太祖高皇帝御制老君赞：心渊静而莫测，志无极而何量，恍惚其精而密，恍惚其智而良。宜乎千古圣人，务晦短而云长。"接着是即非禅师所撰序，现全文录之如下：

是书传至东国将三百载，阴翼王化者多矣。惜无序文，不纪世次，只标"膚斋林某"。后学不知为何许人。时有洞上座者，博通古今，知是闽产。一日谒予，致问曰："膚斋居士是贵族否？"曰："先远祖也，因虑唐之一白三产而悟分宗，寻补宸翰、图像，及省邑之名，前后二号，以便后之学者知予祖之生缘出处，敢僭述焉。"

祖讳希逸，字肃翁，号竹溪，宋端平乙未会魁，尝为玉堂文字官，"膚斋"，其书室也。早年潜心此道，屏去腥荤，先从乐轩陈先生学，次参柔万庵禅师，深有得于三教合一之旨。为政之暇，释三教之书，皎如三光，岂非世出世间之人表哉！其所著有《易讲》《春秋传》《楞严维摩注疏》《老庄列口义》及《竹溪集》等书。家传流布，历今四百余祀，随世浮沉，十存四五。予幼时披诵不置，自学佛后无复经目。不意于甲辰秋，飞锡丰州，寓源太守之金粟园，重观是书，不胜欣慰。但岁月久远，版经岁翻，字至亥豕脱误，且中间入一二语，不知何人增赘，与本文不相吻合，甚戾当日作者之意。由是仍家传旧本而删正之，遂捐钵资付梓，用广流通。

庶远祖手眼重新，老氏面目犹在。

或谓儒教治世，释教度世足矣，复用道教奚为？予曰，当时佛教未至，儒教难治，而老君秉时救世，著《道德经》五千言，授关尹子，庄周继之，始有道教之称，其所发明三皇五帝之道德，其文约而详，其理简而至，至以修身养神之方，治国治家之法，天地变化之道，莫不备焉。

史载孔子问礼与（于）老氏，及佛教既至，古道元指天竺古皇为老氏之师。然道之源本一，鼎而为三，互成天下之化，无非欲教人克明斯道者也。唐肃宗皇帝题三教圣人赞云："儒吾之师，曰鲁仲尼，仲尼师聃龙，聃龙师竺乾，善入无为，稽首正觉。吾师师师。由斯观之，儒释道三教为天下国家相孚治化，有如三光垂象，阙一不可，后之君子读其书，穷其义，忘其言，契其道，自能咸造圣人不二之域，超然独露万象之表矣。虽然，正眼观来，犹是昆庐耳边消息，顶上一着。须是过量人始得。"客谢而退，并识诸简首。远孙即非头陀如一和南书于蓬莱方丈。

由此校点原委可见：第一，《老子鬳斋口义》已传至日本近300年，据此推测应该是在13世纪末14世纪初，也就是镰仓时代后期、室町时代前期。此时五山文化正为流行，《老子鬳斋口义》应该是在中日文化交流中通过五山僧人传入并研习而传播开来，这与台湾留日学者王迪的判断一致[15]。第二，此本校注者即非如一是林希逸后裔。第三，底本前无说明性序文，且没有标明作者年代，不时会导致后人困惑。即非禅师校注的主要目的是让书与人相关联，不至于书籍流传，而其作者亡佚或是混淆。第四，收集林希逸图像，以便后人瞻仰。第五，略述林希逸生平，以便后人了解。即非禅师在这里所云后人，主要是指日本人。在中国了解林希逸的人不多，而在日本林希逸的《三子口义》又较为流行，虑及于此，即非禅师才认为有必要重新整理校注，并增添序文以说明作者林希逸生平概况。

之后是宋理宗所作短文，大字，每半页7行，行11字，内容为："宋理宗皇帝宸翰：披味奏函，敷陈子义，以天地人之实理，明老庄列之寓言，得其指归，各为诂训。卿之该贯若此。时备观览，所益良多。简在朕心，故兹嘉奖。付林希逸。"

次为正文，卷端作"老子鬳斋口义上"，每卷标题下次两行题"闽福清竹溪居士林希逸肃翁解，远孙沙门如一即非校刻"，后一行比前一行低3字格。此刊本中国台湾图书馆另题为"日本宽文四年（1627）江户须原屋茂兵卫刊本"。日本宽文四年为公元1664年，中国台湾图书馆所注有误。严灵峰《无求备斋老子集成初编》（第48册）[16]据此影印，中国国家图书馆有藏。

（二）刊本的特点与学术价值

1. 刊本的特点

一是全文有句读，用小圆圈标注，这对日本人阅读中国古籍极有助益。二是图像丰富。该刊本一共收有 5 幅图像，其中 2 幅是林希逸。林希逸的著述目前现存版本数量众多，其《老子鬳斋口义》共计有海内外传本 52 种，《列子鬳斋口义》有 32 种，《庄子鬳斋口义》有 113 种。在这些众多的版本中，仅即非禅师校《老子鬳斋口义》刊本中存有林希逸像，这是一个非常鲜明的特点。有图像可循，是瞻仰先贤的一种有效途径，图像的收集在古籍整理中也是一种值得重视的方法。

2. 刊本的学术价值

一是传播中国道家思想。《老子》《列子》《庄子》的白文本和其他注本很早就传入日本，但均未有较大影响，这原因是多方面的。直到五山时期林氏之《三子口义》本传入，禅僧们开始以此为底本研习老庄之学。到江户时代前期，《三子口义》在日本已经有多种相关再整理版本了。即非禅师对"口义"本的整理，有助于林希逸思想学说的传播，促进了林希逸《三子口义》在江户时代前期的流行。《老子鬳斋口义》在日本共计有 23 种版本，其中 18 种都刊刻于江户时代，这在客观上推动了中国道家思想在日本的传播。

二是推进了日本江户时代前期三教合一的思潮。作为一个僧人，即非禅师对道家经典的整理，体现了江户时代前期禅僧在思想上儒释道并用、释外儒道内的三教融合倾向。其实禅僧的这种思想倾向，早在五山禅僧时期就已经有了。日本平安、奈良时代，佛学是社会思想的主流，可以说从镰仓时代到安土桃山时代是佛学向儒学的过渡期，这时佛学还有着繁盛的表象，但伴随着佛教内在矛盾的逐渐显现，如僧侣、寺院与人民的矛盾，及僧侣自身的堕落等原因，社会上排佛思想开始萌芽，儒学在底层潜滋暗长，其间五山禅僧起了重要作用。汉文化是五山文化的主流，其间宋学随之传入，众多五山禅僧开始接触以朱子学为核心的儒学，如虎关师炼就主张儒道一致，雪村友梅为公认的一代儒僧，中岩圆月认为儒释不二等。

日本江户时代前期佛教的地位相比日本中世纪下降不少，但禅僧们在佛教即将衰落的情形下，也努力地想要重振佛门。从其他思想中汲取有益思想丰富本门，这在宋元时期体现得尤为明显。不只是佛门，儒家道家也都在做这样的努力。这种通过禅僧的外佛内儒的思想生长发展方式，直到日本江户时代初期依然如是。我们熟悉的日本儒学大家藤原惺窝、林罗山，都曾在年少时出家，剃度为僧，之后又在幕府担任要职，倡导儒学，并推动朱子学成为官学。到江户时代中期，这种趋势有所改变，"许多儒教徒耻为儒僧，结果从僧侣中摆脱出来，使儒学独立"[17]，这时的儒教已渐壮大，有力量压倒佛教，日本才算进入儒学的全盛时代。

经过镰仓时代到室町时代五山禅僧对汉学的研究和传播，以朱子学为核心的宋学渐渐在日本发展起来。到江户时代初期，以藤原惺窝和林罗山为代表的禅僧，其外佛内儒道的身份和思想特点，正是对五山禅僧三教融合观的继承。在这样的社会思潮下，同样持三教融合观的林希逸所注的《三子口义》，才更有机会迅速在日本传播开来，并一度成为日本人研习《老子》《列子》《庄子》的首选注本，一时风头无两。于是《老子鬳斋口义》才引起东渡日本的禅僧即非如一的注意，并整理刊行。隐元禅师在江户时代前期的日本社会很有影响，其重要弟子即非禅师略逊之，他们的学术倾向随时都会影响诸多学人。即非禅师既是在三教思想悄悄融合的背景下整理"口义"本，同时也表示自己对道家思想的认同，这对江户时代前期社会思潮的发展是一个推动。

注释

[1] 徐兴庆：《朱舜水与东亚文化传播的世界》，台湾大学出版中心，2008，第165页。
[2] 〔日〕平久保章：《隐元》，吉川弘文馆，1962，第67～82页。
[3] 〔日〕小野和子：《动乱の时代を生きた隐元禅师》，《禅文化》1987年第124期，第83～92页。
[4] 林观潮：《隐元隆琦禅师》，厦门大学出版社，2010，第156页。
[5] 林观潮：《黄檗东渡禅僧即非如一的爱国情怀》，《法音》2002年第6期，第30～34页。
[6] 绪方惟精：《日本汉文学史》，丁策译，正中书局印行，1980，第131页。
[7] 陈秋萍：《江户初期日本式儒佛会通初探》，《第八届儒佛会通暨文化哲学学术研讨会论文集》，华梵大学印刷发行（内部资料），2005，第1～9页。
[8] 朱汉民、章启辉：《中国学术史·宋元卷》，江西教育出版社，2001，第25页。
[9] 王晚霞：《林希逸的佛教观》，《南昌大学学报》（人文社会科学版）2014年第3期，第43～49页。
[10] 何忠礼：《南宋政治史》，人民出版社，2008，第350页。
[11] 林希逸：《竹溪十一稿诗选》，宋刊本。
[12] 张四维：《重刻三子口义序》，载林希逸著《鬳斋三子口义》，明万历二年（1574年）敬义堂刊本。
[13] 林道春：《重刻老子鬳斋口义序》，载林希逸著《老子鬳斋口义》，日本庆长年间（1596～1615年）木活字印本。
[14] 〔日〕渡边操：《老子愚读》，日本延享五年（1748年）风月堂刊本。
[15] 王迪：《从书志考察日本的老庄研究状况：以镰仓、室町时代为主》，《汉学研究》2000年第1期，第33～54页。
[16] 严灵峰：《无求备斋老子集成初编》第48册，艺文印书馆，1965。
[17] 朱谦之：《日本的朱子学》，三联书店，1958，第128页。

蔡伸与向子䇓词作优劣论辩*

李 璇**

摘 要：蔡伸有《友古居士词》一卷传世，存词175首，笔致清新，健雅恬淡，有自己独特的风格，是南渡词坛的重要作家。蔡伸与向子䇓来往密切，故历来的评论者总喜欢将两人的作品对论，却在两人孰优孰劣的问题上发生了辩争，主要有毛晋的拥向论，冯煦、胡薇元的拥蔡论和四库馆臣、汪东的折中论三种。在对这三种辩争进行评述并比较两人前后期创作异同的基础上可以看出，若就婉约柔媚的作品而言，蔡氏优于向氏，逼近温庭筠和韦庄，甚至可以直追柳永、周邦彦。而宋廷南渡之后，向子䇓从囿于男欢女爱的狭小天地中跳了出来，或忧心国事，或隐逸清旷，词风慷慨悲愤或平淡自然，这是蔡氏后期作品所缺少的。

关键词：蔡伸 向子䇓 优劣论辩

一 前言

蔡伸（1088—1156年），字伸道（伸或作申），号友古居士，莆田（今福建莆田）人，蔡襄之孙。蔡伸一生笔耕不辍，有《友古居士词》一卷传世，存词175首，是南渡词坛的重要作家。作为福建地域文学中的一员，蔡伸在《闽词钞》中存词数量居第3位，仅次于柳永和张元幹；从全国范围而言，其词作数量在现存的宋代词作中排第28位，数量不可小觑。

---

* 本文原载于《闽江学院学报》2016年第4期。
** 李璇（1986~），女，湖南沅陵人，华中师范大学文学院2013级博士研究生。

纵观蔡伸一生,"抱负文武才,有经世志"[1],然其前不谄媚于叔祖蔡京,后不曲从于同舍秦桧,故终不得志。据蔡戡《大父行状》所载:"族相京初用事,耻于附丽,未尝一踵其门……政和五年,公复以上舍及第。其后族相鼎盛,气焰倾一时,士游其门者,无疏戚,立致通显。公兄弟少负隽名,族相雅爱重,百计罗络,竟莫能屈。"[2]又曰:"初,公与秦丞相在上庠同舍,甚厚,又同年登进士第。公一时声名出秦右,秦颇忌之,且以细故忤秦意,继又指为赵(赵鼎)党。公不自安,因丐祠去。久之,秦丞相访公,出,处于同舍生,慨然有念旧语。同舍以告公,但一通问,不及其他。秦竟不乐。及除浙东安抚参谋官,秩满,又奉祠。"[3]他不得志于有司,坎壈下僚,"晚岁四奉祠,浮沉里社几二十年"[4],因而满腔的悲愤之情意溢于词。加之其身处大厦将倾、追亡逐北的动荡年代,足迹遍布吴、楚等地,如此深厚的阅历,使其词作涉及的范围也相应较广,包括怀人、羁旅行役、壮志难酬、咏物、闺情、滑稽戏谑、唱和等方方面面。

其词作饶有韵味,小令不仅"雅近南唐"[5],"婉雅逼近温、韦"[6],慢词"亦几几入清真之室"[7],笔致清新,健雅恬淡,有自己独特的风格,是南渡词坛的重要作家。

向子諲(1085~1152年),字伯恭,号芗林居士,"为宋初宰相向敏中五世孙,神宗皇后向氏之再从侄。河南开封人,后卜居临江军清江(今江西清江)"[8]。宋元符三年(1100年),以恩荫补假承奉郎。数迁至知开封府咸平县,执法刚直,颇有政声。宋宣和初年,任江淮发运司主管文字。宣和七年(1125年),以直秘阁为京畿转运副使,寻兼发运副使。宋建炎初年,以龙图阁为江淮发运副使,因和李纲友善,被主和派黄潜善罢黜。建炎三年(1129年),复知潭州(今湖南长沙),值金兵围城,他坚持抗金,率军民死战,城破落职。宋绍兴年间,历任江州、广州州府长官,官至徽猷阁侍制、户部侍郎。后因上书反对与金使议和,忤秦桧意,被迫辞职,居新淦芗林,隐居十余年而卒。有《酒边词》二卷。

蔡伸在宋宣和四年(1122年)与向子諲俱为彭城(今江苏徐州)漕属,来往密切,留下许多酬唱之作,故历来的评论者总喜欢将两人的作品对论,以比较轩轾,但往往都各执一词,难有定论。然通观其唱和之作,却发现全为蔡伸酬赠向子諲,向子諲《酒边词》所载唱和之人甚多,但独独未涉蔡伸。此种现象四库馆臣早已关注,但因资料缺乏,且酬赠之作全为关涉风月的应景之词,只具有文学价值,故其原因已不可考。现将历来关于两人词作优劣的辩争作一番评述。

二 毛晋的拥向论

毛晋在《宋六十名家词·友古词跋》中说:"其和向伯恭木犀诸阕,亦逊《酒边集》三舍矣!"[9]认为蔡伸不如向子諲。毛氏所指"木犀诸阕"乃是指蔡伸和向子諲咏桂花词两首,现录蔡伸《浣溪沙·赋向伯恭芗林木犀二首》如下:

木似文犀感月华。寸根移种自仙家。春兰秋菊浪矜夸。玉露初零秋夜永,幽香直入小窗纱。此时风月独输他。[10]

叶剪玻璃芯糁金。清香端不数琼沈。独将高韵冠艿林。千里江山新梦后,一天风露小庭深。主人归兴已骎骎。[11]

后首的最后一句有蔡伸自注,云:"伯恭时守平江府,署中亦有木犀,开时大起归兴,余故有后词末韵。不数月,得请,归艿林旧隐。"[12](按:向子諲于宋绍兴八年(1138年)知平江府,次年即致仕归隐江西清江,故此可推知此词当作于绍兴八年秋。)

向子諲桂花词《浣溪沙·岩桂花开不数日谢去每恨不能挽留近得海上方可作炉熏颇耐久》:

醉里惊从月窟来。睡余如梦蕊宫回。碧云时复小崔嵬。疑是海山怜我老,不论时节遣花开。从今休数返魂梅。[13]

又《浣溪沙·堂前岩桂犯雪开数枝色如杏黄适当老妻生朝作此以侑觞》:

瑞气氤氲拂水来。金幢玉节下瑶台。江梅岩桂一时开。不尽秋香凝燕寝,无边春色入尊罍。临风嗅蕊共裴回。[14]

反复吟诵鉴赏两人的桂花词,不难发现向子諲这两首词更加清旷超逸,自有一种风流韵味。第一首中恍若仙子翩跹而降的桂花,带给词人无边的欢悦,就像是苍天的垂怜,只为其一人独放。第二首迎风怒放的岩桂,为这寒冷的冬季吹来一股春的气息,惹人百般怜爱。而蔡伸的词就略显婉约,有绮罗香泽之气,难以唱和出向氏词中"老境渐归平淡"[15]的情怀,毛氏所谓逊其三舍者,当是指其中所蕴含的情怀心境而言。

三 冯煦、胡薇元的拥蔡论

冯煦在《蒿庵论词》中记曰:"蔡伸道与向伯恭尝同官彭城漕属,故屡有酬赠之作。毛氏谓其逊《酒边》三舍,殊非笃论。考其所作,不独《菩萨蛮》'花冠鼓翼'一首,雅近南唐。即《蓦山溪》之'孤城暮角'、《点绛唇》之'水绕孤城'诸调,与《苏武慢》之前半,亦几几入清真之室。恐子諲且望而却步,岂惟伯仲间耶。"[16]胡薇元也在《岁寒居词话》中言:"蔡伸《友古词》,伸乃襄之孙,官彭城倅,与向子諲同官彭城。而子諲《酒边词》不及友古。"[17]皆认为向子諲不如蔡伸。冯煦盛赞蔡伸的《菩萨蛮》《蓦山溪》《点绛唇》这三首词,现从中择取两首尝试论之。

《菩萨蛮》：

> 花冠鼓翼东方动。兰闺惊破辽阳梦。翠被小屏山。晓窗灯影残。　并头双燕语。似诉横塘雨。风雨晓寒多。征人可奈何。[18]

冯煦在《蒿庵论词》中评此词："雅近南唐。"[19]细细品味，在浓厚的相思之中，还隐隐透着一种朦胧的忧患意识和一腔哀伤的时代情调，雅正却不失其情，冯氏之论不谬也。

《点绛唇·登历阳连云观》：

> 水绕孤城，乱山深锁横江路。帆归别浦。苒苒兰皋暮。　人在天涯，雁背南云去。空凝伫。凤楼何处。烟霭迷津渡。[20]

这首词"只是淡淡说去，自然情与景会，意与法合。盖情至之语，气贯其中，神行其际"[21]，写出了游子天涯远，相逢无尽期的惆怅，与"无一点市井气，下字运意，皆有法度，往往自唐、宋诸贤诗句中来，而不用经、史中生硬字面"（沈义父《乐府指迷》）的清真词风相若。

四　四库馆臣、汪东的折中论

《四库全书总目提要》卷一九八云："伸词故逊子諲，而才致笔力，亦略相伯仲。即如《南乡子》一阕，自注云：因向词有'凭书续断肠'句而作。今考向词，乃《南歌子》。以伸词相较，其婉约未遽相逊也。"[22]汪东在《唐宋词选评语》中也说："（蔡）伸道与向伯恭同官，屡有酬赠，芗林稍近豪放，苦少凝炼之工；友古颇为婉约，终乏沈深之致。要之，其才约略相等，乃毛晋既谓其'逊《酒边》三舍'，冯煦又谓'子諲望而却步'，扬抑过情，皆非笃论也。"[23]四库馆臣拈出蔡伸的《南乡子》与向子諲的《南歌子》对举，认为二者才致笔力相埒。

蔡伸《南乡子》：

> 木落雁南翔。锦鲤殷勤为渡江。泪墨银钩相忆字，成行。滴损云笺小凤皇。陈事费思量。回首烟波卷夕阳。尽道凭书聊破恨，难忘。及至书来更断肠。[24]

向子諲《南歌子》：

> 梁苑千花乱，隋堤一水长。眼前风物总悲凉。何况眉头心上、不相忘。因梦聊

携手,凭书续断肠。已惊蝴蝶过东墙。更被风吹鸿雁、不成行。[25]

单就这两首词而言,两人都写得缠绵悱恻,心中对友人的千般不舍、万般不弃皆发自肺腑,情意绵长。

总体看来,以上诸多说法,以四库馆臣和汪东的评论最为公允。然蔡伸与向子諲也各有自身的缺陷,蔡伸是婉约有余而沉郁不足,向子諲是豪放太过终乏凝练。

五 向蔡二人后期创作的差别

上述三种说法,或就两人婉约之词进行相较,或总论两人的才情笔力,却忽视了向蔡二人后期创作的差别。南渡之后,受国破家亡的巨大冲击,大多数词人的词风发生了转变,从清婉柔媚的词风转为或隐逸平淡,或沉郁孤寂,或激愤豪放,甚至出现了大批苏轼的追随者,作词流行东坡范式,但是综观蔡词,却没有上述明显的转变。而向子諲却不同,向子諲南渡后自编的《江南新词》,就已经从艳冶华美、灯红酒绿的氤氲氛围中跳了出来,词作内容以忧心国事或隐逸题材为主,词风或慷慨悲愤,或平淡自然。如《阮郎归》:

江南江北雪漫漫。遥知易水寒。同云深处望三关,断肠山又山。 天可老,海能翻。消除此恨难。频闻遣使问平安,几时鸾辂还。[26]

此词写得慷慨激昂、壮怀激烈,忠君爱国之情表露无遗。上阕由景生情,从江南江北漫天的大雪联想到北地寒冷的易水,从而触动了内心深处对拘留金国的徽钦二帝的思念,其中化用战国时荆轲刺秦王前的悲歌"风萧萧兮易水寒,壮士一去兮不复还",更是让人倍感苍凉悲切。同云深处的三关、远处的重山,构成了一幅惨暗凄绝、阴沉悲郁的画面,此情此景又怎能不令人"断肠"?下阕高屋建瓴的设喻,以天尚且可老、海尚且可翻反衬难消亡国灭君之恨,把意思又推进了一层,而末句偏偏以一句痴语作结,从绝望中生出一点痴望。"以此痴语作结,愈见词人之精诚郁结,悲愤深沉。'天可老,海能翻。消除此恨难。'破国亡家的惨痛铸就了词人的血泪篇章。刘师培曾经盛赞:'向子諲《酒边词》,眷恋旧君,伤时念乱,例以古诗,以子建、少陵之亚,此儒家之词也。'可谓推崇备至。"[27]再如《八声甘州·丙寅中秋对月》:

扫长空、万里静无云,飞镜上天东。欲骑鲸与问,一株丹桂,几度秋风。取水珠宫贝阙,聊为洗尘容。莫放素娥去,清影方中。 玄魄犹余半壁,便笙簧万籁,尊俎千峰。况十分端正,更鼓舞衰翁。恨人生、时乎不再,未转头、欢事已沉空。多酌我,岁华好处,浩意无穷。[28]

胡寅在《酒边词序》中盛称："芗林居士步趋苏堂，而哜其胾者也。观其退江北所作于后，而进江南所作于前。以枯木之心，幻出葩华，酌玄酒之尊，弃置醇味，非染而不色，安能及此？"[29]这是一首典型的清旷之词。作者洗尽了年少时的铅颜，消磨了中年时的忧愤，剩下的是供人回味的无穷浩意。同样在经历国仇家恨之后，蔡伸的《友古词》中却只是偶有上述此类作品，相比较而言，毕竟数量太少，不具代表性，所以更遑论和向子諲那些"步趋苏堂而哜其胾者"的作品相提并论了。

造成蔡伸后期创作和向子諲存在差距的原因，笔者认为有三方面：一是体式的选择。自柳永"大力创作慢词，从根本上改变了唐五代以来词坛上小令一统天下的格局，使慢词与小令两种体式平分秋色，齐头并进"[30]之后，蔡伸却不能与时并进，反而将主要精力放在小令的创作上。在《友古居士词》175首词中，小令共有127首，占据了总数的72.57%，在词的体式选择上已经落在了历史潮流之后。二是题材的选取。在经历山川陵夷之苦的巨大变迁之后，蔡伸却还是将个人的感情囿于男欢女爱的狭小天地之中，即使偶尔有些讽喻时事、关心民瘼的作品，也写得比较隐晦，让人难以捉摸。三是蔡伸虽然转益多师，却难以挣脱窠臼，自成一格。但若单就婉约柔媚的作品而言，蔡氏优于向氏，蔡伸此类词作逼近温庭筠和韦庄，甚至可以直追柳永、周邦彦。

注释

[1][2][3][4]（宋）蔡戡：《定斋集》卷十四《大父行状》，《丛书集成续编》，新文丰出版公司，1997，第86、86、86、87页。

[5][7][16][19] 冯煦：《蒿庵论词》，人民文学出版社，1998，第64、64、64、64页。

[6]（清）陈廷焯：《词则》，上海古籍出版社，1984，第907页。

[8][15] 刘扬忠：《唐宋词流派史》，中国社会科学出版社，2007，第289、292页。

[9][29]（明）毛晋辑《宋六十名家词》，上海古籍出版社，1989，第466、220页。

[10][11][12][18][20][24] 朱德才：《增订注释全宋词》第二卷，文化艺术出版社，1997，第11、11、12、14、18、13页。

[13][14][25][26][28] 朱德才：《增订注释全宋词》第一卷，文化艺术出版社，1997，第899、900、911、896、892页。

[17]（清）胡薇元：《岁寒居词话》，载唐圭璋编《词话丛编》第五册，中华书局，1986，第4029页。

[21]（明）祁彪佳：《远山堂剧品》，载《中国古典戏曲论著集成》（六），中国戏剧出版社，1959，第148页。

[22][23] 吴熊和主编《唐宋词汇评·两宋卷》第二册，浙江教育出版社，2004，第1534、1534页。

[27] 余海珍：《江北江南枯心木——向子諲词风演变过程简析》，《现代语文》2006年第6期。

[30] 袁行霈主编《中国文学史》第三册，高等教育出版社，1999，第39页。

建阳刊刻小说插图的批评功能探析
——以明刊《三国志演义》为个案[*]

胡小梅[**]

摘　要： 图文并茂、图说故事是建阳刊刻小说的一个重要特征，其插图具有较强的批评功能。建阳刊刻小说插图的批评功能主要通过图绘内容的选择、插图细节的处理、插图标题的拟写和图赞一体的创造等方式来实现。这些插图批评方式在明代《三国志演义》建阳刊本中不同程度存在着。建阳刊刻小说插图之所以具备较强的批评功能，和理学的影响及建阳书坊的市场定位有较大关系。

关键词： 建阳刊刻小说　插图　批评功能　《三国志演义》

福建建阳地区是中国古代重要的刻书中心之一，从宋代到清初的六七百年间，刊刻书籍无数，题材涉及广泛，其中有大量的小说版本，仅有明一代，现存的建阳小说刊本数量就在120种以上。建阳刊刻小说几乎无书不图，图文并茂、图说故事是其重要特征，插图方式以上图下文为主，其他插图方式也不少见。建阳小说的刊刻者对插图的功用有明确的认识："而像，像其传也……天下之人，因像以详传，因传以通志，而以劝以戒。"[①] 插图主要是为了实现劝诫、教化民心的目的，因此往往具有较强的批评功能。

---

[*] 本文原载于《闽江学院学报》2018年第6期。本文为福建省社会科学基金项目（FJ2018B119）、福建省教育厅中青年教师教育科研项目（JAS170546）、福建江夏学院青年科研人才培育基金项目（JXS2017011）的阶段性成果。

[**] 胡小梅（1982～），女，福建安溪人，博士，福建江夏学院设计与创意学院讲师，主要从事中国古代小说研究。

[①] 陈翔华主编《三国志演义古版丛刊续辑·西班牙藏叶逢春刊本三国志史传·三国志传加像序》，全国图书馆文献缩微复制中心，2005。

近年来，已有研究者对古代小说插图的批评功能进行探讨①，本文拟在学界相关研究的基础上，以明代建阳刊刻的《三国志演义》为个案，对建阳刊刻小说插图的批评功能作进一步分析。之所以选择这一个案，是因为明代建阳刊刻的《三国志演义》存世插图本数量达三十余种，居诸种小说之冠；插图版式形态最为丰富，涵盖了上图下文、整版全幅、月光式等建阳刊刻小说插图常见版式，最具代表性。为便于论述，下面先列举部分《三国志演义》建阳刊本。

上图下文式：

《新刊通俗演义三国志史传》十卷，明嘉靖二十七年（1548年）叶逢春刊本，缺卷三和卷十；

《音释补遗按鉴演义全像批评三国志传》二十卷，明万历二十年（1592年）余象斗双峰堂刊本，存卷一至卷十二、卷十九和卷二十；

《新刊京本校正演义全像三国志传评林》二十卷，一般称"评林本"，明万历年间余象斗刊本，存卷一至卷八、卷十三至卷十八；

《新刻京本补遗通俗演义三国全传》二十卷，明万历二十四年（1596年）熊清波诚德堂刊本；

《新锲音释评林演义合相三国志传》二十卷，明万历三十一年（1603年）熊佛贵忠正堂刊本，存卷一至卷五、卷十一至卷二十；

《新锲京本校正通俗演义按鉴三国志传》二十卷，明万历三十三年（1605年）郑少垣联辉堂刊本；

《重刊京本通俗演义按鉴三国志传》二十卷，明万历三十八年（1610年）杨闽斋刊本；

《新锲京本校正通俗演义按鉴三国志传》二十卷，明万历三十九年（1611年）郑世容刊本；

《新刻京本全像演义三国志传》二十卷，明万历四十八年（1620年）费守斋与耕堂刊本，存卷一至卷六、卷十一至卷二十；

《新刻京本按鉴演义合像三国志传》二十卷，藏于日本天理图书馆，一般称"天理藏本"；

《新锲全像大字通俗演义三国志传》二十卷，明万历年间刘龙田乔山堂刊本；

《新锲全像大字通俗演义三国志传》二十卷，笈邮斋重印本；

《新刻音释旁训评林演义三国志史传》二十卷，明万历年间建阳书坊刊、朱鼎臣辑本；

《新刻汤学士校正古本按鉴演义全像通俗三国志传》二十卷，明万历年间刊本，一般称"汤宾尹本"；

---

① 较有代表性的研究成果如毛杰《试论中国古代小说插图的批评功能》，《文学遗产》2015年第1期；马孟晶《〈隋炀帝艳史〉的图饰评点与晚明出版文化》，《汉学研究》2010年第28卷第2期。

《新锲京本校正按鉴演义全像三国志传》二十卷，明万历年间熊成冶（冲宇）种德堂刊本，存卷一至卷六、卷十九和二十；

《新刻按鉴演义全像三国英雄志传》二十卷，书林杨美生刊本；

《新刻考订按鉴通俗演义全像三国志传》二十卷，明天启三年（1623年）黄正甫刊本；

《精镌按鉴全像鼎峙三国志传》二十卷，刘荣吾藜光堂刊本；

《新刻全像演义三国志传》二十卷，藏于国家图书馆，一般称"北京藏本"，存卷五至卷七；

《二刻按鉴演义全像三国英雄志传》二十卷，书林魏某刊本，存卷一至卷三；

《二刻按鉴演义全像三国英雄志传》二十卷，藏于德国魏玛邦立吐灵森图书馆，一般称"魏玛藏本"，存卷六至卷十；

《新刻按鉴演义全像三国志传》二十卷，富沙刘兴我忠贤堂刊本。

整版全幅式：

《李卓吾先生批评三国志》一百二十回，建阳吴观明刻本[①]；

《精镌合刻三国水浒全传》，熊飞雄飞馆刊本，一般简称"二刻英雄谱本"，前图后赞。

月光式：

仅有《古本演义三国志》一种，存序、目、人物表和插图。插图方式为上赞下图，插图刻工是刘玉明。

一 图绘内容暗含创作者的思想倾向

由于"图像也是历史中的人们绘制的，那么它必然蕴含着某种有意识的选择、设计和构想，而有意识的选择、设计与构想之中就积累了历史和传统……而在那些看似无意或随意的想象背后，恰恰隐藏了历史、价值和观念"[1]，具体到"文学插图和跟文学有关的插图，实际上是对文学的一种再理解、再阐述、再创造，带有一种接受美学的性质"[2]，因此文学插图既是文本思想内容的图像呈现，也包含了插图创作者对文本的独特理解和阐释。小说特别是章回小说一般体量较大，内容丰富，选择或者不选择哪些内容作为插图表现的对象，实际上是插图创作者价值判断的一种反映。

三国故事在长期的发展、演变过程中，褒蜀贬魏、尊刘抑曹的思想倾向逐渐得到加强。早在《三国志演义》成书之前的宋代，街坊小儿听民间说"三分"故事时就带有鲜明的情感倾向："涂巷中小儿薄劣，其家所厌苦，辄与钱，令聚坐听说古话，至说三国事，闻刘玄德败，颦蹙有出涕者；闻曹操败，即喜唱快。"[3]这种"尊刘抑曹"的倾

[①] 有关此本的刊刻地点，学界有江南和建阳两种不同的看法，本文依据书前《序批评三国志通俗演义》的落款"建阳吴观明刻"和插图中两处刻工署名"书林刘素明全刻像""次泉刻像"，判断为建阳。

向在《三国志演义》小说刊本中被进一步强化，曹操被塑造成一个"宁教我负天下人，休教天下人负我"的奸雄形象，对于刘蜀集团，则侧重突出刘备的仁、关羽的义和诸葛亮的德才兼备。小说文本中的这种褒蜀贬魏、尊刘抑曹的思想倾向又在插图中得到呈现，但不同小说刊本的插图反映程度不一。①

建阳刊刻小说的插图版式以上图下文为主，前文所列明代建阳刊刻《三国志演义》插图本中有近90%采用上图下文的版式。一方面，采用上图下文版式的刊本往往半页或一页就有一幅插图，一个刊本的插图可达数百幅甚至上千幅，数量众多。这成百上千幅的插图要表现哪些内容，是插图创作者必须面对的一个问题。另一方面，这种版式的插图位于文本上方，其所对应的文本页常包含不止一个情节，选择哪一个情节作为本页插图表现的对象，除了取决于情节的精彩程度之外，还与插图创作者对小说文本所涉及人物、故事的价值的判断密切相关。

小说文本中，尊刘抑曹的思想倾向在曹操和刘备二人第一次亮相、介绍他们的身世背景时就定下基调：刘备是一个"礼下于人……素有大志"并且有着"龙目凤准"帝王之相的人物，曹操则是一个"胆量过人，机谋出众"的奸诈之人，同时分别举了二人幼年之事、相者李定和乔玄及许邵之语作为佐证。上图下文版式的刊本由于按页附图的天然优势，因此能将文本中的这种情感倾向较为全面地再现出来。上文所列22种上图下文式《三国志演义》刊本中，除杨美生刊本、魏玛藏本和兴贤堂刊本笔者未见原本或复印本，魏某刊本和北京藏本涉及刘备、曹操第一次出场的内容已佚外，其余17种刊本中的13种都用插图再现了小说文本对刘备、曹操形象的刻画（见表1）。

表1 建阳刊《三国志演义》表现刘备、曹操身世背景的插图统计

序号	刊本	有关刘备身世背景的插图	有关曹操身世背景的插图
1	叶逢春刊本	刘备与朋友游/李定相贵	曹操诈疾/回见亲父　许邵相操/能乱之臣
2	双峰堂刊本	—	曹操诈疾/回见亲父
3	评林本	刘备与朋友游/李定相贵	曹操诈疾/回见亲父　许邵言操/能乱之臣
4	诚德堂刊本	—	曹操诈疯见叔
5	联辉堂刊本	刘备与友游/李定相贵	曹操诈疾/回见亲父
6	杨闽斋刊本	刘备与友游/李定相贵	曹操诈疾/回见亲父
7	郑世容刊本	刘备与友游/李定相贵	曹操诈疾/回见亲父
8	与耕堂刊本	—	乔玄相操兴王
9	天理藏本	—	乔玄相操兴王
10	乔山堂刊本	李定善相刘玄德	曹操诈疾见父亲
11	笈邮斋重印本	李定善相刘玄德	曹操诈疾见父亲
12	朱鼎臣辑本	李定知刘氏兴	许邵知操安世
13	种德堂刊本	刘备与友游憩树下	曹操诈疾回见父亲

---

① 关于这一点，已有研究者进行相关论述，如张玉梅、张祝平《明代〈三国〉版画对曹操的褒与贬》，《乐山师范学院学报》2011年第6期。

从表1可以看出，多数刊本插图侧重突出刘氏将来兴旺的"天定"和曹操的奸诈与雄略。不约而同地选择刘备、曹操身世背景中的这两点进行绘刻，体现出插图创作者的价值判断。由于建阳书坊相对低端的市场定位，除了少数留下名号的刻工和画工外，上图下文式刊本的插图创作者一般为文化艺术水平不太高的无名民间艺人，甚至家庭妇女等非专业刻工在闲时亦操剞劂。[4]同时，上图下文式刊本主要面向中下层读者，正如熊大木在明嘉靖清江堂刊本《大宋中兴通俗演义》卷首的《序武穆王演义》中提到的，是要"使愚夫愚妇，亦识其意思之一二"，因此要以满足这一类读者的阅读需求和审美趣味为出发点。而中下层读者对文学艺术的欣赏更多停留在"二元对立"的层面上，文学艺术作品中的人物在他们眼里往往非忠即奸、非正即反。这种情况在通俗文艺作品的传播与接受中表现得更为突出，耐得翁《都城纪胜·瓦舍众伎》记载宋人用皮影敷演"铁骑公案"时，"其话本与讲史书者颇同。大抵真假相半，公忠者雕以正貌，奸邪者与之丑貌，盖亦寓褒贬于世俗之眼戏也"，"公忠者雕以正貌，奸邪者与之丑貌"就是将人物脸谱化。对于上图下文的插图而言，要在狭小的幅面内将"公忠者雕以正貌，奸邪者与之丑貌"，通过人物造型直接表现创作者的感情和喜恶并非易事。因为上图下文的插图最多只占版面的三分之一，嵌图式和合像式的插图所占版面更少。这些插图中的人物造型简单，五官不甚清晰，徒具形式而已。受此限制，插图创作者就选择了诸如"李定善相刘玄德""曹操诈疾见父亲"之类带有鲜明尊刘抑曹情感倾向的细节来反映其价值判断。

《三国志演义》小说贬损曹操的表现之一就是对其凶残嗜杀的习性进行浓墨重彩的渲染，这在小说文本中有不少具体典型的例子：残杀吕伯奢一家，为报父仇血洗徐州，为安军心斩杀王垕，借刀杀祢衡，借故杀孔融，诛杀董承、董贵妃，杖杀伏皇后，因败兴刺死刘馥，借机忌杀杨修，梦中杀侍从，疑杀华佗，怒杀许攸，铲除荀彧，枉杀崔琰，杀害吉平等。上图下文式插图对此没有避讳，以图像的形式将曹操的残暴表现出来。如曹操残杀吕伯奢一家，现存刊本中的黄正甫本（"曹操杀吕伯奢全家"）、汤宾尹本（"曹操拔剑/杀吕伯奢"）、朱鼎臣本（"曹操误杀伯奢"）、魏某刊本（"曹操杀吕伯奢全家"）、忠正堂刊本（"操误杀吕伯奢"）、与耕堂刊本（"曹操误杀伯奢"）、天理藏本（"操刀砍吕伯奢"）等都将此事进行了图像化处理，从中可以看出插图创作者对小说文本的理解接受以及对曹操残暴的揭露与贬损。除此之外，杨闽斋刊本涉及这一情节的插图标题虽为"曹操陈宫/见吕伯奢"，但插图内容表现的是杀人的场景（见图1）。

图绘3人，中间举剑指手者显然为曹操，其左边作惊慌欲逃之状的应为陈宫，其右边断头倒地、旁有酒瓶和木瓜者是被杀的吕伯奢，可见插图标题和插图内容不相一致。插图内容选择曹操残忍剑杀沽酒买瓜准备款待自己的吕伯奢，同样表现了创作者对曹操凶残的批判。诸多刊本中，忠正堂刊本的插图对曹操的贬损最为明显。忠正堂刊本共20卷，现存前5卷和后10卷，由于其插图形式为上图下文合像式，插图数量较少，现存的15卷中仅有合像插图440幅。其中涉及曹操凶残的插图除了"操误杀吕伯奢"

图 1 杨闽斋刊本"曹操陈宫/见吕伯奢"

外,尚有"曹操屈斩王垕""曹操勒死贵妃""曹操杖死伏后""曹操屈杀汉臣""曹操怒杀杨修""曹操屈死华佗"等多幅,数量明显高于其他刊本,此本插图的"贬曹"倾向较其他刊本严重。

明代《三国志演义》插图本中,插图形式为整版全幅的刊本多数是根据回目创作插图,如吴观明本、金陵书坊万卷楼周曰校刊刻的《新刊校正古本大字音释三国志通俗演义》、苏州书坊刊刻的《李卓吾先生批评三国志真本》等。但"二刻英雄谱本"的插图例外。"二刻英雄谱本"是《三国志演义》与《水浒传》的合刻本,书前共有单面整版插图 100 幅,其中《三国志演义》62 幅,由插图创作者从各卷中选取若干情节付之于图,各卷插图数量不一致。从魏、蜀、吴三方所涉插图数量的比例来看,"二刻英雄谱本"与刘蜀一方有关的插图在数量上远远多于与曹魏和孙吴有关的插图,包括祭天地桃园结义、张飞怒鞭督邮、虎牢关三战吕布、刘表(备)北海解围、云长延津诛文丑、云长三鼓斩蔡阳、刘玄德跃马檀溪、徐庶走荐诸葛亮、三分策出茅庐、赵子龙当阳扶主、诸葛亮激孙权、云长义释曹操、玄德智娶孙夫人、耒阳县飞荐庞统、赵子龙追夺阿斗、黄忠箭中红缨、张翼德义释严颜、关云长单刀赴会、黄忠严颜双建功、关云长威震华夏、关云长刮骨疗毒、关云长玉泉显圣、玄德进位汉中王、汉先主举兵伐吴、关兴斩将救张苞、八阵图不(石)伏陆逊、诸葛亮一擒孟获、孔明三擒孟获、孔明六擒孟获、孔明秋夜祭泸水、孔明上出师表、孔明智退司马懿、孔明三出(祁山)、孔明火烧木栅寨、死诸葛惊生仲达、姜维一出山、姜维智困司马昭、姜维长城战邓艾、诸葛瞻大战邓艾、姜维一计害三贤等,几乎占到全部插图的三分之二。诚然,"《三国演义》的叙事焦点始终追随着蜀汉开基及其君臣的命运,以及三国鼎分局面的形成"[5],小说文本中以刘蜀一方的人物、情节为内容的回目不在少数,同样较曹魏和孙吴两方多,但在全书中所占的比例并不像与刘蜀有关的图像占全部图像的比例那么大。在具体选择时,插图创作者似乎有意选择与刘备和蜀汉集团有关的情节。以卷二为例,在小说文本中,该卷中既有"赵子龙盘河大战""孙坚跨江战刘表""吕奉先濮阳大战"等龙争虎斗的热闹情节，也有王允用貂蝉巧施"连环计"、离间董卓和吕布使其二人交恶相攻这一类表面温柔清婉、实则"以衽席为战场"的好看文字，但插图创作者对此视若无睹、统统摒弃，只选择"刘表（备）北海解围"这一情节创作了此卷中唯一一幅插图。这与回目中出现"刘备"不无关系，由此可见插图创作者对与刘蜀相关题材的"偏爱"，这或许可以看作其尊崇蜀汉思想的一种投射。

二　插图细节体现创作者的价值取向

建阳刊刻小说插图的批评功能除了依赖插图内容的选择之外，还通过多种方式得以实现，细节的处理就是其中重要的一种。图绘内容的选择解决的是"画什么"和"刻什么"的问题，插图的细节则告诉我们创作者是如何绘、刻插图的，从插图细节的处理可以看出创作者的价值取向。

上图下文式刊本的插图中存在很多图像与文本不相符合的现象，从图像与小说文本的联系看，这类图文相异的现象是一种失败，似乎是创作者对小说文本理解的"不正确"导致的。但若深入分析，就会发现，这种"不正确"的理解或许是创作者有意为之，目的是要在细节中体现其价值取向。评林本"吕布玄德/纪灵坐饮"的插图（见图2）中居中而坐、头戴儒冠的是刘备，刘备左边戴束发金冠、向其致意的是吕布，右边留须者则为纪灵。整个画面刘备处于中心位置，他拱手向左侧的吕布施礼，头转向右侧似乎在回应纪灵。这与插图标题"吕布玄德/纪灵坐饮"固然相符，却与小说文本的描写不一致。在"吕布辕门射戟"一段中，关于吕布、刘备、纪灵饮宴时3人的位置，小说文本这样叙述："布居中，灵在左，玄德在右，交杯行酒。"小说文本的叙述是合理的，因为在这一情节中，吕布是为了劝和纪灵和刘备而设宴的主人，所以居中而坐；而纪灵是袁术派出攻打刘备的大将，其风头正盛，居于左边正恰当，因为古人一般以左为尊；而刘备是来向吕布求救的，自然只能屈居右边。图2显然是易宾为主，从刘备在

图2　评林本"吕布玄德/纪灵坐饮"

整部小说中的重要性考虑,将其置于画面中央,抬高了刘备的地位。类似的情况在双峰堂刊本、杨闽斋刊本等其他建阳刊本中也存在,同样是将刘备置于画面中央。而在刊刻较早的叶逢春刊本的"吕布席和/备灵息战"插图(见图3)中,刘备虽处于宾位,但其位置被安排在吕布的左边,是宾位中较为尊贵的位置。图3中这一对小说文本的改动,应该也是创作者出于"尊刘"的考虑改变了刘备的位置。再如天理藏本"绍与玄德同坐"的插图(见图4),图绘刘备和袁绍并排而坐,正在听旁边下跪军士的报告。若是单看图像,会发现袁绍和刘备的位置与插图标题描述的一致,似乎并无不妥。但若结合小说文本的叙述——"瓒令玄德拜见袁绍。绍曰:'既是汉室宗亲,赐坐而对。'备曰:'小县令安有坐位?'绍曰:'吾非敬汝爵禄,敬汝帝室,曾有功勋。'玄德拜谢,坐于阶下,关、张叉手立后"——就会发现图像与文本大相径庭,文本中的刘备是

图3 叶逢春本"吕布席和/备灵息战"

图4 天理藏本"绍与玄德同坐"

"坐于阶下",并非和袁绍"同坐",图中所绘,大大抬高了刘备的身份地位,既与小说文本不符,也与袁绍、刘备二人当时的身份地位不符。图4出自"曹操起兵征董卓"一节,为了讨伐董卓,十八路诸侯组成联盟,袁绍是炙手可热的盟主,而此时的刘备只是区区的平原县令,虽然袁绍因其是汉室宗亲而赐座,但绝不可能是并列而坐。以上数例,都体现出插图创作者鲜明的"尊刘"倾向,从而导致插图细节与小说文本不符的情况。

吴观明刻本是建阳刊刻《三国志演义》插图的创作者通过细节来体现其价值取向的另一个典型例子。前文曾提及,吴观明刻本插图是根据小说文本的回目创作的,因此在图绘内容的选择上创作者不再拥有自主权,只能在细节处理方面有所发挥。不同的细节处理体现出创作者不同的价值取向,这里着重讨论该本插图对血腥场景的规避。

《三国志演义》作为一部以描写战争为主的小说,小说文本中共写了几十次战役、上百个战斗场面,其中有不少血腥场景的描绘,"既有排山倒海的血战,更有惊心动魄的厮杀"[5]。不少回目就直接体现了血战、厮杀的残酷惨烈,如"关云长袭斩车胄""黄忠威斩夏侯渊"等,"斩""杀""刺"之类的字眼不时见诸小说回目中。政治斗争也常常伴随杀戮,如"董承密受衣带诏"事件中被杀的就有董承、吉平和董贵妃,伏完与伏皇后谋图曹操被灭族、伏皇后被杖杀,等等。对于小说文本中所描绘的这些血腥场景,不同的插图本采用了不一样的处理方式,建阳的一部分刊木和金陵万卷楼周曰校刊本的插图就"有意"选择这样的血腥场景进行刻绘,而吴观明刻本的插图则尽量避开对血腥场景的直接表现。

如第七十一回的"黄忠威斩夏侯渊",小说文本主要叙述定军山之战中,老将黄忠先夺取定军山西边的一座高山,而后在法正的配合之下,以逸待劳,杀了夏侯渊。有关黄忠杀夏侯渊,小说文本是这样叙述的:"……喊声大震,黄忠一马当先,骤下山来,犹如天崩地塌之势。夏侯渊措手不及,被黄忠赶到麾盖之下,大喝一声,有如雷吼。渊未及相迎,宝刀初落,连头带肩,砍为两段。"回目中的"威斩"之"威"是指敌我双方交战中取敌方首级,在小说文本中被扩展为"连头带肩,砍为两段"。虽是简单的8个字,却令人很容易就联想到夏侯渊被杀时血淋淋的场面。在诸多刊本中,金陵万卷楼周曰校刊本和苏州宝翰楼刊本以及建阳吴观明刻本都是根据回目创作插图的。前二者都选择了黄忠宝刀落下,夏侯渊被砍为两段、身首异处、鲜血涌流的那一"瞬间"进行刻绘,这样的处理一方面带给读者非常强烈的视觉感官上的刺激,另一方面则不免令人觉得惊悚和恐怖。而吴观明刻本在表现这一情节时,有意避开对血腥惨烈场面的直接刻画,选择了夏侯渊落马、黄忠举起宝刀向他挥去时极具包孕性的"瞬间"进行刻绘(见图5)。图5绘夏侯渊被黄忠的"大喝一声"吓到,已从马上摔下,雕弓、大刀、兜鍪等都掉落在地,但出于求生本能双手仍紧紧抓住马缰绳,黄忠的大刀正挥向他的身体。对这样一个高潮来临前的"瞬间"进行刻画,已经将

"黄忠馘斩夏侯渊"的场景形象地再现出来,又有效避免了直接表现过于血腥场面而造成读者视觉上的不适。

涉及曹操的多幅插图更直接反映出创作者对血腥场面的有意规避,包括"曹孟德三勘吉平""曹操勒死董贵妃""曹操杖杀伏皇后"等。譬如"曹操勒死董贵妃",在小说文本中,这一情节是衣带诏事件的延续,曹操杀死董承和吉平、灭董承全族之后,带剑入宫,命武士将董承的女儿董贵妃"勒死于宫门之外"。对这一情节,金陵万卷楼周曰校刊本选择情节高潮到来的"瞬间",也就是董贵妃被"勒死于宫门之外"、芳魂委地的那一刻进行刻绘(见图6),而吴观明刻本却选择了汉献帝与董贵妃泣别的场景(见图7)。图7中董贵妃以袖拭泪,但其身旁的侍女仍为她掌仪仗扇,这一点与小说文本"操令武士去擒董贵妃"明显不符,曹操虽拿着宝剑,但立在阶下等

图5 吴观明本"黄忠馘斩夏侯渊"

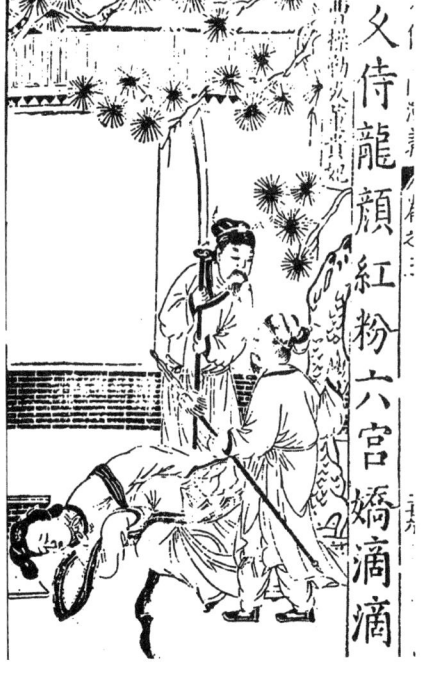

图6 周曰校本"曹操勒死董贵妃"

候。可见图 7 的创作者有意淡化曹操勒杀董贵妃的凶残与血腥。

或许有人会问：为什么吴观明刻本的这些插图要特别避开对血腥场面的直接刻画呢？个人认为，这是创作者审美意识中的人文关怀和悲悯情怀在插图中的显露。古人曾说"诗是无形画，画是有形诗"，画同诗一样，创作者的审美意识可以通过作品传达出来。吴观明刻本的插图有意对小说文本中涉及的血腥场面避而不画，一方面是创作者对读者赏读感受的考虑与照顾。以上所举几幅插图中，创作者都把刻绘的"瞬间"稍作提前，选择高潮来临之前、血腥场面即将出现的"瞬间"进行刻绘，从而最大限度地降低了血腥场面可能给读者带来的恐惧心理。另一方面，大概是创作者对世间苦难怀有深切的同情，不忍将诸如三勘吉平、勒死董贵妃、杖杀伏皇后等践踏人的肉体及尊严的场景直接表现出来，这是对生命的一种尊

图 7 吴观明本"曹操勒死董贵妃"

重。吴观明刻本的刻工是刘素明和次泉，刘素明是晚明著名的刻工，被郑振铎认为是"兼能绘事"[6]，其版画作品的风格有些类似于文人画，因此其审美意识中蕴含着一定的人文关怀和悲悯情怀。

三 插图标题寄托创作者的褒贬情感

插图标题，有"题注""图目""题句""图名"等不同的表述。插图标题的拟写，其遣词用字往往寄托着创作者的褒贬情感，因此也带有批评功能。

上图下文刊本的插图标题或为左右两边楹联式（见图 3），或为图像上方横题式（见图 4）。其外在形式不同，但内涵都是对插图表现内容的概括与凝练。"由于题注是插图创作者的提炼与概括，饱含创作者的好恶与情感，于是题注常常会具有批评性特点。"[7]上图下文式《三国志演义》插图标题的批评性特点主要表现在两个方面。

一是揭示图中人物的心情。叶逢春本"张角兵败/失志无措"的插图（见图 8），表现的是张角被刘备等人打败之后骑马逃命的情形，小说文本并无关于"失志无措"的叙述，但创作者从人遭受挫折时（张角兵败）心情必然受到影响这一常情出发，以"失志无措"4 个字来揭示图中人物的内心世界，也契合了插图中人物慌张奔逃的动作。叶逢春本"王允女奉/董卓喜纳"的插图（见图 9），表现的是王允宴请董卓的场景，

由于有貂蝉的歌舞助兴，董卓高高捧起酒杯让侍从为他添酒，标题中的"喜"字准确地点出了董卓此时的心情，与后文董卓被王允定计所诛的可悲下场形成强烈对比。

图8　叶逢春本"张角兵败/失志无措"

图9　叶逢春本"王允女奉/董卓喜纳"

　　二是表明作者的情感态度。双峰堂刊本"曹操因/淫逃难"的插图（见图10），绘曹操策马逃命的情形。插图标题中"因淫"二字既揭示了曹操逃难的原因——曹操纳张绣寡婶邹氏，被张绣设计偷袭，又是创作者对曹操的一种道德评判。黄正甫刊本"曹皇后勒献帝禅位"的插图（见图11），出自卷十四"曹丕篡位称帝"一段，图中曹皇后与汉献帝以手对指，表现的是由于曹丕令百官逼迫汉献帝禅位，献帝不敢上朝而被皇后曹氏叱骂的场景。插图标题中的"勒"字既形象地体现了曹氏逼迫献帝的情形，又表明了创作者同情献帝和批判曹氏的情感态度：曹氏是献帝的皇后，在危机面前本应与献帝同进共退，但她同时也是曹操的女儿、曹丕的妹妹，为了助兄篡位，她威胁自己的丈夫汉献帝说："汝不出殿，我自行车，百官必从命也。"使其不得不出殿。显然创作者是不赞同其言行的。类似的例子还有很多，如天理藏本的"云长义□曹瞒""周瑜假途图备""曹丕伪受汉禅"等。"曹瞒"二字暗含对曹操的不敬，他本多用"曹操"

甚至是尊称"曹公";"假途"二字出自"假途灭虢"的典故,概括了周瑜明取西川、实图荆州的计划;"伪受汉禅"的"伪"字则体现出尊汉贬魏的情感倾向。再如忠正堂刊本的多幅插图标题中出现"屈"字,"曹操屈斩王垕""曹操屈杀汉臣""曹操屈死华佗"等,表明创作者对粮仓官王垕、耿纪和韦晃、华佗等人含冤蒙屈而死的痛惜与不平之情。如此等等,不一而足。

图 10 双峰堂刊本"曹操因/淫逃难"

图 11 黄正甫刊本"曹皇后勒献帝禅位"

四 图赞一体实现插图批评与文字批评的有机结合

插图与论赞合二为一、图赞一体是建阳小说插图批评功能实现的又一种方式。这一方式可能源自中国古代的历史人物像赞体例,《后汉书》记载"熹平六年,灵帝思感旧德,乃图画广及太尉黄琼于省内,诏议郎蔡邕为其颂",人物像赞体例本是用以追思先人、歌颂功德的，后来被小说插图所借鉴。明嘉靖三十一年（1552年），建阳杨氏清江堂刊刻的《大宋中兴通俗演义》卷首的岳飞像上方就附有人物像赞一篇。[8]除了受历史人物像赞体例的影响，图赞一体与中国绘画中题款这一传统的艺术表现形式应该也有关系，绘画题款内容有画作的题目、韵文、散文等。明代不少小说戏曲刊本的插图模仿绘画题款，在插图画面的空白处增添文字。像明代"三言"中，《古今小说》（《喻世明言》）天许斋刊本、《警世通言》兼善堂刊本、《醒世恒言》叶敬池刊本插图画面的空白处多可见出自小说文本的诗词曲赋。而在《新镌全像通俗演义隋炀帝艳史》人瑞堂刊本中，为凸显自家刊本的与众不同，刊刻者为每幅插图"选集古人佳句与事符合者，以为题咏证左，妙在个中，趣在言外，诚海内诸书所未有也"（凡例），这些"古人佳句"并不与图像处于同一画面，而是"精心设计了叙事与评论二元平行的插图与文句，置于正反两面，来和其故事文本相对应"[9]，虽然这些被置于图像背面的文字一部分带有评论性质，但其批评意味并不是那么浓厚。

如果对建阳书商余象斗独创的"评林体"刊本①进行仔细分析的话，就会发现实际上在"评林体"刊本中，在一定程度上已经实现了插图批评与文字批评的结合。如图12为双峰堂刊本卷一叶八下，此半叶上栏有评语二则，中栏为插图，下栏正文。上栏既是对下栏正文的评论，同时也可视为对中栏插图的评论。中栏的内容反映了插图创作者对酷吏的抨挞，正好与上栏的评点相呼应。可以说，"评林体"达到"文之不足以评补之，评之不足以图补之，'上评、中图、下文'的版式使得读者可以在评语、插图、正文之间任意切换，插图和评语进一步为读者诠释了正文所讲的人物和情节，正文又可以印证评语和插图"[10]的效果。

真正实现插图批评与文字批评有机结合的是"二刻英雄谱本"和《古本演义三国志》。

"二刻英雄谱本"扉页"雄飞馆主人"识语提到此书"回各为图，括画家之妙染；图各为论，搜翰苑之大乘"。该本《三国》部分正文共有20

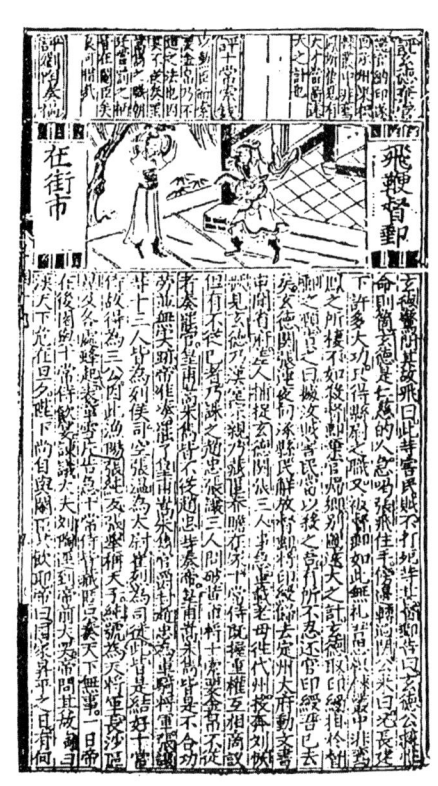

图12 双峰堂刊本卷一叶八下书影

---

① "评林体"是对余象斗刊刻的4种小说所采用的上栏评点、中栏插图、下栏正文的版式的称谓，这4种小说刊本即明朝万历二十年（1594年）《音释补遗按鉴演义全像批评三国志传》双峰堂刊本、万历二十二年（1594年）《京本增补校正全像忠义水浒志传评林》双峰堂刊本、万历三十四年（1606年）《新刊京本春秋五霸七雄全像列国志传》三台馆刊本和万历年间《新刊京本校正演义全像三国志传评林》余象斗刊本。

卷，240回，但插图只有62幅，识语中的"回各为图"显然是夸大之辞，但"图各为论"则名副其实。每幅插图搭配一篇论赞，论赞前有标题，一般一段为散文，一段为韵文，也有例外。论赞的内容是对插图所表现的人物和事件进行评价。如图13为"曹操刺杀董卓"的插图，图中曹操正欲拔刀刺杀董卓，董卓倒身仰面卧于床上，其不甚雅观的姿态透露出插图创作者对这一人物的反感与厌恶。虽然从图像中似乎看不出作者对曹操的评判，但与之相对应的论赞则曲折地表现了创作者对曹操及曹操刺杀董卓这一事件的复杂情感。其论赞内容为：

操刺董卓

料虎头捋虎须，几不免虎口。

床头提刀人，自是英雄本色。较之荆轲、高渐离辈，似当别论。然卓死之，后阿瞒行事、罪百于卓，则谓之以卓刺卓可。

先将刺杀董卓的危险比作在虎头上捋虎须，曹操因此差点落入虎口；接着将曹操与荆轲、高渐离比较，夸赞曹操的英雄本色；最后笔锋一转，认为曹操之罪远甚于董卓，曹操就是另一个董卓。由于刊刻者将图与赞置于同一叶中，正面图像、背面论赞，位置相连，关系密切，批评的意味更加浓厚，而读者在欣赏完正面图像之后，紧接着阅读背面的论赞，更加深对相关情节和人物的理解。

再如"义释严颜"的论赞内容为：

山河破碎愁多少，龙争虎斗，割据何时了。毕竟关陇风光好，专闯何人谋自若。两雄相扼讵草草。断头将军，一旦输肝脑。国士高风荆益表，景仰岂独雄威矫？（右调蝶恋花）

史录载马超败投先主后，犹呼先主三字。髯公欲杀之，将军曰："不可。当示之以礼。"翌日先主升帐，渠与髯公及诸将各执刀斧下立，容甚恭。马超入见曰："吾知昔日之所以败也。安有人臣敢字其君乎？"大悔恨，出，不敢复呼吁。此等妙用，岂直粗人细事耶？

图13 二刻英雄谱本"曹操刺杀董卓"

署名为"谢德溥"。第一段用一首《蝶恋花》盛赞张飞义释严颜所体现的"国士高风"，与署名为"莆田曾世衮"的"关公释曹"论赞"关羽报效曹公，张飞义释严颜，二将并皆国士之风"如出一辙。第二段则化用了《三国志·蜀书》注引《山阳公载记》中关于张飞"粗人细事"的记载①，突出张飞的粗中有细，进一步丰富了人物形象。

除了评价插图所涉及的人物和情节外，"二刻英雄谱本"的刊刻者还在论赞中对社会现实投以强烈关注。这一方面学界已有相关论述②，在此不复赘述。

与"二刻英雄谱本"相比，《古本演义三国志》图、赞的关系更加密切。此本插图方式为月光式，外方内圆，图、赞处于同一半叶，上赞下图，读者在欣赏插图的同时即可品读论赞。论赞的内容同样是对插图所涉情节、人物的评价和对社会现实的评判，如评价吕布为"好利之人"，袁术是"一嫉妒小人"，貂蝉是"帏中三杰"之一；论吕布辕门射戟"正中画戟小枝，此天也，非吕奉先之所能为也。比吕奉先之所能为也，是天也，天之于我先主岂寻常泛泛而已哉"；论刘备跃马跳檀溪是"天佑真主"，否则"区区的卢未见能反凶而趋吉者"。流露出浓郁的天命观色彩。

上文以《三国志演义》建阳刊本为例，分析了建阳刊刻小说插图批评功能实现的4种方式。相较于江南地区书坊的出品，建阳刊刻小说插图特别是上图下文式的插图在艺术性方面逊色不少，但创作者通过插图将其思想倾向、价值取向以及褒贬情感等各种阅读体会表达出来，使小说插图具有了一定的批评性质。究其原因，一方面是建阳小说刊刻者深受朱子理学的影响，注重文学的社会政治功能[4]，希望借助插图"因像以详传，因传以通志，而以劝以戒"，起到教化人心的作用；另一方面，与建阳书坊以中下层读者为主的市场定位不无关系，插图可以帮助读者更好地理解小说文本，其中蕴含的思想倾向、价值取向和褒贬情感也更易于为读者所接受。

注释

[1] 葛兆光：《思想史研究视野中的图像》，《中国社会科学》2002 年第 4 期，第 77 页。
[2] 杨义：《重绘中国文学地图：杨义学术讲演集》，中国社会科学出版社，2003，第 173 页。
[3] （宋）苏轼：《东坡志林》，中华书局，1981，第 7 页。
[4] 涂秀虹：《论明代建阳刊小说的地域特征及其生成原因》，《文学遗产》2010 年第 5 期，第 96～107 页。
[5] 杨义：《中国古典小说史论》，人民出版社，1998，第 291 页。
[6] 李厚基、林骅：《三国演义简说》，上海古籍出版社，1984，第 91 页。

① 《三国志》卷 56《蜀书·马超传》注引《山阳公载记》曰："超因见备待之厚，与备言，常呼备字，关羽怒，请杀之。备曰：'人穷来归我，卿等怒，以呼我字故而杀之，何以示于天下也！'张飞曰：'如是，当示之以礼。'明日大会，请超入，羽、飞并杖刀立直，超顾坐席，不见羽、飞，见其直也，乃大惊，遂一不复呼备字。明日叹曰：'我今乃知其所以败。'"
② 毛杰：《试论中国古代小说插图的批评功能》，《文学遗产》2015 年第 1 期；李慧、张祝平：《二刻英雄谱〈三国演义〉插图、图赞初探》，《现代语文》2016 年第 4 期。

［7］杨森：《明代刊本〈西游记〉图文关系研究》，硕士学位论文，上海大学，2012，第192页。
［8］毛杰：《试论中国古代小说插图的批评功能》，《文学遗产》2015年第1期，第149～159页。
［9］马孟晶：《〈隋炀帝艳史〉的图饰评点与晚明出版文化》，《汉学研究》2010年第2期，第269～289页。
［10］原方：《余象斗"评林体"初探》，《明清小说研究》2007年第3期，第223页。

福州荔水庄的文学印记

吴可文

摘　要：福州荔水庄虽已湮灭无闻，但它是北宋以来相当重要的文人建筑。这处建筑可考的异称和主人比较多，有北宋的西园；明代王应时的洋园、薛梦雷的西园；清代陈定国的西园，林逊林侗林佶父子的荔水庄，李彦彬、李彦章、昆仲的石画园，李敬和谢章铤的荔水庄；民国的沁园，都在文学史上留下了自己的印记。荔水庄传承近千载，为我们探讨文人建筑的存续原因提供了有益的启示。

关键词：福州文人建筑　荔水庄　文学印记

　　历史上福州文人雅士辈出，文人建筑星罗棋布，其中很大一部分已经消失在历史的长河里。本文论及的荔水庄就是已经湮灭无闻的一处重要文人建筑。荔水庄坐落于福州乌石山西南麓（今加洋路附近），始建于北宋年间，是福州文人建筑中演变较为复杂、不同历史时期异称较多的一处。由于地处福州府城西南，北宋时称为西园；明成化年间，督舶太监高寀在此游宴，故称中使园；又因其地在罗汉洋北，故又称洋园、洋尾园；清初在林逊的经营之下，此处以荔枝和水闻名，便命名为荔水庄，中有蒹葭草堂；清中叶归李氏兄弟，就以蒹葭草堂为名；后来李彦彬、李彦章又将它改名为石画园；清末又有沁园之名等。此处经历了多次易主，较重要的人有王应时、薛梦雷、陈定国、林逊、林侗、林佶、林正青、李彦彬、李彦章、李敬等。另外，蔡襄与曾巩曾在此赋诗，谢章铤曾在此读书，其中林逊父子的荔水庄占地最广，影响也最大，所以本文的标题就采用荔水庄这个名字。

---

[*] 本文原载于《闽江学院学报》2017年第3期。本文为福州外语外贸学院博士科研启动基金项目（FWB14001）、2015年中国博士后科学基金项目（2015M571588）、2016年福州市中国特色社会主义理论体系研究中心重点项目（2016A07）的阶段性成果。

[**] 吴可文（1975~），男，福建福州人，文学博士，福州外语外贸学院郑振铎与闽海文化研究中心副教授。

一 宋明时期

北宋时期，蔡襄于庆历年间和嘉祐年间两度知福州，所作七绝《一百五日开千叶间金》有"西园花蘤过中春，微雨初晴不受尘"[1]之句；曾巩北宋于熙宁年间知福州，有《西园席上》[2]七律一首。"石画园即宋郡西园地，蔡忠惠、曾南丰皆尝有诗。"[3]蔡、曾二人皆有诗咏西园，可见此处在当时很有可能是福州名胜。

此处在南宋与元代的情况文献不足征。到了明朝洪武初年，驸马都尉王恭于此拓城取土，形成六个池塘，合称"六塘"。明成化年间，督舶太监高寀在此游宴，俗称"官园"，"中使园"这个名称应该也和高寀的宦官身份有关。"嘉靖初，诏罢督舶，地遂废。后邑人王宪长应时、福清薛中丞梦雷递为别墅。中有夕佳阁、蒹葭草堂、水云亭、宾莲塘、山镜堂、阆风楼、鱼我桥诸胜。"[4]从明万历年间开始，此处开启了其作为文人建筑的"黄金时期"。

荔水庄的"黄金时期"始于王应时，当时此处被命名为"洋园"。王应时，字懋行，侯官人，明初"闽中十子"之一王褒的六世孙，明嘉靖庚戌（1550年）进士，官至云南按察使。"晚年退居乌石山西南麓之中使园，名曰西园。营池馆，与族人应山、应钟，郡人曹学佺、徐𤊹为文酒之会。"[5]有《育泉庵稿》，今已不存。应山、应钟都是应时的从兄，应钟"筑道山精舍于山南麓，讲明正学。按察使邹善、提学副使宋仪望为建道山书院，使学者师事之"[6]；应山则有《移居乌石麓》诗[7]，可见三兄弟都曾居于乌石山麓。王应钟在《秋望懋行弟见招洋园玩月归乘兴作》[8]中曾将洋园比作金谷园。他另一首《次太守陈仲玉署中饮宪长弟洋园水云亭喜雨作》曰："六塘殊胜辟彊园，上客来游鹤应门。水榭云窗虚竹色，高槐细柳落禽言。风驱急雨偏多景，地接层城半似村。深愧浊醪难奉客，空令北海有残尊。"[9]可知王应时的洋园接近福州城的城墙，园内养鹤，并多植槐树、柳树和竹。

此后园归薛梦雷。薛梦雷（1546—1611年），字汝奋，号鸣宇，福清人，明隆庆辛未（1571年）进士，官至右副都御史、巡抚云南兼督四川贵州。"性耿介，具经世才。尝从福清薛港移居乌石山之西园，即侯官王应时池馆，筑别墅以养志。"[10]有《彩云集》。徐𤊹在《王玉生康仙客招同张维城社集薛氏西园共限池字》中说此园："十亩林塘类渼陂，画桥朱槛映清漪。"[11]薛梦雷在《宾莲堂偶成呈旧同社》中说："世上浮名孰我亲？悬车早已厌风尘。归无薏苡装行橐，居有芙蕖入钓纶。挥尘得逢青眼客，盟车俱是白头人。谁知山水余生在，薛老峰前许卜邻。"郭柏苍云："宾莲堂即宾莲塘，在西园池馆中。"[12]薛老峰是乌石山名胜，得名自唐代诗人薛逢，薛梦雷写入诗中，是以薛逢自比。

嗣后曹学佺在此营建云月庵，并社集唱酬，然西园之名未废。"石画园割西园之一隅，其右为曹石仓所建云月庵，梁间题字犹存。"[13]曹学佺（1575—1646年），字能始，号石仓。他财力富厚，于福州广置园林，在城西南乌石山有云月庵，在城西郊洪塘有石仓园，在城北有西峰草堂，在城东建宛羽楼赠给挚友徐𤊹，相传朱紫坊芙蓉园亦曾是其别业。曹氏《石仓诗稿》卷二十三有《西园牡丹开一朵如斗大招国平兴公过看分得一东韵》五律一首，卷三十一有《社集西园观美人对局拈得一东二冬韵》五律二首。

二 清初至乾隆时期

清顺治初期，此处为驻兵之所，亭榭皆废。最迟在此时，此处已有"洋尾园"之名。徐𤊹之子徐延寿有《上巳社集洋尾园修禊》："佳辰惬行游，眷此春光暮。言寻乌石阴，青踏城南路。昔日旧亭台，今为谁氏圃？鱼鸟性怡悦，华滋沐芳树。方塘百亩宽，堤穷石桥渡。隔岸望危楼，一半烟云住。临流非急湍，止水亦堪溯。尘垢既被除，我心皎如素。羡彼兰亭人，高风良可慕。"[14]显示了当时名园无主、人事萧条的状况。

"国初驻兵，亭榭皆废。顺治间园归孙氏。康熙初年属闽县刑部郎陈铨。"[15]顺治八年（1651年）前后，此园归孙元祉。孙元祉（约1608—?），字既受，号受庵，福建侯官人，孙昌国子，孙昌裔、孙昌祖从子，孙学稼从兄，诸生，性至孝。陈轼《文学孙受庵传》："余与同籍给谏孙鹤林结朱陈之好，而受庵则给谏犹子也。余辛卯家居，常与给谏过受庵之庐，饮酒欢咍。尝忆西园别墅，受庵治圃莳药，日致宾客。余与给谏及郑如水司空、叶霞浦翰苑、邓绪卿比部辈，移昼卜夜，作十日游。风亭月榭，红苕青漪，其足供辋川之与而适濠濮之观者，屡矣。"[16]陈铨，字克简，闽县人，顺治间拔贡生，官刑部员外郎。有《西园春思》："青山买断筑编蓬，满地烟霞少路通。萍散曲池鱼戏绿，花繁幽径鸟翻红。梦回竹枕空帘雨，暖送纱窗远树风。独处萧然无客到，闲调双鹤不开笼。"[17]与明末的西园相比，鹤、竹和树都还有，只是稍显孤独和冷清。

陈铨之后，此园先后为陈定国和林逊所有，后很快就迎来了其在文学活动上的复兴时期，而且持续的时间比明末更长。陈定国（1640—1694年），字昌义，号紫岩，侯官人，清康熙十一年（1672年）举人。"陈定国居之，与郡人林蕙、许珌、曾大升、王子彪、陈日浴往来结社，仍呼为西园。"[18]陈定国诗名不算很盛，但文人在此聚集游宴却相当频繁。仅以康熙二十四年（1685年）来看，黄晋良便有《三月二十九日晦社集西园用白傅原韵》《六月八日集陈紫岩西园亭子分得茎字》《中秋望后同庄耻五刺史闲步过西园访紫岩六峰长谈竟日有作》等作品记其事。[19]陈定国的西园后来并入了林逊的荔水庄，并传给其子林侗、林佶，至此荔水庄迎来了其鼎盛时期。"荔水庄在罗汉洋。国朝康熙间林州守逊居之，子侗、佶读书于此。"[20]林逊（1619—1701年），"字敏子，一字立轩，侯官人。康熙间知达州，有惠政。晚归于乌石山之西园构荔水庄"[21]。黄晋良有《题立轩先生画像》，既可见林逊其人，亦可知荔水庄得名的原因。

无欲何妨出，知止能不辱。斯世乃见立轩公，直是足音响空谷。何尝不作三原令，直道更转西州牧。驱车忽作临河返，掩耳不闻窦鸣犊。膝下英名胜轼辙，为毂已辨三十幅（幅应为辐）。旋开兰话堂，宝光摇赤录。悬车束羸马，无名还太仆。园收芋栗未全贫，水奉荔枝数成熟。属有所思坐长松，几番回首落鹙鸨。藏弆金石等琅函，汉碑秦碥千万轴。遂因邀得顾长康，频上三毛手可匊。要知伟人品谊深，莫徒绢里窥眉目。[22]

清康熙二十年（1681年）四月，黄晋良等五人造访荔水庄蒹葭草堂，黄晋良有《首夏同膺玉克溥克千台臣访吉人于蒹葭草堂觞咏竟日各赋五言》记其事：

陇上滋新麦，园林足好花。高展四五楠，交影刺窗纱。仙子开姑射，帷寨散紫霞。隼墉浸荔水，草堂旧蒹葭。风来窥白酒，火出生清茶。书卷满左右，床榻缀鱼虾。危桥老更怯，断岸烟尚遮。似惊麋鹿尽，未免雉兔嗟。[23]

清康熙二十三年（1684年），文人们原拟清明日赴荔水庄修禊，不果行。后三日，四人集荔水庄赋诗，黄晋良有《清明日共订赋荔水庄修禊值阴雨多不至唯予独造因为主人跋赵松雪墨书丹经三百字》和《清明后三日同邵蓉园郑二铭谢青门集荔水庄各成五言》[24]记其事。康熙二十四年（1685年）夏，包括湖北人叶封在内的十四名文人在荔水庄社集，黄晋良有《立夏后一日陪叶慕庐游林氏荔水庄因招陈静机谢青门毛文山张屺云杨浴菴陈龙季卞兴书庄耻五陈子盤陈昌义林同人吉人同社集》[25]，陈轼有《立夏后一日社集荔水庄邀楚黄叶慕庐部曹和黄处安》[26]记其事。

林逊的长子林侗（1637—1724年），字同人，一字于野，号来斋，贡生，曾官尤溪教谕。林侗喜金石，尝随父游关中，搜罗金石甚富，是当时著名的金石学家，著有《来斋金石刻考略三卷》《唐昭陵石迹考略五卷》《汉隶考》《兰话堂金石考》《宋李忠定公年谱》《荔水庄诗钞》等。次子林佶（1660—1723年）[27]，字吉人，号鹿原，清康熙壬辰（1712）进士，官中书舍人，工楷法，是当时著名的书法家，文师汪琬，诗师陈廷敬、王士禛。汪、陈、王三人文集皆佶手缮付雕，精雅为世所重。林佶还是藏书大家，藏书处为朴学斋，徐乾学辑经解，朱彝尊选明诗，皆就传钞，其著作有《汉甘泉宫瓦记》《朴学斋集》等。林佶的书法与藏书均享当世盛名，加之诗文兼擅，并通绘画与篆刻，是家族中艺术成就最高者。

到林侗、林佶这一代，由于大量花钱购书，其经济能力已经无法维持荔水庄原有的规模。林佶在《上御史某公书》中说：

某，海陬贱士，荒学无状。年来过不自量，购求儒先集录无虑数千卷，几复鳌峰徐氏之旧，而家亦缘是愈贫。荔水庄池半属他姓。家兄崎岖荒薮，托钵西陲，将一年矣，至今未归。白首双亲，奉养无策。区区近况，无足为故人道者。惟是读书之志，因而不衰。[28]

清雍正、乾隆间，荔水庄归林佶长子林正青。林正青（1680—1756年）[29]，字洙云，号苍岩，以侯官籍岁贡荐授刑部山西司学习行走，改淮南小海场大使，被百姓称为"林菩萨"[30]，能诗文，工书，是光禄派成员，著有《瓣香堂诗集》《榕城旧闻》《榕海诗话》《小海场新志》等书。"苍岩别墅号荔水庄，有蒹葭草堂、水云亭诸胜。"[31]林正青有《腊暮同犀水师颜荔水庄观梅即席限韵》。[32]光禄派代表诗人黄任回忆："余髫龄时过来斋老人荔水庄中，日与林苍岩昆季、陈德泉、许雪村往来游宴，而谢君古梅时发未燥，皆总角好也。"[33]可见荔水庄是光禄派早期成员的活动地点之一。诗人郑方城在《赠林洙云二首》自注中说："先君子与尊甫鹿原先生读书荔水庄，余时获侍。"[34]郑方城之父郑善述曾到荔水庄和林佶一起读书，当时郑方城随侍。

三　清嘉庆朝以降

清嘉庆初，荔水庄归李鸿瑞、李鸿诗兄弟。"嘉庆初，李知县鸿瑞、李孝廉鸿诗别业，仍呼蒹葭草堂。后李比部彦彬、李都转彦章筑石画园，中有春晖草庐、近水看山楼诸胜。"[35]李鸿瑞，字道昇，号砚云，侯官人，清嘉庆三年（1798年）举人，官江苏川沙同知，著有《三吴水利书》。李鸿诗，字道敦，号葭浦，清乾隆五十一年（1786年）举人。二李算不上重要的文人，但是李鸿瑞的两个儿子李彦彬和李彦章却被当时的文人称为"双珠"。清道光间，此处归李彦彬、李彦章兄弟，李氏兄弟营建了石画园。李彦彬（1792—1837年），字则雅，又字兰屏，号榕亭，又号苏楼，李鸿瑞长子，道光癸未（1823年）进士，官刑部主事。李彦章（1794—1836年），字则文，又字兰卿，号榕园，李彦彬弟。彦章科举早达，嘉庆十六年（1811年）中进士时，才十七周岁，可谓年少得志，官至山东盐运使。彦章"历官，务为实效，不求虚名"[36]，重视农业与教育，长于七言，著有《榕园诗钞》。《晚晴簃诗话》认为："兰卿受诗学于翁覃溪，然清婉流逸，不尽守苏斋矩矱，固嘉、道中一作手也。"[37]

据李彦章《留别石画园十绝句》[38]描述，石画园中有别峰初地、思贻堂、抱膝轩、小兰话堂、铜鼓轩、听雨簃、近水看山楼、金石亭、秀野亭、小山林等景观。"（李彦章）世居乌石山洋尾园，其地即王应时之西园、林逊之荔水庄也。"[39]石画园建成后，西园和荔水庄的旧称仍在使用。"余家荔水庄有六塘，种荷，皆可通舟。兼葭草堂尤居池上之胜。"[40]当时的李氏兄弟多金好客，石画园就成了文人的聚集地，规模较大的如清道光十二年（1832年）上巳日，李氏兄弟招陈寿祺、赵在田、高澍然、陆我嵩、叶敬昌、沈学渊、翁吉士、汪惠生、谢宗本、刘萃奎同集石画园修禊。[41]道光十年（1830年）冬，张际亮离榕赴京，临行前到石画园盘桓多日、流连文字，李彦彬连作三题十六首诗记其事[42]，张际亮亦作诗七题十首[43]。道光十二年（1832年）中秋，李彦章在石画园招饮林昌彝，即席拈"石画园"三字分咏，李彦章拈得"画"字，成七言长篇古诗一首，林昌彝认为"排奡可以继响坡公"[44]。

李彦章于道光十六年（1836年）英年早逝，李彦彬似乎不善理财，到次年便已囊空如洗，要靠亲友资助度日，这种情况连与李氏兄弟关系密切的林则徐都大感不解。林则徐在给友人郑瑞麒的信中说："兰卿身后旧橐颇充，兰屏何致尔尔？大不可解。弟竭绵以百金为赙。"[45]李彦彬也很快于道光十七年（1837年）去世。

李氏兄弟卒后，荔水庄归李敬。李敬（1823—？），字少棠，号西园。李敬是谢章铤姨表弟，一同师从陈瑞年。谢章铤在《答李少棠表弟敬》中多提及两人的生平及荔水庄：

> 我生三岁即失恃，我家爱我掌珠比。出入顾复不忍离，疏旷亲朋从此始。行年十七乃出门，问安曾到水西园。李郎峥嵘头角见，门外拜揖为寒暄。李郎之母我从母，殷勤堂上置杯酒。我方多病母咨嗟，问遗时时事奔走。秋风萧瑟又数年，李郎忽诵《蓼莪》篇。彷徨就道千里去，负骨归向南山边。（君父殁于浙江任所。）鹧鸪夜半啼郊隧，独立苍茫自涕泪。无母无父世所悲，我与李郎共憔悴。春晖庐畔木萧萧，凉日无光百草凋。生事艰难不自苦，师门高义逼云霄。（余与君并随陈秋农师，师殁丧葬之资多出君力，予知君盖以此也。）区区之心动掣肘，慷慨对人思援手。买丝欲绣已无人，醉往市门看屠狗。边城百里吹哀笳，严寒掩抑开梅花。酒边拔剑为君舞，西边老树乌哑哑。君才肮脏真惊众，百鸟群中飞丹凤。低首父书自古今，屈指人间谁伯仲？有时睥睨横双眸，独坐元龙百尺楼。对镜摩挲好头项，投笔四顾求封侯。海水奔腾东流去，深山苦雾虎豹踞。文章不外性情中，置身宜在最高处。吁嗟乎！李郎有母鬓欲皤，我亦高堂岁月多。平生热血当奈何？死者既如此，生者勿蹉跎。我愿与汝勿蹉跎！[46]

从道光十年（1830年）起，谢章铤经常到荔水庄游玩、习业。道光二十五年（1845年）至二十六年（1846年），谢章铤和李敬一起在荔水庄的春晖草庐读书。

> 君（李敬）居荔水庄，为明驸马都尉王恭西园故址。[47]
> 余三岁失恃，年十一始出户庭，谒从母于西园老屋，母所以噢咻之者备至。……后数年，少棠丁外艰，家亦中落，然犹守清华门阀，不作龌龊寒俭之态。招余习业春晖草庐。草庐者，兰屏、兰卿二先生奉亲之别墅也。是时，二先生皆弃世矣。其地山近市远，水木明瑟，余与少棠辄登台坐月，听邻童读书，或同志相聚，觞咏酬嬉，酒气茶香，郁结墙壁，客去则挑灯坐对，优劣当世人物，抑自述家风旧德，与古来所以兴衰成败之由，意气勃发，悠然作千秋之想，虽百年之得失，尚不足言，而暇计夫一日之修短哉！[48]

道光乙巳丙辰间，予读书荔水庄之春晖草庐，姨弟李少棠为之供朝夕。[49]

李敬主荔水庄期间，诗人林直与黄宗彝等到此流连，林直有《夏夜西园即事分体得五言古同肖岩辰溪主人李少棠敬作》记其事。[50]

此后荔水庄又有沁园之名，民国时期福州重要诗社"说诗社"经常在此社集，下文所引林葆忻、苏南、林宗泽、林翰皆为说诗社成员。林葆忻作《中秋后一日社人集沁园园为林鹿原荔水庄故址是日余赴东冲榷舍未与会西园书来云分韵得倚字》[51]，可证沁园与荔水庄之关系。此次说诗社社集在民国九年（1920年）八月十六日，苏南作《社集沁园分韵得南字并限用苏南二字》[52]记其事，诗中有这样几句："林李生逢盛平世，觞咏山水留美谈。百年园林付榛莽，至今锄刈劳镵镡。禅居官廨互侵占，几无余地存诗龛。"此时沁园已成苏广绸缎商研究所，毁坏严重，令人感慨不已。[53]林宗泽有《同社诸子招集荔水庄旧址》云："西园三百载，二老最风流。金石成新录，图书认旧楼。可堪文藻地，空剩草堂秋。为问城西水，风光似此不？"[54]此诗对林逊创建荔水庄以来200多年的演变进行了总结。当年以荔枝和水驰名的荔水庄，今天还剩四五十亩的水塘，荔枝早已不知所踪，诸公的文采风流更是恍若隔世。

四　余论

说诗社成员林翰《西园旧址分韵得赋字》曰："人生有力占林泉，欢乐未终造物妒。陵谷易迁况片土，他人入室公毋怒。朝来繁盛夕为墟，捷足得之何足慕。废沼已无画舸横，小楼仅有绿阴护。数百年来游讌场，剩得水边数行树。"[55]这样的诗篇其实已经越出一时一地的范围，成为对绝大多数古代文人建筑命运的咏叹。荔水庄传承近千载，算得上文人建筑中存续时间相当长的，它使我们不得不去思考这样的问题：决定文人建筑存续时间长短的主要因素是什么？为什么有的文人建筑很快废弃，有的文人建筑却能历经磨难而较长久地保存？清初文人潘耒在《涛园记》中写过两段发人深省的话：

大都物之成乎人者易移，而因乎天者难坏。吾见豪家之园，累石为山，凿土为池，高高下下，穷人力为之一时，非不烂然也。寝假而化为兔葵燕麦，有求其踪影不可得者。岂若兹园之依山凭壑，有大力者不能负之而趋，虽荐经兵火，一整顿间，水石依然，烟峦无恙，为之不劳，而传之可久，不亦善夫。

虽然，奇山秀水就而为园池者何限，不旋踵而易主。则可久之道，又不惟其地，惟其人。许氏既世有令名，而月溪修复兹园之意曰：某泉，吾先人之所导；某石，吾先人之所刻。一一本之孝思。二子复能缵承其志，诗书孝友之泽未艾。庶其长有兹园也乎？[56]

第一段由文人建筑的选址和建设入手,指出因地制宜的建筑寿命较长;第二段深入一层,认为文人建筑能保存多久,关键的因素是人,而不是建筑本身,这就触及本文所要探讨的核心问题。我们认为,文人建筑存续时间的长短大致和相关文人的历史地位成正比。这里的"相关文人"可以是建筑的建造者、改造者、拥有者、居住者、题咏者。一处文人建筑的"相关文人"可能会有很多,其存续时间的长短取决于"相关文人"中历史地位较高的文人。存续时间长久的文人建筑,建筑外貌可能会有极大的变化,不变的应该是它们所承载的文学(或文艺)精魂。到最后我们会发现,真正不朽的不是某座文人建筑,而是与之相关的文人和作品。

注释

[1] (宋)蔡襄:《蔡襄全集》,陈庆元等校注,福建人民出版社,1999,第213页。

[2] (宋)曾巩:《曾巩集》,陈杏珍等点校,中华书局,1984,第92页。

[3] [13] [42] (清)李彦彬:《榕亭诗文钞》第十二册,福建师范大学图书馆藏抄本,叶七、叶十四、叶四。

[4] [5] [6] [10] [15] [18] [20] [21] [35] [36] [39] (清)郭柏苍:《乌石山志》,海风出版社,2001,第142、211、210、211、143、143、154、218、155、224、224页。

[7] [8] [9] [12] (清)郑杰、郭柏苍、陈衍等:《全闽诗录》第三册,福建人民出版社,2011,第1062、882、880、1121页。

[11] (明)徐𤊹:《鳌峰集》,陈庆元等编,广陵书社,2012,第681页。

[14] (清)徐延寿:《尺木堂集》第一册,福建师范大学图书馆藏抄本,叶十一。

[16] [26] (清)陈轼:《道山堂集》,《清代诗文集汇编》第62册,上海古籍出版社,2011,第190、269页。

[17] (清)郑杰、郭柏苍、陈衍等:《全闽诗录》第五册,福建人民出版社,2011,第519页。

[19] [22] [23] [24] [25] (清)黄晋良:《和敬堂全集》,载《清代诗文集汇编》第54册,上海古籍出版社,2011,第276~278、284、263、273~274、277页。

[27] 林侗的生卒年长期以来通行1627—1714年的说法,笔者已撰专文予以纠正,详见拙文《清初金石学家林侗生卒年正误》,《湖南科技学院学报》2013年第11期。

[28] (清)林佶:《朴学斋集》,清道光五年(1825年)福州林氏刊本。

[29] 林正青生卒年考证详见拙文《明清福州文学地图——以三坊七巷为中心》第一章第一节,福建师范大学博士研究生学位论文,2013。

[30] [46] [47] [48] [49] 陈庆元主编:《谢章铤集》,吉林文史出版社,2009,第149、206、208、72、119页。

[31] (清)黄任:《香草斋诗注》卷一,陈应魁注,福建师范大学图书馆藏本,1814,叶四十五。

[32] (清)林正青:《瓣香堂诗集》卷一,福建师范大学图书馆藏本,叶四十五。

[33] (清)黄任:《黄任集》,陈名实等点校,方志出版社,2011,第222页。

[34]（清）郑方城：《绿痕书屋诗稿》卷四，复旦大学图书馆藏本，1746，叶三至四。

[37] 徐世昌：《晚晴簃诗话》，傅卜棠编校，华东师范大学出版社，2009，第901页。

[38][40][41]（清）李彦章：《榕园诗钞》，福建省图书馆藏本，第七册叶六、第二册叶八、第五册叶六。

[43]（清）张际亮：《思伯子堂诗文集》卷十二，上海古籍出版社，2007。

[44]（清）林昌彝：《射鹰楼诗话》，上海古籍出版社，1988，第293页。

[45]（清）林则徐：《林则徐全集》，海峡文艺出版社，2002，第3420页。

[50]（清）林直：《壮怀堂诗初稿》卷六，清咸丰六年（1856年）福州刊本，叶五。

[51][52][53][54][55] 林葆忻、苏南、林宗泽、林翰等：《说诗社诗录》，民国十年（1921年）福州刊本，叶二十八、叶一十六、叶三十七、叶十、叶二十二。

[56]（清）潘耒：《遂初堂文集》，《续修四库全书》第1417册，上海古籍出版社，2002，第603页。

论林纾评点《庄子》[*]

张胜璋[**]

摘　要：林纾评点《庄子》的著作有《庄子浅说》和《左孟庄骚精华录》，二书一扫明末清初以来《庄子》评点重音韵训诂、引征释义的陈旧气息。林纾指明《庄子》之文的章法结构，提出《庄子》之文"不能以文绳之"，应"破碎读之"，从文章精微细节处入手，关注《庄子》之文的奇幻色彩、语言表现力和行文的情绪节奏等。其评点带有鲜明的个性化特征，融入了一个传统知识分子在国家、社会、文化变革交替期的生命体验和个人思索，林纾在清末民初的《庄子》研究领域应该占有一席之地。

关键词：林纾　《庄子》　无法之法　奇幻　生死之思

19世纪末20世纪初，"大抵崇魏晋者，称太炎为大师，而取唐宋，则推林纾为宗盟云"[1]，林纾被誉为中国最后的古文大家和中国现代文学的"不祧之祖"[2]，其古文功底可见一斑。林纾从早年就开始研读《庄子》，他曾说自己45岁以内无书不观，连唐宋小说也不忘搜刮，中年以后则渐入精读，"已而八年读《汉书》，八年读《史记》，近年则专读《左氏传》及《庄子》，至于韩、柳、欧三氏之文，楮叶汗渍近四十年矣。"[3]林纾曾在京师大学堂讲授过《庄子》："仆承乏大学文科讲席，犹兢兢然日取左、国、庄、骚、史、汉八家之文，条分缕析，与同学言之，明知其不适于用，然亦所以存国故耳。"[4]其诗云："点染乡山图画里，先生独坐注《南华》。"[5]林纾评点《庄子》的著作有《左孟庄骚精华录》和《庄子浅说》。1913年，商务印书馆出版《左孟庄骚精

---

[*] 本文原载于《闽江学院学报》2017年第4期。本文为2016年福建省社会科学规划项目（FJ2016B279）、2016年闽江学院科研项目（MYS16002）的阶段性成果。

[**] 张胜璋（1977~），女，福建福州人，文学博士，闽江学院中文系副教授。

华录》，其中选评《庄子》12篇，此书当时很受欢迎，1925年商务印书馆已印行到第9版。新文化运动之后，林纾为"力延古文之一线"而多方努力。1917年，他在北京召集文学讲习会，精讲的内容就有《庄子》。他说："因积三年之力，自己未讫辛酉（1921年），成《内篇浅说》四卷。"[6]《庄子浅说》大致由此而来。此书评点《庄子》内7篇，每篇均有题记与附记并逐段解析，由商务印书馆于1923年出版发行。

林纾的《庄子》评点一扫明末清初以来重音韵训诂、引征释义的陈旧气息。他指明《庄子》之文的章法结构，提出《庄子》之文"不能以文绳之"，应"破碎读之"，从文章精微细节处入手，关注《庄子》之文的奇幻色彩、语言表现力、行文的情绪节奏等。其评点带有鲜明的个性化特征，融入了一个传统知识分子在国家、社会、文化变革交替期的生命体验和个体思索。林纾的思想与文学观念曾受维新运动的影响，又在新文化运动中受到触动而有所调适。不过旧知识体系的束缚和"老新党"的胸襟视野都不足以让其走向真正的现代转型。然而其鲜活的生命体验、个体的发现、丰富的个性化表述，在之后的新文学运动中得到更为充分的张扬。

一　林纾对《庄子》章法结构的把握

林纾通常被人们视为桐城派最后的代表人物，但他并不严守桐城义法。桐城派的《古文约选》和《古文辞类纂》等选本不录先秦诸子之文，他们认为"周末诸子，精深闳博，汉、唐、宋文家皆取精焉。但其著书主于指事类情，汪洋自恣，不可绳以篇法"[7]，因此不适宜作为习作者模仿学习的样本。林纾并不执此观点，他的《浅深递进国文读本》选入庄文5篇，把它们作为古文初学者的入门捷径。林纾评点《庄子》着重在于其主旨精华、层次大意的分析和关键字眼的疏通，对上下文的来龙去脉、埋伏照应、承上启下处尤为重视，更为清晰地展示了《庄子》行文的逻辑和脉络。

《逍遥游》是《庄子》的开篇，前人多述及其行文的变幻莫测，但对于初习者来说，缺乏对具体篇章结构的分析，依然使他们不得要领。林纾在《庄子浅说》中对《逍遥游》逐句品读、细解文脉：

> "谐之言曰"至"去以六月息者也"，句下忽曰"野马也，尘埃也，生物之以息相吹也"，骤见似奇，然不根"扶摇"二字而来，安得有此？"天之苍苍，其正色邪？"至"亦若是则已矣"，又似拉杂，然不有上"九万里"句，又安得有此？此正自九万里之上而下视也。本是按脉切理，偏不走恒蹊，故为奇幻之笔以骇目，读者固不必为之震炫也。[8]

《逍遥游》开篇即写北冥之鱼化为大鹏鸟飞向南冥，但紧接着转入叙述《齐谐》所记之故事而不对前者进一步展开，林纾认为这在结构上形成一种错落。忽然又说"野马""尘埃",表面上看似让人捉摸不清,其实内在的文章脉络与逻辑结构是清晰的,它们都根植于前文的"扶摇"二字,看似行文拉杂,实则意有所指。

林纾认为行文之道,不能不重筋脉,古文的筋脉讲究灵动和绵远,纵然是华丽的辞藻,也须借助内在的筋脉贯注才能达到华实兼备的审美效果。筋脉之道在于"不连之连":"一脉阴引而下,不必在在求显,东云出鳞,西云露爪,亦足见文心之幻。"[9]它是条不易为人察觉的隐线,外在的章法结构可见,内在的脉络线索不可见。

> 文之精微入细处,雅有渊然之道味,妙在用刻峭之笔,却归入于浑穆。骤读之若相属若不相属,实则天然之机轴,不能以作文之法求之,能熟读之,亦正不离乎古文之法。[10]

表面上看,《庄子》的章法结构难以捉摸,实则处处埋有伏笔,纵横交错而筋脉连贯,作者巧妙的布局使那些看似各自独立的材料组合成一个互相勾连的有机整体,文之高下立见。林纾评《逍遥游》"惠子论大瓠"段,认为"大"字是贯穿通篇的主脉;评《德充符》"无趾语老聃"段,认为"名"是其线索;评《养生主》"庖丁解牛"段,认为"刀"是其隐线。

> 以上所言,皆技之精纯,均得刀之用,却未尝一语及刀。于是忽发一声,轻良庖而诋族庖,自矜其刀,且自鸣以十九年不更,以下始叙所以用刀之妙,一刀之用。入手时写人不写刀,口述时言技不言刀,继乃自神其刀,而伐其能,节节皆归自然,善刀与养生对针为喻,不收到善刀二字,亦出不得养生。[11]

他还对每节间的行文线索及来龙去脉作细分缕析:

> 下文两用"及至圣人"句,即与伯乐对照而设,皆不满意之词,仁义礼乐,若徒袭其形表,安能无弊?间忽插入工匠与马,是古文回环照顾法。[12]
> 吾方知庄子亦未尝无意于天下,特治天下之道,尚玄同,不尚形迹耳。文前后照应,兴致甚高,渲染亦极清丽。[13]

林纾因此赞曰:"文节节有条理,均合古文之义法。"[14]又说其:"前后一贯,起伏自然,是一篇有法程之文字。"[15]

对于《庄子》独特的结构艺术,林纾提出"不能以文绳之"。"《庄子》一书,本不能以文绳之,犹《淮南》《金楼》二子,前半多言理,后乃引事佐证。若律以文法,则千篇一律矣。"[16]若是从叙述模式说,《庄子》类于《淮南子》与《金楼子》二书,此二书皆是通过记录奇物异类、鬼神灵怪来阐明哲理,即"前半多言理,后乃引事佐证",可谓"千篇一律",所以应当"破碎读之,于每段中观其挺出不测之笔"[17]。林纾精读《庄子》:"每得一篇,必味之弥月,久之,微洞其玄同冥极之旨。"[18]他评《逍遥游》"惠子论大瓠"段:"此节割截内篇之《逍遥游》,另作一小篇,然亦自成文法,所谓大阵中之小团阵也。"[19]评《人间世》:"此章宗旨定,虽分数段,皆归一致,可划而读之,其中每段皆有营构之功。"[20]评《德充符》:"'闉跂支离无脤'一节,用短接之笔,其中逐句变化,读之精熟,不惟得练字法,亦解制局法。"[21]评《天地篇》"汉阴丈人"段:"文屡起波澜,不肯直捷说破,此等境界,大足引人入胜。"[22]因为每段皆有营构之功,只有逐段分析、精细品读,才能观察到其运笔之妙。林纾说:"命脉之所在,曰枢纽。文中有此,虽千波百折,必能自成条理。"[23]世人只看到"千波百折"就惊骇于"奇幻之笔"而"为之震炫",其实若按脉切理,就能于草蛇灰线、蛛丝马迹中寻到要害处。从这个意义上说,它是合于义法的,"不能以文绳之"的"无法"正是《庄子》之法。

二 林纾对《庄子》散文艺术性的捕捉

《庄子浅说》中,林纾经常使用"奇""幻"来形容庄文的设喻之奇。"大冶跃金之喻,真奇想天开,意原平平,而造语奇诡,令人拆舌。"[24]"设想之奇,无可伦比,非庄生,安得有此仙笔。"[25]"似从天外飞来之笔。"[26]林纾评点《庄子》未对外篇、杂篇进行辨伪,认为外篇:"文之说理精深处,不如内篇,然错综离合,设喻明显,较内篇为易读。"[27]显然他已经意识到庄文修辞艺术的奇特之处。

《庄子》一书大量使用虚构的寓言故事,林希逸叹曰:"不知此老何处得许多好譬喻!自《庄子》而下,为文字者,无非窥其机关,这一部书天地间如何少得!"[28]《齐物论》以寓言引入正题,经过层层逻辑缜密的论证后,再用寓言收束全文。《养生主》开篇点明主旨,再以厨工分解牛体以比喻人的养生,逐层递进。《德充符》由想象中的小故事组成,林纾叹道:"豚子饮死母之乳,写其惊眘之态如生,不多着笔,而精神跃于纸上。"[29]此外,林纾还留意到《庄子》之文中"喻"与"喻"之间存在的微妙关联,例如《逍遥游》开篇极尽描写鹏之能事,接着引《齐谐》为证,是为了验证所言非妄,而后又出现"水积不厚""风积不厚"两喻。他说:"水积不厚与风积不厚同,水不积则无以负大舟,风不积则无以奋大翼。此两喻,一为陪客,一为主人,言风积始以足负翼。"[30]用"陪客""主人"生动刻画了二者的主从关系。

寓言是《庄子》之文的修辞手法之一,寓言的频繁使用增添了庄文的奇异色彩。林纾评析"庄周梦蝶"这个《庄子》中著名的寓言时说道:

> 惟其不知有周,所以不知有死。则凡人之当生而系生者,必当死而恋死,此大误也……纾谓此说极通,人惟不为生死所域,唯其志之适,为蝴蝶适其志,则舍蝴

蝶外皆梦也……犹言生有分在，死亦分也，非不分生死，惟分定，不以生死为欣戚，则生死齐矣。[31]

庄周梦见自己变为蝴蝶，翩翩起舞、自由自在，以至于忘却了自己原本的身份，也忘却了死。所谓"物化"即人与物浑然一体，这是"至人"逍遥自由的境界。林纾在《庄子浅说》中阐释"庄周梦蝶"的寓言时强调的重点不是物化，而是人之"思"。按他在文中的推理：如果庄周梦见自己是蝴蝶时能够随心所欲、自由自在地感受到自我，那么蝴蝶就是他最真实的存在，除此之外皆不重要。当庄周清醒时，如果他也能清醒意识到自我存在，那么此刻之庄周也是真实的。海德格尔认为，感悟与领会是我们与存在者之间的纽带，只有在我们的感悟与领会之中，存在者才在场，存在者才"在"。庄周无论是庄周还是蝴蝶，只要他能感受到自由的精魂，那么这种状态就是真实的存在，也就超越我与物、生与死的区别而达到存在的逍遥境界。林纾赞道："庄周梦蝶，以梦觉喻生死，仍是忘生死意，不知从何处得此奇僻之喻，令人扣索不得，但有点头钦服。"[32]

《庄子》之"奇"在奇法、奇思、奇句，在善于从平庸中出奇。林纾论《大宗师》："写两人病，是两样写法，中多奇句，似不能学。不知抱定一理，从理中生出奇思，即成奇句。"[33]林纾认为庄子说理贵由浅入深："说理之文，能深能浅，中间设喻一段，尤有风趣。"[34]这些奇思妙想、奇句妙笔共同营造了奇幻的艺术境界。林纾标举"奇"，并不是单一意义上的"奇"，它还具有"幻"的特征。如果说"奇"尚可以从字法、句法、文法上分析的话，那么"幻"无疑展示了更丰富、更不可捉摸的审美内涵。林纾赞赏《齐物论》："以指喻指之非指，以马喻马之非马，几无人能道得出，急接入'天地一指也，万物一马也'，奇句欲破鬼胆矣。"[35]他还将"奇""幻"连在一起评价《庄子》："本是按脉切理，偏不走恒蹊，故为奇幻之笔以骇目。"[36]既指庄子行文的变化莫测，又指其文给读者带来的如梦幻般不切实际却又蕴藉深厚的审美感受。

《庄子》散文在艺术上具有美感，林纾在评点中强调了它的节奏感：

子綦之论天籁，用叠笔，如洪涛巨浪，一泻而下，末以"乐出虚、蒸成菌"六字煞住。惟其理足，所以作止能自如若是……行文到急促处，而能萧闲，惟《南华》有此能力。试观"有物""有封""有是非"句下，翻腾驳辩，势急声促。[37]

《庄子》是作者情感意绪的真切表达，其情绪的高低、起伏、隐现使行文充满音乐般的节奏感。其文章往往写到极精彩处突然收束，收束后又萧闲从容，这就不能按常理来解释，林纾称之为"天外飞来之笔"，其析曰：

《南华》之文，每于极凄厉处，音渐幽咽，几于沈沈无声矣。必有蹶起之声，响发于空际，如"人之生也，固若是芒乎。其我独芒，而人亦有不芒者乎"，自起自落，行所无事，此等句法，最宜着意。[38]

他从《庄子》行文的节奏中感受到与作者的心灵相通。桐城派有"因声求气"说，认为一篇成功的散文，立意与构思固然非常重要，但声音节奏也必不可少。对于文学作品来说，声调的抑扬顿挫犹如音乐的节奏，是作者内在情感高低起伏最淋漓尽致的表现，整饬、错落、协调的结构能给人以筋脉贯穿、血气丰满的美感。林纾认为："时文之弊，始讲声调，不知古文中亦不能无声调……盖天下之最足感人者，声也。"[39]因而人的情感流露在声调音响中，循声可以得情、得神、得气。林纾曾记载自己的经历：

"变风""变雅"之凄厉，鄙人每于不适意时，闭户读之；家人虽不知诗中之意，然亦颇肃然为之动容。[40]

林纾认同"变风""变雅"是基于他对诗歌内涵的理解，而其家人并不知晓具体内容，却同样能从朗读者抑扬顿挫的音调起伏中感染其间深意，这说明声调在文学艺术中具有相对的独立性。林纾认为，那些善于调遣节奏的作者，他们在谋篇布局上精心设计使作品神气毕现。庄子行文将轻重、缓急、松紧等相反相成的因素巧妙结合，自然使行文张弛有度、音韵和谐、意境非凡。值得一提的是，林纾以艺术之心欣赏《庄子》，将自己对庄子的艺术感受用节奏美妙、音韵和谐的语言表达出来，其品评文字较前人更浅显易懂、自然流畅，读者从文字中也可以清晰地感受到他的精彩文思。

三　林纾《庄子》评点的生死之思

林纾与庄子相会于病患中对生死考验的真切体悟。"余二十一岁时，病咯血，失眠六夕，且殆。忽忆及《南华》，'恶知乎死者不悔其始之蕲生乎'。因自笑曰：'今日之病，予为丽姬入晋时矣！'竟废书而酣寝。医至，诊脉，大异曰：'愈矣！'余曰：'《南华》之力也。'"[41]二十多岁时的林纾是福州城的"狂生"，他刻苦力学、行侠好义、名噪乡里，但贫病交加、屡陷困境，早已看透世态炎凉、人情浅薄。在一个与死神搏斗的无眠之夜，他竟得到"《南华》之力"而重获新生！这个令人瞠目结舌的情节颇似笔记小说。从林纾其他自述资料看，此事不可确信。笔者认为，林纾所谓"《南华》之力"表达的是濒临死亡的经历，使他在内心深处与《庄子》产生强烈共鸣，获得超脱生死的感悟。有趣的是，他在《庄子浅说》自序中杜撰故事：

光绪庚子春，余访高愧室于嘉兴，院广人稀，余独宿深堂之后，夜静微雨，院中有履屦声十数，橐橐往来。余启户言曰："是橐橐者，其居停主人乎！顾吾生日短，为鬼日长，犹之学校诸生，君先毕其业，而吾业亦终毕，均同类，胡不入户相见？"鬼声寂然，呜呼！庄生且枕骷髅而卧，是区区者，固不足以动余也。余既得读《庄》之效，乃不阐扬其书，使轻死生如余者读之，负《南华》矣。[42]

清光绪庚子年（1900年），八国联军血洗京城，清政府议和投降，林纾好友伯弗兄弟以身殉难，士人命运岌岌可危。他以"人鬼之别"喻"生死之别"，令人感喟不已。在他为林旭之死的伤悲惊恐还未消散时，国家危难激起的满腔义愤又追迫他翻译出《黑奴吁天录》这样带有强烈政治色彩的小说。面对亡国灭种的危机，庄子勘破生死的人生观确实给他带来一种刚烈的大无畏精神，使他能够超越个人的福祸得失而生出为国为民的社会责任感。后人皆知林纾的守旧，哪知这位胡适口中"当日的维新党"曾经多么慷慨大义地斥退死神的威胁，彼时的他破旧之心不可谓不坚，立新之意不可谓不诚。当然谈狐说鬼、语灵志怪以评论时事、倾吐不平是林纾的一贯作风，这些都从侧面论证了《庄子》对林纾文学创作与人生观的影响。

死亡是人类永恒的宿命，无论人用何种态度对待生命，用何种方式演绎生命，如何面对死亡和消除对死亡的恐惧是人类始终无法回避的话题。庄子主张对死亡保持一种豁达与超越的态度，他视"生死为昼夜"，不必为生者悦、死者哀。郭象论逍遥主张"适性逍遥"，林纾对此有所阐发，但他的基本落足点却是支遁的逍遥论，其关键词是"自足""无欲""无所待"。"凡有欲者，咸不能逍遥，名为逍遥，皆无欲而自足者也。"[43] 并认为："盖言不能到于无所待而悠然自行地步，犹未极逍遥之趣。"[44] 林纾论道：

> 于是引丽姬以证之，姬之在封人家，自谓为生也，其视晋国，犹死乡也，及与王同筐床、食刍豢，则视其死乡，乐于生全之日矣。然则人之怖死，实未知死后之如何，安知不如姬之入晋，此又何必恶耶。由此推之，安知乎死者不悔蕲生之非。[45]

如果人不知道死后如何，那么何必畏惧死亡呢？1922年，林纾70岁，他又一次处于濒临死亡的关口："今年（1922年）六月后，病癃，不得前后溲，在医院中，读自注之《南华》，倏然卧以待死，一无所恋。"[46] 此景此情下，林纾品读《庄子》有了别样领悟："卧以待死，一无所恋。"从内心深处等同生死，也就消除了对死亡的恐惧。"齐万物""等生死"当然不是庄子的最终目标，"能作达观，则死生无系"[47]，以达观的态度和豁达的胸襟接受死亡的宿命，就能使自己的身心超脱世间纷争，保持生命的最佳状态。

此时，以林纾为代表的一代知识分子终在中国文化与政治的代际交替中扮演了悲剧角色——曾经的"维新党"成了新青年眼中需要彻底打倒才能跨越的"妖孽""谬种"。林纾在《公言报》发表《致蔡鹤卿书》一文,阐发己见。他在文中说:"彼庄周之书,最摈孔子者也。"又说:"《人间世》一篇又盛推孔子,所谓人间世者,不能离人而立之谓,其托颜回、托叶公子高之问难孔子,指陈以接人处众之道,则庄周亦未尝不近人情而忤孔子。乃世士不能博辩,为千载以上之庄周,竟咆勃为千载以下之桓魋,一何其可笑也。"[48]把庄周问难孔子解释为对孔子的尊敬,颇耐人寻味。古文是中国传统文化精髓的重要载体,是中国文化的根基。林纾心中明了古文没落的命运无可挽回,但革新不应该摒弃古文而全盘西化。林纾何尝不想心平气和地同新青年们探究学理,但招来的只是嘲讽与围剿。几年间的挫败经历以及思想上的痛苦煎熬使林纾旧病复发,健康每况愈下。他叹曰:"吾辈已老,不能为正其非;悠悠百年,自有能辩之者。"[49]对现实的失望和身逢乱世、年老体弱的无助感使他将自己深深地隐藏在《庄子》的精神世界里。他诗中自谓:"涉旬不出户,邻右笑老懒……据案读蒙庄,清风张胃脘。"[50]林纾的学生曾鸿昌云:"先生为人,好文章,重节操,不汲汲于富贵,不戚戚于贫贱。先生深于庄叟之学,其教余也,亦时以《南华经》讲说,谓庄叟至人也,文奇道幻,无出其右者,故先生之不慕荣利,薄视富贵,不为外物所诱,而自处于逍遥之域,深得庄叟游心于淡,合气于漠之指。"[51]《庄子》给予林纾更多的是乱世中慰藉心灵的精神资源。

近代以来的中国社会,文学赖以生存的外部空间发生了翻天覆地的变化,中外文化的交汇撞击加剧了中国社会内部的紧张与冲突。觉醒的知识分子多转向科学与知识技能的学习,致力于古文创作与研究的人越来越少,传统古文的传承变得异常艰难。作为一位清末民初的古文大家、中国近代小说翻译的先驱,一位曾经的维新派和后来的复古派,林纾意识到古文趋于没落的命运,他于风烛残年坚持教学、演说、评选,以求在有限的范围内保留中国传统古文的一线血脉。他的《庄子》研究有着鲜明的个性,摒弃功利主义的理论取法和无趣的思想图解,葆有对《庄子》散文精神主体的关注、审美气质的追求以及人生哲学的思考,因而其笔下的《庄子》更接近文学的本质。

注释

[1] 钱基博:《现代中国文学史》,上海书店,2004,第 124 页。

[2] 张俊才:《林纾评传》,中华书局,2007,第 104 页。

[3] 林纾:《畏庐三集·答徐敏书》,载《民国丛书》第四编 94 册,上海书店,1991,第 30 页。

[4] 林纾:《畏庐续集·文科大辞典序》,载《民国丛书》第四编 94 册,上海书店,1991,第 10 页。

[5] 林纾:《畏庐诗存·续题画二十首》,载《民国丛书》第四编 94 册,上海书店,1991,第 8 页。

[6] [8] [16] [17] [18] [20] [25] [26] [29] [30] [31] [32] [35] [36] [37] [38] [41] [42] [43] [44] [45] [46] [47] 林纾:《庄子浅说》,广文书局有限公司,1978

年，卷一第 1、13、13、13、1 页，卷二第 27 页，卷四第 34 页，卷一第 42 页，卷三第 18 页，卷一第 3、42、42、42、13、42、42、1、2、1、6、1、39 页。

［7］（清）方苞：《古文约选序例》，载贾文昭编《桐城派文论选》，中华书局，2008，第 50 页。

［9］［39］［40］林纾：《春觉斋论文》，人民文学出版社，1998，第 78～80 页。

［10］［11］［12］［13］［14］［15］［19］［21］［22］［24］［27］［33］［34］林纾：《左孟庄骚精华录》（卷下），商务印书馆，1925，第 13、15、23、32、15、2、11、27、18、16、23、19、30 页。

［23］林纾：《文微·通则》，载李家骥整理《林纾诗文选》，商务印书馆，1993，第 388 页。

［28］周启成校注《庄子鬳斋口义校注》，中华书局，1997 年，第 274 页。

［48］林纾：《畏庐三集·答大学堂校长蔡鹤卿太史书》，载《民国丛书》第四编 94 册，上海书店，1991，第 28 页。

［49］林纾：《论古文白话之相消长》，《文艺丛报》1919 年第 1 期。

［50］林纾：《畏庐诗存·岁暮闲居颇有所悟拉杂书之不成诗也》，载《民国丛书》第四编 94 册，上海书店，1991，第 4 页。

［51］朱羲胄：《贞文先生学行记》，载《民国丛书》第四编 94 册，上海书店，1991，第 36 页。

通儒无声品自高

——近现代诗文名家何振岱之我见[*]

蔡德贵[**]

摘　要：近代福州文人何振岱，擅长作诗填词，并精通书画，琴艺也属上乘。何振岱在世时便以诗文名世，其词作、楹联均称佳作，诗论也富有个人特色。他不仅学问渊博扎实，而且品格高尚，教书育人极为严谨，堪称近现代史上的一位通儒。

关键词：何振岱　诗词创作　训导弟子　通儒

正应了那句话，"过去隐藏的，现在已经揭晓"，这句话完全可以用在近现代大儒何振岱身上。在中国的时候，笔者并未读过何振岱的论著，甚至不知道何振岱何许人也。何振岱也确实默默无闻，隐藏在历史的夹缝中，没有被发现。而在美国，由于偶然认识了何振岱的第四代传人、林则徐的第七代传人、何振岱文化研究（美国）基金会创始人何欣晏女士，笔者才得识这位八闽大地"人到无求品自高"的通儒。笔者研读何振岱，从其手稿本《何振岱日记》入手，然后接触到了《何振岱集》和陈庆元先生的高足刘建萍博士2004年出版的《诗人何振岱评传》（重版后改为《何振岱评传》）。于是这位近现代大儒才从历史深处走到了笔者面前。

2017年10月28日，在洛杉矶，著名节目主持人、山东大学校友乌兰女士主持了纪念何振岱诞辰150周年诗歌音乐舞蹈晚会。美国闽商联合会会长伍敏勇先生介绍何振岱说："才华横溢，街衢有声，诗书画琴冠绝于世；终身守望传统美德，一生追求高阔

---

[*] 本文原载于《闽江学院学报》2018年第4期。
[**] 蔡德贵（1945~），男，山东招远人，山东大学儒学高等研究院教授，主要从事中国哲学、东方文化和巴哈伊文明研究。

境界。先生之厚学深蕴、风骨才情、涵养志气、慈悲情怀等，集中体现着福建商帮的文化性格、精神气质和灵魂底色。"[1]

一

福建文化的兴盛，开始于唐代，至宋后逐渐成为"海滨邹鲁"，宋代"海滨四先生"陈襄、周希孟、陈烈、郑穆重视经学，"东南三贤"之一的吕祖谦赞美福州"路逢十客九青衿，半是同胞旧弟兄。最忆市桥灯火静，巷南巷北读书声"（《冶城诗》）。尤其到了近代，更有"晚清风流数侯官"之说。近代以来，这里就诞生了足以为中华文化增光的林纾、林语堂、陈宝琛、林则徐、严复、林觉民、沈葆桢、陈衍、吴曾祺、高士奇、林徽因、冰心、陈岱孙、侯德榜、陈景润等一大批杰出人士。而今，一位通儒何振岱，随着时代脉搏的跳动，也出现在学术界眼前。

何振岱（1867—1952年），字梅生，梅叟、心与、觉庐老人、龙珠居士，自署"皈依佛弟子"，人称"枚公"。多次参加科举考试未获突破，拜理学大儒谢章铤为师。按照蔡元培所提倡的，他走的是《后汉书·郑玄传》中所说"囊括大典，网罗众家，删裁繁芜，刊改漏失"的路子，终成为通儒。他属于那种名士风范十足的大儒，清癯如鹤，心志高洁，诗琴书画无不精湛，"淑身如玉，耿介自守"[2]。其诗词、史志、书画、琴艺，均称绝。"寓庐虽陋，犹弦歌自若也。"[3]何振岱的老师谢章铤赋诗赞美其诗作：

却从丛菊纷披后，喜与幽兰结德邻。独有寸心贯金石，不妨只手障烟尘。神龙戏海关全力，天马行空见古人。索句惨儋肝胆地，果能惨儋得生新。（惨儋须知为生新之本。此戊戌冬初，先师赐赠诗也。尚有语学三则见《赌棋山庄余集》中。）[4]

谢章铤称何振岱"以诗文见质"[5]，对其诗文创作给予了充分的肯定。

除了诗文创作外，何振岱还擅长书画。其女弟子叶可羲赞其："不独诗文擅长，书画亦臻妙品。在京时，常携干粮，游故宫博物馆（院），观赏古人墨迹，竟日忘归。故其字画清隽飘逸，得者虽只字片楮，无不珍惜。"[6]何振岱对于绘画的体会很深，说：

近日弹《石上流泉》，有风湍松籁之趣，今年画事全不讲矣。每欲作画，辄遇一种可看之书，书一上手，便抛不下，不顾及画也。吾年老矣，只要胸中画趣氤氲，何必求之于纸上？且世间真解画趣者疑无其人，解之者其或耐轩与坚庐乎。体弱者渐游于武事，如舞剑、打毯等事，可习为之，不当过劳耳。王雨农先生曰："人之有道。风雨可使从欲；况吾身之血气，何难使之调和？"先生此言诚壮矣哉！晨起檐际微雪旋晴，温琴两操。写隶书六张即止，不敢贪。案上梅花七八分开，菊一盆，瘦健。[4]

据陈昌强点注的《致何振岱书札》(一)所注:

  丁亥冬抄,予读书于南京图书馆,于黄卷旧籍之中,偶见何振岱编《谢陈二公墨迹合印》一册,殆影印所藏福建晚近名儒谢章铤、陈宝琛之诗文尺牍,民国年间北平琉璃厂宝晋斋南纸店版行。凡十数页,字迹多行草,良可辨识,影印颇佳,恍然如对原稿。披览之余,见其中多陈宝琛致何振岱书札,皆作于侍应清逊帝溥仪避居天津之时,涉及文字捉刀、师友唱和、亲朋往来诸事,并兼及晚近名人遗事;而南北交争、神州鼎沸之民国景况,亦可窥见一斑。[3]

可见何振岱编辑师友作品之精益求精。不仅其师友的书法属于上乘,何振岱自身的书法亦属上乘。其书法作品,兼有宋徽宗瘦金体和赵孟頫的成分,是两人书法精华的合体,表现出雪胎梅骨、傲霜而立的特征,不过被其过高的诗名所掩盖。

除了诗、书、画之外,何振岱还精通琴艺。"又工七弦琴。近岁此道几无知者,赖先生传弟子数人,免为绝响。"[6]

二

何振岱以工诗著称。1909 年,他在上海为陈衍扇面上题写的诗作《孤山独坐雪意甚足》:"山孤有客与徘徊,悄向幽亭藉绿苔。钟定声依无际水,诗成意在欲开梅。暮寒潜自湖心起,雪点疑随雨脚来。一饮恣情宜早睡,两峰晓待玉成堆。"[7]使其名声大振,见其诗者,无不击掌叫好。1916 年,有《题陈君尺山麻风女传奇》发表在《中华妇女界》,此诗的发表使其在文人中崭露头角。1920 年,在著名的《东方杂志》又连续发表《于山戒坛石壁古榕下作寄慧明杭州》《杭州泛湖杂诗寄陈仁先》《寄题苍纠阁》《闻仁先自京都归杭州喜寄》等作品。1923 年,何振岱应柯鸿年之邀赴京,与陈宝琛以及陈三立、郑孝胥等名流交游。其诗作得其恩师谢章铤先生肯定,果能惨淡得新生。他一生"结习恒在诗篇,恨不能尽抒所见,若鸟之春,虫之秋,自鸣自止,有合于天者,郁然之情,庶借此一宣乎?"[8]诗作既注重意境,又突出风骨,为近代"宗宋"诗群的重要人物之一。时人评云:"何枚生如空谷佳人,无言倚竹。"[9]

何振岱的词作流传不广,有《我春室词》一卷。其词作除了常见的词牌无不精到外,还有现在很少见人使用的词牌,如"一萼红""长亭怨慢""双瑞莲""山花子""翠楼吟""东风第一支""玉漏迟"……几十种词牌,都信手拈来,每有得心应手之作。陈兼与云:"(何振岱)有《采桑子》云云,淡语有情景,风格在五代、北宋人之间,不易及也。长调如《百字令》云云,又题'饮水词'《八声甘州》云云,后二首似皆悼亡之作,哀玉之音,沈郁悱恻,白石、碧山之逸响也。"[10]

除诗词之外,何振岱的楹联也是佳作。如他在西禅寺的两对名联:

一瓣心香，愿长然乎禅界；
千年宗境，祝无蚀之神光。[11]

真空不坏，大众何忧，伫看鲸海迴风，还涌中天圆相月；
丈室本宽，同参并悦，须信凤山演法，能容广座五千人。[12]

此两联成为西禅寺永远的珍品。

何振岱还精通诗论。他在《北游纪略》里说："'诗言志'一语，引而未发，人苟性情不凡，即是诗之根本，失其不凡之性情，安有不凡之言语？鸱作凤鸣，豕具麟彩，不几于妖乎？"[13]他发挥诗论大家严羽的"羚羊挂角，无迹可求"（《沧浪诗话·诗辩》）之意，提出"绝句宜若仙露明珠，轻匀无迹"[13]。又说："音节须讲，少与人酬和，少作近体，多为古体，少用赋体，多比兴体。不必苦思索，不宜用陈言。愚之所欲言者，如斯而已。君德性纯厚，学与养皆过人。于此事也何有？里居苦寂，故友凋零殆尽，出门无可诣者，君其念我乎？"[4]何振岱还深入地论述了个人学养与诗文创作的重要关系。他在《与耐轩、坚庐书九则》中说：

《楞严经》云："眼以睡为食。"窃谓既以睡饱眼矣，尤宜食之以经史诗文，更食之以山水花木，否则惟睡之饱，而眼仍若饥也。晨兴诵《庄子》腐鼠吓鸱之言，不觉一笑；又诵诚斋"犹在桐花竹实中"句，又为凤凰太息。桐花、竹实相见以天，俱游于无碍中，乃真证耳。朱文公语廖德明："器之成毁有数，人则不然。跖、舜自变，而吉凶亦随之易。但当充广德性、力行好事耳。"是真至论！[4]

唐司空图在《诗品·洗炼》说："犹矿出金，如铅出银，超心冶炼，绝爱缁磷。空潭泻春，古镜照神，体素储洁，乘月返真。载瞻星辰，载歌幽人，流水今日，明月前身。"强调诗作的历练之功，何振岱名副其实地践行了司空图的理论。其少年时期的好友龚葆銮1893年写的《题梅生诗卷后》有"冥心觅句时长哦"[13]之言，赞其历练的认真。

综上所述，何振岱的诗、词、楹联创作及诗论都有突出的成就，但犹以诗作著称于世。陈宝琛对其诗作极为欣赏，认为其"大作清婉，读了口角生香"[14]。又说其："大作平实坚致，循诵再三，无可增损。"[14]钱仲联在《近百年诗坛点将录》中指明："读何梅生诗，如置身九溪十八涧间，隽永刻炼，虽无弘伟之观，无愧山泽之癯。"[15]其诗友陈衍赞其："幽远精深，一时罕有其匹。真诗人之诗也。""诗语能自造而出以自然，无艰涩之态。"[16]正如今传是楼主人①在《今传是楼诗话》中所说："闽县何梅生

---

① 今传是楼主人，王揖唐晚年之号。王揖唐（1877—1948年），安徽合肥人，初名志洋，后改名赓，字一堂，号揖唐，别号逸塘。

（振岱），有《姑留稿》。听水、石遗、海藏诸老，称其能诗，清言见骨，戛戛独造，而又不失之艰涩，亦云难矣。"[17]

三

何振岱不是思想家，但是对天人之际却有许多精辟的见解。他论述说：

> 不杀胎，不殀夭，不覆巢，不合围，不掩群。弋不射宿，钓不以纲，田不以礼，曰"暴天物"。圣人之爱惜生物何其周也。……能俾天地欣合，阴阳和邕，胎生者不殰，而卵生者不殈，兽不狘，鸟不獝，鱼鲔不淰，四灵可以为畜，故其称曰："鸟兽鱼鳖咸若"，曰"百兽率舞，凤凰来仪"。呜呼，此岂以残杀能致之哉？喙动之物莫不有性。虎狼至毒而有父子，蝼蚁至微而有君臣，鸿雁之有兄弟，睢鸠之有夫妇，驺虞不履生虫、不践生草，乌乌为其母反哺，牛为人代耕，犬为人居守，此其为仁义，何可胜数？而人或不如斯也，反日残而啖之可乎？鹿毙于矢，其麛反顾恻之，射者未能不怃然也。鹑将就食，感主人以转穀之咏，闻者未能不动心也。射鹑者引弓入林，则一林之鸟皆鸣；屠狗者带索行市，则一市之犬皆噪。彼物岂甘就死亡哉？[4]

为了不遭到自然界的报复，他告诫人类，"与天地相通，庶几可免于劫运。"[4]何振岱为人坦诚自然，决不伪装。他坦承："我何振岱是读孔孟书的人，爱憎分明，难道污，可以阿其所好吗？"[18]他不求呼风唤雨，不慕声色犬马，远离奸邪，一身正气，抚琴养性，追求完美，是士的杰出代表。

在为学方面，古人有许多激励学习的名句。而何振岱则赞赏"勤学"二字，"定无后悔惟勤学，各有前因莫羡人"（何振岱书房楹联）。他主张："为学总须有强毅之志气，抛下俗情，专心专力于一途，所谓绝利一源，用师十倍。断绝了非分之欲，集中精力于一处，就可以催发出巨大的力量。"[19]王国维治学三境界，有"众里寻他千百度，蓦然回首那人却在灯火阑珊处"之句，是说功到自然成的道理。何振岱也认为，为学"皆有困境，打过困境，则到自在之境。能知艰苦，可以振人心志，鼓人心力。凡为艺者，不可不晓"[20]。他自己则是经常阅读至深夜，甚至"时方五鼓，烛光萤萤，寒风穿壁，片石犹未醒也"[21]，仍然手不释卷。认真教育学生是他一生的宏愿，期望学生个个成才："愿松成盖笋成林，老去难消只此心。"[4]何振岱的学生男女都有，福州著名的"寿香社十才女"更是其得意弟子，这在中国教育史上是罕见的。他重视国学研究，提倡学生要既当文人，也当学者。他建议学生："约定三数人共治一经，或一子、史，以有札记批评为着实功夫，不特成己，兼可成人。"[13]他在《与超农书》中说：

> 读书先求其要者……（《四库书目提要》）凡数十类，皆有总提要，即总论也。草书抄，每日一篇，约二三月可毕……此为第一步入手之大道路。夫名为士人，而于古今经史源流不能明白，遑论其他？君诚有志，请先理此，以后应读之书亦不多也。经、史之数有定，人能熟一经一史，便成学士。子部要者亦不过数类，集部则当看者更不必多，直浏览足矣。大抵得要则易成，泛及则虽勤不足道也。[13]

他教育学生治学要有个性和特点，发前人之所未发。他以天地珍物为喻，说：

> 盖天地之气所钟，寡则珍而众则贱。吾尝残秋履野，茅苇弥望无一茎秀者，众之生也，其适然生也，非生之者之所……若夫君子之修身也，众人所趋之途必宜敛足，众情共溺之欲必须知防，况于变谔谔之素以从诺诺之徒乎？是故君子不弃刍荛之言，亦不徇喧嚣之口，独至之见，独明之几，运而行之，众初疑之，亦终颂之。[4]

何振岱最先支持女性解放，不仅为陈天尺创作的《麻风女传奇》叫好，而且招收女弟子，精心培育，使福建文坛出现了一批杰出女诗人、女文学家。何振岱后人何云回忆说，何振岱曾经收养过六七个弃婴，并一一为她们取了名字。在他看来，人一落地，便是精灵，男女一样。

何振岱还保持高尚的民族气节，当他得知郑孝胥成为汉奸之时，便和他断绝了朋友关系。得知"日人又入我国领海捕鱼，青岛、龙口，船二百余只，用铁网捕鱼，一昼夜可满一船，交涉无效"时，他大呼"可恨！可恨！"[20] 日本人慕名聘其为顾问，被他断然拒绝。

何振岱重视涵养，他欣赏其师谢章铤："与后生谈论，亦笑容满面，前辈温和之气从涵养中出，自然与众不同。"[20] 所以他认定："涵养两字，便是卫生秘药，曾湘乡（国藩）以竹叶禾穗比之，极精。"[20] 追求一种"寓于淡定无求之中""迹在所遗"[20] 的境界。

长期以来，何振岱在史学界和文学界没有被关注，近些年才逐渐显露出来。这位通儒虽然长期无声无闻，然而一旦被发现，其品格之高尚，其学问之扎实，其书法之烂漫，其训导之谨严，就会被学术界所认可。

注释

[1]《纪念何振岱150周年诗歌音乐舞蹈晚会10月28日举行》，http://www.usaphoenixnews.com。
[2] 袁志成：《晚清民国词人结社与词风演变》，湖南师范大学出版社，2015，第205页。

［3］陈宝琛：《致何振岱书札》，载陈绛主编《近代中国》第 19 辑，陈昌强点注，上海社会科学院出版社，2009。
［4］何振岱：《何振岱集》，福建人民出版社，2009。
［5］谢章铤：《谢章铤集》，吉林文史出版社，2009，第 196 页。
［6］叶可羲：《忆怀先师何振岱先生》，载福建省政协文史资料委员会编《文史资料选编》第 3 卷，福建人民出版社，2001。
［7］钱仲联：《近代诗三百首》，浙江古籍出版社，1990，第 280 页。
［8］何振岱：《何振岱〈蕙愔阁诗〉原序》，载福建省文史研究馆编《蕙愔阁诗词》，福建美术出版社，1993，第 120 页。
［9］汪辟疆：《光宣以来诗坛旁记》，辽宁教育出版社，1998，第 123 页。
［10］陈兼与：《闽词谈屑》，载严迪昌编《近现代词纪事会评》，黄山书社，1995，第 354 页。
［11］童辉：《中国楹联大全》，外文出版社，2012，第 234 页。
［12］释赵雄：《长庆诗声福州怡山西禅寺古今诗词楹联选》，海峡文艺出版社，2013，第 268 页。
［13］卢和：《寿香社十才女之师何振岱其人》，《闽都文化》2016 年第 6 期，第 86～91 页。
［14］孟丰敏：《福州女性为何如此独立？因为何振岱、严复、陈宝琛》，http：// blog. sina. com. cn/139baby。
［15］游友基：《陈衍、何振岱结怨之谜》，《闽都文化》2016 年第 5 期，第 59～63 页。
［16］陈衍：《石遗室诗话》，郑朝宗、石文英校点，人民文学出版社，2004，第 94 页。
［17］王逸塘：《今传是楼诗话》，上海书店出版社，2002，第 250 页。
［18］游友基：《闽都文学与文化漫论》，鹭江出版社，2013，第 215 页。
［19］郑立：《冷月无声：吴石传》，中共党史出版社，2012，第 185 页。
［20］何振岱：《何振岱日记》，福建人民出版社，2016，第 7 页。
［21］何振岱：《跋惜抱先生尺牍》，载韦力编《芷兰斋书跋续集》，国家图书馆出版社，2013，第 197 页。

《清人诗文集总目提要》订补

——以李瑞和等八位福建籍作家为中心[*]

朱则杰[**]

摘　要：今人柯愈春所著《清人诗文集总目提要》，从清代诗歌（包括散文）文献学的角度来说，代表了迄今为止该领域学术研究的最高成就。因此，对其中难免存在的若干舛误与疏漏进行订正与补充，从而使之尽可能地趋于完善，也是很有意义的。当然这些遗留下来的问题，其难度相对来说也最大。今据平日读书所得，就其中李瑞和、郑邦祥、曾异撰、阮旻锡、林兆熊、林蕙、林廷禧，以及林云铭、林先春、何尔瑛等福建籍作家的有关问题予以订补，供作者及相关读者参考。

关键词：清代诗歌　福建作家　《清人诗文集总目提要》　《清人别集总目》

在清代诗歌（包括散文）文献学研究领域，21世纪初相继出版了李灵年、杨忠共同主编的《清人别集总目》和柯愈春所撰的《清人诗文集总目提要》两种巨著（版本详后）。两书均为16开三大册，各著录清代作家近两万人，别集约四万种。特别是《清人诗文集总目提要》（以下简称《提要》），更可以说是后出转精，代表着目前该领域研究的最高水平。

但不难想见，涉及这么多的对象，即以《提要》而论，这里面的各种疏忽、缺漏乃至错误，自然也是难以尽免的。遗留下来的这些问题，一般说来其难度恰恰也是最大

---

[*] 本文原载于《闽江学院学报》2017年第4期。本文为国家社会科学基金重大招标项目（14ZDB076）的阶段性成果。

[**] 朱则杰（1956~），男，浙江永嘉人，文学博士，浙江大学传媒与国际文化学院教授、博士生导师。

的。对这些问题进行订正和补充,正可以使两书更趋完善。特别是关系到《提要》本身以及日后《全清诗》《全清文》等内部排序的作家生卒年问题[1],更是解决一处是一处,完成一家是一家。因此,笔者在日常读书过程中有所发现,就随时将它们记录下来并陆续整理成文,相继分组发表,提供给编撰者以及其他有关读者参考。本篇专取李瑞和等福建籍作家,仍旧按照《提要》著录的先后立目排序,依次考述;有些同时涉及《清人别集总目》的问题,也附此一并予以指出。

一 李瑞和

李瑞和,《提要》定其卒年为清顺治十二年乙未(1655年),其"生年不详"。[2]

按这个卒年,联系江庆柏编著的《清代人物生卒年表》"李瑞和"条来看,其依据是徐鼒《小腆纪传》卷五十七之"本传"。[3] 学术界某些研究凌濛初、金人瑞等著名文学家的专著(具体从略),在涉及李瑞和时,基本上也都是据此介绍,该传有关原文如下:

> 李瑞和……漳浦人。崇祯中进士,官松江推官……寻擢御史,视鹾两浙。丁艰归,家居四十四载,竟不出……国变后十二年而卒。[4]

检明嘉靖《钦定重修两浙盐法志》卷二十一《职官一》"职官表·官纪·明"末尾相关记载[5],李瑞和于明末崇祯十五年壬午(1642年)始任两浙巡盐御史,即"视鹾两浙";其下一任两浙巡盐御史李斑,始任于崇祯十六年癸未(1643年),按逻辑推理应该就是李瑞和"丁艰归"的这一年。自此李瑞和"家居四十四载",则他绝对不可能卒于"国变后十二年"亦即清顺治十二年乙未(1655年)。这也就是说,《小腆纪传》这段叙述明显存在自相抵牾之处。

又李瑞和外孙蔡衍鎤《操斋集》"文部"卷十五《先妣慈肃李太君行述》曾经叙及:

> 妣李姓……父讳瑞和,崇祯甲戌进士,官监察御史,巡盐两浙,以惠政闻……值康熙甲寅闽藩作乱,海贼因之……于时侍御公为贼所羁,众莫敢近。妣及考不避艰险,厚赂守者,朝夕馈食无失;而妣又断指燃灯,仰求神祐,至诚所格,果脱于难。侍御公每对人,必太息流涕曰:"古人言生女勿悲,乃今日见之。"丁巳春,大师入闽……[6]

这里的甲寅为清康熙十三年(1674年),此时三藩之乱爆发,而侍御公李瑞和至少当时仍然在世。可惜该篇下文没有再说到李瑞和,其他如"骈部"卷六《代家侄祭外祖文》[7]也没有具体交代李瑞和的卒年。

李瑞和同乡后学、已故张兆基所著《漳浦历史名人传略》一书，其中有一篇《李瑞和》，恰恰卒年以及生年、享年一应俱全。"瑞和生于明万历三十五年（1607年）。"[8] "清康熙二十五年（1686年）在家逝世，终年八十岁。"[9] 这里的卒年，上距明崇祯十七年即清顺治元年甲申（1644年）"国变"乃是四十二年。由此推测，《小腆纪传》所谓"国变后十二年而卒"，"十二"之前恰巧应该是脱漏了一个"四"字，这样其与崇祯十六年癸未（1643年）李瑞和"丁艰归，家居四十四载"（按头尾计）也就正好一致了。

张兆基生前曾经担任过新编《漳浦县志》的总编，不幸中途因病逝世。他长期致力于乡邦文化研究，熟悉地方文献，即如这篇《李瑞和》的传记，就我们所知的部分史料进行抽检核对，无不十分可靠，哪怕是细小的其号顽庵，虽然《提要》未及，而在蔡衍鎤《操斋集》"诗部"卷七《哭外祖李顽庵先生》一题内也可以得到佐证。[10] 如此看来，这篇传记特别是其中那些关键性的信息，虽然没有注明来源，但其背后一定有类似于墓志铭或家传、家谱的原始文献作为依据，值得我们采信。倒是后来正式编定出版的《漳浦县志》最末卷三十八第一章《人物传》中的《李瑞和》，称其"终年79岁"[11]，这是由于编者不熟悉古人按虚龄计年岁的传统习惯，而犯了净减的错误（包括其他大量历史人物）。

另外，《清人别集总目》也著录有李瑞和[12]，生卒年标注为"？～约1656"。这里的卒年尽管处理得比较审慎，但在根本上还是受了《小腆纪传》的误导。

附带提及，关于张溥《七录斋诗文合集·文集近稿》卷三有一篇《李宝弓司李稿序》[13]，不知现存李瑞和（宝弓其字）别集卷首是否也曾收录。

二 郑邦祥

郑邦祥，《提要》缺少生卒年。[14]

按《提要》曾根据郑邦祥集内的交游诗歌，大致推测其"明末清初时在世"。但郑方坤《全闽诗话》卷八《明》"先曾祖孟麐公"条，从郑方坤友人吴文焕《剑虹续稿》辑录出一篇类似传记的文章，其中叙及：

> 郑邦祥，一名绂，字孟麐，著述甚富……遇不酬才，年不符志……天启癸亥除日，韶阳溪上忽得句云："五千归路才过半，四十行年尚待三。"语亦无大沉痛，而不知其为诗谶也。[15]

这里癸亥为明天启三年（1623年），当时郑邦祥应该是三十七岁，逆推其生年为万历十五年丁亥（1587）。又，既然称作诗谶，那么郑邦祥的去世时间应该就在得句之后不久。今人陈庆元所著《徐𤊹年谱》"天启四年甲子（一六二四）"条即附带记载有"郑邦祥卒"，依据系其友人陈衎的挽诗。[16]关于郑邦祥的出生，该年谱同样依据陈衎的有关诗歌作品，列在"万历十四年丙戌（一五八六）"条[17]，与上文推算相差一年。不管怎么说，郑邦祥属于明代人，这一点确信无疑，因此《提要》应将本条删去。

另外，《清人别集总目》也著录有郑邦祥[18]，但关于作者没有任何介绍，也应当删去才是。

三　曾异撰

曾异撰，《提要》[19]及《清人别集总目》[20]均定其生年为明万历十九年辛卯（1591年），而卒年尚缺。

按李世熊《寒支初集》卷八有《同社祭曾弗人》一文，开头说：

> 曾子弗人死之十九日，其同社友董养河等颀然见曾子不死也。死矣乎？死矣！于是促节数声而招之……[21]

末尾所署时间为"崇祯甲申年正月二十二日"[22]，如此按照头尾计算，曾异撰（字弗人）盖卒于崇祯十七年正月初四日（1644年2月11日），当时明王朝还没有灭亡[23]，《提要》及《清人别集总目》应当将本条删去才是。

附带提及，关于明清交替之际，同时存在两个同姓名的曾异撰，《明史》各有记载，后世相关辨析也很多，必要时应当加以注意。

四　阮旻锡

阮旻锡，《提要》缺少生卒年。[24]

按阮旻锡的生年，今人已经考察确切，例如《第九届明史国际学术讨论会暨傅衣凌教授诞辰九十周年纪念论文集》最末所收何丙仲《郑成功部属阮旻锡与〈夕阳寮诗稿〉》一文，第一部分"阮旻锡的生年及其家庭"第一个问题就是关于生年。该处首先介绍张宗洽的研究成果：根据阮旻锡《海上见闻录定本序》署款"岁丙戌（清康熙四十五年，1706年）六月朔日，八十叟轮山梦庵书"（梦庵为其号），考证出其生年为明天启七年丁卯（1627年）。何丙仲继而进一步说：

> "诗稿"有多处史料可资补证，如卷三《四十歌》前有短序云："丙午冬，余客都门，年已四十，时已（而）称老。"康熙丙午（五年，1666），阮旻锡自称四十岁。又"诗稿"卷九《（丙寅）人日》有句云："晴明难得逢人日，衰老其如属

兔年。"诗后自注:"予生丁卯岁。"由此,阮旻锡的生年可以确定为天启七年丁卯(1627)。[25]

如此推论,确实更加令人信服。后来何丙仲校注的阮旻锡《夕阳寮诗稿》正式出版,书后还附有《阮旻锡先生年谱》[26],查阅十分方便。

此外,车萍萍《阮旻锡〈燕山纪游〉考》一文,第一部分也曾引据上及阮旻锡《海上见闻录定本序》署款,特别是李清馥《闽中理学渊源考》卷三十三《征士丘钓矶先生学派·征士丘钓矶先生蔡·备考》所收"轮山阮氏旻锡书先生《却聘诗》辨正"署款"癸巳(康熙五十二年,1713)仲春上弦,后学八十七叟轮山阮旻锡书于类村之回清亭"的记载,来考察阮旻锡的生年。[27]但该处推论阮旻锡"生于明天启六年(1626)",那是由于不熟悉古人按虚龄计年岁的传统习惯,而正确的结论恰恰应是天启七年丁卯(1627年)。

附带提及,关于阮旻锡的诗集,《提要》著录清顺治十五年戊戌(1658年)魏氏北京刻本《阮畴生诗集》(字畴生)四卷[28],内含《行吟集》《涉江集》《中州集》《并山集》凡四个小集。而上述《夕阳寮诗稿》,其底本分体编次,凡十二卷(其中卷一、卷二"五言古诗"两卷"原本缺失"),据作者(署法名超全)自跋乃于清康熙三十二年癸酉(1693年)由丁炜帮助在江苏南京付刻[29],可知与《阮畴生诗集》并非同一书,《提要》所谓"当同指一书"云云应当酌改。

又吴格整理的《翁方纲纂四库提要稿》集部"别集类·清"有一种阮旻锡的诗集《夕阳寮存稿续集》[30],凡五卷,内部同样分体编次,所录作者自序作于康熙四十五年丙戌(1706年)"年八十";该处还录有不少具体的作品或篇名,并有若干翁方纲的按语。这不但可供《提要》作为补充,而且上述《夕阳寮诗稿》如果日后再版,也应当予以吸收。该处还特地摘录阮旻锡于康熙四十一年壬午(1702年)所作《壬午岁除》云:"七十六年如电过。"及康熙四十三年甲申(1704年)所作《甲申元日诗》云:"七十八年云水僧。"[31]不但可以推算阮旻锡生年也是明天启七年丁卯(1627年),而且可以想见翁方纲对考察人物生年的重视。

又关于阮旻锡诗集的序文,除《提要》已经叙及的魏世俨一篇之外,曾见沙张白《定峰文选》卷上[32]、丁炜《问山文集》卷一[33],各有一篇与之同题的《阮畴生诗集序》。我们结合有关内容与上述自跋推测,可知实际分别为《阮畴生诗集》《夕阳寮诗稿》而作,《提要》与上述《夕阳寮诗稿》同样可以补充。

五 林兆熊

林兆熊,《提要》已据本集《湖山漫草》内清康熙元年(1662年)"壬寅年作《初度自述》称,'五十九年身,风雨不堪陈'",推得其生年为明万历三十二年甲辰(1604

年），而卒年尚缺。[34]

按《提要》卷八著录的林云铭[35]，是林兆熊的次子，其《挹奎楼选稿》卷十一有《先府君行状》，记载有林兆熊的忌日及享年等内容：

> 康熙八年（己酉）春二月乙亥（十二日），先府君以天年捐馆……府君讳兆熊，字天泽，别号渭庵……著有《湖山漫草》诗集……享年六十有六。[36]

这里的忌日，换算作公历为1669年3月13日。由此逆推其生年，与《提要》所推正相一致，只可惜生日仍旧不详。有关字号，则可以补正《提要》所谓的"字渭庵"。

附带提及，关于林云铭，其生卒年《提要》阙如；《清人别集总目》作"1628～1697"[37]，但未详所据。而韩国金渊洙《〈楚辞灯〉作者林云铭生卒考及行年疏证》一文，对此有详细考证。[38] 又官桂铨《林云铭的生卒年》一文[39]，虽然只依据民国三年（1914年）重印清乾隆刻本《濂江林氏家谱》这一种资料，却能够具体到生日和忌日，尤其珍贵。该处也曾提到林兆熊，不过因为不是主角，所以他的生卒时间恰恰被省略掉了，而循此线索，日后仍有查补完整的可能。

六　林蕙

林蕙，《提要》已定其生年为明万历三十三年乙巳（1605年），而卒年尚缺。[40]

按清光绪九年癸未（1883年）最终续补成书的郭柏苍、刘永松两人合撰的《乌石山志》卷七《人物》"国朝"第一人林蕙之"小传"曾说："康熙戊午，年七十六卒。"[41] 又光绪十六年庚寅（1890年）成书的郭柏苍、杨浚两人合辑的《全闽明诗传》卷五十三"崇祯朝·八"林蕙"小传"附录《乌石山志·人物传》改作："康熙己未，年七十七卒（按蕙七十六始丧偶）。"[42] 这里"戊午""己未"依次为清康熙十七年（1678年）、十八年（1679年），而自然以后者为准。

不过郭柏苍等人所说的林蕙享年或者说据以逆推的生年——万历三十一年癸卯（1603年），却明显不可相信。而《提要》曾一再列举林蕙编年诗集《让竹亭诗编》内的作品，即清康熙二年（1663年）所作《癸卯初度》有"蹉跎五十九年更"之句，康熙三年（1664年）所作《甲辰元旦》则有自注"是年予六十"，逆推其生年都是明万历三十三年乙巳（1605年），因此这一点可以确信无疑。正如《提要》所说，集内"诗止于康熙十七年，作者时已七十有四"。结合上文有关记载，林蕙应卒于康熙十八年己未（1679年），享年七十五岁。

附带提及，关于《提要》本条最末接着说：

> （《让竹亭诗编》）前有《读让竹亭诗编漫题》，署"弟林先春拜手，时年七十

八",则刻集当在康熙二十一年后……[43]

这似乎是把题词者林先春的"时年"误作了林蕙的"时年"。

又《清人别集总目》著录林蕙《让竹亭诗编》[44],但作者误作了另一位同省、同姓名的女诗人。

七　林廷禧

林廷禧,《提要》定其生卒年为清嘉庆二十三年戊寅(1818年)至清咸丰六年丙辰(1856年)。[45]

此处生年可疑。《提要》本条曾同时叙及林廷禧"年十八登道光十三年(癸巳,1833)进士"。此说可能源自其同时代同乡魏秀仁所撰《陔南山馆诗话》卷三:"林范亭观察廷禧……年十八登许眉榜。"[46]但假如据此逆推,那么林廷禧的生年应该是清嘉庆二十一年丙子(1816年),相差两岁。又假如从嘉庆二十三年戊寅(1818年)下数,那么林廷禧进士登第时应该是十六岁,例如后来王之春《椒生随笔》卷六"少年科第"条就说:"国朝侯官林廷禧于道光……癸巳捷南宫,年才十六。"[47]虽然这两种说法都未尝没有依据,但《提要》将其放在一起,至少造成了自相矛盾,使读者不知所从。

彭蕴章《松风阁诗钞》卷十八有《题侯官林节母课孙图(节母余氏,为观察廷禧之祖母)》《题林范亭观察廷禧诗钞》连续两题各两首,据集内作品编次均作于清咸丰四年甲寅(1854年),而第二题之一云:

> 黄童对日早知名(君少有"神童"之目),人海星霜廿载经。已看科名推老辈(君年十七成进士,迄今已阅十二科,年尚未四十),问年还似醉翁亭(欧阳公作《醉翁亭记》,时年才三十九;《记》中所云"苍颜白发"者,盖戏之耳)。[48]

这里"问年还似"欧阳修,"时年才三十九",属于一般比拟之辞,可置不论;而具体所说,则是林廷禧"年十七成进士"。两题诗歌都不像《陔南山馆诗话》等书那样写于林廷禧身后[49],而明显都是当时当面所作,因此最值得相信。后来如吴仰贤《小匏庵诗话》卷六也说:"道光间侯官林范亭观察廷禧,年十七成进士。"[50]据此逆推,林廷禧应该出生于清嘉庆二十二年丁丑(1817年)。

附带提及,关于林廷禧的字号,曾见陈庆镛《籀经堂类稿》卷十二道光十六年(1836年)《丙申四月四日江亭展禊后序》,所列该次集会人物最末一人为"侯官林廷禧孝源"。[51]这就是说,林廷禧字孝源,再结合其诗集《范亭诗初草》的书名来看,范亭则应该是号而非《提要》所谓的字。

又《清人别集总目》著录林廷禧[52]，生卒年均缺，则可据上文所述酌予补充。

另外，正如上述彭蕴章诗歌第二题之二自注所说，林廷禧"为观察李兰卿前辈之婿，兰卿亦少年登第"；而关于李彦章（兰卿其字）登第的具体年龄，也至少有十六岁、十八岁两说，可见拙作《〈啸亭杂录〉三条》第三条"'青年科目'条"。[53]

八　何尔瑸

何尔瑸，《清人别集总目》著录其民国二十六年（1937年）排印本《丁戊山馆吟草》，但作者没有介绍，并且"瑸"字因形近而误作"琪"。[54]

何尔瑸字玉瑜，号止泉道人，福建闽县（今福州）人，清光绪十四年戊子（1888年）举人，会试不第，以授徒为生。他曾与前述李宗言兄弟等人同结"支社"，社诗总集《支社诗拾》卷首《支社同人齿序》《支社作者姓氏爵里表》有其基本信息；光绪末年朱景星修、郑祖庚纂《闽县乡土志·耆旧录·二》"学业·国朝"最末《文苑》"何尔瑸（周长庚、李格等附）"条，即以何尔瑸立传，而附及一部分社友及他人；另一社友陈衍，其《陈石遗集·石遗室文四集》内有一篇民国十一年（1922年）为何尔瑸遗稿而撰的《丁戊山馆未定稿叙》，则所指很可能就是《丁戊山馆吟草》，有关情况均可参见拙作《清末福州诗社"支社"考辨》。[55]

《提要》未收何尔瑸，依照体例应当予以补充才是。

注释

[1]《清人别集总目》虽然按作家姓氏笔画排序，但各家小传也力求注明生卒年。

[2][14][19][24][34][35][40][43] 柯愈春：《清人诗文集总目提要》（上册），北京古籍出版社，2002，第5、7、12、44、45、200、50、50页。

[3] 江庆柏：《清代人物生卒年表》，人民文学出版社，2005，第296页。

[4]（清）徐鼒：《小腆纪传》（下册），中华书局，1958，第633页。

[5]（清）颙琰：嘉庆《钦定重修两浙盐法志》，《续修四库全书》第841册，上海古籍出版社，2002，第467页。

[6][7][10]（清）蔡衍鎤：《操斋集》，《四库未收书辑刊》第九辑第20册，北京出版社，2000，第431~432、502~503、123页。

[8][9] 张兆基：《漳浦历史名人传略》，厦门大学出版社，1989，第55、57页。

[11] 漳浦县地方志编纂委员会：《漳浦县志》，方志出版社，1998，第1126页。

[12] 李灵年、杨忠：《清人别集总目》第1册，安徽教育出版社，2000，第826页。

[13]（明）张溥：《七录斋诗文合集》，《续修四库全书》第1387册，上海古籍出版社，2002，第324页。

[15]（清）郑方坤：《全闽诗话》，福建人民出版社，2006，第416~417页。

[16][17]陈庆元：《徐𤊹年谱》，广陵书社，2014，第452、86页。

[18][37][44][52][54]李灵年、杨忠：《清人别集总目》第2册，安徽教育出版社，2000，第1498、1363、1360、1368、935页。

[20]李灵年、杨忠：《清人别集总目》第3册，安徽教育出版社，2000，第2275页。

[21][22]（清）李世熊：《寒支初集》，《四库禁毁书丛刊》集部第89册，北京出版社，2000，第317、318页。

[23]另可参见谢正光著《明遗民传记索引》曾异撰名下所附"考证"，上海古籍出版社，1992年，第204页。

[25]陈支平编《第九届明史国际学术讨论会暨傅衣凌教授诞辰九十周年纪念论文集》，厦门大学出版社，2003，第402页。

[26]（清）阮旻锡：《夕阳寮诗稿》，厦门大学出版社，2011年，第307~319页。事迹编至"清康熙五十三年甲午（1714），八十八岁"（该条引文所谓"甲戌"实即"甲午"），卒年不详。

[27]车萍萍：《阮旻锡〈燕山纪游〉考》，《首都师范大学学报》2006年增刊。

[28]《提要》曾叙及"此集前有魏敬士序"，但至少魏世俨（敬士其字）当时尚未出生，则所说该刊刻时间肯定有误。

[29]（清）阮旻锡：《夕阳寮诗稿》，厦门大学出版社，2011，第260页。

[30][31]（清）翁方纲：《翁方纲纂四库提要稿》，上海科学技术文献出版社，2005，第1053~1054、1054页。

[32]（清）沙张白：《定峰文选》，《清代诗文集汇编》第99册，上海古籍出版社，2010，第632~633页。

[33]（清）丁炜：《问山文集》，《清代诗文集汇编》第132册，上海古籍出版社，2010，第499页。

[36]（清）林云铭：《挹奎楼选稿》，《清代诗文集汇编》第106册，上海古籍出版社，2010，第573~574页。

[38]〔韩〕金渊洙：《〈楚辞灯〉作者林云铭生卒考及行年疏证》，《古籍研究》1996年第4期。

[39]官桂铨：《林云铭的生卒年》，《学术研究》1981年第1期。

[41]（清）郭柏苍、刘永松：《乌石山志》，海风出版社，2001，第217页。

[42]（清）郭柏苍、杨浚：《全闽明诗传》，《全闽诗录》第4册，福建人民出版社，2011，第1885页。

[45]柯愈春：《清人诗文集总目提要》（中册），北京古籍出版社，2002，第1534页。

[46]（清）魏秀仁：《陔南山馆诗话》，《魏秀仁杂著钞本》第1册，江苏古籍出版社，2000，第112页。亦见本师钱仲联先生主编《清诗纪事·道光朝卷》"林廷禧"条，江苏古籍出版社，1989年，第14册第9740页。许眉［楣］为该科会元。

[47]（清）王之春：《椒生随笔》，岳麓书社，1983年，第78页。

[48]（清）彭蕴章：《松风阁诗钞》，《续修四库全书》第 1518 册，上海古籍出版社，2002，第 481 页。

[49]《陔南山馆诗话》已经叙及林廷禧"出巡迤西死难"。

[50]（清）吴仰贤：《小匏庵诗话》，《清诗话三编》第 9 册，上海古籍出版社，2014，第 6558 页。

[51]（清）陈庆镛：《籀经堂类稿》，《续修四库全书》第 1522 册，上海古籍出版社，2002，第 642 页。附带提及，关于此集底本，影印本新添扉页称据"复旦大学图书馆藏清光绪九年刻本"，版本与本册第 459 页原书牌记"光绪癸未秋刊"吻合；而复旦大学图书馆古籍部编《四库系列丛书目录·索引》（上海古籍出版社，2007，第 329 页）称据"南京图书馆藏清咸丰间刻本"，则误。

[53]朱则杰：《〈啸亭杂录〉三条》，载蔡宗齐、汪春泓编《岭南学报》第七辑，上海古籍出版社，2017。

[55]朱则杰：《清末福州诗社"支社"考辨》，《厦门广播电视大学学报》2015 年第 2 期。

林则徐、林昌彝佚文摭拾

陈开林

摘　要：近年来，清人别集整理成果显著。然而，囿于多方面的因素，编校整理的别集多存有不同程度的作品漏收情况。通过翻检载籍，发现闽籍作家林则徐、林昌彝集外佚文数篇，加以整理考释，以补其阙。其中，林则徐四篇：《衣䙝山房诗集评赠》《衣䙝山房诗外集序》《官子谱序》《壮怀堂诗初稿评语》；林昌彝两篇：《瓮牖余谈序》《军务备采十六条》。

关键词：林则徐　林昌彝　闽籍文人　清代别集

近年来，清人别集整理方兴未艾，成果显著，为清代文学研究提供了极为便利的平台。然而，囿于多方面的因素，编校整理的别集多存有不同程度的漏收情况。本文以闽籍作家林则徐、林昌彝为例，摭拾其集外佚文数篇，加以整理考释，以补其阙。

一　林则徐佚文

林则徐（1785~1850年），福建省侯官（今福州市）人，字元抚，又字少穆、石麟，晚年又号俟村老人、俟村退叟、七十二峰退叟、瓶泉居士、栎社散人等，清嘉庆十六年（1811年）进士，曾任湖广总督、陕甘总督和云贵总督，谥文忠，清代政治家、思想家。2002年，《林则徐全集》由海峡文艺出版社发行，分奏折、文录、诗词、信札、日记、译编六卷，共十册。该书搜罗林则徐著作颇全，为学界展开相关研究提供了

---

*　本文原载于《闽江学院学报》2018年第4期。
**　陈开林（1985~），男，湖北麻城人，博士，盐城师范学院文学院讲师，主要从事宋元明清文学、近代文学、中国古典文献学研究。

极大便利。《林则徐全集》出版后，学界亦有相关辑佚成果。① 笔者在翻检清人著述时，曾发见林则徐序文三篇，后加以整理，附以考释，写成《林则徐佚文三篇辑释》一文[1]。今又新见其佚文四篇，可补《林则徐全集》之阙，迻录如下。

1.《衣讔山房诗集评赠》

恣读大著，风骨沉雄，情韵凄婉，天资学问两者具备。五言古醇至澹泊，恃源敦厚；七言歌行屈蟠顿挫，矫健纵横，兼有抗坠抑扬之致；五言七言律震越浑宏，又复云霞缥缈；七言绝句曲折嘹亮，余意不废。盖能合子建、步兵、苏州、工部、太白、东川、义山、青丘、山谷、亭林、梅村、竹垞为一手，而复镕铸四部，囊括七略，出以沉郁之词，婉丽之旨。感慨时务，蕴抱宏深，经世大略，不朽盛事，当今作者，安得不以比事推原。读竟为之敛衽赞叹，得未曾有。

按：文载《林昌彝诗文集·附录》。[2] 林则徐从五言古诗、七言歌行、五言七言律、七言绝句几种体裁，对林昌彝的诗进行了评论，总结了其诗各体的特色。认为林昌彝"镕铸四部，囊括七略"，且能融合曹植、阮籍、韦应物、杜甫、李白、李颀、李商隐、高启、黄庭坚、顾炎武、吴伟业、朱彝尊诸人特点为一身，可谓评价甚高。林则徐不仅赞扬了林昌彝"天资学问两者具备"，更为重要的是，从其诗中读出了林昌彝的"感慨时务，蕴抱宏深，经世大略"，这与林则徐自身作为经世家的身份是分不开的。

2.《衣讔山房诗外集序》

试帖至近代而极盛，吴、纪二家各树一帜。吴以才华雄丽胜，纪以法律谨严胜，嗣是有《九家》之选、《庚辰集》之选、《七家》之选、《瀛海探骊》之选。吾乡陈恭甫先生《东观藏稿》以唐律入试帖，气魄雄迈，壁垒一新。吾宗芗豁孝廉为恭甫先生高足，直接师传，雄处极似恭甫先生，而其高超浏脱处似又过之，能于诸家外独建旗鼓。前读孝廉古今体诗，钦佩无量。今复读《外集》试帖，不禁俯首至地。庚戌七月既望，竢村退叟宗弟林则徐志于云左山房。

按：文载《林昌彝诗文集·附录》。[2] 本文主要为林昌彝《外集》试帖而发。林则徐首先指出"试帖至近代而极盛"，并对试帖诗大家吴赐麟、纪昀加以评论，指出"吴以才华雄丽胜，纪以法律谨严胜"。然后又因二人而备举当时的试帖诗选本，包括魏茂林辑《国朝注释九家诗》十一卷、纪昀选《庚辰集》五卷、张熙宇辑评的《批点七家

---

① 学界关于林则徐佚文的辑佚成果，计有：郭义山《在闽西新发现的林则徐佚文遗墨及其他》，《龙岩学院学报》2007年第1期，第29~31页；杨光辉《林则徐佚文考述》，《宁波大学学报》（人文科学版）2007年第2期，第120~123页；吴义雄《林则徐鸦片战争时期佚文评介》，《广东社会科学》2011年第1期，第131~139页；鲁小俊《林则徐佚文一则》，《江海学刊》2014年第5期，第57页。

诗选笺注》七卷、朱埏之的《瀛海探骊集》八卷。随之又提及林昌彝的老师陈恭甫的《东观藏稿》，称其"以唐律入试帖"。因之而顺势转向主题，指出林昌彝"直接师传，雄处极似恭甫先生，而其高超浏脱处似又过之，能于诸家外独建旗鼓"。序写于庚戌七月既望，即清道光三十年（1850年）七月十六日。同年十一月二十二日，林则徐逝世。因此这篇序反映了林则徐晚年的诗学见解。

3.《官子谱序》

弈，小数也。韦曜著论，陶侃投江，古人每以为戒。而好事者多喜为之，虽贤士大夫有不免焉。何哉？当夫长夏疏帘，高秋爽月，门□□□，庭有落花，随意一枰，转增幽胜。方诸戏具，差似雅驯，若乃神其说于烂柯，偶其事于担粪，皆过也。昔王荆公有诗曰："莫将戏事扰真情，且可随缘道我赢。战罢两查收白黑，一枰何处有亏成。"知公□善弈者，聊以解嘲云尔。然读其诗，何必非达观之一助乎？

按：文载林则徐辑评《官子谱》卷首。[3]李元度《国朝先正事略》所载《林文忠公事略》中有"（文忠）善饮喜弈"[4]的记载。《云左山房诗钞》更有不少提及"棋"的佳句。此序文末无题署，但寻绎内容，当为林则徐所作。

4.《壮怀堂诗初稿评语》

隶事典切，结响沉雄，诗笔于梅村为近。

按：文载林直《壮怀堂诗初稿》卷首。[5]林直，字子隅，侯官（今福建闽侯县）人，著有《壮怀堂集》。林直曾任林则徐幕僚，诗集中有涉及林则徐的作品，如《壮怀堂诗初稿》卷七有《哭宫傅家文忠公四首》，《壮怀堂诗二集》有《展家文忠公祠》。该书卷首有符兆纶、李应庚、谢章铤题词，林则徐、杨庆琛、陈偕灿、刘家谋、夏垲、谢章铤评语。袁行云《清人诗集叙录》称林则徐题词，误，且引录时将"结"作"洁"。[6]

二 林昌彝佚文

林昌彝（1803~1876年），字惠常，又字芗谿，号茶叟、五虎山人，福建侯官（今福州市）人。清道光十九年（1839年）举人，多次会试不中。林昌彝是近代学者、诗人、诗评家。生平著述甚丰，尤以经学为甚。诗文部分，则有《衣䑛山房诗集》八卷、《小石渠阁文集》六卷、《赋钞》及《诗外集》各一卷。[2]另有诗话五部。今有《林昌彝诗文集》，为《中国近代文学丛书》之一，由上海古籍出版社刊行，其中整理者辑有佚文一篇。该书出版后，未见有相关的补辑成果。今新见其佚文两篇，可补其阙，迻录如下。

1.《瓮牖余谈序》

　　夙游燕京，获交楚南奇士，曰魏默深。嗣客岭南，又获识吴中奇士，曰王紫诠。二君能文章，其才奇。默深文似龙门、西京，紫诠文似东坡、同甫。二君均通外国掌故。默深有《海国图志》，紫诠有《普法战记》，实为闻所未闻。紫诠向以《弢园文录》乞为之序，兹复出《瓮牖余谈》见示。读其书，凡忠党之殉节，贞女之死难，及各国之风俗，各贼之源委颠末，无不详载。紫诠之才，视默深抑何多让？余是以因紫诠之情，爱书之以告世读紫诠之书者。同治十二年岁次癸酉，闽中五虎山人林昌彝序于羊城天根月窟之斋。

　　按：文载王韬《瓮牖余谈》卷首[7]。王韬（1828～1897年），原名王利宾，字兰瀛，后改名为王瀚，字懒今，字紫诠、兰卿，号仲弢、天南遁叟。王韬为清末杰出的思想家、政论家，生平游历甚广，闻见甚丰，著述颇为丰富。《瓮牖余谈》共八卷，"分门别类，载所见所闻"[8]，如忠党殉节、贞女死难、各国之风俗、各贼之源委颠末等。文章从楚南奇士魏源说起，引出吴中奇士王韬，并概言二人之共性，再从王韬之书展开论述。值得注意的是，文中在谈到二人之文时，林昌彝称"默深文似龙门、西京，紫诠文似东坡、同甫"，以两汉的司马迁、张衡比魏源，以两宋的苏轼、陈亮比王韬，也为研究二人的文章提供了新的视角。

2.《军务备采十六条》

　　一、兵法著有成书者，自《阴符》《武子》以下不下百家，当以戚继光《纪效新书》及《练兵实纪》为实用。然继光之书尚有遗漏，如谓营盘用布画城墙为帷幄，以兵卒新用之棉被张挂其上以御大炮弹子，然贼匪偶用为箭、火饼、火炼等物，岂不遭其炬乎？总不如用沙袋十数重积如堵墙尤为坚固，每袋或数十斤，军士亦便携带。戚继光亦有用炮车为营盘者，此则变通之法，在乎临时也。

　　一、火攻之书如《武经总要》《武学大成》《兵镜》《武学枢机》《纪效新书》《练兵实纪》《登坛必究》《武备志》《兵录》《一览知兵》诸书，所载火攻，颇称详备，然或利于昔而不利于今，又或摭拾太滥无济实用，似非救急之善本也。至《神威秘旨》《大德新书》《安攘秘书》，其中法制虽备，然多纷杂无常，如《火龙经》《制胜录》《无敌真诠》诸书，索奇觅异，巧立名色，徒炫耳目，罕资实用。至赵氏藏书《海外火攻神器图说》《祝融佐理》，又不载法则规制，后人不易揣测。① 今按

---

① 此一段乃迻录焦勖《火攻挈要·自序》，写于明崇祯癸未年（1643年）。

军中所用以无敌者，火攻是也。先声能夺人之气，隔地能倾人之命。一丸之弹，可以毙万夫之将；一囊之药，可以败百千之兵，则制炮之法不得不用。

一、凡铸造火炮，无论长短大小，不以尺寸为则，只以炮口空径为则。譬为口径五寸，则以五寸算一径；口径三寸，则以三寸算一径。盖各炮异制，尺寸不同，惟炮口空径，就各炮伦，各炮以之比例推算，无论何炮，自无差误。如战炮空径三寸起至四寸止，身长从火门至炮口三十三径，火门前炮墙厚一径耳。前墙厚七分五厘径，炮口墙厚半径。炮口厚一径，尾珠任外，其珠之长大，各得一经炮耳之长大，俱各一径。火门至耳际得十三径，耳得一径，耳前至炮口径得十九径，此系四六比例之法。火门距耳得十分之四，带耳至炮口得十分之六也，其体重五百斤至一万斤止，其弹重四斤至二十斤止，然铸弹要空其心方能击远。

一、凡铸火炮，不拘名色，总以身长为能击远。千斤以上，必用铜为之，千斤以下可用铁。千斤必加锡十斤，自不致炸裂，故扫敌重在制炮。自二万斤至百五十斤，皆当备用，诸大炮一时迫不及制，惟炮可以扫众，可以守城，必不可少。炮口下空径五寸，火门前装药，空径二寸五分。身长从火门至炮口八径。塘口装药窄处得二径，药前宽处得六径，装药墙厚半径，炮口墙厚二分五厘径，炮底厚一径，尾珠炮耳长大各六分径，火门至耳际二径，耳得六分径，耳前至炮口得五径四分，此系四分比例之法。谓火门距耳得一分，带耳至炮口得三分，盖以炮前塘口体轻故也。又以塘口极宽故名炮。

一、凡火炮须用钻弹、凿弹、公孙弹、蜂窝弹为攻城砦之神器。钻弹以百练纯钢打成粗条，长照炮口一径半，粗得炮口一径四分之一，两头磋成尖锐，铸时光定中线，无使稍偏，并轻重长短以致歪斜，不能直贯。若攻营砦，势若拉朽。攻城则以凿弹为妙，以纯钢打成粗条，照炮口长三径，粗得一径四分之一，两头磋宽大剑形凿头，凡遇攻城，先以此弹凿破城墙，继以圆弹击之，无不推倒。公孙弹用大弹一枚，带小弹多寡不等，装时先以纸钱紧盖药上，次装小弹，末用大弹压口，是名公孙弹。蜂窝弹用大弹一枚，带小弹碎铁、碎石有为药弹诸物多寡不等。装时先以诸物装入，末用大弹压口，是名蜂窝弹。

一、凡扫贼，远在数里以外，则用大炮；二百步以外可用炮或公孙弹炮；二三十步以外则用火罐、火包、火箭、喷烟毒筒，再近则用阵法，所用枪刀军器须有毒药制过。

一、火攻之法，须知远近之节。为遇贼众尘起，即将火器极力击放，及至将近而反致误。如火器可及二三百步者，则必待贼至五六十步而后发。如火器能到百步，则必待贼至二三十步而后发，其命中可必，而胜贼亦多。倘临界阵逆风，则又必用逆风药加在火药中。逆风药者，江豚骨也，狼粪也，艾芮也。

一、火攻之士卒，固贵胆壮心齐而用命矣。然胆不易壮，心不易齐，命不易用也。必须贤能良将有完固必胜之略，能使士卒内有所恃，外无所惧，有感召节制之方，常与士卒恩威并用，赏罚分明，而胆自壮，而心自齐矣。必以恩信结之于里，功利诱之于前，严刑迫之于后，则命不期用而自无不用矣，又何患功绩之不成哉！

一、行军须讲阵法。阵法不讲，则兵无纪律，易于散乱。昔黄帝始置八阵法败蚩尤于涿鹿，诸葛亮造八阵图：在夔州者，六十有四方阵法也；在弥牟者，一百二十有八，当头阵法也；在棋盘市者，二百五十有六，下营阵法也。人但知诸葛亮造八阵于鱼腹平沙之上，尚嫌挂漏。按诸葛亮八阵即九军阵法也。隋韩擒虎深明其法，以授其甥李靖，靖以时遇久乱，将臣通晓其法者颇多，故造六花阵以变九军之法。大抵八阵即九军，九军者，方阵也。六花即七军，七军者，圆阵也。盖阵以圆为体，方阵者内圆而外方，圆阵则内外俱圆矣。方以八包一，圆以六包一，至明代戚继光变六花阵为鸳鸯阵，每伍十二人有长牌，有圆牌，有狼筅，有长枪，有挡钯，有伍长，有火兵。四伍为一队，十队为一哨，十哨为一司，十司为一旗，十旗为一营，其间有伍长，有队长，有哨长，有旗长，有营长。又每伍可分为三伍，名三才阵，以防隘路之战。今按鸳鸯阵，长牌与圆牌并列尚有遗漏。若每伍加一圆牌，为长牌左右之翼，亦便于分为三才阵，于阵法似为较密，今改鸳鸯阵为飞虎阵，又改三才阵为狮头阵，改狼筅阵为长枪，庶阵法精严，可一出而歼群丑矣。

一、阵法既精，须明枪法。枪法之精，非学十年不可。今惟用简捷之法，以木造长牌，开成十余孔，每孔如弹子大，又以木造圆弹塞其中，使兵士手持长枪，于二十步外跑至牌前，以枪刺出木弹，十次能挑出十个木弹，此其枪为可用。戚继光教兵士每日以枪打圆，由大圆练至小圆，此阵法非一时所能学。

一、兵不在多在乎精。古人"精骑三千，胜于强兵百万"，非虚语也。古《军政》曰："言不相闻，故为之金鼓；视不相见，故为之旌旗。"夫金鼓、旌旗者，所以一人之耳目也。人既专一，则勇者不得独进，怯者不得独退，此用众之法也。故夜战多火鼓，昼战多旌旗，所以变人之耳目也。

一、用兵之道必死则生，幸生则死。昔吴起谓："善将者如坐漏船之中，伏烧屋之下，使智者不及谋，勇者不及怒。故曰用兵之害，犹豫最大；三军之灾，害于狐疑。"孙子谓："吴人与越人相恶，当其同舟共济而遇风，其相救也，如左右手是也。"明少保戚继光《练兵实纪》，临坛口授，论用兵，如坐漏舟过江，即本孙、吴之说也。

一、凡贼据坚城，攻之不破，必用购线之计，内外相通。故兵法知己知彼，百战百胜。如高仁厚讨阡能即用贼谍，以为己谍。沈希仪讨猺柳州，求得与猺通贩易数十人，舍其罪而厚扶之使诇，贼之动静皆为所知，故所向无不克捷。今宜购求常为贼谍之人，此辈行踪诡秘，设法勾致，宽其已往罪名，不惜重赏，贼之一动一静，我得纤细周知而先为之备，多方以误之，乘懈以击之，则操乎胜算矣。

一、城中击外，当攻其坚，又宜宽散。盖坚处必贼之技击所在，宽散则伤彼者众矣。城外攻内，当攻其瑕，又宜攒聚，盖瑕处则易攻，攒聚则易破也。

一、守城之法，城外必要安营。凡城之突处，必造炮台，其制捏腰三角尖形，比城高六尺，安大炮三门或五门以便循环迭击。外设篆炮以备近发，设练弹以御云梯。练弹其形中分两半，弹心铸存箭钉，长大各五分，如磨心相似，以便鑲合浑圆，弹之边际各铸铁鼻，联以百炼钢鏁，或长四五尺、七八尺不等，放时先以钢鏁入口，次以铣弹合圆装入，弹出之际两头分开，横往前向，所遇无敌。备石炮，内装火药以防扒城。石炮之制详于许乃钊所刊七种。备水缸以防地雷。用水缸于城上，观水之动便知贼从地道而来，须预防之。又开地道以备听枕，亦防地雷。又上另筑眺台二层，高三丈，设远镜以备瞭望，且各台远近彼此相救，不惟可顾城脚，抑且兼顾台脚，是以台可保炮，炮可保城，兵少守固力省而功钜，况多兵乎？至用兵首先镇静，凡贼声东而实击西，声南而实击北，有惊传贼众声势，谣言惑众者，立以军法从事。

一、"将兵者所慎有五：一曰理，二曰备，三曰果，四曰戒，五曰约。理者治众如治寡，备者出门如见敌，果者临敌而忘生，戒者虽克如始战，约者法令省而不烦。"然用兵者，又须知乎刚柔。"凡人论将，常观于勇。勇之于将，乃数分之一耳。勇必轻合，轻合而不知利，未可也。"① 此中变化，视乎为将之权衡。前代王守仁平宸濠，每战必捷，人问以用兵之道，对以八字诀曰："声东击西，已到后发"，此王守仁所以杀贼如锄草也。

按：文载曹天生点校整理《王茂荫集·附录四》。[9]整理者有注，称："林昌彝《军务备采十六条》，是王茂荫抄呈咸丰帝所阅，见王茂荫清咸丰三年（1853年）九月十六日奏折。现据王茂荫后裔家传抄本点校整理。"[9]林昌彝与当时"开眼看世界"的人物，如魏源、林则徐均有交往，比较关注时务。其《衣讔山房诗集》就表现了"矢志抗击侵略，不忘民族危机的爱国热情"[2]，文集中有《拟海防十二策》《拟平逆策》等涉及筹边平乱的策文。本文为军务条陈，乃杂采著书而成，也是研究林昌彝时务思想的重要文献。

通过搜集典籍，本文辑补了林则徐、林昌彝二人的数篇集外之作，对二人之集略有补充，也为相关研究提供了一些新的材料。当然，文章也存在一些不足之处。比如二人尚有一些集外之作是见诸文字记载的，但囿于闻见，笔者未能得见。如林则徐有《东南水利略序》，江庆柏主编的《江苏地方文献书目》著录清稿本《下河水利集说》，曾节引此序云："从来善政者莫先于养民，养民莫先于农田，农田莫先于水利者。昔大禹水土平，然后教稼穑，视原隰之高下，尽力沟洫，治水实治田之本也。"[10]再如《续修四库全书总目提要·经部》著录林昌彝《三传异同考》一卷，清道光十二年（1832年）壬辰刊本，藏国家图书馆，张寿林所撰《提要》称"卷首有道光壬辰陈寿祺序，

---

① 此两节迻录《吴子·论将第四》。

卷末有道光壬辰林氏自序"[11]。《东南水利略序》《三传异同考序》是了解林则徐民生思想、林昌彝经学思想的第一手材料，尚待进一步寻访。

注释

［1］陈开林：《林则徐佚文三篇辑释》，《闽江学院学报》2016 年第 1 期，第 1~4 页。
［2］林昌彝：《林昌彝诗文集》，王镇远、林虞生标点，上海古籍出版社，1989。
［3］林则徐：《官子谱》，上海古籍出版社，1996，第 141 页。
［4］李元度：《国朝先正事略卷二十五：名臣》，岳麓书社，2008，第 797 页。
［5］林直：《壮怀堂诗初稿》，上海古籍出版社，1996，第 342 页。
［6］袁行云：《清人诗集叙录》，文化艺术出版社，1994，第 2601 页。
［7］王韬：《瓮牖余谈》，上海古籍出版社，1996，第 425 页。
［8］续修四库全书总目提要编撰委员会：《续修四库全书总目提要：子部》，上海古籍出版社，2015，第 631 页。
［9］王茂荫：《王茂荫集》，曹天生点校整理，中国档案出版社，2005。
［10］江庆柏：《江苏地方文献书目》，广陵书社，2013，第 662 页。
［11］中国科学院图书馆：《续修四库全书总目提要：经部》，中华书局，1993，第 778 页。

林纾佚文《戴秉彝墓表》辑释*

朱佩弦**

摘 要：林纾作为我国近代极负盛名的翻译家、文学家，其交游十分广泛，且留下不少酬唱诗文，但许多诗文后来未能收入其公开出版的文集中，学界对林纾全集的编集整理也尚未展开。民国李权所撰《钟祥金石考》中，存录《戴秉彝墓表》一文，系林纾佚文，对该文进行辑录、整理、研究，有助于为编撰林纾全集及进行林纾研究提供更多资料。

关键词：林纾 《钟祥金石考》 《戴秉彝墓表》

林纾（1852—1924年），清末民初文学家、翻译家，原名群玉，字琴南，号畏庐，别署冷红生，福建侯官（今福州）人，清光绪八年（1882年）举人，屡试进士不第，遂以授学、著译、绘画为业。林纾在我国译界极享盛誉，与严复齐名。林纾对我国的外国小说翻译事业有开创之功，其译著《茶花女》《黑奴吁天录》（今译《汤姆叔叔的小屋》）在国内颇负盛名。

林纾不仅对我国的翻译事业作出了重大贡献，在文学上也颇有建树，成为一时之文坛领袖。他的文学思想远承桐城派，与同邑陈衍等人合称侯官派，为桐城古文的余绪；并任陈衍学生刘哲庐创办的中华编译社国文函授部讲授，极力为古文张目，参与倡导"发圣贤之遗臭，振经传之坠绪"，坚持"守先待后，冀维文教于不叛"[1]的立场，与日益高涨的新文化运动激烈争鸣；还给《文学讲义》《文学常识》《文学杂志》等撰写文章。其生平著作在清末民国时期陆续刊出，文有《畏庐文集》《畏庐续集》《畏庐三

---

* 本文原载于《闽江学院学报》2017年第4期。本文为2010年国家社会科学基金重大招标项目（10ZD093）的阶段性成果。

** 朱佩弦，男，湖北监利人，文献学博士，湖北文理学院文学院讲师。

集》；诗有《畏庐诗存》《闽中新乐府》；笔记有《畏庐漫录》《畏庐笔记》《畏庐琐记》《技击余闻》等；古文研究著作有《韩柳文研究法》《春觉斋论文》以及《左孟庄骚精华录》《左传撷华》等；小说有《京华碧血录》等多部。现存可见的林纾著作中，收录了大部分的林纾诗文，但是仍有不少附载于友朋之书中，目前学界只有少部分相关辑佚成果。[2] 1988年，由李家骥等人组编了《林纾佚文丛刊》，但仅有一卷，未能出版，且只是其翻译小说的佚文集，并未辑录其诗文小说等著作的佚文。笔者在研究湖北钟祥文化名人戴之麟学术著作《楚辞补注疏》时，发现他曾与林纾交往；在翻检《钟祥金石考》时，发现林纾为戴之麟亡父所作的墓表。笔者兹加以标点、整理，辑录于下，以补充完善林纾诗文。此佚文题为《戴秉彝墓表》，乃林纾撰文、陈锡赓书丹，全文如下：

公讳世堃，秉彝其字也。本姓陈氏，祖文运，邑诸生；父绍章，以朴学授乡里。先世由闽迁湖北，为钟祥人，后袭其外舅之姓，为戴氏。方公之未嗣戴氏也，漂泊无所依赖。同治初年，捻匪犯钟祥，见公幼愿，乃置之马上而去，至东南之永漋河。鲍春霆方与贼夹河而军，鲍军既渡河，以精骑扑贼。公据鞍四盼，官军矛及公背，骑贼猝引公下马，矛不及背者咫尺耳。明年，贼败，东北窜。公脱贼中，归。寄食于族兄宏锦家，族舅戴公光裕器之，故公遂婿于戴氏。舅无子，因袭其姓。命习岐黄术于张光荣先生家，先生课《灵》《素》之书，二鼓命息烛寝，公潜然之，伏读至于夜午。又心好堪舆家言，受学于叔舅瀛公；浙人濮某精星卜学，公又从而师之，故习知己之命运尽何时也。尝犯雪造同业故人周御卿家，日暮雪盛，行迷失道，仿佛有巨磷为导，将抵家，腰脚尽僵且仆，家人闻号争出，将入就火，迨明而苏，然火灼及腰疹焉。谓其子之麟曰："此陋吾命宫所宿定者，予知之所不能幸而免也。吾命在己未，汝善识之！"已而果然。娶戴孺人，即光裕公长女，仁而善家。有女弟适某氏，以产子亡。孺人取其孤而子之，庖偶得肉，孺人必先择其精者饲妹子，而后始奉光裕公。光裕公乐以为"重此无母之雏，即所以重我"，于是三党间称孺人为女曾子，善其能养志也。公既以医名其州，而又长于已腹疾，恒谓胀之为疾，法不宜攻，当徐培元气，辅以消导之法，一求速愈，匪不殆者。邑某公有孙二，咸病蛊，公曰："缓用吾法，当愈。"某公不审公术之良，易他医，二孙皆不起。然公以其术治人，匪不验也。公遇之麟极严，尝以课读抐其额，误中目，公抚之而泣曰："吾莫继先业而为儒，欲儒汝，督责过深，是吾过也。尔善体吾意者，或不以吾为酷也。"声与泪俱。公虽以堪舆名，顾未尝炫其术，问辄漫应之。以为葬亲而求福，是人天杂矣，又焉得验之。之麟求学，则力靳之。之麟既长官学，公恒节其禄俸所入以赡亲党。民国己未八月，公以疾卒于里第，命焚券。券盖乡人十年中所假贷者，决其莫还，因曰："焚之，勿贻后人为构讼资也！"享寿六十有八岁。子之麟，女适杨氏。孙四：长大仁，六岁夭，次大斗、大升、宝石，遗命以宝石后陈氏。辛酉三月，之麟葬公于楠岭。予乐之麟之孝，因为文以表其阡。

按：该文载李权《钟祥金石考》卷八，亦见于民国版《钟祥县志·艺文》中。李权为钟祥著名文史学家，其子李济为"中国考古学之父""清华国学研究院第五位导师"。李权于此篇墓表下考释云："林纾，字琴南，号畏庐，闽侯举人。光宣间以古文名于世。陈锡赓，字仲和，长阳人。官教育部主事。之麟即麒生，时以拓片或所抄碑目见寄，助予成是编者也。是表亦系抄稿，故无年月可纪，然予知麒生之必将付石，爰录之以殿吾编，且以俾后之考吾邑金石者之得有所采云。"[3] 戴之麟为民国时期湖北钟祥极负盛名的文化名人，与赵鹏飞、关云门合称为"钟祥三怪"，曾与赵、关、李共同参与编纂民国版《钟祥县志》，并撰有《填词法述》《千家诗志疑》《楚辞注解》《楚辞补注疏》等多部学术研究著作。在新中国成立后《楚辞注解》曾寄呈毛泽东主席，毛泽东主席托郭沫若予以复函，肯定了其学术价值。戴之麟1905年取得秀才功名后，因科举废除，多方求学于新式学校，并于1916年6月前后加入中华编译社国文函授部，由此与林纾结识，并得到林纾的赏识与认同，得以在《文学讲义》《文学杂志》发表《世伯母戴孺人寿序》《与友人论文书》《郢中竹枝词》等多篇诗文作品。根据清代何成章《陈科九先生轶事》一文，戴氏先祖原籍福建莆田[4]，这可能是戴氏能与林纾有诗文交往的极大原因，这从墓表中专门点明戴秉彝"先世由闽迁湖北"亦可看出一斑。由墓表中的陈述可知，戴秉彝殁于己未年（1919年），戴之麟葬戴秉彝为辛酉年（1921年），而林纾在1924年即已去世。因此，从墓表的写作时间上说，即便林纾此文作于1919年，仍应属于其晚年作品，可能由此未能及时编集整理并印行。

林纾《畏庐文集》《畏庐续集》《畏庐三集》皆有专门篇幅收录其所作墓表、墓志铭，此篇正可补《畏庐文集》之阙。

注释

[1] 苦海余生：《发刊辞》，《文学杂志》1919年第1期。

[2] 据笔者掌握的材料来看，辑佚成果主要有三篇：清史：《林纾思想研究重要佚文一篇（初步判断）》，http://blog.sina.com.cn/s/blog_48cac128010008xn.html；夏晓虹：《一场未曾发生的文白论争——林纾一则晚年佚文的发现与释读》，《中山大学学报》（社会科学版）2015年第1期；庄恒恺：《林纾佚文〈周莘仲广文遗诗·引〉的发现与介绍——兼谈汪毅夫先生台湾近代文学研究的特点》，《语文学刊》2015年第8期。

[3] 李权：《钟祥金石考》，《历代碑志丛书》第21册，江苏古籍出版社，1998，第680页。

[4] 湖北省人民政府文史研究馆、湖北省博物馆整理《湖北文征》第13卷，湖北人民出版社，2014，第234页。

闽东廉士薛令之生平事迹考*

王 强**

摘 要： 薛令之是福建地方史上的一位重要人物，其"开闽第一进士"的地位有着丰富的史料支撑。在唐玄宗时，薛令之因替太子一方仗义执言而惹怒了皇帝，后辞官归隐，故而《新唐书》将其视为隐逸之士；而宋明之后，闽地诸多方志则多侧重于褒扬他的廉洁奉公，因而在史志记载中，其人格形象有着一个变化的过程。在闽南地方文献的记载中，薛令之及其家族还与厦门的早期开发有所关联。

关键词： 薛令之 开闽第一进士 地方志书

薛令之是福建地方史上一位极具影响力的重要人物。一方面，他是福建科举史上的第一位进士，又是一位誉满桑梓的清廉之士；另一方面，他也是一位影响力遍及闽地南北的历史文化名人。薛令之出生于宁德福安市（古长溪县辖境），他的事迹传说在闽东地区流传甚广，而在闽南地区也流传着其家族与陈黯家族一起开发厦门的传说，并有着"南陈北薛"的说法。现有涉及薛令之的研究文章多探讨其清廉品行，对其生平的整体研究比较匮乏。本文希望通过梳理正史与福建地方文献中有关薛令之的相关材料，对其生平的一些重要事迹进行考辨，同时对薛令之在正史以及地方志中的形象变化进行探讨。

一 薛令之生平考证

薛令之本人在正史中无传，但《新唐书·隐逸传·贺知章传》中对他的事迹有所

---

* 本文原载于《闽江学院学报》2016年第4期。本文为2015年福建省社会科学规划青年项目（FJ2015C059）的阶段性成果。
** 王强，男，浙江临海人，宁德师范学院思想政治理论课教研部讲师、历史学博士。

介绍。现存有关薛令之的史料除了其家乡闽东地区的方志外，还包括唐人黄璞《闽川名士传》、宋人梁克家《三山志》、明人黄仲昭《八闽通志》以及何乔远《闽书》中的相关内容。另外，《全唐诗》中收录有他的《自悼》与《灵岩寺》两首诗作。本文将通过这些材料，对薛令之的生平事迹进行一个大体的勾勒。

（一）生卒年考

薛令之的具体生卒年已不可考，南宋梁克家《三山志》卷二十六《人物类一·科名》记载薛令之乃是"神龙元年乙巳姚仲豫榜"的进士[1]；《新唐书》里提及唐玄宗时期，"左补阙薛令之兼侍读。时东宫官积年不迁，令之书壁，望礼之薄，帝见，复题'听自安者'。令之即弃官，徒步归乡里"，肃宗继位后，"以旧恩召，而令之已前卒"[2]。从上述材料可以推断薛令之大概出生于武后或是唐高宗时期，可能于唐玄宗晚期或唐肃宗即位之初去世。清代光绪年间所修的《福安县志》在介绍薛令之生平时，认为他是"廉村人，神龙二年（706）进士，开元中累迁补阙兼太子侍读"[3]，后因不满李林甫擅权而触怒唐玄宗，于是辞官归乡。明代《八闽通志》记载："肃宗即位，思东宫旧德，召之，令之已逝矣。嘉叹其廉，敕其乡曰'廉村'，水曰'廉溪'。"[4] 由此来看，薛令之辞官后当归隐于故乡，直至逝世。清光绪《福安县志》有关于薛令之墓的记载，曰："左补阙薛令之墓，在二十一都泉浦山。宋嘉祐八年（公元1063年），知长溪县周尹为建亭立碑。"[5] 现在的宁德福安市（古长溪县辖境）还遗留有南宋嘉定十三年（1220年）所立的"有唐补阙薛公之墓"的墓碑。

但地处闽南的厦门也遗存有所谓的"薛令之墓"。关于该墓，有观点认为此即薛令之死后下葬之处，也有观点认为此墓是薛令之的衣冠冢，另外还有学者认为此墓纯属后世修建以资纪念的。通过考古工作者的挖掘与整理，可以得知此墓属晚唐墓葬，与薛令之的生活年代并不相符，且墓主姓名为薛瑜，故该墓为薛令之墓的可能性较小。[6] 不过薛令之与薛瑜之间的关系并不明确，不排除其为薛令之后代的可能性。

在闽南地方发展史上，薛令之及其家族被传为是早期开发厦门的"南陈北薛"两大家族中的"北薛"。宋代朱熹《金榜山记》记载："金榜山在嘉禾廿三都北，有岭曰薛岭。岭之南，唐文士陈黯公居焉。岭之北，薛令之孙徙居于此，时号南陈北薛。"[7] 而明代何乔远的《闽书》则提及当时的厦门："西北有岭曰薛岭。岭南，唐陈黯居焉。岭北，唐薛令之自福安徙家于此。时号'南陈北薛'。"[8] 如果"薛令之墓"的真正墓主薛瑜与薛令之存在亲属关系，那么也可以为闽南地方史志中有关薛令之家族南迁一事的记载提供一个相对较为合理的解释。

（二）"开闽第一进士"身份考辨

薛令之作为八闽大地的历史文化名人，有着"开闽第一进士"的称号。戴显群先生认为："从高祖武德元年（618年）到中宗神龙元年（705年）的87年间，福建并无一人进士及第。神龙二年（706年），长溪人薛令之登第，成为开闽进士第一人。"[9]但实际上，关于谁是"开闽第一进士"这一问题，也经历了一个不断考证的过程。

按照《新唐书》的说法："（欧阳詹）举进士，与韩愈、李观、李绛、崔群、王涯、冯宿、庾承宣联第，皆天下选，时称'龙虎榜'。闽人第进士，自詹始。"[10]但这一观点遭到了后世众多学者的否定。有关闽地第一位进士的观点主要有唐高祖武德年间的"金鲤"说、唐中宗神龙元年（705年）或二年（706年）的"薛令之"说、唐德宗贞元七年（791年）的"林藻"说以及贞元八年（792年）的"欧阳詹"说。[11]在这几种观点里，金鲤是登第时间最早的（武德年间），但同时又是可信度最低的。持"金鲤"说的学者，主要依据的是《兴化县志》与《九鲤湖志》中的相关内容。但据杨晶晶考证："《唐大诏令集》、《册府元龟》中可知，武德一到三年并没有举行贡举，四年（621）才下诏，然举人至明年始聚集，故贡举之始当为武德五年（622），所以这些地方志上记载金鲤在武德三年（620）中进士，这就明显不可信。"[12]另外，相比于薛令之、林藻以及欧阳詹这些在正史以及各类其他史料中皆有留下事迹的人物，金鲤其人除了在本地的方志中留有记载外，于其他文献都难觅踪影。而《兴化县志》与《九鲤湖志》又都是成书于明代的史料，其权威性相比于《新唐书》《三山志》等宋代史料来说不可同日而语，这也使我们有充分的理由怀疑金鲤事迹的真实性。

总体来看，在有关福建科举第一人的各种观点中，以薛令之为闽地第一进士的说法材料最为丰富，可信度也最高。宋人梁克家在其《三山志》中记载薛令之乃是"神龙元年乙巳姚仲豫榜"的进士，同时，梁克家还明确指出"神龙中，薛令之首登科"。[13]另外，《唐摭言》《唐语林》《太平广记》等距离唐代较近的史籍中亦有相关薛令之登科的记载，而成书于明代弘治年间的福建省第一部省志《八闽通志》也赞同这一观点，认为薛令之于唐神龙初年举进士（《八闽通志》卷七十二《人物·福宁州》）。不过明万历年间王应山的《闽大记》则对此持否定态度，他认为："薛令之神龙中登第。先藻、詹且百年，或出传闻，非事实，予无取焉。"[14]综上所述，虽然还存在王应山等学者的质疑，但薛令之"开闽第一进士"的地位，各方面的史料支撑都相对充足。在新史料出现前，这一说法还是较为可信的，只是其登科时间是神龙元年（705年）还是神龙二年（706年），各家材料之间还存在分歧，《八闽通志》也只是笼统地使用了"神龙初年"。

（三）生平事迹追溯

薛令之虽然是"开闽第一进士"，但史书中关于他仕途历程的记载并不多，《新唐书》里只提及他任职东宫期间与唐玄宗发生冲突，继而辞官归乡的事迹。此事虽年代不详，但唐肃宗李亨于开元二十六年（738年）才被立为太子，因此，这次冲突当大致发生在唐玄宗统治时期的中后期。

对于薛令之为何在已经成为东宫僚属，仕途看似有望更进一步时却选择弃官归乡这一举动，学者间也有着不同的解读。有观点认为，薛令之此举是因为觉得"此职清淡冷落"，而在唐玄宗对此表示不满后，便决定舍此鸡肋之位而去，这也体现了当时闽地士人"安土重迁、不急进取的封闭心态"[15]。诚然，按照《新唐书》中的说法，薛令之"书壁"的直接原因是"东宫官积年不迁"与"望礼之薄"，但若是将薛令之辞官事件置于唐玄宗朝政局变化这一大背景之下进行考察，可以看到其背后还牵涉复杂敏感的立储之争。

唐玄宗执政的中后期，积弊丛生，朝政日趋腐败，朝堂之上各派势力明争暗斗，矛盾重重，其中尤以储君之争最为激烈。唐开元二十五年（737年），原太子李瑛因遭到唐玄宗宠妃武惠妃和驸马杨洄的构陷，被废为庶人，不久赐死。权臣李林甫因为"寿王瑁母武惠妃方承恩宠"，故而在唐玄宗挑选新储君时，"希旨，以瑁对"[16]，准备将武惠妃之子寿王李瑁推上太子的宝座。但玄宗经过一番考虑后，在次年还是决定立忠王李玙（后改名李亨）为太子，也就是后来的唐肃宗。根据正史材料来看，李瑛之被废与武惠妃的构陷脱不了关系。从唐肃宗即位后为李瑛等人平反并废绝武惠妃的皇后配享等事来看，作为当年争夺东宫之位的直接对手，李亨一党与武惠妃一党关系恶劣。而在立储之争时，由于权相李林甫党附武惠妃，欲立李瑁为太子，因此，李亨入主东宫后，李林甫为避免日后遭到报复，"常有动摇东宫之志"[17]，于是"起韦坚、柳勣之狱"，企图通过构陷韦坚等李亨亲友故旧的方式来牵连李亨，进而威胁其太子地位。李林甫的这一系列行动，也导致"（肃宗）几危者数四"[18]。但是李林甫死后，李亨的处境并未能得到改善，新得势的奸相杨国忠也是"依倚妃家，恣为褒秽，惧上英武，潜谋不利，为患久之"[19]。可以说，唐肃宗李亨为太子期间，步履维艰，险象环生。受此影响，薛令之与贺知章等东宫僚属自然也成为李林甫、杨国忠等辈排挤的对象，故而在升迁和待遇等方面屡遭打压。因此，薛令之"书壁"一事看似出于发泄对其个人待遇的不满，但实际上却代表了东宫方面对于自身屡遭构陷的愤慨。

《新唐书》并没有记载薛令之"书壁"的具体内容，但根据王定保《唐摭言》以及何乔远《闽书》的记载，其内容应该是《全唐诗》中所收录的那首《自悼》。《自悼》诗曰："朝日上团团，照见先生盘。盘中何所有？苜蓿长阑干。饭涩匙难绾，羹稀箸易宽。只可谋朝夕，何由度岁寒？"[20]（此诗在不同文献中文字存在些许差异，但内容含义基本没有差别，此处以《全唐诗》中的版本为准。）薛令之在诗中对当时东宫方面的窘迫境况进行了直言不讳的描述，表达了其对弄权奸臣以及昏聩皇帝的不满。唐玄宗见到此诗后极为不快，按照何乔远的说法，玄宗在"幸东宫，见之"以后，续写了一首诗来答复薛令之"只可谋朝夕，何由度岁寒"的疑问，他认为薛令之"若嫌松桂寒"，大可以"任逐桑榆暖"[21]，《新唐书》也记载"帝见，复题'听自安者'"[22]。面对唐玄宗近乎逐客令式的答复，薛令之毫不迟疑地选择了辞官归乡。

笔者认为，薛令之辞官之举一来表明了自己对于东宫方面屡遭打压现状的不满态度，二来则将整个事件的焦点都导向了自己，以牺牲自己仕途的方式避免了东宫的政治对手借机将此事件继续发酵，进而对太子李亨展开攻击。另外，唐玄宗虽然作诗斥责了薛令之，但对薛令之题壁一事的原委应当也有所了解，故而对辞官后的薛令之多有照顾。根据清光绪《福安县志》记载，薛令之归乡后，"（玄宗）闻其贫，命有司资以岁粟。令之量受不多取"[23]。《新唐书·贺知章传》的最后提及唐肃宗登基后欲以"旧恩召（薛令之）"，此处的"旧恩"不仅是因为薛令之曾供职于东宫或是薛令之为官清廉，而且包含了对当年薛令之挺身而出，为东宫仗义执言，后来又不惜牺牲自己仕途保护太子这一系列举动的赞赏与感激。

通过对正史以及地方文献中有关薛令之事迹材料的整理，我们对他的生平事迹可以大致勾勒如下：薛令之早年勤学不倦，通过科场踏上仕途，后却因性格刚直触怒权贵，不得不辞官归乡，在清贫中度过余生。而根据前文提及的朱熹《金榜山记》以及何乔远《闽书》中的相关记载，其家族后人则可能有部分南迁，成为开发厦门地区的先驱。

可以说，在福建地方发展史上，薛令之是一位影响力能够从故乡闽东地区辐射到闽南地区的重要历史人物。作为"开闽第一进士"，他代表着福建地区文教事业追逐中原先进地区的步伐，而其家族与"南陈北薛"传闻之间千丝万缕的联系，则预示着福建沿海地区由北及南逐步发展的过程。

二　薛令之形象分析

作为闽东地区的历史文化名人，薛令之以廉而闻名于乡邦，但在《新唐书》中他的事迹被夹杂在《贺知章传》中进行介绍，而贺知章本人则又被《新唐书》归入"隐逸"类。

《新唐书》将贺、薛二人归为一传，且划入"隐逸"类，有着自身的理由：一是因为两人同是唐肃宗为太子时的东宫僚属，根据《贺知章传》的记载可知："肃宗为太子，知章迁宾客，授秘书监，而左补阙薛令之兼侍读"；二是由于两人都曾在唐玄宗统治时期辞官退隐，贺知章在唐天宝初年"病，梦游帝居，数日寤，乃请为道士，还乡里，诏许之"，薛令之则大概是在开元末期与唐玄宗发生冲突，在对唐玄宗彻底失望后，愤而弃官，"徒步归乡里"[24]。正史中的"隐逸"类传，最早可溯源至《后汉书》的《逸民传》。《逸民传》旨在褒扬那些"或隐居以求其志，或回避以全其道，或静己以镇其躁，或去危以图其安，或垢俗以动其概，或疵物以激其清"[25]的士人群体。薛令之在太子受打压之际，挺身而出，书壁东宫，以示愤慨；在唐玄宗不听劝谏之后，又辞官归乡，完全够得上《后汉书》所言及的"或隐居以求其志，或回避以全其道"标准。

相比于《新唐书》将薛令之视为"隐逸"之士，福建地方史志中的薛令之形象则更偏重于其廉洁奉公的一面。宋人梁克家的《三山志》在卷二《地理类二·长溪县》中记载当时的长溪县已有"廉江里"这一地名，而同卷中"长溪县·永乐乡·西行里"一条亦有"廉溪，薛家板塘，唐进士、补阙令之所居"的记载。[26]明代弘治年间的

《八闽通志》也记载："肃宗即位，思东宫旧德，召之，令之已逝矣。嘉叹其廉，敕其乡曰'廉村'，水曰'廉溪'"[27]，同时还将薛令之划入"士行"这一人物传记类。而成书于晚明时期何乔远的《闽书》，在其《方域志》中记载明代的福宁州（包含古长溪县辖地）境内亦有"廉江里"，并指出"廉江里"得名乃是"以薛令之名"[28]，在同书的人物列传部分记载："玄宗闻其贫，命有司资其岁赋，令之量受而已。肃宗立，以旧恩召令之，而令之已卒，因敕其乡曰廉村，水曰廉溪。著《明月先生集》。"[29]

仓修良认为，中国古代在进行方志编修时，"很注意这种著作对社会所起的作用，强调要有益于政事，有补于风化"[30]。而薛令之在正史与闽地方志中的这种形象差异，也体现了方志本身侧重于矜其乡贤、彰往训来、有补风化的特点。《八闽通志》也坦言其所收录之人物意在"以益增吾闽之重者"[31]。

薛令之的事迹，既有"或隐居以求其志，或回避以全其道"的一面，又有两袖清风、廉洁自律的一面，因此，无论是《新唐书》以其事迹入"隐逸"，还是《八闽通志》将其划入"士行"，都是合理的。值得注意的是，虽然"隐逸"与"士行"这两者设置的本意都是用来表彰那些品行优良的士人，但两者之间的侧重点有所不同。前者的传主们相对来说更为出世，他们更多追求的是对个人人格与理想的完善，而后者所提及的人物，其身上所具有的优秀品德则被整个社会的主流价值观所提倡。方志本身除了"矜其乡贤，美其邦族"的作用外，还有着劝善风化的现实作用。相比于独善其身的隐者，甘于清贫的廉者更值得士人学习效法，因此，闽地方志在叙及薛令之事迹时，更偏重于突出其清廉一面。

薛令之作为福建地方史上的著名人物，其"开闽第一进士"的身份有着充足的史料支撑；他在闽地方志中的清廉形象，激励着一代代闽地后学效法乡贤，砥砺自身名节；薛令之故里廉村、廉溪等地名的世代相传也体现了闽地百姓对于家乡先贤的敬仰；而有关其家族南迁的传闻也反映了福建沿海地区逐步开发的历史过程。

注释

[1][13]（宋）梁克家：《三山志》，方志出版社，2004，第222、222页。

[2][10][22][24]（宋）欧阳修、宋祁：《新唐书》卷一九六《隐逸传·贺知章传》，中华书局，1975，第5607、5787、5607、5607页。

[3][23]（清）张景祁：《福安县志》，成文出版社，1967，第240页。

[4][27][31]（明）黄仲昭：《八闽通志》，福建人民出版社，2006，第1026、1027、614页。

[5][6] 郑东：《福建厦门市下忠唐墓的清理》，《考古》2002年第9期。

[7] 王新天、吴春明：《从唐墓考古看厦门海岛早期农耕开发史》，《中国社会经济史研究》2006年第1期。

[8][28][29]（明）何乔远：《闽书》，福建人民出版社，1994，第271、728、3672～3673页。

［9］戴显群：《试论福建科举的历史特点》，《福建师范大学学报》（哲学社会科学版）2013 年第 6 期。
［11］［12］杨晶晶：《唐代福建研究——以安史乱后的经济与科举为中心》，硕士学位论文，扬州大学，2013。
［14］（明）王应山：《闽大记》卷五《选举》，中国社会科学出版社，2005，第 45 页。
［15］何敦铧、林剑华：《略论唐五代福建士人登科及其特点》，《福建师范大学学报》（哲学社会科学版）2000 年第 4 期。
［16］［18］［19］（后晋）刘昫：《旧唐书》卷十《肃宗本纪》，中华书局，1975，第 240 页。
［17］（宋）司马光：《资治通鉴》卷二百一十五，中华书局，2011，第 6989 页。
［20］［21］中华书局编辑部点校《全唐诗》，中华书局，1960，第 2247、41 页。
［25］（南朝宋）范晔：《后汉书》卷八十三《逸民传》，中华书局，1965，第 2755 页。
［26］陈庆元：《黄璞〈闽川名士传〉辑考》，《文献》2003 年第 2 期。
［30］仓修良：《方志学概论》，华东师范大学出版社，2014，第 210 页。

金门许獬年谱

陈炜 陈庆元

摘 要：许獬（1570—1606年），明代金门人，明万历辛丑科会试第一，廷试二甲第一名，授编修。性耿介，以天下第一等人品自励。其制义痛快直截，天下士争慕效之。以思亲望云成病，假归，卒于乡，年仅三十七岁。其墓及墓道、牌坊为金门县重要文物。其文叙事条达，诗冲秀雄雅，著作有《四书阐旨合喙鸣》《许钟斗文集》《丛青轩集》《许子逊稿》等。

关键词：明代科举 金门县 许獬 年谱

许獬，初名行周，改名獬，字子逊，人称"钟斗先生"。先世居同安浯洲（今金门县）丹诏村，自五十郎思辅徙居后浦，遂为后浦人。

池显方《许钟斗先生传》："初名行周，后以梦更名獬，人称'钟斗先生'，子逊，其字也。先世居同安浯洲丹诏村，自五十郎徙居后浦。"（《丛青轩集》卷首）

蔡献臣《许钟斗太史集序》："于虚空之中有同，于同之中有浯，浯之为洲，大海一沤耳。洲中有山曰太武，石骨崚嶒，蟠亘可十许里，而其气脉之所蜿蜒，勃发而为人文。故百年来，起家甲第者几二十人，而其魁南宫、授编修者，则自许子逊始。"（《丛青轩集》卷首）

按：同，福建同安县；浯洲，今福建金门县。金门旧属同安，1915年建县，今属台湾地区管辖。

---

* 本文原载于《闽江学院学报》2016年第4期。本文为2015年国家社会科学基金后期资助项目（15FZW047）的阶段性成果。

** 陈炜（1972~），男，福建金门人，文学博士，福建师范大学传播学院副教授；陈庆元（1946~），男，福建金门人，福建师范大学文学院教授、博士生导师，金门大学讲座教授。

又按：据《银同浯江珠浦许氏族谱》载，五十郎名思辅。

又按：《祭五十郎文》："维我祖宗，积德流光，代有显人，至于今十二世。而多才辈出，益昌炽以光大。某父子先沾国宠，遂有爵命。嗣是者彬彬踵起，盖又未艾。"（《许钟斗文集》卷三）

大父开，字惟达，工古文词，有集。父振之，在頖有声，竟困数奇。许氏八世能诗。

池显方《许钟斗先生传》："尝闻三世善读书者必发，五世善读书者必有文章名世。故有杜预之武库，传七世为审言工诗，而因有孙甫。有苏味道之隽才，传数世为佑，佑三世俱工文，而因有孙轼。今复见于许氏。许八世俱能诗……（五十郎）五传至光祚公，以诗名，自是世能诗。至沧南公惟达，髫龄入頖，博学笃行，工古文词，每为民上书陈利害，有司重之。刻有集，载邑乘，即公大父也。达生封编修公振之，在頖有声。乙酉闽拟元，主者留以待后，竟困数奇。"（《丛青轩集》卷首）

许金龙《金门先贤——许獬钟斗公生平事迹》："祖父许开，字惟达，垂髫为诸行，每试辄冠，怀奇博览，善古文词，上下古今，论得失成败，多独见破的，著有《沧南集》。"（《金门县珠浦许氏族谱·考源》）

母陈氏。外祖称"西楼公"。外祖母许氏。

许獬《寿外祖陈西楼序》："外祖西楼公，今年春秋七十六，老矣……外祖母许，吾宗也。"（《丛青轩集》卷二）

有轩名丛青，少苦读于此。

熊明遇《许子逊丛青轩集序》："点黛发翠，如食前豆簋，交错旁罗，与日气霞标相沃荡，此丛青之所以命轩哉。"（《丛青轩集》卷首）

万历辛丑科，会试第一，廷试二甲第一名。

按：详明万历二十九年（1601年）。

性耿介，天机过人。

蔡献臣《许钟斗太史集序》："子逊性耿介，狷急不能少濡忍，顾独喜读书。及官翰林，则折节为恭谨。而其中若介然有以自得者，杯酒谐谑，往往绝倒，盖其天机过人殆数等。"（《丛青轩集》卷首）

以天下第一等人品自励。

许獬《与李见罗》："尝以语于人曰：'取天下第一等名位，不若干天下第一等事业；干天下第一等事业，不若做天下第一等人品。'"（《丛青轩集》卷六）

次弟鸾，字子采；三弟龙，字子时；四弟行沛，字子甲。

详《丛青轩集》卷一卷端。

按：据许金龙《金门先贤——许獬钟斗公生平事迹》，许振之有四子：长獬；次鸾；三子龙，字子时；四子行沛。疑龙早卒，故《丛青轩集》卷端无其名。

长子铉，字则鼎；次子钺，字则敦；三子镛，字则怀。

《丛青轩集》卷一卷端。

长孙元辅，字君弼；次孙元轼，字君敬；三孙元辙，字君由；四孙元辂，字君质。

详《丛青轩集》卷一卷端。

所作制义痛快直截，文叙事条达，诗冲秀雄雅。

池显方《许钟斗先生传》："其制义则痛快直截，畅己所欲言与人所不能言。文则叙事条达，析理灵通，出入白、苏，上下陆、贾；诗则冲秀雄雅，兼收陶、谢，盖得之家传焉。使加以年，将轶辔七才，而起衰八代矣。"（《丛青轩集》卷首）

蔡献臣《许钟斗太史集序》："其制举义，天下士争慕效之，以为唐应德复生……遗文若诗，仅仅若干首，而馆课居强半焉。大抵陶铸《左》《国》，吐吞韩、苏，而快写其胸中之所欲言，奇而达，辩而裁。"（《丛青轩集》卷首）

熊明遇《许子逊丛青轩集序》："子逊诗则逸闲清绮、动与天游，论则云行波立，策则气填膺激，表则刻羽引商，序则揆权规构，柬则真挚朗发，俱自成一家言。盖邃渊者，思致之密；博综者，涉诵之深；而其翛翛者，出于寥廓之外。殆天授，非人力也。"（《丛青轩集》卷首）

卒葬金门山前石狮山，庵前与官里两村间有獬公坊。

许獬墓今存。墓碑题曰"太史钟斗许公墓"。獬公坊今存，文曰"皇明万历春辛丑会元授翰林院编修文林郎钟斗公墓道"，又曰"文章垂世，孝友传家"。（《金门县珠浦许氏族谱》）

著述有经学、诗文集、制义多种。

《四书阐旨合喙鸣》十卷

按：有许鏞明崇祯十三年（1640年）抄本，已佚。存清光绪九年（1883年）许氏家刻本。

《四书崇熹批注》十九卷

按：明万历三十年（1602年）刻本。

《许太史评战国策文髓》四卷

按：明万历三十年（1602年）乔山堂龙田刻本。

《八经类聚》二卷

按：《四库全书总目》卷一三八《类书存目类》二："八经者《易》《书》《诗》《春秋》《礼记》《周礼》《孝经》《小学》也。獬掇拾其词，分'天地''伦常''学术''君道''臣道''朝政''礼乐''杂仪''世道'九类，而其侄金砺又增补而注之。所采诸经，于'三礼'独不及《仪礼》，《小学》成于朱子，亦不当于'六经'并列，皆为疏舛。獬以制义名一时，而恃为根柢者不过如此。卷首题之下夹注'辛丑会元'，尤未能免俗也。"

《许钟斗文集》五卷

按：秀水洪梦锡明万历四十年（1612年）刻本。《四库全书总目》卷一七九《别集类存目》六："是集大抵应俗之作，馆课又居其强半，盖明自正、嘉以后，甲科愈重，儒者率殚心制义，而不复用意于古文词。洎登第宦成，精华已竭，乃出余力为之，故根柢不深，去古日远，况獬之制义，论者已有异议，则漫为古调，其所殆可知矣。"

又按：许镛《识略》云已刻三集之一的《诗文集》，疑即此集。见《许钟斗文集》卷首。

《丛青轩集》六卷

按：明崇祯十三年（1640年）许氏家刻本。

《许子逊稿》一卷

按：明末刻本。明陈名夏编刻《国朝大家制义四十二种》本。

《丛青轩小题秘旨》六卷

按：光绪《金门志》卷十四《艺文志》著录。今佚。

《九九草》四卷

按：稿本，今不知所踪。许镛《识略》："曩曾付剞劂氏，有三集：一曰《九九草》，一曰《存笥草》，一曰《诗文集》。"（《许钟斗文集》卷首）

又按：许嘉立《金门县珠浦许氏族谱》著录。又洪受《沧海纪遗·人材之纪第三》作《九九草》，李光缙《景璧集》卷七作《九十九首》。

又按：李光缙《许子逊合刻序》："当许君子逊之弁南宫也，一时文声震动天下，四方人士翕然宗之，奉其言为司南。今子逊往矣。先是梓有《九十九首》，吴越之间，家传户诵，至今犹然纸贵。"（《景璧集》卷七）

《存笥草》四卷

按：《金门志》卷十四《艺文志》著录。佚。

又按：池显方《许钟斗先生传》："《存笥稿》制义千余首。"（《许钟斗文集》卷首）

又按：参见上条许镛《识略》。

《许子逊合刻》（卷数不详）

按：许獬父许振之所刻之制义集。已佚。李光缙《许子逊合刻序》："宇中缙绅学士过银同者，往往问遗稿于尊人封翁，而以所已见为未足也。封翁乃搜出箧中，得二百余首，尽镌之。"（《景璧集》卷七）

《垂世草》（卷数不详）

按：名公评语制义集。佚。许镛《识略》："制义仗有识汇选，抄昔时名公评语约百余篇，再刻以传，曰《垂世草》，此先子当日所自名耳。"（《许钟斗文集》卷首）

明穆宗朱载垕隆庆四年庚午（1570年）　　一岁

四月八日生。

隆庆五年辛未（1571年）　　二岁

隆庆六年壬申（1572年）　　三岁

明神宗万历元年癸酉（1573年）　　四岁

是岁，父教以诗词，随口而诵。

万历二年甲戌（1574年）　　五岁

是岁左右，少无他嗜，唯喜读书。

万历三年乙亥（1575年）　　六岁

是岁前后，外祖陈西楼谓许獬可异。

许獬《寿外祖陈西楼序》："忆少从群儿嬉公侧，公辄指目谓：'是儿也，可异。'日置膝上，日授昔人所为诗若文也者。命之讽，讽毕，辄为之说曰：'当日作者云何姓氏，爵里何似，此皆古先达人之有休声芳迹传于后，不落莫者也。孺子志之！'时虽稚，不省为何语，然已能暗存其一二云。"（《丛青轩集》卷二）

万历四年丙子（1576年）　　七岁

是岁，父授以《孝经》，熟诵之。

万历五年丁丑（1577年）　　八岁

是岁前后，已称奇士。

李光缙《许钟斗太史集序》："余知子逊角卯时，奇士也。"（《丛青轩集》卷首）

万历六年戊寅（1578年）　　九岁

是岁，能文。过目成诵。

池显方《许钟斗先生传》："九岁能文，即多惊人语。封公偶与谭夹谷之会，危其事，公从旁应曰：'已具左右司马以从，何危乎！'客惊服。"（《丛青轩集》卷首）

万历七年己卯（1579年）　　十岁

是岁，于后浦北门丛青轩苦读。成名后，遂以"丛青轩"名其集。

万历八年庚辰（1580年）　　十一岁

是岁前后，随父学四方；无岁时不与外祖相闻，外祖娓娓劝勉如初。

许獬《寿外祖陈西楼序》："稍长，从家大人学四方，其间或离或合不常，然无岁时不相闻。见必娓娓相慰劳，或诵昔人文字相劝勉如初。"（《丛青轩集》卷二）

万历九年辛巳（1581年）　　十二岁

万历十年壬午（1582年）　　十三岁

是岁，渐淹贯经史，以僻在海隅，鲜有知者。

池显方《许钟斗先生传》："十三岁淹贯经史，居处常有赤光。后艺日进，试辄屈，鲜有知者。癸巳以府试艺见赏于学博郑公耀，以天下才期之。"（《丛青轩集》卷首）

万历十一年癸未（1583年）　　十四岁

是岁，李廷机成进士。

按：李廷机，字九我，晋江人，明万历十一年（1583年）会元、廷试一甲第二名。

万历十二年甲申（1584年）　　十五岁

是岁，作《上梁文》。

按：《上梁文》题下小注："十五龄作。"（《丛青轩集》卷五）

万历十三年乙酉（1585年）　十六岁

是岁，晋江李光缙举乡试第一。

按：李光缙，字宗谦，号衷一，福建晋江人，明万历十三年（1585年）举乡试第一，有《景璧集》。《许钟斗文集》《丛青轩集》卷首有李光缙《许钟斗文集序》。

万历十四年丙戌（1586年）　十七岁

是岁，晋江何乔远成进士。

按：何乔远，字稚孝，晋江人，明万历十四年（1586年）进士，有《闽书》《名山藏》《镜山先生集》等。

又按：何乔远《闽书》卷九十一《英旧志·同安县》载有《许獬传》："许獬，字子逊。会试第一，改翰林院庶吉士，授编修，卒。獬喜读书，善为举子业，矢口纵笔，精义跃如，海内传诵，至以比之王、唐、瞿、薛。为人趣操高洁，悒急多怒，竟以无年。"

万历十五年丁亥（1587年）　十八岁

万历十六年戊子（1588年）　十九岁

是岁，金门蔡献臣举于乡。

按：参见明万历十七年（1589年）。

万历十七年己丑（1589年）　二十岁

是岁前后，徒步持所为制义就教李光缙于戴洋山中，光缙大赏识之。

李光缙《许钟斗太史集序》："既弁，补邑诸生，徒步持所为制义，就余戴洋山中。余读其《千驷首阳》篇，至'贫贱非能重人，人亦重贫贱；富贵非能累人，人亦累富贵'等语，而大赏识之。因涉笔曰：'此题前有济之，后有仲文，得此称鼎足矣。'子逊大得意去。其后公车之业，必授余弹射。"（《丛青轩集》卷首）

是岁，金门蔡献臣成进士。

按：蔡献臣，字体国，号虚台，同安浯洲人，明万历十七年（1589年）进士，有《清白堂稿》。《许钟斗文集》《丛青轩集》卷首有蔡献臣《许钟斗太史集序》。

万历十八年庚寅（1590年）　二十一岁

是岁前后，治学造诣日深，著述以修身养性为主。

万历十九年辛卯（1591年）　二十二岁

是岁及其前后数年，久困州县试，外祖陈西楼屡慰抚之。

许獬《寿外祖陈西楼序》："困州县试也久，居常负豪气，悒悒不能平。公往抚之，曰：'显晦，遇也；淹速，时也。孺子勉矣！良农能稼，宁不逢年？'某闻言，稍自宽，愈益朝夕，淬无怠。"（《丛青轩集》卷二）

万历二十年壬辰（1592年）　二十三岁

是岁，凤所聘颜氏及笄，病眇，妻父欲以他女，坚不可。

万历二十一年癸巳（1593年）　二十四岁

万历二十二年甲午（1594 年）　二十五岁

　　是岁，府试，刘纯仁司理首拔之。

　　按：许獬《与刘公子》："甲午岁，辱知老师翁，师翁忘其愚且陋，即以第一人相待。"（《丛青轩集》卷六）

　　又按：刘纯仁，字符之，武进（今属江苏）人，明万历二十年（1592 年）进士，时为泉州推官。

　　又按：池显方《许钟斗先生传》："甲午府试，司理刘公纯仁首拔之，评其文云：'当魁天下。'延读署中。是年徐公即登取入泮。时见罗李公材倡学于闽，公往从之，深得修诚之旨。"（《丛青轩集》卷首）

　　又按：徐即登，字献和、德峻，号匡岳，江西丰城人，明万历十一年（1583 年）进士。徐即登时为福建学使。

　　又按：李材，字孟诚，江西丰城人，明嘉靖四十一年（1562 年）进士。李材谪戍镇海卫，倡学于闽，人称见罗先生。

　　是岁，金门蔡复一举于乡。

　　按：参见明万历二十三年（1595 年）。

万历二十三年乙未（1595 年）　二十六岁

　　是岁，金门蔡复一成进士。

　　按：蔡复一，字敬夫，一字符履，同安浯洲（今金门县）人，万历二十三年进士，有《遯庵全集》。

万历二十四年丙申（1596 年）　二十七岁

　　是岁，长子铉生。铉，字则鼎。

是岁，以孟文摈弃于学使，直指则拔之居首。

　　池显方《许钟斗先生传》："丙申以孟文见摈于学使者。亡何，直指以前题观风，公直书前文，遂居首。其勇自信如昌黎云。"（《丛青轩集》卷首）

万历二十五年丁酉（1597 年）　二十八岁

　　是岁，乡试第五十九名。刘太史深器之。

　　池显方《许钟斗先生传》："丁酉举于乡，有以候主司常仪邀公，公曰：'吾侪不负举主端不在此，且举主必不以此课勤惰。'刘太史闻而深器之。"（《丛青轩集》卷首）

　　是岁，上春官，外祖陈西楼公在广东，以不见为恨。

　　按：许獬《寿外祖陈西楼序》："岁丁酉，公从宦游者于广东之安定。某亦滥竽计偕，有万里役。届期取趣装，族戚咸在，独左右顾不见公为恨，中途惘惘如也。"（《丛青轩集》卷二）

万历二十六年戊戌（1598 年）　二十九岁

　　是岁，下第，抵家，母病。外祖自广东归，母病愈。

　　许獬《寿外祖陈西楼序》："无何，某罢公车抵家，属母病，讴吟思公甚，颇亦闻

公所居海氛甚恶，不可近。将贻书速公归，公适至自广，母病亦良愈。"（《丛青轩集》卷二）

是岁，读书大轮山梵天寺。参政汪道亨，雅重其品，延署中。

池显方《许钟斗先生传》："戊戌下第归，读梵寺，不入公门，不从请托。大参汪公道亨雅重其品，延署中，谭文而外，无一及私。"（《丛青轩集》卷首）

按：汪道亨，号云阳，婺源（旧属安徽，今属江西）人，明万历十一年（1583年）进士，时为福建按察副使。

万历二十七年己亥（1599年）　三十岁

是岁，读书梵天寺，外祖从之于大轮山。

许獬《寿外祖陈西楼序》："今岁业大轮，公亦从某于大轮。一月之吉，为公悬弧辰。人谓獬某曰：'子何以寿公？'獬某蹙然曰：'母尚食我贫也，我则何以寿公？'维公晚益喜文墨，遇知交喜道不肖獬某益甚，聊为述其始末于斯，志耿耿焉。"（《丛青轩集》卷二）

万历二十八年庚子（1600年）　三十一岁

夏，筹划北上，有书致徐即登。

作《与徐老师》："忽接尹海蟾丈，闻老师有三年之戚，又且不日抵家，则又怃然望外，殊自失也。伏而思之，曩者不肖北上，老师在越；老师还朝，不肖来闽。今者不肖方勉强计就道，而老师复自蓟而南……炎蒸日上，南天更酷，千祈珍摄，为国自爱。"（《丛青轩集》卷六）

按：徐老师，即徐即登。

是岁，与太仓王衡结识于萧寺，衡不可一世，独心折獬。

池显方《许钟斗先生传》："庚子冬抵都，与辰玉王公衡会文萧寺，辰玉不可一世，独心折公文，云：'今春冠军，惟我与尔！'公亦自负莫己若也。"（《丛青轩集》卷首）

万历二十九年辛丑（1601年）　三十二岁

是岁，为会魁。廷试二甲第一名，授庶吉士。课馆一出，人争传抄，名噪一时。王衡会试第二，廷试一甲第二。

池显方《许钟斗先生传》："比发榜，果居首，王次之。海内争诵其文，大诧得人，谓震泽而后，不一二见也。廷试二甲一名，选庶吉士。"（《丛青轩集》卷首）

按：会试题为《王者以天下为家论》（《丛青轩集》卷三）。

是岁，南居益成进士。

按：南居益，字思受，陕西渭南人。许獬同榜进士。《丛青轩集》卷二目录有《南思受制义序（嗣刻）》，无文；《许钟斗文集》无目亦无文。此文今佚。

是岁，熊明遇成进士。

按：熊明遇，字良孺，钟陵（今属江西进贤）人。许獬同榜进士。有《绿雪楼觳草》。熊明遇作《许子逊丛青轩集序》，见《许钟斗文集》卷首、《丛青轩集》卷首。

是岁，李献可成进士。

按：李献可，字尧俞，号松汀。福建同安人。许獬同榜进士。早卒，《丛青轩集》卷五有《祭李松汀文》。

是岁，周起元成进士。

按：周起元，字仲先，福建海澄（今属龙海市）人。许獬同榜进士。周起元大父一阳，字养初，卒年七十九岁。獬为作《祭周复庵文》。（《丛青轩集》卷五）

是岁，陈伯友成进士。

按：陈伯友，字仲怡，山东济宁人。獬为其祖作《祭陈大行乃祖文》。（《丛青轩集》卷五）

是岁，有书致福建巡抚朱运昌。

作《答朱中丞》："朝廷以闽海重地，靳不妄与节钺者，三四载于兹。顷特诏起公田间，与所甚惜弗惜，所以宠公甚大，所以造我闽亦甚大，公宜不得辞。"（《丛青轩集》卷六）

按：朱运昌，江苏丹徒人，明万历八年（1580年）进士，万历二十九年（1601年）巡抚福建，故曰"诏起田间"。

是岁，与王锡爵有书信往返。

作《答王荆石》："某之于翁也，甫数岁，始知学即已诵其言。又数岁，而翁为天子之宰，日赞庙谟，施及方内，被其泽。今又十余年，而获与翁之象贤为同榜兄弟，有握手之欢，于翁得称年家子，分其焜耀。"（《丛青轩集》卷六）

按：王锡爵，字荆石，王衡之父，江苏太仓人。明嘉靖四十一年（1562年）会试第一，廷试第二。此书云与王衡同榜，当作于成进士之初。

是岁，与山东巡抚黄克缵有书信往返。

作《再答黄中丞》："士君子有遗大而才见，遭讪而行愈明者，于明公一人见之。某尝从乡中诸荐绅而得明公之为人。询之山以东诸老，而惟明公之政得其大者。是其除残剔蠹，为人兴利，令在官者无贪吏，境无穷民。"（《许钟斗文集》卷四）

按：獬赞黄克缵"遭讪"而"行愈明"。

是岁，有书致师刘纯仁之子。

作《与刘公子》："甲午岁，辱知老师翁，师翁忘其愚且陋，即以第一人相待。于时即未敢谓必然，然心识之弗敢忘。今春徼一当，未暇以得当为喜，而先以知己者不及见为恨。盖海内知己虽多，然师翁识我于根荄。师翁已矣，其功德在我闽，声名在宇内，尚自耿耿不没。"（《丛青轩集》卷六）

按：刘公子，刘纯仁之子。獬中榜，刘纯仁已卒，故向刘公子报告。

是岁，有书致李开芳。

作《与李斗初》："不佞自髫龀时，熟读《十八子制义》，已知足下之名久……不佞辱在词林，将采摭其尤表表者，藉手为史籍光，且示吾闽有人。"（《丛青轩集》卷六）

按：李斗初，疑为李开芳。李开芳，号还素，福建永春人，明万历十一年（1583年）进士。

是岁，与陈用实有书信往返。

作《答陈中丞》："明公非止宜滇中，而滇中则非明公不治……不佞末学，偶徼一当，谬承褒奖，愧何敢当！惟是中间期许虽过，不敢不勖。"（《丛青轩集》卷六）

按：陈用实，字道亨，号毓台，福建晋江人，明隆庆五年（1571年）进士，时为云南巡抚。

是岁，有书致陈治本之子。

作《与陈公子》："去秋计偕，拟欲道南城，祇谒老师翁，领教言，冀有所益。会不便径去，至淮，乃闻讣音，骇且恸，若有所失。抵京邸，闻杨年丈自南城来，亟往问丧状，又闻身后囊橐萧然，仅能还榇故里。"（《丛青轩集》卷六）

按：陈治科，浙江余姚人，明万历十三年（1585年）举人，江西南城县知县，卒于万历二十八年（1600年）。

是岁，有启约请座师曾朝节。

作《请曾老师启》："伏以名世应五百载之昌期，先逢知己；皇家奠亿万年之长计，莫急树人……八月某日，列三旌之筵秩，陈九奏之清音。鲁酒尊开，泛霞卮于三岛；燕金台迥，来赤乌于重霄。藉《秦誓》之休休，妄希彦圣；挹姬公之几几，潜抑吝骄。自愧为基，铸颜有地。身依东观，肃临师保之严；酒近南山，齐祝君王之寿。"（《丛青轩集》卷六）

按：曾朝节，字直卿，一字直斋，湖广临武县人，明万历五年（1577年）进士，万历二十九年（1601年）以礼部右侍郎兼翰林院侍读学士与吏部右侍郎兼翰林院侍读学士共文会试，王衡、许獬、南居益、周起元等都出自其门下。

作《复洪父母》："曩日辱在甄陶，今兹徼一当，伏庇为多。屡欲修尺一奉候，为甚忙所夺，忽接远翰，重以大贶，惊喜且愧。至语及大人冠服事，则更东南向顿首称谢。不肖三十年攻苦食淡，所营何事？施及所生，胜于当身受之矣。惟恩台政绩流闻，英声四达，不日膺玺书，为天子股肱耳目之臣。"（《许钟斗文集》卷四）

按：洪世俊，字用章，号含初，安徽歙县人，明万历二十三年（1595年）进士，二十四年（1596）任同安县知县。

又按："三十年攻苦食淡"，獬年当在三十岁左右。

作《答洪父母》："命世大贤，久栖百里。不佞深以敝邑之父老子弟得久留贤父母为喜，而为朝端忧乏材。"（《许钟斗文集》卷四）

按：此时洪氏已任同邑五年，故云"久栖百里"。

是岁，有书致张尚霖。

作《答张尚霖》："不数月，辱远翰相闻问者三四，重之以大贶，知兄每饭未尝忘弟也。乃弟亦每饭未尝忘兄……此亦我兄沉船破釜时也。甲辰岁，敬当扫室以待前

驱。"(《丛青轩集》卷六)

按：张尚霖，《许钟斗文集》卷四作"张及我"。尚霖此科失利，许獭勉其沉船破釜于下科（甲辰）。

是岁，又有书致同安县知县洪世俊，言及族姓子弟生事，以为后果不悛，当悉论如法。

作《答洪含初》："孟秋人去，附尺一奉候，想达矣……不佞去书生，还得一书生，既做不得古人文章，又做不得今人事业，悠悠岁月，茫如拾汁……近得知友书云，诸族姓子弟好生事凌人，动开怨府。人言若兹，当不尽无……后果不悛，如人所言，愿悉论如法，毋有所贷。非特以三尺卫民，令小民有所凭依；抑小惩大戒，其所以保全我族姓子弟，使勿陷于恶；与所以保全不佞，而完其令名。"（《丛青轩集》卷六）

按：孟秋尺一，即《答洪父母》。

万历三十年壬寅（1602年）　　三十三岁

是岁，有书致山东巡抚黄克缵。

作《与黄中丞》："山东提衡两都，当四方舟车辐辏之冲。迩来凋敝特甚，易骚以变，非公宜莫能为。公处兹土久，习知利病，有文武壮猷，为吏民所畏爱。圣明简在而畀之节钺，盖真得人，知克有功，公其毕力以奉扬天子之新命。"（《丛青轩集》卷六）

按：黄克缵，字绍夫，号钟梅，福建晋江人，明万历八年（1580年）进士，是岁巡抚山东。

是岁，有书致师汪道亨。

作《与汪云阳师》："方今矿税满天下，重足侧目，彼方民怙恃仁人若父母，顾一朝而弃之，其何以生？老师去吾闽三载，迄今尚讴思不绝，想今日江以西民情，视闽当什百不啻也。"（《丛青轩集》卷六）

按：汪云阳，即汪道亨，时为江西参政分守湖西。

是岁前后，有书致泉州郡守程达。

作《与程太守》："以温陵而得明府，则温陵之七邑徼天矣。询之来人，俱云明府善吏治，老吏不能欺。近得家弟辈书，又云善校士，所校不失尺寸。泉士凤称多材，口亦难调，每一榜下，辄哗不厌，至是皆服，毋敢哗者。"（《丛青轩集》卷六）

按：程达，字信吾，江西清江人。明万历五年（1577年）进士，时为泉州郡守。

是岁前后，有书致李时华。

作《与李按君》："入我明，声教大开，而粤东遂称重地。以明公才名，持斧于兹，盖信圣明简在，权匪轻假。此地凤称肥衍，多宝货，吏兹土者，不泉自贪，明公揽辔之余，固宜望风回面。惟是税使横啮，海内骚动，祸连章掖，正贤者所宜用心。"（《丛青轩集》卷六）

按：李时华，浙江仁和人，举人，时为广东巡按。

是岁，有书致师徐即登。

作《与徐匡岳书》："去春徼一当,未暇以得当为喜,而先以不负老师知人之明为幸。盖海内知己虽多,然老师识我于未遇,且拔我于必不遇……揭榜后,询之来人,又云台驾且至,是以迟疑未果。然未尝不日夜侧耳銮声,而望前驱之至止也。近见金公祖,乃云老师就道当在明岁之春。"(《丛青轩集》卷六)

按:明万历二十二年(1594年),徐即登为学使,取獬入頖。详该年。

又按:去春榜发,獬有书报告徐氏,故知此书作于是岁。

是岁,有书致沈鲤。

作《拟上沈龙江》："某自少时,伏读公为宗伯时所为举业式,颁行天下者,则已知当朝有沈龙江先生,锐意斯文,以世教为己责。既壮,守其辙不敢变,遂叨一售,官中秘。未数月,而公膺天子之新命,入赞大政,为天下宰。某私喜自语:贤者固不负其位。位宗伯也。宗伯主文章风教,即以文章风教为己责。"(《丛青轩集》卷六)

按:沈鲤,字仲化,号龙江,归德(今河南商丘)人,明嘉靖四十四年(1565年)进士。沈鲤曾任礼部尚书,辞归,此时复起。

是岁,有书致吕纯如。

作《答吕益轩》："询之来人,知兄才锋初试,政声奕奕,亟往语朱老师,以为吾门有人……然边海重地,兄宜不得来,弟则无不可归。归时从一奚奴,肩舆直抵虎渡桥,与兄把盏临流,交臂谭心,眺望山川,睥睨今古,一洗簿书案牍之尘,超然世情物态之外,不亦大愉快乎!"(《丛青轩集》卷六)

按:吕纯如,字孟谐,号益轩,吴江(今苏州)人,许獬同榜进士,福建龙溪知县。

是岁,有书致刘纯仁之父。

作《复刘太公》："去岁答令长孙世兄书,未尝敢以一札轻渎长者,念七十老人,息机日久,感今追昔,徒增累欷……老师遗德在闽,闽人士讴吟思慕不绝至今,为其后之人者,勿虑不显。"(《丛青轩集》卷六)

按:刘太公,刘纯仁之父。去岁,刘纯仁之子有书致许獬,獬答之,参见去岁。

是岁,有书致师郑耀。

作《与郑学博》："贵里施君谒铨,复得敝邑师。不肖见施君,则盛道老师意气慧眼,不让渠尊人龙冈先生,欲令立碑学中,示后之人有永……区区一第,重轻亦安足计!贵省吴按君将出都门,不肖勤以老师见属,渠以乃孙及门,故与不肖深相结纳,谅亦无不用情也。前有一札附临江府陈君奉候,未审曾已达否?"(《丛青轩集》卷六)

按:郑学博,即郑耀。施君,即施三捷,字长孺,福建福清人,明万历十六年(1588年)举人,时为同安县教谕。"立碑学中",详下条。

作《郑拙我学政碑》："同安凤多士,郑先生来乃益著。先生少孤而贫,其为教我同,廉不取贫士一金,所识拔皆知名士。月朔望,聚士之有志行而能文者,身角艺而课之文,取平易尔雅,毋为奇衺……盖先生去我同,而不佞始补邑弟子。先生竟不第,得令峡江……先生闽县人，鋂乙酉举人来署教谕事。闽县，八闽都会，不佞尝以乡会试往来其家，又知其于孝友廉让最著。盖自其为士，已自可贵如此。所谓以身为教者，先生有焉。今为教谕者施先生，施先生，先生同里，其必知余言为不诬也已。"（《丛青轩集》卷二）

按：参见上条与下条。

作《与郑拙我》："邑士子为老师立碑，其文以属不肖。自知不文，不足以发扬盛美，然以畴昔之谊，固不得辞。"（《许钟斗文集》卷四）

按：参见上二条。

是岁，有书致师郑耀。

作《与郑师尊》："临江命下，华君则飞书促不肖亟以老师为言。不肖见临江，方欲有所陈请，渠即云傅、华二君先之也。因叹老师平生树人，今食其报，即言不言，无能为重轻。然老师之能知人、能得士，与傅、华二君之不背本，具见于斯矣……朔风日严，愿言珍摄。"（《许钟斗文集》卷四）

按："临江命下"，陈廷（庭）诗任命为临江知府。详下条。

是岁，有书致临江知府陈廷诗，请其关照峡江知县师郑耀。

作《与陈临江》："行色匆匆，弗敢屡渎闻人，然大意不过如前邂逅所称。峡江恶地，乙榜望轻，日夕惴惴，惟获戾上下是惧。勉加扶树，使以最闻，秋毫皆明公之赐也。"（《许钟斗文集》卷四）

按：陈廷（庭）诗，晋江人，明万历十七年（1589年）进士，江西临江知府。许獬师郑耀为峡江县知县，峡江，属临江府。

是岁，有书致江西巡按吴达可，请其关照峡江知县师郑耀。

作《答吴安节》："曩方持斧出都门，甚严，不敢请间……峡江知县郑耀，乃某之师。曩作敝邑教，廉不取贫士一金，所识拔皆知名士。如某则尤所悯，念其贫，时分箧中金而佐之学者。而某时尚微为齐民，未得与庠士齿，则尤难。耀，闽县人，为八闽都会，某后以乡会试往来其家，又知其于孝友最著，今世为人如此者有几？明公与某相知无间，不复疑其它，其必知耀也无疑矣。夫以耀之为人，固自可知。而区区犹以为言，盖亦示天下有知己之感云尔。"（《丛青轩集》卷六）

按：吴达可，字安节，宜兴（今属江西）人，明万历五年（1577年）进士，时为江西巡按。

是岁，与黄县知县孙振基有书信往返。

作《答孙黄县》："读来翰，拜命之辱惟文。宏抱初试，即能使所在见德，处为醇儒，出为循吏，异日殆未可量也。预贺，预贺！百里虽小，是亦为政。昔人所称寄命，盖不过此。"（《许钟斗文集》卷四）

按：孙振基，潼关人，许獬同榜进士，时任山东黄县知县。

是岁或稍后，有书致怀宁知县张廷拱。

作《与张辅吾》："曩接桐城阮节推，盛道其邻父母之新政，以为难得。近得汪老师书，又以其乡之父老子弟，得有良父母为厚幸。吾侪初在事，即有此等作用，将来殆未可量。辱在知爱，喜可知也。"(《丛青轩集》卷六)

按：张廷拱，字尚宰，福建同安人，许獬同榜进士，时为安徽怀宁知县。

是岁前后，有书致溧水县知县王德坤。

作《与王溧水》："日者行色匆匆出都门，方欲修一酎言别，则已弗及，恨之，恨之！溧水大邑，盘根者多，簿书案牍之积如山，非我丈才名，宜莫能治。古人所称寄命不小百里，我丈树骏垂鸿，于今伊始。异日宰天下亦如斯矣！"(《许钟斗文集》卷四)

按：王德坤，字时简，浙江乌程人，许獬同榜进士，时为溧水县知县。

又按：此书作于王德坤南行之前。

是岁或稍后，有书致李嵩岱。

作《与李东山》："曩者聚首为欢。未能多日，而年丈试政百里去，怅惘如何。贵治吴文轩与舍亲杨子，俱以东封事诖误，留滞长安市中。"(《许钟斗文集》卷四)

按：李嵩岱，字宗父，陕西洋县人，许獬同榜进士，时任安徽休宁县知县。

又按：此书言及册封琉球诖误之事，当在夏子阳任行人前后。

是岁前后，与桂林知府许国瓒有书信往返。

作《答许明府》："粤西去此中万余里，而能使政声赫然公卿齿牙间，非明公威怀有术，宜不及此……方今独断自上，廷臣唯唯受成筴，惟分符专制一方者，庶几得行其志。"(《许钟斗文集》卷四)

按：许国瓒，字鼎卿，号仲葵，晋江人，明万历五年(1577年)进士，时为桂林知府。

又按："独断自上""分符专制"之说，知时许獬已入仕途。故系此书于是岁。

作《答许明府》："日者家大人过贵治，则又蒙款渥，且言念宗盟之雅，惓惓有加，中心藏之，未之敢忘。"(《许钟斗文集》卷四)

按：据此书，许獬父此前曾往粤西访许国瓒。

是岁前后，有与李梦祥启。

作《与李年丈启》："恭惟台丈命世真儒，救时良牧。文跨班、马而上，治在赵、张以前。暂试牛刀于专城，终空冀群于皇路。"(《许钟斗文集》卷四)

按：李梦祥，晋江人，许獬同榜进士，时为某县知县。

是岁前后，有书致外祖，言虽得美官，不若一州一县之得以行其志。

作《与外祖》："玉堂美官，人所同羡。今已官玉堂，称美官矣，而反不若一州一县之得以行其志。不肖以贫起家，亲戚多贫，令得一州一县而为之，犹当令穷乏者待而举火。而今已似难。"(《许钟斗文集》卷四)

按：此书当作于初授庶吉士之时。

是岁，刻《四书崇熹批注》十九卷、《许太史评战国策文髓》四卷。

万历三十一年癸卯（1603年）　　三十四岁

是岁，授翰林院编修。

是岁，次子铖生。铖，字则敦。

春，与蔡复一有书信往返。

作《答蔡元履》："杪冬辱手书，甚忙且病，未及裁答。嗣后伏枕者弥月，每以足下言当药石，则霍然自起。念与足下促膝不数数，乃遂能攻所不足于我，此真古谊，殊非今世貌交可比。南中僻静，有山水之致，足下夷犹其中，兴自不浅。"（《丛青轩集》卷六）

按：去岁蔡复一归泉州，故曰"南中僻静"。去岁冬十月、十一月，蔡复一父母相继亡故，讣尚未到京师，故此书未言及。

春夏间，又有书致蔡复一。

作《又〔与蔡元履〕》："辱大教，方再请益，询之来人，则闻足下乃重迭在衰绖中。知足下至性哀号，思慕良苦，其少自爱。始足下去时，二尊人尚健无恙耳，不虞及此。"（《丛青轩集》卷六）

按：此书作于讣至京师之后。

秋八九月，得非常之症，精气俱耗，顶发尽脱。

作《答徐宗师》："自去秋八九月间，忽得非常之症，幸而不死，至今精气俱耗，顶发尽脱。每一开卷，便觉颓然不自聊赖。"（《丛青轩集》卷六）

按：徐宗师，即徐即登。《答徐宗师》作于次岁。

是岁，有书致王世仁。

作《与王二溟》："都下分袂者，三载于兹矣。而未尝一札自通左右，盖缘懒得疏，习惯已久，亦知台丈大度，不以烦细绳我也。不佞弟蹩躄风尘，日无宁晷，遥望乡关，时增愁况。惟每接南来人，从容询台丈治状，则大喜，以为辱在宇下，伏庇为多。言者皆曰：吕龙溪、尹扶风之治辨，王司理、黄颍川之宽和。"（《丛青轩集》卷六）

按：王世仁，字二溟，长洲（今苏州）人，许獬同榜进士，漳州推官。

是岁，有书致王衡，叙二人友情。

作《与王辰玉》："去冬有归志，拟便道从虎丘山下，走快艇，一日夜抵太仓，先谒相国老年伯，挹其议论丰采，以徜徉想象乎古之所谓名公卿贤士大夫者，而后退与辰玉游弇州园，搜奇剔怪，尽东南之美，庶几少偿夙愿。而今似未能也。则所谓离合不常者，非独辰玉，即在吾许子逊亦未能自必。虽然，此心未已，终须一遂，谨藏斗酒菰莼俟我，毋谓戏言。"（《丛青轩集》卷六）

按：王衡，字辰玉，太仓（今属江苏）人，许獬同榜进士。

是岁，与李时华有书信往返。

作《答李按君》："再奉大教，拜命之辱。惟门下以宏才雅望，屡按大藩，揽辔之余，吏治民风，自宜蒸然有变。长安虽去蜀中数千里，不佞固愿乐观其成。"（《许钟斗

文集》卷四）

按：时李时华移按蜀川。

是岁，有书致陈士兰，以为与陈士兰、张廷拱同乡同榜足称一体。此时已规划明春南归。

作《与陈华石》："弟初以病告，谓为故事，果然一病两年，骨立日甚……久闻南旋之音，是用翘跂；而病躯兼以僻处，咫尺弗能自达，心甚恨之。人生离合有数，脂车若在明岁之春，庶几或可一面。否则，当悬长安中榻相待耳。辅吾丈毕力营一葬地，乃为恶成者所持，进退维谷，不知我丈能为之地否？海内同榜虽多，如吾三人，足称一体。老年伯母安否？"（《许钟斗文集》卷四）

是岁，与刘应秋有书信往返。

作《答刘云峤师》："辛丑追随数月，而老师遂出都门，某匆匆祖道，诚难为情，私心盖日夕望前驱之至止也。居诸如流，忽以两周，未获修尺一致候，乃辱手翰遥逮，殷殷垂注，慰诲有加，铭佩之余，愧歉多已。"（《许钟斗文集》卷四）

按：刘应秋，字士和，号云峤，吉水（今属江西）人，明万历十一年（1683年）廷试一甲第三名，授编修。

又按：自明万历二十九年辛丑（1601年）至今已两年，则此书作于是岁。

是岁，座师冯琦卒，为作诔文。

作《公诔冯座师文》："某等樗栎下乘，偶辱兼收。痛仪刑之既远，欲步趋而无繇。敬陈栖酌，永决明幽。进以伸知己之私恸，而退则抱世道之隐忧。"（《丛青轩集》卷五）

按：冯琦，字用韫，号琢庵，山东临朐人，明万历五年（1577年）进士，万历二十九年（1601年）以吏部右侍郎兼翰林院侍读学士与礼部右侍郎曾朝节共主会试。王衡、许獬、南居益、周起元等都出自其门下。

又按：据《明史·七卿年表》，冯琦卒于是岁三月。

是岁，有书致江西巡按吴安节。

作《又答吴安节》："暌违经载，未尝再通问讯，知门下大度，不以疏节罪我也……近遭冯老师之丧，数月忽忽如忘。曩时识我于根荄者，有武进之刘，其在乡场则有余姚之陈，俱后先凋谢，不意临朐公复强年长往。自念性既寡谐，赋缘又薄，慨然以寸竖未能，不获少酬知己，报国士之遇为恨。峡江得藉鼎力，不负鄙私，分毫皆门下之德也，感何可言！"（《丛青轩集》卷六）

按：冯老师，即冯琦，临朐人，又称临朐公。

是岁，与林应翔有书信往返。

作《与林京山》："别后苦寒，非肩舆拥火不能出户外，知途中凄楚更倍也。春闱矣，想已抵任……永嘉吏近以一事相托，不佞素迂疏，不能向权贵人作软语，因谢置之，然于心终不能不介介以为是门下之所属也。"（《许钟斗文集》卷四）

按：林应翔，字京山、源湜，号负苍，福建同安人，明万历二十三年（1595年）

进士，时为永嘉知府。此书言林应翔制义之佳。

作《与林京山》："近遭冯老师之丧，忽忽如忘，诸事百不及一……李斗野在京邸，数向不佞论时义甚勤，盖以课儿故。不佞则为言门下此道甚精，累百许子逊不及也。渠因托不佞先容一语于门下。"（《丛青轩集》卷六）

是岁，有书与伯，议家声及葬祖之事。

作《与伯书》："接家信，见两弟书，知子荣弟已受室称成人，家中雍睦有加，甚喜。尧弟即婚稍迟不害，要当择礼义之门，而委禽焉，乃称吾家妇，为吾家造福不浅。吾祖宗书香积累数世，至于今始发，发亦正当数世未艾，保而持之，使有永在人……祖丧暴露几四十年，此岂可缓？缓之不过欲待风水，正恐风水不足甚凭耳。且葬事亦不必甚厚，当此末世，倘遇兵火，悔之何及！反不若苟成事之犹足以塞责也。"（《许钟斗文集》卷四）

按：此书与下书作于散馆之后。许獬祖大父开卒于明嘉靖四十五年（1666年），至是岁三十八年，故言"几四十年"。

是岁，有家书。

作《寄家书》："散馆后，本拟请告，今似未能也……吾祖丧，暴露已四十年，正如饥渴之极，不择甘美。但得平稳地，得以安死者魂魄，得便岁时祭扫，无误大事，虽少后福，固所甘心……迩来海上渐有寇警，倘有意外，尤不可言。言念及此，可为寒心。"（《许钟斗文集》卷四）

按：此书致父振之。"四十年"，举其成数而言之，即《与伯书》"几四十年"之意。

是岁，与施三捷有书信往返。

作《答施学博》："里中士得沐大雅之型，明春复揭旗鼓而先之，应者宜众。语云：善作不必善成，先生之大有造于吾党，则前人之美为益彰已。"（《许钟斗文集》卷四）

按：施学博，即施三捷。施三捷明万历三十年（1602年）任同安县教谕。此书云"明春旗鼓而先之"，指万历三十二年甲辰（1604年）春府道试，故知此书作于此岁。

是岁前后，盛以弘使秦藩，有诗送之，又有书信往返。

作《送盛太史使秦藩》（《许钟斗文集》卷一）。

按：盛以弘，字子宽，陕西潼关人，明万历二十六年（1598年）进士。盛氏出使秦藩，随即告病高卧潼关。

作《答盛太史》："使车西驰，日月以冀，忽接贵翰，捧读，乃知门下尚尔高枕也……方今朝庙山林，人各为政，论思启沃之地，安可一日无门下辈，从容后先？秦中风景虽佳，恐未宜久卧也，惟门下图之。"（《丛青轩集》卷六）

是岁前后，与广西督学骆日升有书信往返。

作《答骆督学》："粤西僻在一隅，文物奚似上国。门下以命世大儒，振铎于兹，比及三载，风移俗易。一变至道，于是乎存。曩诵门下制义，固已识其言；今于彼都人士，复识门下作用。异日树骏垂鸿，未可量也。门下勉旃！不佞辱在梓里，其与有荣

施。"(《许钟斗文集》卷四)

按：骆日升，字启新，号台晋，福建惠安人，明万历二十三年（1595年）会元，廷试二甲第六名，时任粤西督学。

是岁或稍后，有书致新任清苑县知县王之宷。

作《答王心一》："朝廷知丈治行，不旬岁再试大邑。清苑去帝都尤迩，名迹日夕公卿耳目中，少有善状，毋虑不达。矧行能卓异如丈者，能复有几？我丈勉旃！清苑之不能久栖大贤，犹无极也。"(《丛青轩集》卷六)

按：王之宷，字心一，号荩甫，陕西朝邑人，许獬同榜进士，初试无极县知县，时调任清苑县知县。

是岁，夏子阳册封琉球，有诗送之。

作《送夏都谏册封琉球》(《许钟斗文集》卷一)。

按：夏都谏，即夏子阳，字君甫，号鹤田，玉山（今属江西）人，明万历十七年（1589年）进士。

又按：徐𤊹有《送夏给谏册使琉球》(《鳌峰集》卷十二)，蔡献臣有《送夏鹤田给谏使琉球癸卯》二首（《清白堂稿》卷十二上），曹学佺有《送夏给事册封琉球》(《春别篇》)，陈勋有《送夏给谏使琉球》(《元凯集》卷五)，陈一元有《送夏给谏使琉球序代》(《漱石山房集》卷十)。

又按：蔡献臣诗作于是岁，曹学佺诗作于次岁，许獬诗或作于次岁。

万历三十二年甲辰（1604年）　三十五岁

是岁，座师曾朝节卒，为作诔文。

作《诔曾座师文》："人之生世，有盛位者不必有令名，有令名者不必有修龄。先生于兹实兼有之。人之生世，有利有钝，有得有丧；当其得时，谁能勿喜，及其不得，谁能勿悲？先生于兹可谓一之。"(《丛青轩集》卷五)

按：曾座师，即曾朝节。

是岁，与徐即登有书信往返，徐氏请许獬删订其集并撰序，獬以病后未敢胜其任。

作《答徐宗师》："某自元旦即已卧病，近遭曾老师之丧，伏枕不能走视，展转悲吟者累日，此诸敝同年所共知共谅也……盖大病之后，神情未复，其理宜尔。尊稿之删与序，当以属之能者，其非病躯所敢任也。"(《丛青轩集》卷六)

按："遭曾老师之丧"，详上条。

是岁，有书致高金体。

作《与高两目》："安溪虽小，足称剧县，能于此中著声，亦自不易。第以台丈而为安溪，则真所谓牛鼎烹鸡，非其任也……不佞弟落莫随人，无一善况，加以年来多病，桑梓之念转深，不日当促归装，则把臂亦自不远。安溪有山水之致，固愿寓目；第以游客而勤馆人，则似不便。要以数千里归来，咫尺知己，决不令对面参商也。"(《丛青轩集》卷六)

按：高金体，字立之，临安（今杭州）人，许獬同榜进士，时为福建安溪知县。

又按：作此书时已经决计南归。

是岁，有书别李廷机。

作《别李九我》："于乡大老中，遭遇台下最后，而台下之属望不肖最深。昔人所称知己，道义意气为上，文章次之。昔人所称为有功世教，每以教育天下英才，诱掖造就，使不失其性为急务，而汲引又次之。"（《丛青轩集》卷六）

按：此书当为假归之前别李廷机所作，时廷机以礼部左侍郎署礼部事。

是岁，有书别馆中诸前辈。

作《别馆中诸前辈》："某无似，于行辈中最为驽下，过承台下眷注，方力自湔拔，以副雅怀。而麋鹿之性难训，林泉之恋实深。一离都门，仪刑日远，翘想清光，可胜瞻企。"（《丛青轩集》卷六）

按：此书当为假归之前别馆中诸前辈时作。

是岁，与葛寅亮有书信往返。

作《答葛屺瞻》："始弟在长安，而老丈南归，益轩在闽。今弟将归闽中，拟取途钱塘，与老丈为吴山西湖之会，而老丈在留都，益轩复留滞燕市中为羁客。人生离合有数，欲如囊时对榻剧谭，白眼世上，相视而笑，可易得也？"（《丛青轩集》卷六）

按："将归闽中"，此书作于假归之前。

是岁，以思亲望云成病，假归。

按：许獬《与李见罗》："方今世道亦大可知……某辈欲矗矗有所竖立，亦不如反而求之身心性命，庶几不负此生。奈何馆事方殷，未得遽去。累欲具疏请告，又为主者所阻，未便如志。甲辰岁径拂衣归矣。此时葛巾长啸而来，复逡巡法堂前，北面称弟子，吾师尚曰'此子可教否？'"（《丛青轩集》卷六）

又按：假归原因有二，一为"思亲望云成病"，参见明万历三十四年（1606年）；二为世道局促，不如"反而求之身心性命"。

万历三十三年乙巳（1605年）　三十六岁

是岁，有书致同年杨衡琬，吊杨母。

作《答杨衡琬》："驱马南来，旧疾复作，伏枕不敢窥窗外者弥月于兹，是以不得修一香一帛之仪，致奠于老年伯母太夫人灵下……吾丈大器夙成，兼以沉养，读《礼》之余，稍留神世故，以需大用，则不世之业也。"（《许钟斗文集》卷四）

按：此书作于南归之后的一段时间。

是岁，与许熙台有书信往返。

作《答许熙台》："久不奉手教，惟从学师锦云君得闻福履清泰……抱病三载，情绪缺然。京中把臂，尚当再悉。"（《许钟斗文集》卷四）

按：许熙台，其人不详。许獬于明万历三十一年（1603年）抱病，至是岁三年。

是岁，次女与漳州林氏三郎约婚，与林光碧有书信往返。

作《复林扶苍纳采启》："某恭承台命，以令三公子约婚于不佞某之次女曰某者。惟吾两家，以羁旅之交，遂订百年之盟，兹固气求，良亦天作。"（《丛青轩集》卷六）

按：林扶苍，即林光碧。

作《与林光碧》："某自蠖伏海陬，则已倾注高风之日久，得缔龙驹，曷胜雀跃。去岁辱贵翰，适卧病床蓐，至今蓬垢，不敢问户外事者一载于兹……郎君岳岳，自是远器，幸加追琢，以大其成。"（《丛青轩集》卷六）

按：去岁归里，"一载于兹"。

作《又［与林光碧］》："秋深稍能自健，拟从一二知交南游，挹天柱夕阳之胜，因过门下为信宿之谭，以慰鄙私。第恐病未能也。"（《许钟斗文集》卷四）

按："天柱"，即天柱山，在漳州府长泰县，由同安往天柱，故曰"南游"。

作《又［与林光碧］》："某杜门至今，病魔犹未尽脱。去冬之猎，匍匐来迁，而诸亲旧来往寒温之节，百不一备。姻翁不以简傲见罪，而俨然手札存之，重之以大贶，非肺腑之爱，何以及此！"（《许钟斗文集》卷四）

是岁或下岁初，有书致王年丈。

作《答王年丈》："归舟经淮泗，遥闻政声四浃，啧啧为同籍光……弟抱病三年，近稍平复。燕市相逢，再叙情款。"（《许钟斗文集》卷四）

万历三十四年丙午（1606年） 三十七岁

是岁，有书致尹遂祈。

作《与尹父母》："三山去此咫尺耳，而音问阔疏，遂成燕越之隔。及是命下，爽然喜跃，旷然病已。其在同民，则失一父母而得一良父母；在弟某，则失一兄弟而得一兄弟之白眉而秀出者，俱可喜也。"（《丛青轩集》卷六）

按：尹遂祈，广东东莞人，许獬同榜进士，时由闽县知县调同安知县。三山，福州城内有屏山（越王山）、于山、乌山，故名，此处指代闽县。

又按：尹遂祈之前任同安县王世德，永康（今属浙江）人，也是许獬同榜进士，此时调任闽县知县。故此书云："其在同民，则失一父母而得一良父母；在弟某，则失一兄弟而得一兄弟之白眉而秀出者。"

是岁，与李材有书信往返。

作《与李见罗》："一离门墙，遂觉蓬心。区区修证之念，既为习气所累，又为伎俩所夺。忽奉瑶函，宠以教语，茫若亡子之见所亲，惊喜之余，愧汗不少。某自佩服大教，于兹有年矣，粗知自好，不敢泯泯……甲辰岁径拂衣归矣。"（《丛青轩集》卷六）

按：许獬为诸生时受教于李材。此书云甲辰归，而不云去岁归，归当已逾年，故系于此。

是岁，六月十五日卒。

池显方《许钟斗先生传》："性至孝，以望云成病，遂归子舍，宦囊仅数十金，悉分惠戚属……时万历丙午年六月望也，春秋仅三十有七。闻者无不惜之。"（《丛青轩

集》卷首）

是岁，徐𤊹代人作祭文。

徐𤊹有《祭许子逊太史文代》："大轮名山，嵯峨拔秀，毓产喆人，才高德懋。先生挺出，幼禀渊姿，骏发之器，深沉之思。当世修文，乍离乍合，摽窃饾饤，味如嚼蜡。先生落笔，尔雅不群，镜花水月，流水行云。早赴公车，礼闱首荐，上苑看花，琼林赐宴。明廷大对，名姓胪传。萤英史馆，振藻木天。台阁篇章，词林句法，誉满皇都，声腾魏阙。石渠金马，方侍操觚，上书请告，昼锦里闾。天靳才贤，夭寿不贰，正当策勋，忽尔遐弃。明珠照乘，俄坠重渊，宝剑藏匣，化不逾年。嗟乎先生！雕龙绣虎，每读遗文，曷胜凄楚。某于往岁，振铎同鱼，十年往复，情好如初。闻讣伤情，薄修一奠，三叹临风，精灵如见。尚享！"（《红雨楼集·鳌峰文集》册十）

是岁或次岁，三子镛生。镛，字则雍。许𤪺卒时尚在孕中。

万历三十九年辛亥（1611年）　殁后五年

是岁，蔡献臣为《许钟斗文集》撰序。

蔡献臣《许钟斗太史遗集序（辛亥）》。（《清白堂稿》卷四）

按：此序文《许钟斗文集》《丛青轩集》题为《许钟斗太史集序》。

万历四十年壬子（1612年）　殁后六年

是岁，《许钟斗文集》五卷刊行。秀水洪梦锡明万历四十年（1612年）刻本。

天启四年甲子（1624年）　殁后十九年

是岁，池显方举乡试。

按：池显方，字直夫，号玉屏，浴德子，同安中左所（今厦门岛）人，明天启四年（1624年）举乡试，有《晃岩集》。池显方撰《许子逊太史传》（《晃岩集》卷十三），《许钟斗文集》《丛青轩集》作《许钟斗先生传》。

又按：池显方父浴德，字仕爵，号明洲，明嘉靖四十四年（1565年）进士。《丛青轩集》卷六有《答池明州（洲）》书牍一通。

崇祯十三年庚辰（1640年）　殁后三十四年

是岁，季男镛等为编刻《丛青轩集》，镛作《识语》。

许镛《识语》："先君子不幸蚤世，时伯兄十龄，仲氏三龄，而小子镛固孕中孤也。生不识父面，长未能读父书，恨积终天，罪负簋袭。朝夕间顾所留遗篇为宇内操觚家翕然宗尚，久而益传，镛虽无以慰九泉之灵，而先人用是起色矣。曩曾付剞劂氏，有三集：一曰《九九草》，一曰《存笥草》，一曰《诗文集》。兹以集板渐秃，无可应求，乃白之诸父伯兄，鸠工重镌。因而搜增一二杂作，先成诗文一册，名为《丛青轩集》……庚辰仲秋季男镛谨识。"（《丛青轩集》卷首）

按：《丛青轩集》六卷。明崇祯十三年（1640年）许氏家刻本。卷端署：同安许𤪺子逊甫著，弟鸾子采甫、行沛子甲甫、男铉则鼎甫、钺则敦甫、镛则怀甫、孙元辅君弼甫、元轼君敬甫、元辙君由甫、元辂君质甫、元轮君行甫同辑。

是岁，季男镛据稿本抄录《四书阐旨合喙鸣》十卷。

注释

[1]（明）许獬：《丛青轩集》，明崇祯十三年（1640年）家刻本。

[2]（明）许獬：《许钟斗文集》，明万历四十年（1612年）秀水洪梦锡刻本。

[3]（明）许獬：《丛青轩集译注》，方清河译注，金门县文化局，2008。

[4]（明）徐𤊹：《红雨楼集·鳌峰文集》，《上海图书馆未刊古籍稿本》，复旦大学出版社，2009。

[5]（明）蔡复一：《遯庵全集》，明崇祯刻本。

[6]（明）蔡献臣：《清白堂稿》，明崇祯刻本。

[7]（明）何乔远：《闽书》，福建人民出版社，1995。

[8]（清）林焜熿等修《金门志》，清光绪刻本。

[9]（明）许嘉立等修《金门县珠浦许氏族谱》，金门朱浦许氏排印本，1987。

致用书院课艺研究*

张根华**

摘　要：致用书院以"通经致用"为办学宗旨，是清代福建省专课经史的官办学术性书院。致用书院的课艺文献总集包括《致用书院前集》《致用书院文集》两种，收录了清光绪丙子年至光绪癸卯年（1876～1903年）共27年近800题1000余篇师生的优秀课艺，内容主要包括经史考证、史论、经学人物及学术源流研究、读书论辨和各种杂著，具有为相关学术研究提供文献参考的重要价值。致用书院课艺目前零散存藏于国内外十余所图书收藏机构，建议相关部门收集整理并影印出版完整存卷的致用书院课艺文献总集并建立相应的全文数据库，嘉惠学林，促进中华优秀传统学术文化的传承。

关键词：致用书院　课艺总集　《致用书院前集》　《致用书院文集》

考课是清代书院的主要教学内容，考课的成果称为课卷、课作或课艺。自阮元刊刻《诂经精舍文集》始，清代书院形成整理刊刻课艺的风气，并以稿本、抄本、刻本的形式存世。民国时期已有学者开始关注书院课艺文献，如19世纪30年代王云五主编的《丛书集成初编》，收编了诂经精舍课艺总集《诂经精舍文集》；1934年的《船山学报》第6期以课艺为专题对部分进士及第者的经义、治事课艺进行整理与点校。近30年来，赵所生、邓洪波、徐雁平、鲁小俊等一批学者开始深入研究与挖掘清代书院课艺文献的价值，福州致用书院课艺文献也因此进入学界的视野。关于致用书院课艺文献的整理与

---

* 本文原载于《闽江学院学报》2018年第6期。本文为福建省教育厅中青年教师教育科研项目（JA170342）的阶段性成果。
** 张根华（1971～　），女，福建宁化人，三明学院图书馆馆员，主要从事图书馆学、文献学研究。

研究成果，目前国内学界有赵所生、薛正兴主编的《中国历代书院志》收编了《致用书院文集》清光绪己丑年课艺文献一卷[1]；鲁小俊撰写的《清代书院课艺总集叙录》（下）考证了《致用书院文集》其中 9 卷课艺作者的生平[2]；2018 年 9 月由国家图书馆出版社、上海科学技术文献出版社出版，邓洪波主编的《中国书院文献丛刊》（第一辑，全 100 册），其中的第 65~67 册，收录了课艺总集《致用书院文集》清光绪丁亥年至辛卯年共 5 卷课艺[3]，以及曾求学致用书院的王元穉课艺别集《致用书院文集续存不分卷》；而国外及港、澳、台地区到目前为止尚未发现致用书院课艺文献的相关整理与研究成果。从已有的致用书院课艺文献收集与整理研究成果来看，存在文献收集不全，整理研究不能全面深入的现象。本文拟在学界已有成果的基础上，对致用书院课艺文献总集进行较为全面的研究与分析，并提出相应的建议。

一 致用书院概述

为"补救时艺之偏"，改变唯"科举功名是从"[4]的教育弊端，福建巡抚王凯泰于清"同治十年奏设"[5]致用堂，"甫于抚署，月立一课"，"专考经史"[6]。同治十二年（1873 年）重修西湖书院，内设致用堂，延经师使诸生肄业其中。同治十三年（1874年）致用堂改称致用书院。"光绪二年五月十九，溪涨四昼夜，西湖书院与致用堂并圮。"[7]清光绪四年（1878 年），福建布政使葆亨将致用书院"移建乌石山南麓，妙香庵故址"[8]。光绪三十一年（1905 年），全国废科举，致用书院并入全闽师范学堂简易科。

致用书院具有"通经致用"和"汉宋兼采"两大办学特色。"通经致用"是我国儒学教育的核心思想，认为经学是经世治国的基本理论，史学是经世治国的重要工具，学术是经世治国的基本方式，"所谓以《诗》观察民情舆论，以《书》考验世事变化，以《礼》导化民风世俗，以《春秋》断狱决讼"[9]，士子应该熟读以"六经"为首的儒家经典，通晓经术，完善个人的道德修养，实现内圣与外王，立德与立功的社会理想与人生价值。然而，自明代实行八股取士以来，急功近利的士子们往往"舍当读之书一切不读，而读场屋课试之文；当学之学一切不学，而学帖括之学"[10]。致使"通经致用"的儒学传统湮没不显，社会教育陷入八股窠臼无力自拔，培养与选拔出来的很多科举人才不知学有本原，甚至不知道"三通、四史是何等文章？汉祖、高宗是哪一朝皇帝"[11]。清道光以后，内忧外患，国家急需经世人才挽救岌岌可危的清王朝统治，以龚自珍为首的地主阶级知识分子发出"我劝天公重抖擞，不拘一格降人才"的改革呼唤，求治心切的道光皇帝也提出"士不通经，不足致用；经之学，不在寻章摘句也，要为其用者"[12]，"通经致用"遂成为晚清学术界教育改革的潮流。致用书院创建之前，福建省会福州已有鳌峰、凤池、正谊三所省级官办书院，"虽比各地较小的书院而言稍重实学，但也是以八股制义为主课的"[13]，素有科举"功名摇篮"之称的鳌峰书院曾于清嘉庆、道光年间两度在馆课中兼课经史，引导生徒重视经史典籍的学习，然而在科举功利思想的驱使下，"不学之徒怨谤纷起，上下之间动多窒阂"[14]。王凯泰任福建巡抚后，为提升福建省经世致用的学风，遂以"通经致用"为办学宗旨创建致用书院。

"汉宋兼采"是晚清学术融合发展的趋势。汉学和宋学是我国儒学在发展过程中形成的两大重要学术派别，宋学兴起于北宋，元明以来长期在我国官方思想领域占据着主导地位，它以主观意愿诠释儒家经典，使经学理学化，因此宋学又称理学；汉学兴起于清初，盛行于乾嘉时期，它采用汉儒训诂考订的治学方法致力于经史考据和文字训诂，文风朴实简洁，重证据罗列而少理论发挥，因而又称"朴学""考据学"或"乾嘉汉学"。"汉学与宋学各有弊端，亦各有优长，是治学的两条途径，都有其不可废弃的价值"[15]，汉学有传经之功，宋学有体用之实，故"道咸以来，儒者多知义理、考据二者不可偏废，于是兼综汉学者不乏其人"[16]，学术界出现了治经既重考据，实事求是寻求经典本义，又重义理阐发，根据时代发展阐发新义的"汉宋兼采"学术融合趋势。致用书院以"汉宋兼采"为学术旨归，治学上以宗汉为主，道德修养兼学程朱，旨在培养通经达道的社会"致用"人才。致用书院第三任山长谢章铤尤为推崇"汉宋兼采"的治学方法，他在自己的座椅旁手书"治经宗许郑，制行准程朱"一联，通过教学将"汉宋兼采"的治学方法灌输给致用书院的每一位生徒。

二 致用书院课艺的基本内容

致用书院课艺总集由《致用书院前集》《致用书院文集》组成，《致用书院前集》为郑世恭原选，谢章铤、叶大焯鉴定；版式为半叶10行20字，四周双框下黑口单黑鱼尾；属合编，一卷一册，总8卷8册，首卷卷端题"致用书院前集"，下题"光绪丙申年陈寿昌刻"，8卷总目列于首卷，收录清光绪丙子年至光绪丙戌年（1876~1886年）郑世恭任山长时致用书院生徒优秀课艺206题260篇。《致用书院文集》收录的清光绪丁亥年至光绪壬寅年（1887~1902年）的课艺为谢章铤编选，光绪癸卯年（1903年）正月谢章铤病殁，课艺"由其高足陈宝璐代为评阅"[17]；版式为半叶10行20字，四周双框白口单黑鱼尾，版心下端偶见"福州吴玉田"，每卷卷末有"三山吴玉田镌字"；属按年份分编，一年一卷，一卷一册，总17卷17册，每卷卷端题"致用书院文集"，下题具体年份，每卷独立目录，收录清光绪丁亥年至光绪癸卯年（1887~1903年）谢章铤任山长及陈宝璐任代理山长时致用书院师生优秀课卷500余题800余篇。两部课艺内封皆镌"板藏致用堂惟半室"牌记，文中未保留山长评卷的圈点批语，约总为96万字，汇集了清光绪丙子年至光绪癸卯年（1876~1903年）共27年师生优秀课艺近800题1000余篇，有"解""说""释""考""论""问""释""书后"等多种文体，内容主要是经史考证、史论、经学人物及学术源流研究、读书论辨和各种杂著等几个方面。

（一）经史考证

致用书院的创建者王凯泰认为"余维圣人之教，期于通经致用。凡以天地民物之理，修齐治平之道，与夫圣贤之言行，古今之治乱得失，礼乐之名物象数，以至兵刑之法制，货物之源流，无一不于经籍中博考参稽以求其故。盖明体达用之学，不外是矣"[6]。他以"通经致用"为办学宗旨创建"专课经史"的致用书院，就是希望通过改革考课内容，培养熟读经史后明经达道的致用人才，实现"今日之通儒即他时之良吏"[6]的教育目标。致用书院采取师生共同研究经史典籍，每月一师课检验生徒学习效果的教学模式，"每课皆扃门考试，课题或经解，或策论，或杂文，不拘作几艺，均准"[6]。生徒在学习过程中"如有经史疑义就正山长"[6]，史载第二任山长郑世恭教学"治一经毕乃易一经，治史治小学，命题皆按卷第择其有疑义者，以为教者学者由此可以相长"[5]。我国儒学发展到清代，形成了以十三经为代表的经学体系，其中以六经为首的儒家经典形成于春秋战国时期，经过漫长的历史沉浮，文字、制度、名物的实际意义发生了很大的变化，已经无法用后世的文字语义去解读，为"求其确切的原义，唯一方法只有重视距经典形成期较近的注疏、工具书，通过对古文字、音韵、训诂、名物的研究，由字通词，由句通经，求得经典本义"[18]。为了更为准确地探求经典本义，更为确切地阐发经义，正如第三任山长谢章铤所强调的"为学宜宗经，治经宜识字"[5]那样，致用书院采用训诂、考据的治学方法研究经史典籍，大部分课艺是对经史典籍进行考证研究，具体体现在以下三个方面。

第一，对经史典籍的某个问题或体例等进行总体性的考证研究，如《致用书院文集》中清光绪己丑年蔡琛的《孔子删诗辨》对孔子是否有删诗的问题进行考证研究；丁芸的《书可无序诗不可无序说》对《尚书》可以无序言而《诗经》不可以无序言进行考证研究；清光绪乙未年林秉芳的《分部许氏独创说》对许慎《说文解字》的编制体例进行考证研究；清光绪庚寅年池伯炜的《论古书序目在后》对古代典籍的排版体例进行考证研究。

第二，对群经源流进行考证研究，如《致用书院文集》中清光绪乙未年汪耀声的《五经次序史汉不同考》，光绪辛卯年丁芸的《十三经注疏孰为最优孰宜先读论》。

第三，对经史典籍中的字词句、人物、名物制度、天文历法、医疗体制、教育体制、小学等内容进行具体的研究考证。如《致用书院文集》中清光绪戊子年李锦的《复营求也商书曰复求得之传岩解》对《尚书·商书》中的"复"字进行考证研究；光绪己丑年力钧的《齐风于著于庭于堂解》对《诗经·国风·齐风》中的句子进行考证研究；光绪乙未年董元亮的《孟姜孟弋孟庸解》对《诗经·国风·鄘风》中的人物进行考证研究；光绪辛卯年黄增的《寝衣解》对《论语·乡党》中的"寝衣"（被子）进行考证研究；光绪乙未年黄增的《以闰月定四时成岁解》对《尚书·尧典》中的天文历算进行考证研究；光绪乙未年黄彦鸿的《周礼医师不兼众医说》对《周礼》中的医疗体制进行考证研究;光绪乙未年刘文焴的《六艺教国子为周官实学说》对《周礼·保氏》中的教育体制进行考证研究;光绪庚寅年王元穉的《说文道立于一按一字在许书其用最广其义各异释》、光绪己丑年高蒸的《郑氏诗䩽䡇有䑛笺茅搜䩽䡇声也駮五经异义齐鲁之间言䩽䡇声如茅搜解证》等对小学中的文字、音韵、训诂进行考证研究。

(二) 史论

我国传统儒学教育观认为读史能够考察历代政治之得失,辨核是非,通知时务,所以"问学者必先穷经,经术所以经世。不为迂腐,必兼读史"[19]。致用书院重视经学研究的同时也十分重视史学的研究,致用堂《规约》为生徒开具了详细的史学必读书目:"史则《史记》、两《汉书》《三国志》必当熟看,庶得唐人三史立科之意。其余各史,视材质功力有余及之可也。此外《国语》《国策》《资治通鉴》《通鉴纪事本末》《御批通鉴辑览》《通鉴纲目三编》、邵二云《续资治通鉴》、谷应泰《明史纪事本末》,均学者必读之书,《史通》可明体例,《路史》《绎史》可资博闻,是亦其次,此皆史学之川渠也。"致用书院课艺中,考证、研究史学的史论性课作为数不少,如《致用书院前集》张亨嘉的《汉文帝武帝亲策士论》,《致用书院文集》、光绪己丑年林琈的《宋元祐诸臣论》、林应霖的《汉武帝封田千秋为富民侯论》、光绪辛卯年丁芸的《孟尝平原信陵春申四君论》、光绪丁酉年黄彦鸿的《赵武灵王论》等,都是对史籍记载中的政治观点、历史事件、历史人物进行研究与评论的史论之作。

(三) 经学人物及学术源流研究

除了经史典籍的考证和史论研究,致用书院亦重视经学人物及学术源流的研究,如《致用书院文集》光绪辛卯年黄增的《刘更生不交接世俗论》,对西汉经学家刘向"不交接世俗"这一观点进行研究与评论;光绪己丑年董元亮的《汉宋小学论》、光绪丁酉年陈成侯的《学词章先通训诂说》、光绪辛卯年郑猷宣的《治经必守家法汉儒善说经只说训诂论》、光绪庚寅年黄彦鸿的《骈体文源流正别说》、力钧的《文笔辨》等,则对汉、宋学术源流进行研究与评论。

(四) 读书论辨

由于阅读历代古文名篇或相关典籍"可以扩充识力,增长笔力",所以致用书院在"专课经史"的同时要求有余力的生徒兼顾阅读历代古文名篇或相关典籍,撰写读书评论或典籍介绍。如《致用书院前集》张亨嘉的《读汉景帝劝农桑禁采黄金珠玉诏书后》《匈奴列传书后》;《致用书院文集》光绪戊子年林应霖的《读伸蒙子》、光绪己丑年周长庚的《读韩文公进学解》、光绪乙未年林师望的《书顾氏春秋大事表海道论后》、光绪乙未年黄彦鸿的《书淡水厅志黎陈二序后》等,皆属于读书论辨的课作。

（五）杂著

此外，致用书院课艺总集还收录了为数不多的散文、诗歌、杂文、游记，古汉语语法分析等内容的课艺之作，在此将之归为杂著，说明致用书院不仅重视培养生徒对经史典籍的学习与研究，而且重还视培养生徒的文学创作能力，开始指导生徒涉足古汉语语法学研究，甚至有目的地培养生徒关心时政、民生、水利及桑梓利弊的经世致用思想和家国天下的情怀与担当精神。如《致用书院文集》清光绪丁亥年收录的林寿图、谢章铤、林群玉、王元穉模拟的4篇《王文勤公祠补梅记》，就是林寿图、谢章铤两位山长各作了一篇范文，引导生徒参照范文撰写记事性散文之课作，光绪丁酉年叶大华的《小西湖谒李忠定祠遂游桂斋题壁》等是游记性散文之课作，光绪戊子年陈景韶的《贾谊董仲舒刘向赞各一首并序》等是诗歌之课作；光绪己丑年董元亮的《释古书实字虚用》等是古汉语语法研究之课作；光绪甲午年林志煜的《福州小西湖水利考》、光绪戊子年林群玉的《问福建茶市利弊》等则是关乎民生、水利和桑梓利弊的经世致用的课作。

三 致用书院课艺的文献价值

胡适认为"我国书院的程度，足可以比外国的大学研究院，譬如南菁书院。他所出版的书籍，等于外国博士所做的论文"[20]，鲁小俊则认为书院课艺总集相当于今天的大学学报。致用书院和南菁书院都是道光以来由地方官创建、专门研究经史的书院，据李兵的《书院与科举关系研究》统计，这种书院当时全国仅32所。① 致用书院作为清代福建省唯一专课经史的学术性官办书院，在全省范围内招收举贡生监，虽"每年甄别，约千人入选送院，或二三百、四五百人不等"[21]，但每年能通过甄别考试入院学习的生徒仅内课10名、外课20名，另招收附课30名，无膏火。究其原因，一是致用书院规模小，年招生人数少；二是致用书院招生规格高，不仅要求报考的生徒具有举、贡、生、监身份，而且要具备较高的经史知识和学术研究能力。这些生徒在博古通今的山长指导下，深入研究经史，进步自是不可同日而语，每月一考检验学业进展的课艺，堪称晚清福建省学人从事学术研究的成果汇编，无疑具有珍贵的学术利用价值与文献参考价值。

（一）致用书院课艺是福建省书院文化尤其是福州致用书院文化研究的重要参考文献

据《福建教育史》统计，"连同正音书院在内，清代福建新建书院有400余所。如果加上续修的书院，最多达近500所，为以前各代所不及"[13]，但有刊刻课艺并保存下

---

① 该统计数据引自李兵《书院与科举关系研究》（华中师范大学出版社，2005），第257~259页"表8.6 道光以来地方官吏创建的汉学书院统计表"。

来的并不多见，目前笔者根据福建省古籍普查统计及全国古籍普查登记基本数据库查阅到清代福建仅 8 所书院有刊刻并保存下来的课艺文献（见表 1）。

清代福建省所保存下来的 8 所书院课艺文献中，致用书院课艺内容基本为经史研究、史论等学术性研究成果，无八股文和试帖诗，数量最多且具有年代上的延续性。而另 7 所书院课艺中，仅清光绪二十八年（1902 年）刻本《鳌峰书院课艺》不分卷，由于光绪二十七年（1901 年）清廷诏罢八股试帖的缘故，内容为"议论纯纯实实不背于古，有合于今，以中为体，以西为用者，分史论、策问、四书五经义"[22]，其余课艺文献内容皆为八股文和试帖诗。故致用书院课艺不仅在内容上是福建省独树一帜的书院古籍文献，更是福建省书院文化尤其是福州致用书院文化研究的重要参考文献。

表 1　清代福建书院刊刻的课艺文献一览

序号	书院名称	课艺文献
1	南浦书院（浦城）	南浦书院课艺一卷清嘉庆二十三年（1818 年）刻本
2	鳌峰书院（福州）	新刻鳌峰课艺续集　清道光元年（1821 年）刻本 鳌峰课艺初编　清咸丰五年（1855 年）刻本 鳌峰书院课选　清同治十二年（1873 年）刻本 鳌峰课选四刻不分卷　清光绪五年（1879 年）刻本 己亥年鳌峰师课选一卷　清光绪二十五年（1899 年）抄本 鳌峰书院课艺不分卷　清光绪二十八年（1902 年）刻本
3	正谊书院（福州）	正谊书院课艺四书文不分卷　清光绪二十三年（1897 年）刻本 正谊书院课艺诗二卷　清末刻本
4	致用书院（福州）	致用书院全集八卷　清光绪二十三年（1896 年）刻本致用书院文集十七卷　清光绪二十四年至二十九年（1897～1903 年）刻本
5	嘉会堂（德化）	嘉会堂课艺不分卷　清光绪二十二年（1896 年）刻本
6	玉屏书院（厦门）	玉屏书院课艺不分卷　清光绪七年（1881 年）刻本
7	舫山书院（厦门）	舫山书院课艺二集不分卷　清光绪元年（1875 年）刻本
8	屏阳讲院（厦门）	屏阳讲院院课不分卷　清光绪（1875～1908 年）稿本

（二）致用书院课艺是古汉语语法学研究的重要参考文献

我国的汉语语法专书，始于马建忠的《马氏文通》，马氏自称他的书是仿泰西葛朗玛而作，"至于同西洋语法接触之前，汉语语法（文法）的研究是怎样的，现在还没有汉语语法学史之类的书可供参考。有关这方面的资料大多数散见于各式各样的书籍之中"[23]，致用书院专课经史，采用训诂、考据的治学方法研究经史典籍、通解经义，其中大量的小学类（文字、音韵、训诂）课艺，是后人从事古汉语语法研究的重要参考文献。郑奠、麦梅翘编写的《古汉语语法资料汇编》即选用了《致用书院文集》中的多篇课艺作为其古汉语语法论著篇目的参考文献，如清光绪己丑年周长庚、董元亮的

《释古书实字虚用》、力钧的《子兮者嗟兹也广证》、光绪癸巳年黄增的《关石和钧解》、黄元晟的《夫子勖哉勖哉夫子解》，光绪辛卯年黄增的《肆故今也说》，光绪戊子年高涵和的《彼往有所加也广证》，光绪壬辰年丁芸的《揖让而升下绝句义证》等。

（三）致用书院课艺是晚清福建省学风嬗变研究的重要参考文献

清代福建省有鳌峰、凤池、正谊、致用四大省城官办书院，它们在不同时期引领着福建省学风的嬗变。清初鳌峰书院以讲求理学闻名于世，记载当时讲求理学的重要文献有李光地的《鳌峰讲义》、德沛的《鳌峰书院讲学录》以及鳌峰书院刊刻的理学渊薮《正谊堂全书》等。清嘉庆、道光时期，汉学大盛，理学式微，鳌峰书院大胆突破独尊程朱的理学束缚，在馆课中兼课经史、古文，开启"汉宋兼采"和"经世致用"学风，然而真正能够体现清嘉庆、道光年间"汉宋兼采"和"经世致用"学风的参考文献仅散见于《鳌峰书院志》《鳌峰书院纪略》及郑光策、陈寿祺等个人文集当中。从目前留存的8所清代福建省书院课艺文献内容看，清光绪二十七年（1901年）朝廷废除八股文考试之前，只有致用书院的课艺内容是经史考据和史论研究，其他7所书院课艺内容均为八股文、试帖诗，说明作为当时全省文教中心之一的致用书院，在绝大多数书院沦为科举附庸的背景下，敢于改革创新和坚持学术文化的追求，这对晚清福建省学风的影响当然"不止是小补的"[17]，在它的带动下，"所谓经史，由省城以至各府，凡是读书人，几乎人手一编"[17]，致用书院课艺无疑是考察晚清福建省学风嬗变的重要文献。

（四）致用书院课艺是晚清福建省地方人物研究的重要参考文献

孟森在《清史讲义》中说："清一代学人之成就，多在书院中得之"[24]，书院课艺是许多著名人物在未成名时的作品，是开展人物研究的重要参考文献。如福建籍著名古文学家兼翻译奇才林纾，在古文方面所取得的造诣和他在致用书院的求学经历是分不开的。林纾原名林群玉，《致用书院前集》收录其课艺一篇，《致用书院文集》清光绪丁亥年至光绪庚寅年（1887~1890年）收录其课艺12篇，当属林纾从事学术研究的早年作品，可作为林纾研究的重要文献补充。然而目前已有的林纾研究却鲜有提及他求学致用的经历，究其原因在于大部分林纾研究都参考其门生朱羲冑《林畏庐先生年谱》，《林畏庐先生年谱》记载林纾曾于清光绪十一年（1885年）执业谢章铤，"从学经义，有志通汉宋"[25]，而谢章铤光绪十三年（1887年）方始掌教致用书院。从《致用书院前集》收录林纾一篇课艺看，林纾当是在郑世恭任山长时考入致用书院，又在谢章铤长任山长时继续求学其中，如果不参阅致用书院课艺总集中林纾的课卷，则无从知晓林纾求学致用书院的详细经历。此外还有史学家张亨嘉、经学家和文字学家黄增、医学家力钧、出版学家高凤谦等福建籍知名人物，均有大量课作收录在致用书院课艺总集里，致用书院课艺实可作为晚清福建省相关地方人物研究的重要参考文献。

四 结语

笔者在古籍普查与整理工作中，通过实地访书和登录检索全国古籍普查登记基本数据库、CALIS 高校古文献资源库学苑汲古、台湾图书馆古籍与特藏文献资源中文古籍联合目录、马来亚大学图书馆及国内各公藏机构藏书目录，发现共有 17 家图书馆收藏了致用书院课艺存卷（见表 2），其中的《致用书院文集》丁亥年（1887 年）藏本有 3 种版本：清华大学图书馆藏本的序录部分，有谢章铤所作的序，序之后有课艺生徒的题名录；国家图书馆藏本序录部分有谢章铤所作的序，序之后有部分课艺生徒的题名录；福建省图书馆藏本的序录部分，有谢章铤所作的序，但序之后无致用书院课艺生徒的题名录。这 3 种版本，除序录部分有所不同之外，其他内容一致，从目前已有藏本来看，清华大学图书馆藏本当是最早版刻，其他版本则是在清华大学图书馆版刻的基础上对序录部分进行了删减后再行刊刻的。

表 2 致用书院课艺馆藏情况一览

课艺题名	馆藏机构
《致用书院前集》卷一至八	北京师范大学图书馆
《致用书院文集》光绪丁亥年（1887 年）	福建省图书馆　泉州市图书馆　国家图书馆　天津图书馆　清华大学图书馆　山东大学图书馆　马来亚大学图书馆
《致用书院文集》光绪戊子年（1888 年）	福建省图书馆　天津图书馆　清华大学图书馆　北京大学图书馆　复旦大学图书馆　马来亚大学图书馆
《致用书院文集》光绪己丑年（1889 年）	福建省图书馆　泉州市图书馆　清华大学图书馆　上海市图书馆　马来亚大学图书馆
《致用书院文集》光绪庚寅年（1890 年）	福建省图书馆　泉州市图书馆　天津图书馆　清华大学图书馆　北京大学图书馆　马来亚大学图书馆
《致用书院文集》光绪辛卯年（1891 年）	泉州市图书馆　清华大学图书馆　国家图书馆　天津图书馆　马来亚大学图书馆
《致用书院文集》光绪壬辰年（1892 年）	国家图书馆　天津图书馆　清华大学图书馆　马来亚大学图书馆
《致用书院文集》光绪癸巳年（1893 年）	国家图书馆　清华大学图书馆
《致用书院文集》光绪甲午年（1894 年）	国家图书馆　清华大学图书馆
《致用书院文集》光绪乙未年（1895 年）	福建省图书馆　清华大学图书馆
《致用书院文集》光绪丙申年（1896 年）	国家图书馆　天津图书馆　清华大学图书馆
《致用书院文集》光绪丁酉年（1897 年）	福建省图书馆　天津图书馆　清华大学图书馆
《致用书院文集》光绪戊戌年（1898 年）	天津图书馆　清华大学图书馆
《致用书院文集》光绪己亥年（1899 年）	温州图书馆
《致用书院文集》光绪庚子年（1900 年）	暂无信息
《致用书院文集》光绪辛丑年（1901 年）	苏州大学图书馆
《致用书院文集》光绪壬寅年（1902 年）	苏州大学图书馆
《致用书院文集》光绪癸卯年（1903 年）	福建省图书馆　上海市图书馆

注：除表内所述，首都图书馆收藏了清光绪（1875～1908 年）中的 5 编，湖南图书馆收藏了清光绪（1887～1896 年）中的 4 册；南京图书馆收藏了 1 册；赵所生、薛正兴主编的《中国历代书院志．第十三册》收录了光绪己丑年（1889 年）影印版 1 卷。台湾图书馆收藏了《致用书院文集》若干卷。

这说明致用书院课艺刊刻后不仅吸引了国内众多藏书机构或个人的关注，而且通过各种渠道远播马来西亚，促进了中华优秀传统学术文化的弘扬与传播。但是，从17家图书馆收藏的致用书院课艺存卷来看，目前尚无一家图书馆保存有致用书院课艺的完整存卷，这对于致用书院课艺的文献完整性和参考利用是极其不利的，建议相关部门搜集零散保存于各图书馆的致用书院课艺存卷，整理齐全后影印出版，同时建立完整的致用书院课艺全文数据库，不仅方便读者检索利用，嘉惠学林，而且能够促进古籍文献的保存整理及中华优秀传统学术文化的传承。

注释

[1] 赵所生、薛正兴：《中国历代书院志》第13册，江苏教育出版社，1995，第725~773页。
[2] 鲁小俊：《清代课艺总集叙录》（下），武汉大学出版社，2015，第581~596页。
[3] 邓洪波：《中国书院文献丛刊》第一辑第65~67册，国家图书馆出版社、上海科学技术出版社，2018。
[4] 陈海燕、程嫩生：《清代学海堂中的小学教育与小学研究》，《南昌大学学报》（人文社会科学版）2013年第1期，第156~160页。
[5] 沈瑜庆、陈衍：《福建通志》，刻本，出版者不详，1937。
[6] 王凯泰：《致用堂志略》，刻本，出版者不详，1873。
[7] 郭柏苍：《乌石山志》，福州市地方志编纂委员会整理，海风出版社，2001，第37页。
[8] 何振岱：《西湖志》，福州市地方志编纂委员会整理，海风出版社，2001，第264页。
[9] 金林祥：《中国教育通史·清代卷》（下），北京师范大学出版社，2013，第23页。
[10] 潘耒：《送田纶霞水部督学江南序》（节选），载刘英杰主编《中国教育大词典》，浙江教育出版社，2004，第396页。
[11] 徐珂：《刺时文》，载陈元晖、璩鑫主编《中国近代教育史资料汇编·鸦片战争时期教育》，教育出版社，2007，第86页。
[12] 贾桢、花沙纳、阿灵阿等：《宣宗成皇帝实录》卷351，中华书局，1986，第343页。
[13] 刘海峰、庄明水：《福建教育史》，福建教育出版社，1996。
[14] 陈寿祺：《左海文集》，载续修四库全书编纂委员会主编《续修四库全书：1496册·集部·别集类》，上海古籍出版社，2002，第194页。
[15] 刘少虎：《王闿运春秋学思想研究》，华夏出版社，2007，第31页。
[16] 徐世昌：《清儒学案》卷180，中国书店，2013，第3153页。
[17] 陈遵统：《福建编年史》，福建人民出版社，2009，第1323页。
[18] 郭康松：《论清代考据学的学术宗旨》，《三峡大学学报》（人文社会科学版）2002年第5期，第55~58页。
[19] 赵尔巽：《清史稿》，中华书局，1977，第13105页。
[20] 胡适：《书院志史略》，开明出版社，1992，第131页。
[21] 谢章铤：《赌棋山庄馀集诗·书十三本梅花书屋雅集图视诸同学》，载陈庆元、陈昌强、陈

炜等编《谢章铤集》,吉林文史出版社,2009,第343页。

［22］张元奇、林志钧、陈遵统:《鳌峰书院课艺》,刻本,1902。

［23］郑奠、麦梅翘:《古汉语语法学资料汇编》,中华书局,1964,前言。

［24］孟森:《清史讲义》,时代文艺出版社,2015,第248页。

［25］朱义胄:《林畏庐先生年谱》,上海书局,1949,第12页。

明初福建城池建设及其特点与成因[*]

郑 欣^{**}

摘 要： 根据福建明清各府州县方志的记载，我们发现，明初特别是洪武、永乐朝是福建城池建设的高潮期，其特点是府级城池进行了普遍但规模有限的修缮，县级城池的修建极少，而沿海卫所城、巡检司城的修建数量和频率则大大超越了府县城池的修建。出现这种情况的原因主要有两个：一是明初福建面临着严重的海上威胁，二是朱元璋对役民修城采取了变通灵活的策略。

关键词： 明初　福建城池　卫所城　巡检司城

明初开始并贯穿有明一代的城池修建是中国历史上最后一次大规模的筑城运动，这次筑城运动基本奠定了当代城市地理分布和等级定位格局，是近现代城市发展的基础。福建由于其重要的战略位置而成为明初修城的重点区域，但是学界目前对明初福建城池的研究极少，且研究对象大都为福州、泉州等著名府城，对福建其他府及广大县级城池的研究非常匮乏。关于明代初期福建的独立卫所城和巡检司城的建设情况，也仅有部分论文在研究其他相关课题时简单提及，基本未见有针对这类城池的系统及详细研究。本文系统地收集了福建各府州县方志中的相关史料，探讨明代初期福建城池的建设及特点、成因，以期对福建城池修建研究做出有益的补充。

一　明初福建行政中心城池的修建

元至正二十七年（1367年）十一月，朱元璋命汤和、廖永忠、胡廷瑞三路入闽，

---

* 本文原载于《闽江学院学报》2017年第3期。
** 郑欣（1993~），男，山西晋城人，福建师范大学社会历史学院2015级硕士研究生。

历时三个月，于明洪武元年（1368年）正月攻下了陈友定最后的据点——延平，将福建收入大明版图。朱元璋于福建置行中书省，后改为承宣布政使司，下设8个府：福州府、建宁府、泉州府、漳州府、汀州府、延平府、邵武府、兴化府，共辖38个非附郭县。[1] 8个府均有府城，但38个非附郭县中仅有17个县[2]有城池，且其中有很多已严重残损。如仙游县城，始建于宋绍兴十五年（1145年），但在"元至正十二年，兵毁"[3]；建宁县城，创于宋咸淳二年（1266年），元至正四年（1344年）"尽圮，惟迎薰门存"[4]；武平县城，宋绍兴年间创筑，端平年间"重加修筑，后寻圮址存"[5]；清流县城，宋绍兴年间"县令郑思诚始兴版筑"，但"岁久湮圮"[6]。可以看出，元末明初之际，福建除少数重要城市以外，大多数城市处于无城池或者是城池残损的状态，福建的城池建设百废待兴。

明朝是推翻元朝统治而建立的汉族政权，恢复被前朝破坏的传统礼制就显得十分迫切。朱元璋开国之时便重视礼法、制度的重建，要求"远稽汉唐略加损益，亦参以宋朝之典"[7]，其在城市建设上的表现便是一改元朝的毁城政策，承袭汉唐重视城市城墙与濠池建设的传统，这种贯穿了整个明代的城市建设思想在王朝刚建立时便初露端倪，如"洪武初，命河南侯筑闽诸城"[8]等。以下是明朝初期福建府县城池的建设情况。[9]

福州府城：洪武四年（1371年），驸马都尉王恭因元故址"修砌以石"，城周3349丈，高2丈1尺余，厚1丈7尺。有敌楼62座，警铺98所，堞楼2684座，女墙4805座。洪武六年（1373年）重加修治，在城墙上"并建楼橹"。

福州府福宁县城：洪武四年（1371年），始筑城，城周3里，高1丈9尺，厚1丈，东北角设水门。洪武二十年（1387年），置福宁卫，"撤东壁拓广里许"，城周扩为4里，增高3尺。有女墙1052座，窝铺29所。永乐五年（1407年），增筑4门月城，又增高城墙3尺，4门各建楼，沿城开凿濠池，宽2丈，深6尺。

建宁府城：洪武二年（1369年），拓展旧城之西南，并在西南新设城门。洪武十九年（1386年），城墙又一次扩大，将黄华山包入城中，增辟城门2座，此时城周为2079丈3尺余，高1丈9尺。有城楼24座，窝铺76所，女墙3138座。城濠长531丈1尺，深1丈5尺，宽5丈5尺。永乐年间，关闭拱北、朝阳二门。

泉州府城：洪武初年，将旧城城墙增高5尺，墙基宽皆为2丈4尺，城墙内外"皆甃以石"。建6座月城，城门上各建门楼，此外又在城东建楼，名为望海，城北建楼，名为望山，建窝铺140所。

漳州府城：洪武初年对旧城重加修筑，周城上建女墙1514座，4门上各建楼，每座月城上有女墙60座。共有战楼25座，城铺23所，水关楼2座。

漳州府龙岩县城：旧有土城。洪武八年（1375年），建城门6座，城南开小水门1座，门上各建楼。

漳州府长泰县城：旧有土城。明初"始砌以石，建楼凿濠"。

漳州府南靖县城：旧有土城。洪武年间，县丞王以能重修。

汀州府城：洪武四年（1371年），对旧城进行修复和改造，塞颁条门，仅开乌门，周城包砖，城北卧龙山巅设总铺1所。共有窝铺81所，女墙1195座，箭眼814个。

汀州府上杭县城：旧有土城，但损毁严重。洪武十八年（1385年），因邑人钟子仁作乱，知县邓致中便修复城池，"修筑甫毕而贼至，民赖以全"。

延平府将乐县城：旧有土城。洪武元年（1368年），汀寇金子隆攻陷城邑，明将朱平章克复后，在将乐县设守御千户所，并将旧城西南二门缩进500步，城外侧包砖，东北建月城和城楼，东南设吊桥，建窝铺28所。

邵武府城：洪武初，"邵武之城因元旧加修濬焉"，城周1338丈8尺，高连女墙2丈8尺，女墙高7尺，墙基宽1丈4尺。濠池东、西、南三面深1丈5尺，城北边临樵溪，故未凿濠。洪武五年（1372年），增建门楼4座，敌楼46座。洪武九年（1376年），增建"城上庇屋"1112间，守宿铺50所。永乐十四年（1416年），大水损坏一半的城墙，又进行修补。

兴化府城：洪武初，卫指挥李春缮治。洪武十二年（1379年），因城狭隘，扩大城墙，与旧城接合，城周2830丈，墙高2丈4尺（其中包括女墙高6尺），墙基宽1丈6尺，并包砖。有女墙2962座，窝铺49所，敌楼27座，城门4座，水关2座。城濠长1770丈，宽2丈6尺，深1丈。凿旱濠，长593丈，宽2丈6尺，深2丈。

二　明初福建卫所城、巡检司城的修建

大明王朝初建便面临着严峻的海防形势，福建更因其特殊的战略位置而首当其冲："万一福建失守，则广东将隔绝而不通；而浙江与福建连壤，其祸亦烈矣！"[10]因此，明代初期福建城池建设的重点在沿海卫所城及巡检司城。现将明初福建卫所城、巡检司城的修建情况列举如下。[11]

（一）福州府

镇东卫城：在福清县方民、新安二里间，距离福清县治十里，洪武二十年（1387年）筑，城周880余丈，高2丈3尺，厚1丈。有门4座，警铺43所，女墙1349座，敌楼32座。

梅花守御千户所城：在长乐县北四十里，洪武二十年（1387年）筑，城周648丈，高1丈8尺，厚6尺。有门3座，女墙1220座，敌楼24座，警铺20所。

定海守御千户所城：在连江县二十七都，洪武二十年（1387年）筑，城周600丈，高1丈5尺。有警铺15所，关门1座。濠池宽6尺，深3尺。

万安守御千户所城：在福清县平南里，距离县治120余里，洪武二十年（1387年）筑，城周525丈，高1丈6尺，厚1丈2尺。有女墙827座，警铺13所，敌楼18座，城门3座，上皆建楼。

大金千户所城：在福宁县东南海滨，洪武二十年（1387年）筑，城周582丈，高2丈1尺，厚1丈，有城门3座。永乐十五年（1417年），增高城墙3尺，砌3门月城。沿城堑濠，宽1丈，深6尺。

北茭巡检司城、蛤沙河泊所城：此二城均在连江县境内，洪武初年周德兴创筑，城周各为150丈。

水澳巡检司城、大筼筜巡检司城、青湾巡检司城、高罗巡检司城、延亭巡检司城：此5座巡检司城均在福宁县境内，为洪武二十年（1387年）周德兴创筑，城周各为160丈，墙高1丈5尺。

麻岭司城：在宁德县北界。宣德年间创筑，城周160丈，高1丈5尺。

（二）泉州府

永宁卫城：在晋江县三十都，洪武二十七年（1394年）筑，城周895丈，高2丈1尺，墙基宽1丈5尺。有窝铺31所，城门5座，门上各建楼。濠池宽1丈6尺。永乐十五年（1417年），城墙增高3尺，5门各建月城。

福全千户所城：在晋江县十五都，洪武二十年（1387年）筑，城周650丈，高2丈1尺，墙基宽1丈3尺。有窝铺16所，门4座，各建楼其上。永乐十五年（1417年），城墙增高4尺，筑东、西、北3座月城。

中左千户所城：在同安县嘉禾屿，洪武二十七年（1394年）筑，城周425丈，高连女墙1丈9尺，厚9尺。有窝铺22所，城门4座，门上各建楼。永乐十五年（1417年），城墙增高3尺，4门各筑月城。

金门千户所城：在同安县浯洲屿，洪武二十年（1387年）筑，城周630丈，高1丈7尺，墙基宽1丈。有窝铺36所，城门4座。城濠宽1丈余，绕城一周。永乐十五年（1417年），城墙增高3尺，筑西、北、南3座月城，各建楼。

高浦千户所城：在同安县十四都，洪武二十三年（1390年）筑，城周452丈，高1丈7尺，墙基宽1丈。有窝铺16所，城门4座，上各建楼，4门俱建月城。永乐十五年（1417年），城墙增高3尺。

崇武千户所城：在惠安县二十七都，洪武二十年（1387年）筑，城周737丈，高2丈1尺，墙基宽1丈3尺。有窝铺36所，城门4座，上各建楼。永乐十五年（1417年），城墙增高4尺，筑东、西2座月城。

以上属泉州的卫所城池中除中左千户所城之外，均由江夏侯周德兴组织修筑。[12]

祥芝巡检司城、乌浔巡检司城、深沪巡检司城、围头巡检司城、高浦巡检司城、塔头巡检司城、官澳巡检司城、田浦巡检司城、陈坑巡检司城、峰上巡检司城、烈屿巡检司城、小岞巡检司城、獭窟巡检司城、峰尾巡检司城、黄崎巡检司城：此15座巡检司城分布在晋江县、同安县、惠安县境内，均为洪武二十年（1387年）筑，城周140～193丈，高1丈7尺～2丈，墙厚6尺5寸～1丈2尺，窝铺4～8所，设城门1～2座。

（三）漳州府

镇海卫城：在漳浦县二十三都，洪武二十年（1387年）筑，皆砌以石，城周783丈6尺，高2丈，墙厚1丈3尺。有城门4座，水门1座，女墙1660座，门楼5座，窝铺20所。

陆鳌千户所城：在漳浦县十五都，洪武二十年（1387年）筑，砌以石，城周550丈，高2丈5尺，墙厚1丈。有城门4座，门上各有楼，水门1座，女墙865座，窝铺15所。

铜山千户所城：在诏安县四都，洪武二十年（1387年）筑，皆砌以石，城周551丈，高2丈，墙厚1丈。设4座城门，上各建楼，辟水门2座，女墙861座，窝铺12所。

玄钟千户所城：在诏安县四都，洪武二十年（1387年）筑，皆砌以石，城周550丈，高2丈1尺，墙厚1丈。有城门4座，各建楼其上，水门2座，女墙861座，窝铺16所。

濠门巡检司城：在府城东一、二、三都。洪武二十年（1387年）筑，城周150丈6尺，有城门1座，各建楼其上，水门3座。

青山巡检司城、洪淡巡检司城、金石巡检司城、东沉赤山巡检司城、后葛巡检司城、井尾巡检司城、岛尾巡检司城：此7座巡检司城均在漳浦县境内，为洪武二十年（1387年）筑，城周110~115丈，高均为1丈5尺，墙厚8~9尺，开城门2~3座。

（四）汀州府

武平守御千户所城：在武平县治西南二十五里武溪源，洪武二十四年（1391年）创筑，城周2里（380丈余），高2丈5尺，墙厚3丈。有城门4座，各建楼其上，设窝铺30所。濠池390丈余，宽3丈，深1丈5尺。洪武二十八年（1395年），"陶砖包甃完固"。

（五）兴化府

平海卫城：在莆田县武盛里界内，洪武二十年（1387年）创建，城周806丈7尺，高连女墙2丈4尺，厚1丈4尺。有城门4座，各建楼其上，女墙1310座，窝铺30所。

莆禧千户所城：在莆田县新安里界内，洪武二十年（1387年）创建，城周590丈，高连女墙1丈9尺，厚1丈2尺。有城门4座，各建楼其上，女墙1409座，窝铺20所。城西面开凿干濠，长210丈，宽2丈，深8尺。

吉了巡检司城、小屿巡检司城、青山巡检司城、嵌头巡检司城、冲沁巡检司城、迎仙寨巡检司城：此6座巡检司城均在莆田县境内，皆为洪武二十年（1387年）创建，城周均为150丈，墙高1丈8尺~2丈，墙厚1丈~1丈2尺。有女墙260~335座，窝铺6~8所，城门各2座。

三 明初福建城池建设的特点与成因

明初的福建城池建设主要分为两类：一类是府县城池的建设，另一类是卫所城、巡检司城池的建设。前者是行政中心的城池，主要作用是保障各行政中心城市的安全，兼具军事防御和人居生活功能；后者为军事城池，即择要害之地建设城池以便于派军士驻守，主要功能是战略防御。

通过对明代初期福建建城情况的考察，我们发现，这一时期的福建府级城池进行了普遍的修缮，但这种修缮也仅仅是在元末城池基础上进行的规模有限的修补工作，县级城池的修建寥寥无几。明初福建共有非附郭县38座，仅有18座县城拥有城池，其中新建的县城1座，旧有的县城17座，对旧城进行修缮的也仅有5个县；而比府县城池建设活跃得多的是卫所城、巡检司城的建设，共建卫4座，千户所城14座，巡检司城37座，且这些城池的建设时间非常集中，绝大多数在洪武二十年（1387年）前后完成。

那么出现这些反差的原因何在？首先，明朝初期福建面临着严重的海上威胁。"日本地与闽相值，而浙之招宝关其贡道在焉，故浙、闽为最冲。"[13]再加上季风风向上的便利，倭寇船只很容易随风前往福建登陆。[14]《明太宗实录》中也有很多倭寇侵袭福建的记载：洪武二年（1369年），倭寇进攻福州府宁德县；[15]洪武三年（1370年）六月，倭寇侵袭山东，转而劫掠台州、温州、明州等地，接着侵袭福建沿海各县；[16]洪武五年（1372年）六月、八月，倭寇又两次进攻宁德县，杀掠居民350余人，烧毁房舍，劫取官粮。[17]除倭寇外，张士诚、方国珍武装集团的余党也是福建的重要威胁。元末明初虽在陆上剿灭了张士诚、方国珍部队，但其残余势力多逃亡海上，还常勾结倭寇、海盗侵袭东南沿海地区，福建是其骚扰的主要地区。《明史纪事本末》载："张士诚、方国珍余党导倭寇出没海上，焚民居，掠货财，北自辽海、山东，南抵闽、浙、东粤滨海之区，无岁不被其害。"[18]为了应对这种局势，朱元璋于洪武十七年（1384年）正月派汤和前往福建巡视沿海城池[19]，洪武二十年（1387年）三月又命周德兴前往福建，"相视要害，可为城守之处具图以进"[20]。在这种严峻的海防情形下，福建修城重心必然偏向海防功能更强的卫所城池和巡检司城。

其次，朱元璋对修城有着颇为灵活变通的考量。明初刚刚结束了数十年的战乱，人口锐减、经济崩溃，人民普遍渴望休息，大规模的修城极易招致民怨，故朱元璋对此非常慎重。"敕谕江阴侯吴良曰：上天垂象主土木之事。近令拓青州北城，恐劳民太重，宜罢其役。"[21] "湖广永明县枇杷千户所请筑城垣，诏以军士筑之不许劳民。"[22] "命凡创公宇、修城隍，惟以军士供役，不许劳民。"[23]可见朱元璋深刻地认识到修城所耗费民力之巨，然而城池的修建又关乎朱明王朝的江山社稷，故明初福建的修城仅在非常必要之处进行。这一思想体现在福建城池具体建设上，即重点修建卫所城和巡检司城，渐次修缮大部分的府城，最后才是县城的修建。这种变通的修城理念在《明太祖实录》中也有反映：洪武二十三年（1390年）正月，中军都督佥事萧用等人奏报湖广茶陵卫城宜拓大，"以壮一方形势"，朱元璋回应，"凡事有可已而不必为者，有不得已而必须为者，要皆合于时宜"，表示茶陵城池足以容众军民，属"可已者"，"何用开拓"。[24] 在此思想指导下，福建卫所城、巡检司城、府级城池的修建自然属于"不得已而必须为者"，仅有的6座县城的修建亦属"不得已"。福宁县城的创筑是因福宁县内置福宁卫防倭；龙岩、长泰、南靖县城的修缮是因为3县均属倭患重地漳州府的辖区，是防倭体系中的重要组成部分；修补将乐县城是因其城被陈友定故将金子隆反复攻扰；上杭县则是由于爆发规模较大的农民起义（即洪武十八年上杭邑人钟子仁领导的起义）[25]。至于福建其他的县城修建则属于"可已而不必为者"，故明初未见动工。

总体而言，明初的修城活动应属务实和明智的选择，对今天大型公共工程建设以及我国沿海防御体系的构建具有一定的借鉴意义。

注释

[1] 由于附郭县与府城共用城池，故本文探讨的县主要为非附郭县。

[2] 这17座城是：浦城县城、建阳县城、同安县城、漳浦县城、龙岩县城、长泰县城、南靖县城、宁化县城、上杭县城、武平县城、清流县城、连城县城、将乐县城、建宁县城、仙游县城、宁德县城、福安县城。

[3] （清）胡启植、王椿修，叶和侃纂乾隆《仙游县志》卷九"建置志一·城池"，《中国方志丛书》第二四二号，成文出版社，1975，第249页。

[4][8] （明）邢址修，陈让纂嘉靖《邵武府志》卷二"城池"，《天一阁藏明代方志选刊》第三十册，上海古籍书店，1964，第189、183页。

[5][6][25] （清）曾曰瑛、李绂等：乾隆《汀州府志》卷五"城池"，《中国方志丛书》第七十五号，成文出版社，1967，第59、58、59页。

[7][15][16][17][19][20][21][22][23][24] （明）胡广：《明太祖实录》，"中央研究院"历史语言研究所，1962，第2051、1056、1359、1393、2640、2735、2123、3235、3311、2988页。

[9] 此部分参考的方志有：弘治《八闽通志》、康熙《福建通志》、万历《福州府志》、乾隆《福州府志》、嘉靖《建宁府志》、康熙《建宁府志》、万历《泉州府志》、乾隆《泉州府志》、万历《漳州府志》、光绪《漳州府志》、乾隆《汀州府志》、嘉靖《延平府志》、乾隆《延平府志》、嘉靖《邵武府志》、光绪《邵武府志》、弘治《兴化府志》、万历《福宁州志》、乾隆《福宁府志》、乾隆《永春州志》。

[10] （明）郑若曾：《筹海图编》卷四"福建事宜"，《景印文渊阁四库全书》第584册，台湾商务印书馆，1986，第112页。

[11] 此部分参考的方志有：弘治《八闽通志》、康熙《福建通志》、万历《福州府志》、乾隆

《福州府志》、万历《泉州府志》、乾隆《泉州府志》、万历《漳州府志》、光绪《漳州府志》、乾隆《汀州府志》、弘治《兴化府志》、万历《福宁州志》、乾隆《福宁府志》。

[12] 关于中左千户所城的创筑时间和组织者，明万历《泉州府志》、清乾隆《泉州府志》均记载为明洪武二十七年由周德兴组织建设，笔者查《明太祖实录》卷二三一"洪武二十七年二月"条，也证明此中左千户所是明洪武二十七年所置，故建城时间应无误。但查"洪武二十五年八月己未"条可知周德兴在明洪武二十五年就因"帷薄不修"被诛，故明洪武二十七年组织建设中左千户所城的可能不是周德兴。

[13] （清）张廷玉：《明史》卷九十一"兵三·海防"，中华书局，1974，第2247页。

[14] （明）郑若曾：《筹海图编》卷二"倭国事略"有载："若其入寇，则随风所之。东北风猛，则由萨摩，或由五岛至大小琉球，而视风之变迁，北多，则犯广东；东多，则犯福建。"《景印文渊阁四库全书》第584册，台湾商务印书馆，1986，第60页。

[18] （清）谷应泰：《明史纪事本末》卷五十五"沿海倭乱"，中华书局，1977，第843页。

闽方言传承现状与保护对策研究之一：闽南方言[*]

陈鸿 苏翠文[**]

摘 要：闽南方言承载着闽南文化，在特定的地域和人群中有着丰富的特色和感染力，但也造成了其传播的局限性。通过调查问卷统计结果可看出当前闽南方言的传承现状并不乐观。生长地位于城市的被调查者的闽南方言运用能力相对于农村和乡镇而言较弱，但是并无很大差异。被调查者对闽南方言艺术的掌握情况也不乐观，总体来说，闽南方言歌曲的情况要好于闽南方言戏曲。在时代和社会变化的进程中，方言保护工作显得十分重要，但保护工作不可盲目，应利用生态语言学相关理论科学开展，在思想上要强化方言生态意识，在行动上要人为干预并改善方言的生存环境。

关键词：闽南方言 方言歌曲 语言功能

一 前言

闽南方言主要分布于福建闽南地区，台湾地区，广东潮汕、海陆丰地区、雷州半岛，海南岛，以及海外华人区（尤其是东南亚华人区）。由于闽南方言较好地保留了古代汉语语音、词汇和语法的一些特征，故一直以来被誉为古汉语的"活化石"。相比于

---

[*] 本文原载于《闽江学院学报》2016年第6期。2014年国家语委"十二五"科研规划项目（YB125-127）的阶段性成果。

[**] 陈鸿（1973~），女，四川广安人，文学博士，福建师范大学文学院副教授；苏翠文（1993~），女，福建泉州人，福建师范大学文学院2012级本科生。

其他濒危的语言资源，闽南方言使用人群较为集中，使用人数众多，尚是一种较为强势的汉语方言。

闽南地方戏曲用闽南方言演唱，具有浓郁的地方特色。在闽南地区，以闽南方言为表现形式的地方戏曲有芗剧（歌仔戏）、高甲戏、梨园戏、南音等，尤其是南音已被列入世界非物质文化遗产。这些地方戏曲是闽南文化的瑰宝，其价值在于其独特的区域特色和乡土魅力。方言和地方戏曲不只是语言问题和声腔问题，更是一种文化载体。乡音寄托着人们的乡情和文化认同，无论身处何地，说一句家乡方言，听一出家乡戏，最能勾起游子的思乡之情。从艺术保护和传承的角度看，保护闽南方言更有利于地方戏曲的发展，这是闽南方言的文化价值和历史价值。留住闽南方言，就留住了一个地域的文化和历史。在大力推广普通话的大环境之下，方言的使用势必会受到一定程度的影响。因其文化背景支撑不足，许多方言日渐式微，闽南方言也是如此，同时地方戏曲也逐渐衰落。

为保护我国丰富的语言资源和语言文化遗产并向社会提供语言资源服务，国家语言文字工作委员会在2008年启动有声数据库建设工作。2011年，党的十七届六中全会提出，大力推广和规范使用国家通用语言文字，科学保护各民族语言文字。"2015年5月，教育部、国家语委印发了《关于启动中国语言资源保护工程的通知》，决定在全国范围开展以语言资源调查、保存、展示和开发利用等为核心的重大语言文化工程，这标志着我国从国家层面以更大范围、更大力度、更加科学有效的方式来开展语言资源保护工作。"[1]国家层面对语言资源的重视无疑是语言保护的最强有力的支持力量。

如今全国各地都掀起一股"方言保护热"。2014年，福建启动中国语言资源有声数据库福建库建设试点，确定了79个福建方言调查点，组建了调查团队，成立了建设领导小组，召开了语言数据库建设试点工作部署和人员培训会议，自2014年7月起，在福清、南安、龙海市开展试点。目前，该数据库建设已经在福建省全面开展，并有部分项目作为国家"语言资源保护工程"立项。

我们在主持、参与"中国语言资源有声数据建设（福建库）"的工作中，深切感受到了闽方言面临弱化、失传的艰难处境，福建许多与方言有关的非物质文化遗产也正面临失传。摸清福建省内闽南方言的传承状况，剖析影响方言传承的因素，可以为未来相关政策的制定提供依据，对闽南方言及建立在其基础上的非物质文化遗产的保护有较大意义。同时，闽南地区作为福建省内经济较为发达、文化较为繁荣的地区，也是未来将要高速发展的地区，有一定的"提前量"，研究福建闽南方言的传承状况，对未来福建乃至全国方言的保护和传承工作，也有一定的意义。

保护和发展闽南方言势必需要先了解它的现状，才能适时制定相应的保护政策和措施。语言是不能脱离人而存在的，因此，要了解一种方言的现状，需要通过使用这种方言的人群来进行。本课题以网络问卷的形式展开调查，调查对象选取的是泉州师范学院来自闽南方言区的大一、大二学生。泉州师范学院地处福建南部，是一所省属的师范类大学，学科齐全，生源主要来自其所在地区，在校生规模较大。选择一、二年级是因为他们刚入校不久，与家庭成员有较密切的联系，能较好地反映出家庭语言的使用状况，希望通过调查他们的闽南方言使用情况来了解闽南方言的现状，并针对存在的一些问题，提出保护传承闽南方言的可行性建议。

二 调查的方法及样本问卷情况说明

本课题于2016年1月以网络问卷的形式展开随机调查。设计的调查问卷"高校学生闽南方言使用情况调查问卷——以泉州师范学院为例"，内含17个题目，主要调查内容包括六个方面：（1）被调查者的一些基本问题，如性别、专业、年级等；（2）被调查者的生长背景，如生长地、父母的母语等；（3）被调查者对于闽南方言的主观态度，如"认为是否有必要学习闽南方言""认为闽南方言和普通话哪个能更容易表达意思"；（4）被调查者对闽南方言的掌握程度，主要是听说能力的调查；（5）被调查者运用闽南方言的环境，包括交流对象和交流场合的选择；（6）被调查者对于闽南方言艺术的熟悉程度以及接触渠道。

本次调查共回收问卷435份，其中有效问卷401份，男女比例大致为1∶3；大一人数为192人，大二人数为209人；被调查者的专业囊括了文理科，文科人数207人，理科人数194人。

三 调查数据统计对比分析

（一）被调查者的生长背景

母语方言的习得主要依靠口语相传，与生长背景有密切关系。因此，本课题首先调查被调查者的生长背景，主要包括被调查者父母的母语方言和生长地，其中父母双方母语方言皆为闽南方言的比例高达88%，父母单方母语方言为闽南方言的比例为12%。另外，生长地位于农村的有252人，占62.84%；位于乡镇的有103人，占25.69%；位于城市的有46人，占11.47%。

（二）被调查者的生长背景对其本人掌握闽南方言能力的影响

语言能力是语言使用和语言态度的基础，通常包含该语言的听说读写能力。受限于一些因素，该问卷主要调查的内容是闽南方言的"听说能力"（分为听辨能力和言说能力）。通过数据交叉对比分析可以看到（见表1、表2），"基本听不懂"的比例为零，选择"基本不会说"的只有4人，而"完全不会听说"的比例为零，说明闽南方言在闽南方言区中使用普遍。无论是在农村、乡镇，还是在城市，闽南方言作为流传了几千年的方言，仍是闽南地区的主要语言之一。但是从数据中也可以看出（见表2），在城市中能够"熟练交谈"的人数远远低于农村和乡镇，而"基本能交谈"的人数占比47.83%，可见闽南方言在城市的使用已不如农村和乡镇那么普遍了。

表1　生长地对闽南方言听辨能力的影响

单位：人，%

所在地\听辨能力	完全能听懂	基本能听懂	能听懂一些日常用语	基本听不懂	完全听不懂	小计
农村	136(53.97)	106(42.06)	10(3.97)	0(0.00)	0(0.00)	252
乡镇	50(48.54)	46(44.66)	7(6.80)	0(0.00)	0(0.00)	103
城市	21(45.65)	21(45.65)	4(8.70)	0(0.00)	0(0.00)	46

表2　生长地对闽南方言言说能力的影响

单位：人，%

所在地\言说能力	熟练交谈	基本能交谈	说一些日常用语	基本不会说	完全不会说	小计
农村	171(67.86)	67(26.59)	11(4.36)	3(1.19)	0(0.00)	252
乡镇	58(56.31)	35(33.98)	9(8.74)	1(0.97)	0(0.00)	103
城市	18(39.13)	22(47.83)	6(13.04)	0(0.00)	0(0.00)	46

环境是语言学习和使用的重要因素。一个孩子呱呱坠地后最先学习的语言应该是父母等最亲近的人的语言，因而父母使用的语言对孩子语言的学习、选择、使用起到了不可忽视的作用。父母是孩子语言的第一任老师，他们的语言意识直接影响孩子最终的语言选择。前文提到在父母方言的选项中，父母双方母语方言皆为闽南方言的比例高达88%，父母单方母语方言为闽南方言的比例是12%。通过表3、表4可以发现，父母双方母语方言皆为闽南方言的被调查者的听说能力强于父母单方母语方言为闽南方言的被调查者。虽然父母单方母语方言为闽南方言的被调查者大都能用闽南方言进行交流，但能够完全听懂和熟练交谈的人相对较少。

表3　父母双方母语方言对闽南方言听辨能力的影响

单位：人，%

父母母语方言\听辨能力	完全能听懂	基本能听懂	能听懂一些日常用语	基本听不懂	完全听不懂	小计
双方闽南方言	193(54.67)	148(41.93)	12(3.40)	0(0.00)	0(0.00)	353
单方闽南方言	14(29.17)	25(52.08)	9(18.75)	0(0.00)	0(0.00)	48

表 4　父母双方母语方言对闽南方言言说能力的影响

单位：人，%

父母母语方言＼言说能力	熟练交谈	基本能交谈	说一些日常用语	基本不会说	完全不会说	小计
双方闽南方言	227(64.31)	109(30.88)	17(4.81)	0(0.00)	0(0.00)	353
单方闽南方言	20(41.67)	15(31.25)	9(18.75)	3(6.25)	1(2.08)	48

（三）被调查者的生长背景对其闽南方言认可度的影响

语言认可度是一种心理状态，主要了解的是被调查者在语言选择上的心理倾向。在调查中发现，在"您认为闽南方言是否有学习的必要性"这一选项中，无论是农村、乡镇，还是城市的学生，认为需要学习闽南方言的占比都很高，这方面没有表现出明显的差异（见表5）。由此可见，虽然不同地区的被调查者的闽南方言的听说能力有所差异，但是在语言认可度方面没有表现出太明显差别，大部分人意识到学习闽南方言的必要性。

表 5　生长地对闽南方言学习必要性的影响

单位：人，%

生长地＼学习必要性	需要	不需要	无所谓	小计
农村	232(92.06)	7(2.78)	13(5.16)	252
乡镇	89(86.41)	2(1.94)	12(11.65)	103
城市	44(95.65)	0(0.00)	2(4.35)	46

对闽南方言认可度的调查还可以从另一问题中体现，即"您认为哪种语言能更容易表达意思"，设置了"闽南方言"和"普通话"两个选项。从表6可以看出，无论是在农村、乡镇，还是在城市，都有超过一半的人认为普通话更能表达意思。调查数据显示，普通话的推广取得了很好的效果，相比之下闽南方言在表情达意方面逊色不少。农村本是方言的最佳保护区，更是方言使用最多、最广的地区，却仍有约60%的人认为普通话更容易表达意思，这可能与学校教学都使用普通话有关。语言是思维的工具，也是思维的直接实现形式，当普通话成为日常生活中的优势语言后，即使在闽南方言盛行地区，人们也会认为普通话更能表达意思。

在闽南地区，随着普通话的推广和普及，年轻一代大都面临着普通话和闽南方言双言学习和生活的情况。在《中国语言生活状况报告（2014）》的序文《双言双语生活与双言双语政策》中指出："'言'在这里是指一种语言的共同语及其方言。双言生活是指在语言生活中使用共同语和方言，或两种/多种方言的情况，现已成为我国语言生活的基本形态。"[2]

表6 生长地对哪种语言更能表达意思的影响

单位：人，%

生长地＼语言	闽南方言	普通话	小计
农村	100(39.68)	152(60.32)	252
乡镇	42(40.78)	61(59.22)	103
城市	14(30.43)	32(69.57)	46

为了更深入了解普通话和闽南方言的双言选择情况，问卷设置了问题"您在不同的年龄段对语言的使用选择倾向"进行分析。表7数据显示，6周岁前"几乎都是闽南方言"的占比超过一半。但随着年龄的增大，普通话的使用越来越多，在12~17周岁和18周岁至今这两个年龄段"闽南方言少普通话多"的比例都高达50%以上。但总的来说，不管是在任何时期，闽南方言和普通话都没有出现过"一家独大"的情况，可见双言生活已成为闽南地区人们的生活常态。

表7 被调查者在不同年龄段对语言的偏好选择

单位：人，%

年龄＼语言偏好	几乎都是闽南方言	闽南方言多普通话少	闽南方言少普通话多	几乎都是普通话
6周岁前	206(51.37)	131(32.67)	36(8.98)	28(6.98)
6~11周岁	66(16.46)	201(50.12)	102(25.44)	32(7.98)
12~17周岁	32(7.98)	103(25.69)	201(50.12)	65(16.21)
18周岁至今	10(2.49)	33(8.23)	222(55.36)	136(33.92)

（四）闽南方言交流对象与沟通场合分析

语言最主要的功能是交际，一个人选择何种语言交流与交流的环境息息相关。交流环境不仅与说话的场合有关，还涉及交流的对象。由表8和表9可以看出，被调查者使用闽南方言最多的场合是在家中，使用闽南方言进行交流的对象最多的是祖父母辈和父母辈（占90%以上），与邻居间的交流也占大多数（占60%以上）。值得注意的一点是，被调查者使用闽南方言与同辈进行交流的只有45.39%，与晚辈之间就更少了，只有22.44%。通过分析可知，闽南方言仍是最主要的家庭用语，但是在同辈和晚辈的交流中，闽南方言的使用频率明显偏低。

表8　较多使用闽南方言交流的场合（多选题）

单位：人，%

选项	小计	选项	小计
在家里与家人、亲戚交流	388（96.76）	校外吃饭	43（10.72）
在家里与邻居或其他较不熟悉的人交流	245（61.10）	课间与同学交流	37（9.23）
公交车上	117（29.18）	宿舍	27（6.73）
问路	61（15.21）	食堂	20（4.99）
校外与同学交流	51（12.72）	课堂上老师授课	8（2.00）
商场购物	45（11.22）	课堂外和老师交流	6（1.50）

表9　较多使用闽南方言交流的对象（多选题）

单位：人，%

选项	小计	选项	小计
祖父母辈	366（91.27）	同学	110（27.43）
父母辈	365（91.02）	晚辈	90（22.44）
邻居	253（63.09）	老师	33（8.23）
同辈	182（45.39）	陌生人	29（7.23）

同时，调查结果显示，学生无论是在课堂上还是在课堂外，包括在宿舍内，选择使用闽南方言的倾向都偏低。调查数据也体现了泉州地区普通话和闽南方言双言并存的互补现象：在家里与父母等长辈交流多使用闽南方言，在社会公共场合多使用普通话。

（五）被调查者对闽南方言艺术的熟悉程度和接触渠道对比

方言艺术作品的存在和使用，也是保持闽南方言活跃度的重要因素之一。在泉州地区，闽南方言有其丰富而独特的艺术形式，最著名的便是入选联合国教科文组织公布的第四批人类非物质文化遗产代表作名录的南音，另外还有著名的四大戏曲——高甲戏、梨园戏、芗剧和布袋木偶戏，都是闽南方言的艺术表现形式，尤其梨园戏和南音是以泉州音为标准音的。

问卷共设置了三个问题专门了解被调查者对闽南方言艺术的熟悉程度以及接触渠道。由表10可以看出，对这些艺术表现形式"非常了解"的人不多，都在10%以下，尤以梨园戏的占比最低，只有2.99%。这几种艺术形式中"完全没听过"的占比都高于"非常了解"的占比，如"完全没听过"梨园戏的人占比19.95%。再以南音为例，南音是泉州方言艺术最著名的代表，传播到了海外，但是本次调查中却仍有24.94%的人没有看过南音的表演，8.23%的人甚至完全没有听说过。表10显示，被调查者对闽南方言艺术的了解情况不甚乐观。

表10 被调查者对闽南方言艺术的熟悉程度

单位：人，%

选项 题目	非常了解	观看过表演，部分了解其内容	观看过表演，没有深入地了解其内容	只听过名字，没看过表演，对其内容不甚了解	完全没听过
南音	20（4.99）	90（22.44）	158（39.4）	100（24.94）	33（8.23）
高甲戏	17（4.24）	67（16.71）	137（34.16）	123（30.67）	57（14.21）
梨园戏	12（2.99）	36（8.98）	101（25.19）	172（42.89）	80（19.95）
芗剧（歌仔戏）	33（8.23）	77（19.2）	108（26.93）	107（26.68）	76（18.95）
布袋木偶戏	22（5.49）	90（22.44）	168（41.9）	93（23.19）	28（6.98）

为了更深入了解闽南方言戏曲的传播情况，问卷设置了"您大多在什么场合下接触这些本地方言艺术（多选题）"，在表11中可以看出，"节日村镇演出"和"闽南电视节目"是大部分人接触方言艺术的最主要渠道，"节日学校表演"和"乡土教材"的占比皆在30%以上，而"课堂上老师教授"的比例只在10%左右。

表11 被调查者对闽南方言戏曲的接触渠道（多选题）

单位：人，%

接触渠道	小计
节日村镇演出	341（85.04）
闽南电视节目	316（78.80）
节日学校表演	141（35.16）
乡土教材	125（31.17）
课外书籍	56（13.97）
课堂上老师教授	40（9.98）
其他	9（2.24）

闽南方言歌曲是闽南方言的另一重要艺术表现形式。1988年台湾歌手叶启田的一曲闽南方言歌曲《爱拼才会赢》走红海峡两岸，随后一批用闽南方言演唱的台湾歌曲迅速在大陆走红。20世纪80年代，福建也开始了闽南音乐的文化自救工作[3]，由此许多闽南方言歌曲被广泛传唱并得到大多数人的喜爱。闽南方言歌曲不同于闽南戏曲，闽南戏曲因其特定形式无法使大多数人融入其中一起传唱，而闽南方言歌曲所受的限制相对较小。由表12可以看出，会唱闽南方言歌曲的人占大多数，将近77%，可见闽南方言歌曲更为人们所熟悉和喜爱。

表12　被调查者对闽南方言歌曲的熟悉程度

单位：人，%

熟悉程度	不会听也不会唱	只会听但不会唱	会唱一点点	会唱很多歌
小计	15(3.74)	79(19.7)	213(53.12)	94(23.44)

四　高校学生闽南方言使用情况及问题分析

高校学生作为未来社会建设的中坚力量，他们的闽南方言使用情况是我们了解闽南方言现状和提出闽南方言保护措施的重要参考指标。因此，高校学生身上所体现的语言问题不容忽视。下文将以此份调查问卷数据为基础，从两方面分析探讨高校学生闽南方言使用情况及其问题。

（一）被调查者的闽南方言能力影响因素分析

家庭是学习语言的第一个场所，父母是孩子学习语言的第一任老师。"父母语言意识决定其家庭语言规划和家庭内部的语言实践行为，他们最终会直接影响孩子对某一语码的掌握和使用。"[4]家庭是孩子开始生活和学习的第一所学校，幼年时期所接触的语言教育，会对孩子一生的语言能力和语言选择产生重要的影响。当父母有意识地让孩子接触某种语言，孩子受到该语言潜移默化的影响就相对较深。

大多数以闽南方言为母语的人，母语习得时间和习得途径基本一致，即自小由长辈口耳相传。因此可以说，学习闽南方言的最佳时间、场所、方式，便是父母和祖父母在学龄前的言传身教。所以重视家庭语言教育，提高父母的方言保护意识，是保护和传承闽南方言的最基本问题。我们要让家长明白，家庭语言教育并不单单指普通话的学习，在幼儿阶段对孩子施以闽南方言教育在某种意义上不亚于施以普通话教育。家长要改变观念，积极鼓励孩子学习闽南方言，成为闽南方言的传播者和传承者。

通过前文的调查分析可知，被调查者的生长环境对其闽南方言能力存在影响，但作用程度较小。生长地位于城市的被调查者，其闽南方言能力相对于农村和乡镇而言较弱，但是并无很大的差异。一方面可能是因为城市人文生态环境相对开放，文化教育和社会经济相对发达，外来人员较多，所以使用闽南方言的沟通效果不好；再加上普通话的大力推广，城市的闽南方言优势不明显，因而城市的闽南方言使用范围相对较小，这就导致被调查者在城市中使用闽南方言的机会和场所较少。另一方面，随着普通话教育的全面普及，不仅仅是在城市，在乡镇和农村，普通话教育日益受到重视，这也影响了被调查者的闽南方言能力。因此，生长地位于乡镇和农村的被调查者的闽南方言能力只是略优于城市，并没有产生明显的差距。

（二）被调查者对闽南方言艺术的掌握情况分析

问卷共有三个问题专门针对被调查者对闽南方言艺术的掌握情况进行设置。总体来说，闽南方言歌曲的情况要好于闽南方言戏曲。有不少人会唱闽南方言歌曲，相比于只能观看的闽南方言戏曲，闽南方言歌曲以其灵活多变的音调和简单易学的形式传唱于大江南北。这或许是艺术形式本身的因素，毕竟一部戏曲的表演不仅需要多人的配合，更需要表演者自身具有较为专业的演唱基础，所以被调查者对闽南方言戏曲的热度不高。但作为闽南特有的语言表演艺术形式，闽南方言戏曲应让观众有更多的机会可以接触、了解，才能让这些语言艺术形式继续传承下去。从前文的数据可以看出，被调查者接触这些语言艺术表演的渠道大多是节日村镇演出和闽南电视节目，而通过其他渠道接触的比例不高。因此，该借助哪些有效的渠道拉近这些语言艺术表演与观众的距离，是值得关注的问题。

五　保护闽南方言的对策

语言文化多元并存才能适应时代的发展。作为人际交流工具的方言，在特定的地域和人群中有着丰富的特色和感染力，但也造成了其传播的局限性。作为闽南文化载体的闽南方言，应该加以保护和传承，但也不可盲目。在时代和社会变化进程中，应该利用生态语言学的相关理论，找到其生存发展的土壤和条件，探讨保护闽南方言的文化生态对策。

生态语言学是借助语言学与生态学的研究成果而发展起来的一个边缘学科，它将语言及其赖以生存的环境与生物生态环境进行类比。生态语言学强调特定语言与其所在的族群、社会、文化及地理环境相互依存、相互影响的密切关系。[5]

保护一种语言，不仅要依靠每个人的践行去保护，还需要政府强有力的推动，需要全社会的力量。以下将从政府、学校、个人三个角度来谈谈如何立足生态语言学，科学保护闽南方言。

（一）思想上要强化方言生态意识

1. 闽南方言和文化的发展需要政府的重视

一种语言的保护必须要依靠政府强有力的政策保障。秦朝时期车同轨、书同文，使中华民族各地区的交流开始畅通无阻；新中国成立后大力推广普通话，让天南地北的人们交流不再有语言障碍。正是有了国家的支持才使语言的普及在短时间内取得显著效果，所以说政府的力量是语言维护和发展必不可少的因素。

政府要调动社会的力量，培养闽南族群对闽南方言的认同感。闽南方言是一种地方方言，它的发展也离不开国家和地方政府的支持。只有政府不断倡导方言生态意识，方言保护才会成为人们的自觉行为。这里的闽南族群不仅仅指生活在闽南地区的人们,还包括闽南的海外侨胞,"乡音无改鬓毛衰",无论这些海外侨胞在外面生活打拼多久,一口浓厚的闽南口音仍可以唤起他们对家乡的回忆,唤起对闽南这片曾哺育他们的土地的热爱。当然培养本土人民对闽南方言的认同感才是重中之重,才是闽南方言得以长久发展的根基。南音申遗的成功,极大地提升了闽南人对本土语言和文化的自信心。此外,2013年泉州成为中国首届"东亚文化之都",2015年泉州成为国家"一带一路"倡议中"21世纪海上丝绸之路"的先行区,这些历史机遇,进一步增强了闽南族群的本土文化自豪感。政府应继续发掘闽南方言和文化的魅力,并给予政策上的支持,才能使闽南方言和文化保持鲜活的动力。

2. 闽南方言和文化的发展需要重视学校的力量

前文分析过,学习闽南方言的最佳时间是在学龄前。但是学龄前孩子能学习的语言内容毕竟有限,基本上是日常生活用语,在他们还没来得及加深闽南方言的学习时,就接着开始学习普通话了,这对于闽南方言的巩固极其不利。即使后来随着年龄的增长会继续学习闽南方言,但是作为一名学生,在学校里交流的时间明显要长于在家里与家人交流的时间,更何况与家人的交流大都局限于日常生活,这就使孩子的闽南方言使用能力变弱。他们长大后用方言进行日常生活交流也许完全没问题,可是方言的精髓却无法被孩子学习和吸收,更无法通过闽南方言理解闽南文化的博大精深。

闽南方言被称作古汉语的"活化石",这是不无道理的,闽南方言在音韵、词汇、语法等方面都保留了上古汉语及中古汉语的许多特征。许多佛经、古诗词和古文可以运用闽南方言朗诵来加深理解和学习其韵律,而用普通话却难以理解也无法完全体会其韵律之美。厦门大学中文系教授林宝卿在《闽南文化传承也从娃娃抓起》一文中也指出:"闽南话与普通话并不矛盾,有时还能互相促进,特别是闽南话保留古音古义较多,在教学中,有些古词语,用普通话解释很啰嗦、费解,用闽南话一对照就能一语道破,不至于产生误解。"[6]但是较为精深的闽南方言内容是无法通过家人的日常言传身教习得的,因此有必要通过学校的正规教学学习较为精深的闽南方言和文化。

3. 闽南方言和文化的发展需要每个个体的自觉

闽南方言区居民是闽南方言存在的最坚实堡垒。"老乡见老乡,两眼泪汪汪",出门在外,最具有身份标识的恐怕是一口难改的乡音了。而正是乡音才能让人一听就知道是"咱厝人",无须做太多的自我介绍。老乡聚在一起难免用家乡话说说家乡事,唤起对家乡的回忆,记起这片曾养育了他们的一方水土,想起他们的根。这是一方人对一方水土的语言认同感和族群认同感。林华东教授指出:"人们一般都是首先认同自己生存的空间。学会父母教给的语言(母语),认同父辈绵延下来的文化历史习俗,从自己的宗族文化到族群的区域文化,进而认同民族主流文化。汉民族内部的各民系族群,无论他们近在咫尺还是远在天边,其内部认同首先都是以母语为依据,只有透过母语才能进入文化层面,才能唤起历史记忆,获得习俗认同。"[7]

方言承载着文化的特征。"具有浓厚的乡情，刻录了民系的精神，负载着不可轻视的向心力、凝聚力，长期以来一直拥有其显要的认识价值和现实价值……在汉语方言这么复杂的国度，迄今为止，90%以上的汉人其母语仍是从父母那儿继承过来的方言。丢失方言将丢失一个地域的传统优秀文化，失去一个地域的历史本源。所以人们热爱家乡话，爱护和认同母语方言，完全是一种民族文化自觉。"[8]

人是传承语言的最小单位，人语相随，汇聚每个人的力量可以对闽南方言的传承和发扬产生重大的作用，因此每一股细小的力量都不容忽视。高校学生作为一群有理想、有文化的青年，肩负着建设社会的重担，更应自觉维护和发扬闽南方言，树立新的健康语言资源观，保持自身学习闽南方言的热情。同时，高校学生也应该树立良好的家庭语言意识，积极主动地让我们的下一代也学习闽南方言，保证母语的代际传承，让我们祖祖辈辈的历史沉淀伴随着语言继续流淌在这片广袤的土地上。

（二）行动上要人为干预并改善方言的生存环境

1. 在进行推广普通话工作的同时，给闽南方言留下合理的文化生存空间

学习普通话有其必要性，但是并不意味着自身母语方言就丧失了学习的必要性。推广普通话并不代表着地方方言就必须消失，相反地方方言的丰富多彩还可以扩充普通话的词条，使普通话保持长久不衰的活力。闽南方言代表着闽南这一方水土的文化，有其独特的魅力。"作为具有浓厚地域特色的方言，有时候承担着普通话难以实现的功能，是宝贵的文化财富……在推广普通话的同时保护与传承方言已逐渐成为当前社会的主流意识形态。"[9]调查结果也显示出，在闽南方言区普遍存在着双言并存互补的现象。因此，政府应积极营造普通话与闽南方言并存分用、良性互补的双言和谐生态环境，确保普通话和闽南方言在不同的语用层次上各自发挥作用。提倡普通话多用于高层语用场合，如政府政务、学校教育教学、媒体宣传，而闽南方言可适当拓展于低层语用场合，如家庭和社区生活交际。

在方言保护方面，我们可以看到政府近年来的先行先试颇有成效。一是保护、挖掘、整理方言。福建有声资源数据库语言保护工程，就是找到不同能力等级的方言发音人，借助现代高科技，制作纸质（包含文字、音标转写）、音频、录像等，挖掘整理闽南方言资料库。二是传承方言。例如每月第一周的周二是海沧各校园的"闽南方言日"等活动，被誉为"具本土特色的闽南文化传承'海沧模式'"。2016年3月14日上午，中央人民广播电台闽南话播音主持水平测试标准教研推广点正式在海沧落户，这是中央人民广播电台首次在全国设立闽南话播音主持水平测试标准教研推广点。这些具体措施才能真正保护方言，让方言具有生命力。

2. 政府应注重影视媒介和网络媒体对闽南方言的宣传

随着年轻一代的成长，影视媒介和网络媒体在他们的生活中占有重要地位。因此，政府要把握好这一渠道，通过影视和网络多多宣传闽南方言。还可以借助影视和网络的

力量拉近方言艺术与观众的距离，让观众可以以较低成本在家就能欣赏到高雅的闽南方言艺术，提高观众对闽南方言艺术的喜爱度。

方言艺术也应当与时俱进，才能更容易被今天的人们所接受。近年来，泉州电视台开播了第四频道——闽南方言频道，频道的语言全是闽南方言。频道开播以来受到不少人的喜爱，尤以中年和老年人居多，但仅仅做到这些肯定是不够的，还应想办法改良电视节目，让更多的年轻人喜爱闽南方言。针对年轻一代的宣传需要通过网络媒体的渠道，政府部门可以开设一些专门的网络运营号，定期推送一些有关闽南方言和文化的内容，这既可以及时发布消息和动态宣传，又可以让年轻一代随时了解本土文化的信息，一举两得。我国有部分地区开设了方言电视节目、网络专栏，公交车除了用普通话、英语播报站名外还增设了方言播报，这些经验都值得适当借鉴。

3. 学校可开设闽南方言学习课程，开展各种有关闽南方言的艺术和文化活动

根据前文数据，接触闽南方言艺术表演的渠道中，"节日学校表演"占比35.16%，这一数据还有提高的空间。学校可在节日的时候多开展此类活动，让全校师生共同接受本土方言艺术和文化的熏陶。此外，学校还可以适当组织相关的兴趣小组，提供学习方言艺术的场所和条件，培养学生们对方言艺术的兴趣，让学生们可以在学校里通过正规的学习了解本地方言和文化的博大精深。

要开设一门专门学习本土语言和文化的课程，不可能单靠一所学校就能办到，必须要有政府以及社会各界的支持，才能确保课程顺利开展。在《2012年中国语言生活状况》中，一些地方的"两会"代表提出议案，把"方言进课堂"作为方言保护的一项措施。东南沿海地区一些城市开始在幼儿园、小学、中学、职业技术学校等设立方言课程试点，引起社会关注和热议。比如在上海，很多中小学开始在拓展型课程、校本课程中自发开设上海话课程。2013年上海市语委组织了"全市中小学幼儿园语言类课程设置情况普查"，结果显示，共有268所中小学开设上海话课程，开设率达到25.4%。厦门于2010年在试点小学和幼儿园发放闽南方言教材，对学生进行有关闽南方言的教育。海沧延奎小学每周一节闽南文化课程，厦门大学人文学院周长楫教授曾称赞其是："厦门中小学在推广闽南文化和闽南方言工作中的一颗明星"[10]。虽然目前"方言进课堂"的成效尚不可知，但是这不失为保护方言的一种有效措施，甚至可以将闽南方言课堂、方言的艺术和文化活动以学校为中心向社会辐射。例如海沧区的闽南童谣、歌仔戏社团班、首届世界闽南方言原创歌曲歌手大赛等活动，由学校到社会，拓宽了闽南方言文化的传播面。语言的多样性是确保语言生态形式保持健康活力的基础，国家的语言政策应该多借鉴国外的双语政策（普通话与方言并行），做好双语教学、双语文化教学及多元化教学。

学习一种本土的方言，需要专业的老师教学，但目前这方面的师资力量还暂不足以支持。除此之外，还需要考虑课程及学习时间的统筹安排等。因此，在未来几年内，政府可以出台政策，鼓励各重点高校着重培养这一方面的人才，加大闽南方言的科普和研究力度，让闽南方言可以走入正规的课堂。

注释

[1] 田立新:《中国语言资源保护工程的缘起及意义》,《语言文字应用》2015年第11期。
[2] 教育部语言文字信息管理司组编《中国语言生活状况报告(2014)》,商务印书馆,2014。
[3] 王秀玲:《闽南语歌曲的发展现状与思考》,《人民音乐》2008年第12期。
[4] 王玲:《语言意识与家庭语言规划》,《语言研究》2016年第1期。
[5] 钟舟海、凌汉华:《从文化生态学看方言的传承与保护——以客家俗语为中心》,《江西理工大学学报》2014年第4期。
[6] 林宝卿:《闽南文化传承也从娃娃抓起》,《厦门日报》2001年12月10日。
[7] 林华东:《普通话与方言:现代汉语发展的前景》,《集美大学学报》(哲学社会科学版)2007年第2期。
[8] 林华东:《泉州方言研究》,厦门大学出版社,2008,第265~267页。
[9] 李佳:《方言保护新态势》,《中国语言生活状况报告》2014年第1期。
[10] 《海沧:传统文化进社区 两岸大咖齐点赞》,《厦门日报》2016年4月15日。

闽都文化与福州新区开发开放研究[*]

王坚[**]

摘　要：福州新区是中国古代海上丝绸之路的起点之一，区域内文物遗迹众多，文化底蕴深厚，是闽都文化的重要承载地，在福州新区开发开放过程中做好闽都文化的保护和传承工作意义重大。福州新区在加强闽都文化传承保护开发的过程中可采取以下措施：遵循规律，合理规划，科学编制高标准的福州新区文化保护规划；全面铺开，深度发掘，加大闽都文化传承和保护力度；整合资源，创新思路，打造新区文化品牌；重点扶持，精心培育，壮大新区文化产业实力；突出特色，优势互补及以人为本等。此外还要正确处理好闽都文化传承保护与福州新区开发开放的关系，并从中得到有益的启示。

关键词：闽都文化　福州新区

福州新区是闽江口金三角经济圈的核心区、先行区和示范区，是建设海上福州的重要阵地和带动福州全域及闽东北区域发展的强力引擎。开展"闽都文化与福州新区开发开放"课题研究，主要目的是通过对福州新区范围内文化资源的深度挖掘、系统梳理和保护开发，以文化的传承创新来进一步提升福州新区的软实力，夯实新区文化基础，增强新区文化自信，深化"海上福州"建设，推动"机制活、产业优、百姓富、生态美"的新福州建设。

---

[*] 本文原载于《闽江学院学报》2017年第3期。
[**] 王坚（1966～），男，福建福州人，闽都文化研究院院长。

一 福州新区的闽都文化资源概况

福州是八闽首府,左海名城,史称闽都。"闽都文化,是指有史以来,生活在以福州为中心的闽江中下游地区人民共同创造的地域文化,是以闽越文化为基础、中原文化为主体,融汇了海外文化,具有领风气之先、开放包容的鲜明特征。三坊七巷文化、昙石山文化、船政文化、寿山石文化、温泉文化等是闽都文化的重要组成部分,林则徐、沈葆桢、严复、林纾等都是闽都文化名人的杰出代表。"[1]福州新区规划总面积1892平方公里,涉及福州沿海沿江的罗源、连江、马尾、仓山、长乐及福清6个县(市)区的部分乡镇(街道);初期规划面积800平方公里,范围包括马尾、仓山、长乐、福清4个区(市)的26个乡镇(街道),涵盖7个国家级和3个省级经济开发区,区域内常住人口150多万。[2]福州新区内的一些县市自古就是海上丝绸之路的起点之一,区域内文物遗迹众多,文化底蕴深厚,是闽都文化的重要承载地。福州新区的文化具有以下六个特点。

(一) 历史悠久,人杰地灵

文化是城市的生命和灵魂。福州有2200多年的建城史,从某种意义上说也是一部闽都文化发展史,位于福州新区范围内的马尾、仓山、长乐、福清等区(市),在这一进程中发挥了重要作用。春秋时期的吴王夫差和三国时期的吴主孙皓都曾在长乐屯兵造船,故长乐别名"吴航"。北宋时期,由于政府对海外贸易采取奖励政策,福清的海外贸易与交流得以繁荣。始建于南宋,位于马尾罗星山上的罗星塔,被外国船员称为"中国塔",并被收入《航海针经图册》,成为国际公认的重要海上航标之一。南宋时期,朱熹在马尾亭江、仓山濂江书院讲学,四方学子闻朱子之名前来问道。明清以来,福州更成为东西方文化交流的汇集地,马尾、仓山、长乐、福清在此起到突出作用。明末清初,福清黄檗寺高僧隐元法师东渡日本弘法,把建筑、雕塑、书法、印刷、医药、音乐等大量先进的中国文化传入日本,形成日本的"黄檗文化",他所创立的临济宗黄檗派,与日本原有的临济、曹洞二宗三足鼎立,成为日本佛教的主流,对日本及东南亚产生了深远的影响。[3]清同治五年(1866年),闽浙总督左宗棠在福州马尾创办了福建船政学堂,培养和造就了一批优秀人才,推动了中国造船、电灯、电信、铁路交通、飞机制造等近代工业的诞生与发展。改革开放以来,福州作为全国首批14个对外开放沿海港口城市之一,享有国家特殊优惠政策,特别是一批经济技术开发区、保税区、高科技园区、出口加工区集聚福州新区范围内,为如今的新区发展奠定了坚实的基础。

(二) 资源丰富,遗迹众多

一是文物保护单位多。据初步调查,福州新区范围内登记在册的文物保护单位有

199个（国家级11个、省级28个、市级160个），文化景点50处，涉及政治、军事、教育、宗教、文学、艺术、武术、民俗等领域。其中区内世界上唯一的船政建筑群、最早被国际公认的航海塔、世界上最古老的车间、世界上唯一的木质天后宫、世界上最大的脱胎漆器妈祖像、中法马江海战古战场、严复故居和墓、南少林遗址、圣寿宝塔天妃灵应碑（郑和碑）等都极具价值，在国内外产生了重大影响。二是文化景点知名度较高。船政文化景区、石竹山风景区是国家4A级景区，漳港显应宫、林浦历史风貌区、闽安历史文化景区等都有较高的知名度。三是非物质文化遗产丰富。元宵节习俗（马尾、马祖）、南少林宗鹤拳、高湖舞龙灯等12项入选国家级非遗项目。四是民间信仰丰富多彩，有妈祖信仰、陈靖姑信仰、石竹山梦文化信仰及其他名目繁多的民间信仰上百种。五是特色文化品牌逐渐形成。近年来，福州新区所在各市、区不断加大文化投入力度，如福清市以石竹山梦文化、宗鹤拳、南少林武术等非物质文化遗产传承弘扬为重点，突出打造七大文化旅游产业项目，形成历史名镇、名人故居、名山名寺、名园古墓、名胜古迹等文化旅游项目；长乐区建设以郑和下西洋为主题的"闽江口旅游文化走廊"，新建了郑和史迹陈列馆、海丝馆等；马尾区有针对性地对船政文化旅游资源进行了保护和开发，全方位展示船政文化的历史风貌，打造综合性旅游文化创意产业基地；仓山区着力打造陈靖姑民俗文化、茉莉花茶文化、烟台山历史文化等文化旅游品牌，推进三江口文化旅游综合体及华侨城欢乐谷等重点文化旅游项目的建设。

（三）人文荟萃，文化昌盛

福州历来是大儒名宦、文人墨客荟萃之地，素有"海滨邹鲁"的美誉。福州新区范围内影响较大的历史人物众多，如董奉、隐元禅师、叶向高、沈葆桢、林纾、严复、陈季同、冰心等皆名重一时，他们或启蒙思想，或富国强兵，或著书立说，或兴办教育，或传播文化，或悬壶济世，对中国文化、经济的发展贡献殊多。书院是藏书、教学与研究三者相结合的古代高等教育机构，对中国封建社会教育与文化的发展产生了重要的影响。福州新区范围内的书院始建于宋代，共有42所，推动了当地和周边文化教育的繁荣。

（四）海丝门户，影响深远

福州新区地处我国东南沿海，位于台湾海峡西岸，海洋文化十分丰富，且特征明显。早在东汉时期，福州就与东南亚地区有贸易往来。唐宋时期，福州新区所囊括的一些县市已成为繁华的国际贸易港口，是古代海上丝绸之路的重要门户。明代福州的对外贸易进入鼎盛时期，福州港正式成为国家港口，著名航海家郑和七下西洋都是在福州太平港（马尾、长乐一带）补充给养后扬帆出海。清代自康熙、雍正之后开禁设关，福州对外贸易又趋繁荣，其三江口水师旗营是当时全国四大水师旗营之一。鸦片战争后，福州被辟为"五口通商"口岸之一,知识界的先知先觉者开始接受西方的民主与科学思想,推进了中国近代的思想启蒙与政治变革,福州因此作为中国开风气之先的区域而闻名于世。改革开放以来,福州成为全国首批14个对外开放的沿海港口城市之一,开发开放的历程为福州新区发展奠定了坚实的基础,积累了丰富的经验。

(五)榕台交往,源远流长

福州新区地处海峡西岸,与台湾隔海相望,地缘相通,血缘相亲,是福建省台胞的重要祖籍地之一。福州与台湾自古交往密切,隋唐时期,两地的经济往来日益增多;宋元时期,榕台经济交流已十分频繁,商业贸易往来日渐繁荣;明清两朝,两地的生产技术、农业品种交流及商业贸易往来急剧增长,宗教、民间信俗交流也十分密切。[4]榕台民间信仰同属一个信仰圈,带有鲜明的区域性,临水夫人陈靖姑、白马三郎、照天君都是两地共同的民间信仰。近年来,随着榕台交往的不断发展,福州新区与台湾的文化交流日益密切,"两马(马尾、马祖)闹元宵""海峡两岸道教圆梦之旅暨中华梦乡福清石竹山梦文化节"等文化交流品牌已形成常态。

(六)积淀丰厚,内涵深刻

闽都文化是随着历史发展渐次积累、不断交融而形成的区域文化。在闽都文化的形成过程中,福州新区在几个节点上发挥了重要作用。如南宋时,朱熹及其弟子黄榦在福州马尾、仓山的一些书院授课,理学因而得到广泛传播,使福州成为儒学兴盛之地。又如鸦片战争前后,以林则徐为代表的一批福州籍官宦和学者,努力实施经世致用的学术宗旨,开眼看世界,开始了对外部世界的了解与探索。位于福州新区内的船政文化的兴起,标志着中国近代新型企业的发轫与发展,出现了严复、林纾、林白水、陈季同、詹天佑等新一代"开风气之先"的知识分子,打开了中国近代思想解放的闸门,形成了海纳百川、开放包容,领风气之先的闽都文化精神,产生了巨大的社会影响,有力推动了中国近代的历史进程。[5]

二 在福州新区开发开放中做好闽都文化保护传承的意义

文化是地方兴旺发达的根基,文化在经济社会发展中起着不可替代的作用。任何社会经济现象和模式的生成背后总有历史、文化因素在起作用。闽都文化是福州新区全面发展不可或缺的前提,新区的发展也将反哺闽都文化,不断丰富闽都文化的内涵。

(一)闽都文化是福州新区发展的重要动力

地方文化是地方经济发展的内在基础,是支撑一个地方生存、竞争和发展的巨大动力和无形资产。只有文化发展起来,才能提升地方的价值品位,才能增强吸引力、扩大辐射力，才能塑造和完善形象，拉动经济社会的全面发展。闽都文化积淀深厚、内涵丰富，是福州的根之所系、脉之所在，更是福州新区发展的重要资源和宝贵财富。闽都文化所包含的开放、开先、包容的特质和海纳百川、"马上就办，真抓实干"的精神，将大大增强福州新区的内涵，体现福州新区的个性和特色。因此，福州新区在发展过程中必须把文化建设摆在重要位置，把沉淀的历史文化资源进一步激活，切实做好传承与保护开发工作。

（二）闽都文化是福州新区软实力和竞争力的重要体现

文化是软实力，体现着一个地方的精神和灵魂，越来越成为综合竞争力的重要因素。自20世纪90年代美国学者约瑟夫·奈提出"软实力"的观点后，世界各国、各地区在谋划21世纪的发展战略时，无不极力挖掘文化这一影响自身发展的重要因素。闽都文化作为植根于福州的优秀传统文化，历史悠久、底蕴深厚、资源丰富，是福州新区软实力和竞争力的重要体现，必将在新区的开发开放中发挥不可替代的作用。

（三）闽都文化是福州新区与台湾地区加强交往的重要纽带

在海峡两岸关系史上，榕台关系占有重要地位，特别是榕台相通的宗教、民俗等文化已成为两地交往、延续亲情的重要纽带和主要内容，这既是榕台血脉相连、唇齿相依的历史写照，也是两地深化交流合作的重要基础。当前，福州新区肩负"更高起点、更广范围、更宽领域推进海峡两岸交流合作"的特殊使命，是海峡两岸交流合作的重要承载区和两岸对接的前沿平台。在加强两岸交流过程中，必须进一步发挥闽都文化的桥梁纽带作用，扩大榕台文化交流，加强文化项目合作，使福州新区真正成为全国对台文化交流的前沿阵地。

三 加强闽都文化的传承保护开发，助力福州新区发展的建议

福州新区独具国家级新区、"海上丝路"核心区、福建自贸试验区、生态文明试验区、自主创新示范区等"五区叠加"的战略优势，闽都文化是福州新区的一笔丰厚财富。在新区开发建设过程中，建议把闽都文化的传承保护开发纳入新区发展的总体规划，与经济社会发展一同研究部署、一同组织实施，让闽都文化在新区开发开放中焕发异彩，不断增强新区的软实力、影响力和竞争力，着力把福州新区建设成为富有闽都特色的文化新区、魅力新区、活力新区。

（一）遵循规律，规划先行，科学编制高标准的福州新区闽都文化保护规划

科学制定规划是实施文化保护的前提，也是推动新区科学发展的必然要求。福州新区历史文化的传承保护是一项综合性很强的系统工程，应遵照历史文化名城保护的有关

规定，遵循文化发展规律，在广泛征求意见建议的基础上，编制翔实的新区文化保护发展规划，并使之真正落到实处。在制定福州新区文化保护规划时，需要注意把握以下因素：一是根据福州新区的历史和现状，紧密结合福州新区的历史文脉，突出区内的海丝文化、船政文化、宗教文化、民俗文化的特点，体现闽都文化的传统特色。对199个市级以上文物保护单位和50处文化景点做重点保护规划，划定绝对保护区、严格控制区和环境协调区，妥善处理保护与建设的关系，维护历史的连续性，做到古今和谐，古为今用。二是科学规划，把握好居民生活区、文化保护区、游客旅游区、游客接待服务区的不同功能，减少旅游开发对居民生活的干扰以及对民风的侵蚀。三是突出重点，着力打造船政文化、海丝文化、黄檗文化、陈靖姑文化、石竹山梦文化等重点文化品牌。四是明确规划实施主体、管理单位、责权范围，使保护规划能真正落到实处。

（二）全面铺开，深度发掘，加大闽都文化的传承和保护力度

充分发掘和利用历史文化资源，不断增强文化的影响力、渗透力和融合力。一是全面整理福州新区范围内的历史文化遗存，建立新区闽都文化档案数据库，收集民间方言、谚语、诗词、戏曲、舞蹈、名人录、族谱、楹联、题刻、名匾、名画等，摸清家底，分出序列，列出清单，分层次、分阶段、分重点逐一打造。二是进一步挖掘海上丝绸之路文化、宗祠文化、民俗文化、宗教文化、历史人物及民间故事，加强方志、典故、传说的编纂工作，进一步激发闽都文化的深厚传统和强大生命力，特别要注意收集整理与台湾有关的文化资源，推进两岸文化的融合共生。三是活化利用文化遗产，探索大众文化传承新路。针对青少年、成人等不同群体开设"非遗学堂"，将宗鹤拳、南少林武术、高湖舞龙灯、林浦安南伬、周礼佾舞等非物质文化遗产引进社区和学校，中小学还可以通过记学分等方式鼓励学生参与非遗传承，让广大市民、学生积极体验底蕴深厚的文化遗产。同时，建设福州非遗天猫店等一批电子商务平台，出售非遗产品。四是设立活动资金，建立评比竞争机制，对好的文化活动项目给予一定的资金扶持，进一步激发民间力量参与文化资源的挖掘传承保护工作。五是加强阵地建设，针对当前福州文艺活动阵地缺乏、人气不足的问题，在新区建设"闽都文艺展示活动中心"，进一步集聚文化气息，提升新区文化品位。六是鼓励社会力量参与，成立地方文化研究会，政府以"购买服务"的方式鼓励社会力量参与闽都文化传承保护工作，形成政府主导、社会参与的文化保护工作的有效合力。

（三）整合资源，创新思路，打造新区文化品牌

借鉴广东南沙新区打造广州民俗文化节暨黄埔"波罗诞"千年庙会民俗文化品牌的经验，进一步整合福州新区闽都文化资源，着力打造在两岸都有较大影响的陈靖姑文化、石竹山梦文化等民俗文化品牌，既增加新区文化内涵，提升新区人气，扩大新区影响，又借助民间信仰的交流增进两岸同胞情谊。一是创新观念，整合力量。改变

现有节庆活动由一个地方、一个部门或者几个单位协办的松散局面，由新区管委会主办，整合资源，统一运作，加强策划，扩大规模。二是创新内容，深化内涵。深入挖掘文化内涵和特色民俗活动，增加互动环节，将单纯的朝祖进香、祭祀活动办成内涵丰富的文化盛会，穿插各种民间艺术表演和专题学术研讨，弘扬民间信仰中"仁恕行善、慈悲济世"的积极精神，将台湾民众及海外侨胞的宗教热情引导到民族认同感上。三是创新形式，打好"台"牌。充分发挥新区在两岸对接方面的前沿平台功能，加强与台湾民间组织联系，共同打造在两岸有一定影响力的节庆盛会。如邀请两岸设计机构、高校一起举办服装、漆艺、雕刻等具有闽都风情的设计创作大赛等，展示和体现闽都文化的深厚底蕴。

（四）重点扶持，精心培育，壮大新区文化产业实力

贯彻落实福建省委、省政府《关于省市共同推进福州新区文化产业加快发展的实施方案》，在重点打造文化旅游、动漫游戏、影视传媒、文化会展、创意工艺五大文化产业的基础上，结合区内闽都文化资源的特点和优势，着力延伸文化产业链，把文化产业培育成为新区支柱产业。一是打造海洋文化产业示范区。充分发挥福州新区海上丝绸之路核心区功能，发展海洋会展业、游艇邮轮旅游业、海洋婚纱摄影业，把时尚文化与海洋文化相结合，打造融滨海文化旅游和海洋文化创意为一体的国家级海洋文化产业示范区。二是打造特色鲜明的文化旅游集聚区。以船政文化、海上丝绸之路文化（郑和文化）、黄檗文化、石竹山梦文化的保护利用和展示及滨湖、滨江、滨海生态为特色，集文化保护、人文教育、文化旅游、探秘访古、互动体验、休闲服务、观光度假于一体，形成各具特色的文化旅游集聚区，壮大文化旅游产业。三是打造动漫游戏产业链。当前，我国正成为全球动漫游戏及文化创意产业发展速度最快的一个地区，福州市的动漫游戏产业也有一定规模，特别是在游戏数据分析方面位居全国前列。我们要以此为契机，进一步拓展动漫游戏产业链条，以游戏开发带动相关数字娱乐领域的发展。四是打造投融资平台。针对当前文化产业存在产业规模小、市场抗风险能力弱、融资难等问题，建议成立"福州新区文化产业担保公司"和"福州新区文化产业风险投资公司"，建立集无形资产保险、无形资产质押贷款、担保贷款、创业投资、风险投资、商业银行贷款于一体的投融资平台，提供一揽子融资服务，帮助文化企业解决融资瓶颈问题。

（五）突出特色，优势互补，推动榕台文化创意产业融合发展

台湾文化创意产业历经多年发展已经达到一定高度，在展场布置、文创商品精致度及品牌故事形塑能力等方面独具优势，在亚洲乃至全球都具有一定的影响力。坚持把文化创意产业合作作为榕台交流合作的重要内容，将台湾文化创意产业的理念与闽都文化特色相结合，发挥好新区在文化资源方面和台湾在文化创意人才方面的优势，利用好"两岸文化创意园"的载体，创新机制，开展两岸文化创意的全方位合作，努力实现优

势互补、融合共生、共同发展。新区可以设立台湾同胞服务驿站，优化细化服务，广泛吸纳台湾文创优秀人才到新区创业，将新区丰富的闽都文化资源优势发展为产业优势。福州新区政府还可以利用新区在游戏产业数据集成、数据分析等方面的优势，加强与台湾文化创意企业的对接，做强做大游戏产业。

（六）以人为本，以智力为支撑，着力构建福州新区文化人才高地

做好新区文化传承保护开发，人才是关键。建议围绕福州新区战略定位和发展目标，加大高层次人才的引进和培育力度，统筹推进文化人才队伍建设，着力打造一支规模宏大、技术精湛、结构合理、作用突出的新区人才队伍。一是建立文化产业重大项目和课题引才机制。通过项目招标、技术委托、合作开发等形式，吸引文化旅游、动漫游戏、影视传媒、文化会展、创意工艺等方面的高层次人才到新区创业。二是探索柔性引才机制。在新区重点文化产业园区、科研机构、文化企业等设立短期工作岗位，采取短期聘任、项目合作、技术服务、科研、讲学、兼职、咨询等柔性流动方式，不转关系、不迁户口吸引各类高层次人才来新区工作。把柔性引进人才纳入新区高层次人才范畴，享受配偶就业、子女入学等有关保障，并协助解决实际问题。三是鼓励支持高层次人才开展学术交流。支持新区重点文化园区或文化产业，利用"5·18"、"6·18"、文博会等平台载体承办或联办高层次人才学术会议、学术论坛，加强与海内外同行的深度交流和广泛联系。支持高层次文化人才参与国际国内学术会议、进行交流访问及短期进修等，并给予相应的津贴。四是探索创建名师、名家工作室。建立以新区高层次文化人才姓名及其专业特色命名的名师、名家工作室，完善相关保障和资助机制。工作室申报通过成立后，政府应配套相应的启动经费，实施相应的奖励政策。五是改革人才引进标准。综合采用职称、学历、论文，以及企业年薪等多种标准，不拘一格引进人才，形成人才集聚效应。

四 正确处理好闽都文化传承保护与福州新区开发开放关系的启示

文化建设是新区建设的重要内容，二者相辅相成、相得益彰。从其他省份的国家级新区情况看，他们在开发建设的过程中都十分重视新区文化的保护开发工作，如陕西西咸新区、广东南沙新区等，在新区发展规划中都配套新区文化发展的专项规划。因此，福州新区的开发开放也应遵循文化建设同步的理念，切实把新区文化的传承保护工作摆在重要位置。

（一）正确处理好闽都传统文化扬与弃的关系

要理性对待闽都传统文化，取其精华，去其糟粕，才能更好地弘扬优秀的闽都传统文化。"山海兼备""负陆面海"的地域特征孕育了闽都文化内陆性与海洋性兼具的特

质。福州人走的是典型的农业和手工业路子，缺乏与恶劣的自然条件进行搏斗抗争的冒险精神，有"求稳怕乱，畏惧危险"的情绪和小富即安的心态，体现了一种小心谨慎的生活态度和经世务实的价值观念。因此，我们在传承弘扬闽都文化的过程中，要注意摒弃不符合社会发展要求的落后东西，自觉加以改造和剔除，保持和发扬符合社会发展要求的、积极向上的内容。

（二）正确处理好文化资源挖掘保护和开发利用的关系

文化资源不仅具有历史、科学、艺术等基本价值，还具有教育、生态、旅游、经济等衍生价值。据了解，陕西西咸新区在推进新区建设中，遵循挖掘保护和合理开发利用并重的原则，一方面，设立专项资金，增加对区内核心文化资源保护的投入，保证文化资源得到有效保护；另一方面，注意市场运作，将一般性文化资源和相关建设控制带进行招商引资，利用社会资金推动文化资源的开发利用，使文化保护与开发进入良性循环的模式。广东南沙新区在推动非物质文化遗产保护开发过程中，对"黄阁麒麟舞""香云纱染整技艺""南沙赛龙艇"等非物质文化遗产进行抢救性挖掘研究，设立非物质文化遗产保护基地，形成阶段性研究成果并及时公开展示，使这些濒临灭绝的非物质文化遗产得到有效保护；同时，通过政府引导、市场运作、社会参与的模式，引导社会力量开展各种节庆文化展示活动、开发非物质文化遗产衍生产品，如"黄阁麒麟舞"的陶瓷制品等，使这些非物质文化遗产重新焕发生机和活力。福州新区需要借鉴这些做法，在开展文化保护开发工作中，既要重视挖掘保护文化资源的基本价值，又要重视开发利用文化资源的衍生价值，做到二者的辩证统一。

（三）正确处理好文化资源保护与城镇化建设的关系

文化资源在城镇化建设中有着独特的作用，不仅是城镇化建设的"助推器"，也是经济社会发展的"硬支撑"。因此，文化建设与城镇化关系密切，城镇化是文化建设的重要条件，文化建设又为城镇化提供保障和精神支持。在推进城镇化建设的过程中，如果忽视文化特色的继承，一味追求现代化的发展方式，必然使很多富有历史意义的城镇结构、城镇意象和城镇景观遭到破坏或消失。福州新区开发建设从一开始就要避免出现这类问题。在这方面，重庆两江新区就取得了较好的成效，他们在规划新区城镇化建设时，注意依托有600年历史的龙兴古镇，真实还原老重庆的建筑风貌和风俗，宣传独具特色的古镇文化、抗战文化，使广大游客不仅可以欣赏原汁原味的重庆特色建筑，品味重庆风土人情，还可以品尝到地道的重庆精美小吃，使文化资源保护与城镇化建设相得益彰，协调发展。[6]这些经验值得福州新区学习借鉴。

（四）正确处理好文化传承保护与创新发展的关系

文化保护是基础，文化创新是动力。文化保护有利于文化的发展，而文化发展的实质就是实现文化创新。在这方面广州市具有比较独到的做法。"波罗诞"庙会是珠三角地区最具影响力的民间庙会,有着千年的历史文化传统;南海神庙是古代官方祭祀南海神的地方,对南海神的祭祀是岭南地区较有影响的祭祀习俗。广州市在加强"波罗诞"庙会、南海神庙保护整修的基础上,以海上丝绸之路的历史文化资源为依托,以南海神庙为代表的民俗文化为核心,以"波罗诞"庙会为载体,整合利用广州丰富的群众文化及民间民俗文化资源,精心打造了广州民俗文化节暨黄埔"波罗诞"千年庙会这一民俗文化品牌,使之发展成为珠三角地区影响力最大的民俗节庆之一。截至2011年,广州民俗文化节已成功举办6届,"从最初的30万人次参与,到第六届的72万人次的规模,6年累计共有350万人次参加"[7],体现了此文化节的魅力。近两年来,此民俗文化节又与海上丝绸之路文化相结合,全力打造具有国际影响力的海上丝绸之路特色文化活动品牌。福州新区的开发建设,也应坚持文化的保护传承与创新发展相结合,既要挖掘整理、传承弘扬闽都文化,做好文化资源的保护利用;又要不断创新,运用现代科技、传媒与文化创意打造文化发展新优势,使新区文化兼具深厚历史底蕴和时代气息。

注释

[1]《闽都文化》,http://www.mdwhyjh.com/mdwh/yjhzc/941.html。

[2]《福州新区简介》,http://fzxq.fuzhou.gov.cn/xqgk/201509/t20150925_963082.htm。

[3][5] 林山主编《闽都文化概论》,福建人民出版社,2011,第4、8页。

[4] 袁勇麟:《榕台关系背景下的"福州开放"》,http://fj.rmlt.com.cn/2013/0523/140393.shtml。

[6]《打造中新龙盛新城示范点 两江新区龙盛新城建设文化之城滨水之城》,http://www.liangjiang.gov.cn/index.htm。

[7]《黄埔波罗诞光大广东民俗文化真给力!》,http://www.docin.com/p-37855870.html。

闽都文化品牌的整合建设与传播[*]

戴 程[**]

摘 要： 闽都文化研究推动了闽都文化品牌的建设和传播进程，闽都文化的特色决定了该品牌并非单一的地理性城市品牌，也非简单的文化名片品牌，而是集历史、文化、商业于一体的区域文化集群品牌。其品牌建设应从以上三个方面进行，其品牌沟通则应以游客端和市民端为视角，做好从视觉识别到行为规范继而到全媒体传播的全方位立体沟通。

关键词： 闽都文化 区域品牌 品牌建设 城市沟通 产品线

一 前言

闽都文化是以福州为地域标识的区域文化集群的统称。由于历史的原因，闽都文化区别于其他的单一地域性文化，逐渐形成了以闽越文化、闽都学术、船政文化、宗教信仰与民俗文化、商业文化等为根基或表现形式的综合性都会区域文化。[1]在对闽都文化的历史挖掘和现代化开发方面，学者们分别从历史观[2][3]、文学观[4]、商业观[5]等层面对闽都文化进行了较为系统的研究，但至今仍未见学者将闽都文化作为一个品牌单元进行品牌建设方面的研究。从品牌学的角度来看，闽都文化品牌内涵丰富，已初步具备了成为品牌的基本条件，但亟须进行系统梳理，并进行有步骤有条理的品牌建设。首先，闽都文化品牌具有鲜明的地域品牌特征，其建筑风格、语言特色、商业文明、风俗

---

[*] 本文原载于《闽江学院学报》2016年第6期。
[**] 戴程（1977～），男，山东潍坊人，闽江学院中文系副教授。

习惯、学术风格均已自成一派；其次，闽都文化品牌已初步具备品牌的基本元素，如"闽都文化"品牌名称的界定、三坊七巷等"产品线"的完成与投入使用，以及与海洋相结合的品牌联想的初步形成等；最后，闽都文化品牌已受到各相关部门的重视，如修复古遗迹和遗址、建立闽都文化研究会、成立《闽都文化》杂志社进行闽都文化的系统传播等。以上三点均为闽都文化品牌的建设奠定了良好的基础。

区域品牌建设的核心点在于明确品牌的表现方式和沟通方式。Sonya Hanna 提出的区域品牌网状模型，系统地构建了区域品牌的组织元素和建设要点[6]（见图 1），而 Kavaratzis 提出的区域品牌沟通模型，则涵盖了区域品牌的沟通技巧和传播重点[7]（见图 2），本文以此为理论依据，论证闽都文化品牌的建设方略和传播建议。Sonya Hanna 认为，区域品牌应交由专门的营销机构（DMO）运作，政府机构只起协调作用；为丰富区域品牌内涵并便于品牌管理，应建立相互配合的匹配性机构，各机构在运作上相对独立，但又受 DMO 的协调调配，如体育组织、大学组织、商业组织等。[8]在沟通模式和方法上，Kavaratzis 认为，区域品牌的沟通应包含三个层面：第一层沟通，不仅包含建筑、城区设计、公共建设、博物馆和其他实体，还包含城市行为，例如政府机构和居民；第二层沟通，通过广告、公关、公共导引、公共媒体等渠道，加上口号和标志进行正式的有计划的沟通（类似商业沟通）；第三层沟通，媒体和市民的口碑，含社会化媒体和市民的归属感等。[9]

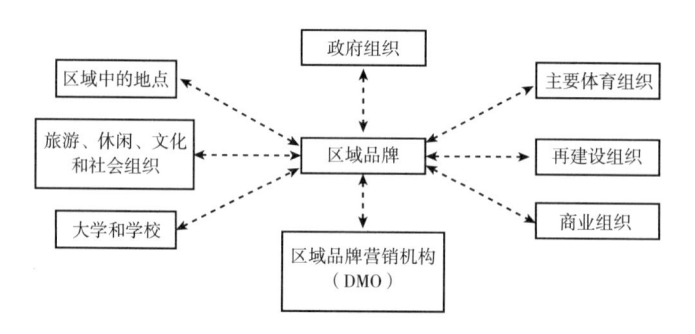

图 1　区域品牌网状模型

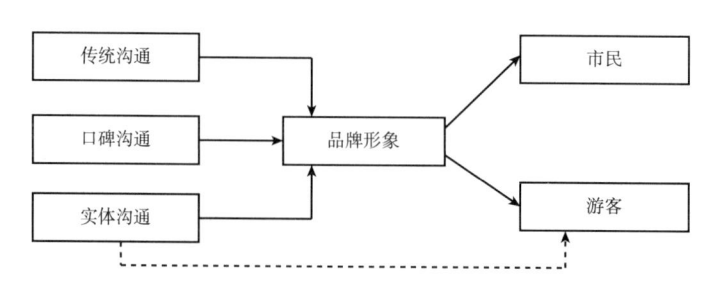

图 2　区域品牌沟通模型

Sonya Hanna 的关注点在于区域品牌内涵元素的整合，认为区域品牌应根据区域中实体与虚体的特点整合到不同的组织中，以组织的力量完成区域中内容的整合，并负责与品牌传播机构进行沟通与营销。Kavaratzis 则关注区域品牌资源整合完毕后的传播行为，站在市场的角度看区域品牌的营销传播，并且进一步认为，市场端不应只包含游客，更应包含市民，因为市民的行为方式、归属感可能直接影响到区域品牌的形象。贯穿其中的是区域品牌（或城市品牌）的形象，无论何种沟通方式，最终成果都应是形成良好的品牌形象，而品牌形象又反过来影响市民或游客的口碑，含社会化媒体口碑效应。

二 梳理闽都文化品牌产品线，确定品牌组合

2007 年评出的福州十大名片，基本涵盖了闽都文化中较为突出的产品线：三坊七巷、马尾船政、林则徐、三山两塔一条江、鼓山、闽剧、温泉、寿山石、昙石山文化遗址、青云山等。除此之外，已经开发并初具规模的产品线还可以从以下三点进行统一开发：第一，从闽都文化品牌的实体线产品出发，有上下杭、烟台山等著名古建筑遗址或遗迹，以及八一七路新商业街、以芍园壹号文化创意园为代表的新文化园等；第二，从闽都文化品牌的商业线出发，有闽商文化、福州华侨文化、上下杭遗迹中渗透的商贾文化等；第三，从闽都文化品牌的文化线出发，有福建省历史博物馆、油纸伞、软木画、名人事迹留存、闽都文化研究会和《闽都文化》专刊、福州话歌曲大赛、国际公路自行车赛事等一系列文化品牌活动。林林总总的闽都文化品牌，表现形式多样却有些杂乱无章，因此必须做出梳理。按照 Sonya Hanna 的区域品牌网状模型，可以将闽都文化品牌产品线规整为以下三大产品线：实体线、文化线、商业线（见图 3）。

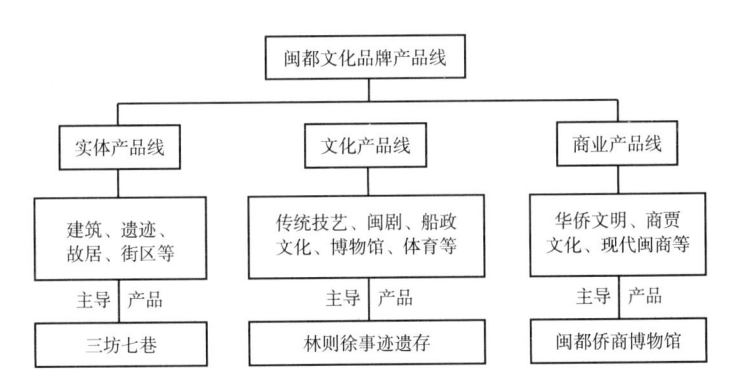

图 3 闽都文化品牌产品线

实体线以实体建筑类为主，该产品线主要体现闽都文化的历史遗存、现代化实体特征，以建筑语言与历史语言的有机结合彰显闽都文化品牌的实体产品。实体线主要包

含：三坊七巷、三山两塔一江、鼓山、昙石山遗址、青云山、上下杭、烟台山、温泉、八一七路新商业街、以芍园壹号文化创意园为代表的文化园等，尤其是以三坊七巷为代表的实体产品。在实体线建设过程中应突出最重要的产品——三坊七巷，将整个实体线打造成以三坊七巷为主导，以其他实体线为线索性补充的产品组合。

文化线以传统文化、现代文体、博物馆等产品为主，该产品线以贯通古今独具闽都特点的文化产品吸引游客并成为口碑宣传的实质内容。文化线主要包含：马尾船政博物馆、林则徐事迹遗存、福州评剧、寿山石雕、根雕、油纸伞、软木画、百年肉燕、国际公路自行车赛等。在文化线建设过程中需要重点打造一个本产品线的背书产品，建议以林则徐事迹遗存为背书产品，让其他文化产品附在此产品上，成为关联产品，共同打造文化产品组合。福州历史上沿袭下来的一些文化称谓，成为支撑此产品线的有力佐证和背书：中唐时期被称为"海滨邹鲁"，晚唐时期被称为"文儒之乡"，皆是以闽都的人杰地灵、文人辈出为蓝本形成的文化称谓。

商业线以展示闽都商业文明的历史与现状为主，让游客了解闽都的商业精神和企业家精神，并在展示这两种精神的同时谋求商业回报。商业线主要包含：建立闽都侨商博物馆以展示闽都商人在海外的创业精神及特有的反哺故乡的特点，建立现代闽商展示馆以呈现闽都人善于向海外拓展的开创精神，重修上下杭遗迹，以展示其中所渗透的商贾文化，并努力建好东街口历史商圈以展示更多的闽都商业产品。本产品线的主导产品应以闽都侨商博物馆为主，同时建设以三坊七巷为中心的实体线产品周边，将三条产品线有机结合起来。《山海经》载："闽在海中。"[10]"公元274年吴帝孙皓遣会稽太守郭诞造船于此。"[11]二晋时期及宋至清，福州的"海舟"制造业全国闻名。依据地理因素及传统优势而形成的海洋文化，让福州的商业与世界贸易接轨，出海经商成为闽都历史传统。

闽都文化品牌建设应以三条主线为基础，重点打造实体线的三坊七巷、文化线的林则徐事迹遗存、商业线的闽都侨商博物馆。在建设过程中每条主线应在统一大视觉系统下，有各自相对明显的识别标志和相对独立的集中场所，且三条主线尽量互相渗透互相呼应。例如当全力建设以三坊七巷为主导的产品线时，应在三坊七巷大实体圈中渗透文化线、商业线的相关产品；同样，当重点打造闽都侨商博物馆时，也应在其内部、外部，以及周边渗透实体线和文化线的相关产品，做到既互相兼容又相对独立。

三 统一闽都文化品牌的基础元素并加以应用

闽都文化品牌是以实体线、商业线和文化线为主的三条产品线的品牌组合，其品牌承载方式以儒文化、福文化、根文化为主。对于品牌运营方来说，这种丰富的产品线组合与品牌表达方式无疑是积极正面的。然而就消费者而言，对于如此复杂的产品，无论从认知还是记忆上都会产生较强的抗拒性和负效应。因此，必须从消费者视角出发，对闽都文化品牌进行品牌形象重塑。重塑品牌工作不应由政府机构主导，而应委托品牌运作公司，即 Sonya Hanna 区域品牌网状模型中的 DMO 组织。在政府机构引导下成立闽都文化品牌中心，由该中心负责品牌形象的建设与维护，且机构相对独立运作。除此之外，还应从以下几点打造统一的闽都文化品牌形象。

第一，对闽都文化品牌进行重定位。无论从产品线还是从承载方式来看，闽都文化品牌内含的子品牌众多，纷繁复杂。目前，闽都文化中有一定知名度的有三坊七巷、船政文化、鼓山、林则徐纪念馆、乌塔、白塔、温泉、牛角梳、寿山石等。消费者对闽都文化品牌的认知大多停留在各种子产品上，无法形成统一的闽都文化品牌认知，也无法从总体上把握闽都文化品牌的形象特点，这不利于闽都文化品牌的二次传播，因此必须进行闽都文化总品牌的重定位。然而在此之前，将福州定位为"历史文化名城"，这是极不可取的定位方式。其弊端在于内涵虚化，无法用具象的产品线进行有效的品牌形象支撑，消费者也不会对这种定位有深刻的感受和消费触动，所以在重定位过程中，既应考虑闽都文化品牌本身的特点，还应尽量让这种定位可视化、具象化。针对主流消费人群以"80后""90后"为主的情况，建议可以从历史文化的现代化意义出发，实现以现代化表达方式为主的定位。

第二，统一闽都文化品牌的视觉表达。从商业品牌价值观视角看，闽都文化品牌应具备独立的理念识别系统，这既是品牌重定位过程中必须考虑的因素，也是重定位的落脚点，然后将定位与理念识别进行视觉化表达。三坊七巷、林则徐纪念馆、船政文化等闽都文化品牌下的子品牌，虽然都已经在使用各自的视觉表达系统，但当闽都文化品牌的总视觉确认后，都应统一在主视觉系统之下。同时，为了有效地将商业品牌运作模式应用于闽都文化品牌运作中，其视觉传达系统必须含有视觉表达的基础元素和应用元素。基础元素中须含基本色、辅助色、标志、标志组合、LOGO 等；应用元素中最核心的表达应着重于与消费者紧密接触的事物的统一视觉，如建筑物、交通标示、标志性建筑、道路、公共交通设施等上面的统一视觉识别符号。

第三，视觉传达系统的执行与实施。在城市营销和区域品牌建设的实践过程中，传统的做法是将视觉系统应用到广告投放中，如平面媒体或影视媒体。遗憾的是，靠单一的广告投放来获取消费者主观质量认知甚至品牌忠诚几乎是无效的，即便考虑到投放频次和形象统一等正面因素，其正效应也微乎其微。因为广告渠道的闯入性效应从认知源头上就已将消费者认知和记忆效果打了折扣，更不用说新媒体影响下传统媒体本身的客群影响力已直线下降。因此，闽都文化品牌的视觉传达系统应广泛应用于更多的渠道组合中，而不仅仅是广告渠道，只要是有消费者接触的地方都需要贯彻实施，并不折不扣地让整个视觉传达通彻人心。该视觉传达系统通过路标、建筑外墙、路面、车辆、码头、车站、餐厅、商铺等将消费者紧紧裹挟其中，形成暴露频次和认知记忆效果的最大化。除了注重执行的广度外还必须注意执行的深度，因此，所有执行与实施的识别行为必须在闽都文化品牌中心的统一部署下进行，不能有任何不符合视觉系统的符号出现。

四 重设闽都文化品牌的传播沟通方式

Kavaratzis 认为，区域或城市品牌的沟通方式主要有传统沟通、实体沟通和口碑沟通三种[12]，同时，Erik Braun 等对 Kavaratzis 提出的区域品牌沟通模型进行了论证，认为以上三种沟通方式都会对区域品牌形象产生积极影响，而且还认为品牌建设中应关注两个沟通视角：游客与市民。[13]依此理论，闽都文化品牌的品牌沟通也应从这两方面入手，且两者不可偏废。

第一，市民端沟通。要全面打造闽都文化品牌就必须首先建立市民的归属感，进而创造品牌的二次传播效果，促使品牌传播效果最大化。这种归属感来自多方面，可以表现为对闽都品牌价值观的认同、身处闽都文化品牌核心的自豪感、对闽都文化品牌产品线的认同及主动传播，也可以表现为对游客的热心帮助、对生态环境的主动保护、对闽都文化的积极深入了解等。在执行实施过程中应做到如下几点：首先，建立市民行为准则，以社区为单位进行宣教与实施。行为准则最忌讳流于口号和形式，因此，闽都文化品牌应在行为方面提炼一些具有仪式感的标准化动作作为传递符号，如用某一个肢体动作符号，作为日常行为准则的核心表达方式。当市民遇到游客或欲表达友好的时候就使用这个动作，让此动作成为闽都文化品牌的核心识别符号之一，围绕此动作符号开展行为准则的执行与实施。这样的行为准则既言之有物，又视觉可见，或可被广为传播。其次，倡导市民使用具有统一视觉识别的相关衍生品。为达到闽都文化品牌的立体化沟通，运营中心应将印有闽都文化品牌标志和相关辅助图形的产品在各实体销售场所销售，并倡导市民使用，同时在公共服务方面的工作人员中进行普及使用，如在着装方面，可以普及到道路协管员、公共卫生清洁人员、景点服务人员、志愿者等。最后，开展闽都文化品牌的市民活动，增强市民的幸福指数。倡导市民参与各项具有闽都文化品牌特征的公益文化活动，让市民在参与中找到归属感，并形成文化氛围的感染力，让游客在不经意间参与市民的文化活动，潜移默化地将闽都文化品牌内涵渗透到游客的记忆中。

第二，游客端沟通。闽都文化品牌应从视觉、味觉、触觉、听觉上与消费者进行全媒体立体化沟通，通过不同渠道传递统一形象以完成与游客的互动，从而建立积极的闽都文化品牌形象。首先，应特别重视实体化沟通。在区域品牌沟通过程中，Zenker 认为，游客会被博物馆、游乐设施、购物街和标志性建筑吸引，实体投资能创造"旗舰效果"，实体产品的沟通效应可想而知。[14]因此，在三坊七巷、博物馆、林则徐纪念馆、道路标示牌、公共设施、标志性建筑物等的内外部结构上，都应将闽都文化品牌的形象根据实体物本身的特点做好统一识别，但切忌用所谓"历史文化名城"的风格设计实施，而应关注抽象概念和新审美观。跳出城市识别中惯用的徽派建筑风格、追求仿古的视觉识别系统，从现代审美中的简约、醒目、抽象等特点上寻求视觉突破。其次，脉冲式新媒体沟通。Trusov等认为，在区域或城市品牌建设中应用互联网，可以使城市品牌的积极口碑效应迅速增值，并且会对社交媒体产生巨大的反作用影响。[15]因此，应注重闽都文化品牌在新媒体上的持续展现与互动，通过参与度高的互动事件创造大型活动的"网红"效果，达到日常沟通有规律、重大事件有广度的影响效果。在媒体选择上，则应注重网络媒体的全方位组合和各自的效果监测，通过大数据分析获取每日传播效果报告，再根据传播效果调整宣传沟通重点。最后，调整传统沟通模式。将报纸、电视等传统广告式媒体投放改造成以软文、线下活动为主的参与性强的公关模式，利用大众媒体的公信力实现与游客的近距离接触。

五 结语

在区域品牌建设中，成都可谓最为成功的品牌之一。自2000年后，成都开始了地域品牌建设之路，彼时的成都只不过是西南区域一个普通城市，在全国城市吸引力榜单中根本无从找寻。然而根据2015年清华大学发布的中国城市品牌力指数（CCBI）报告，成都已然成为继京沪穗之后的第四大最具竞争力城市品牌。[16]短短15年时间，成都完成了从普通省会城市到具有较强吸引力的品牌化城市的蜕变。梳理成都区域品牌发展的脉络不难发现，其经历了文化寻源—定位标签—品牌形象塑造—品牌联想充盈—全媒体世界性传播的区域品牌塑造过程。首先，对巴蜀文化的寻源让成都找到了深植于区域文化内的品牌核心价值，即所谓的"闲逸文化"，并通过寻求几千年的历史文化价值，让该文化符号深入人心。其次，为了将文化符号变成品牌符号，成都提出了"东方伊甸园""来了就不想走""中国第四城"等口号，完成品牌认知符号具象化转变。再次，成都的饮食习惯、生活方式、传统习俗、科技发展、自然环境等品牌联想点被有效地灌注到品牌个性中，品牌感知条理清晰，品牌价值得到了提高。最后，通过纽约时代广场大屏幕、CNN等全球200多个媒体的宣传，让成都的品牌形象传播价值得到转折性提升。本文正是遵循成都地域品牌建设与传播框略，在借鉴品牌建设和传播脉络的基础上，根据闽都文化自身特点，从定位出发，结合品牌传播的一般性规律，梳理了闽都文化品牌形象的传播形态和外在包装。

区域品牌价值核心应该从固有的文化、历史底蕴中挖掘，应该是附着于本土文化中最深层的表现形态，其生活方式、城市态度、理念与行为都是品牌的自然流露，而不是后期附着上的其他标签。因此，其历史价值、建筑特色、语言文化等就成为提炼区域品牌的底蕴。基于此，闽都文化品牌建设和传播也要经历从文化寻源、品牌定位、品牌形象建设到品牌传播的四大阶段，并从中寻找闽都文化历史传承中的品牌核心价值，从历史根源与外在形象包装上给闽都文化品牌烙上个性化标签，使该品牌的母体结构和品牌接触点合理分布，既能有效突出品牌个性，又能实现品牌价值的最大化。

闽都文化品牌是一个亟待开发的富矿品牌，但由于该品牌并非简单的地域品牌或文化名片品牌,因此,在品牌建设和品牌传播过程中,应抛开单一化历史文化名城的建设方式,注重视觉和行为识别系统的颠覆性创新,并将这种创新系统应用到闽都文化品牌的三条产品线和市民日常行为中,辅之以传统媒体与互联网媒体的立体化运作,相信闽都文化品牌必将成为我国南方的新文化品牌之星。

注释

[1] 赵麟斌:《阐旧邦以辅新命——闽都文化的现代意义》,《闽江学院学报》2011年第6期。
[2] 薛菁:《闽都文化若干问题探研》,《福建师范大学学报》(哲学社会科学版)2008年第2期。
[3] 赵麟斌:《闽都文化研究的历史与现状》,《闽江学院学报》2013年第4期。
[4] 林彬:《论三坊七巷的精·气·神》,《闽江学院学报》2010年第4期。
[5] 叶友琛、林怡:《城市营销:以现代激活传统——论闽都文化及其传播》,《福建论坛》(人文社会科学版)2009年第4期。
[6][8] Sonya Hanna, Jennifer Rowley, "Towards a Model of the Place Brand Web", *Tourism Management*, 2015 (48).
[7][9][12] M. Kavaratzis, "From City Marketing to City Branding: Towards a Theoretical Framework for Developing City Brands", *Place Branding*, 2004 (1).
[10] (明)王应山:《闽都记》,方志出版社,2002,第23页。
[11] 袁珂:《山海经校注》,上海古籍出版社,1980,第267页。
[13] Erik Braun, Jasper Eshuis, Erik–Hans Klijn, "The Effectiveness of Place Brand Communication", *Cities*, 2014 (41).
[14] S. Zenker, & S. C. Beckmann, "Measuring Brand Image Effects of Flagship Projects for Place Brands: The Case of Hamburg", *Journal of Brand Management*, 2013 (8).
[15] M. Trusov, R. E. Bucklin, & K. Pauwels, "Effects of Word–of–mouth Versus Traditional Marketing: Findings from An Internet Social Networking Site", *Journal of Marketing*, 2009 (5).
[16]《清华大学发布2015中国城市品牌力指数》,人民网,http://gs.people.com.cn/n/2015/1019/c183348-26847726。

图书在版编目(CIP)数据

闽文化的多元传播 / 李新贤主编. -- 北京：社会科学文献出版社，2020.4
ISBN 978-7-5201-6150-3

Ⅰ.①闽… Ⅱ.①李… Ⅲ.①地方文化-文化传播-福建-文集 Ⅳ.①G127.57-53

中国版本图书馆CIP数据核字（2020）第026409号

闽文化的多元传播

主　　编 / 李新贤
副 主 编 / 金　甦

出 版 人 / 谢寿光
责任编辑 / 黄金平

出　　版 / 社会科学文献出版社·政法传媒分社（010）59367156
　　　　　 地址：北京市北三环中路甲29号院华龙大厦　邮编：100029
　　　　　 网址：www.ssap.com.cn
发　　行 / 市场营销中心（010）59367081　59367083
印　　装 / 三河市龙林印务有限公司
规　　格 / 开　本：787mm×1092mm　1/16
　　　　　 印　张：18.25　字　数：400千字
版　　次 / 2020年4月第1版　2020年4月第1次印刷
书　　号 / ISBN 978-7-5201-6150-3
定　　价 / 98.00元

本书如有印装质量问题，请与读者服务中心（010-59367028）联系

版权所有 翻印必究